STUDIES ON VOLTAIRE AND
THE EIGHTEENTH CENTURY

246

General editor

PROFESSOR H. T. MASON

Department of French
University of Bristol
Bristol BS8 1TE

R. BARNY

Rousseau dans la Révolution: le personnage de Jean-Jacques et les débuts du culte révolutionnaire (1787-1791)

THE VOLTAIRE FOUNDATION

AT THE TAYLOR INSTITUTION, OXFORD

1986

© *1986 University of Oxford*

ISSN 0435-2866

ISBN 0 7294 0342 4

British Library cataloguing in publication data

Barny, R.
Rousseau dans la Révolution: le personnage
de Jean-Jacques et les débuts du culte révolutionnaire
(1787-1791). — (Studies on Voltaire and the
eighteenth century, ISSN 0435-2866; 246)
1. Rousseau, Jean-Jacques
I. Title   II. Series
194   B2137
ISBN 0-7294-0342-4

Printed in England at The Alden Press, Oxford

Table des matières

Avant-propos   1

1. Les *Lettres sur les ouvrages et le caractère de J. J. Rousseau*: querelles
   littéraires et mondaines   9
   i. L'âme sensible: sentiment et passion   10
   ii. Jean-Jacques et la réforme des mœurs   13
   iii. Les paradoxes de Jean-Jacques: réalisme ou utopie?   15
   iv. Le personnage de Jean-Jacques   16
   v. Situation idéologique du livre de Mme de Staël   18

2. Le débat sur le personnage de Rousseau rebondit   23
   i. Aspects généraux du débat   23
   ii. Images de la destinée et du personnage de Jean-Jacques   31
      a. Le 'complot'   31
      b. La mort de Rousseau: la fable du suicide   38
      c. Thérèse   41
      d. Les fautes de Jean-Jacques   49
      e. Image de Jean-Jacques: la légende   56

3. L'éloge mis au concours par l'Académie française   79

4. Les débuts du culte révolutionnaire   98
   i. Honneurs officiels   100
   ii. Jean-Jacques Rousseau au théâtre   126
      a. Prolongement des honneurs officiels   127
      b. Théâtre et culte des âmes sensibles   133
   iii. La célébration du culte de Jean-Jacques dans les masses:
        patriotes et âmes sensibles   141
      a. La diffusion des honneurs révolutionnaires et des images de
         Rousseau   142
      b. Pèlerinages   150
      c. Cérémonies et fêtes populaires   157

Conclusion   179

Bibliographie   183

Index   197

Abréviations

Acad.	Académie
Acad. fr.	Académie française
Arch.	Archives
Arch. p.	Archives parlementaires
An. fac.	Annales de la faculté de

Avant-propos

Nous présentons, en guise d'introduction, le résumé d'un travail d'ensemble (thèse de doctorat d'Etat) déposé aux bibliothèques universitaires de Paris X (Nanterre) et de Besançon. Cette thèse en cinq volumes dactylographiés, a donné ou donnera lieu a plusieurs publications: 1. *Le Rousseauisme avant 1789: un prélude idéologique à la révolution*, Annales de la faculté des lettres de Besançon, collection du bicentenaire de 1789 (sous presse); 2. *J. J. Rousseau dans la révolution française: grands débats politiques; étude de la formation et du fonctionnement de l'idéologie révolutionnaire bourgeoise* (à paraître); 3. *Rousseau dans la révolution: les amis de Jean-Jacques, de l'extrême gauche à l'extrême droite; grandes lectures d'ensemble*, Annales de la faculté des lettres de Besançon, collection du bicentenaire de 1789 (à paraître).

L'influence de Rousseau, souvent affirmée (ou niée) dans la perspective d'une utilisation politique immédiate comportant un jugement de valeur sommaire, a donné lieu à une construction mythique. Pour sortir de ce mythe en l'appréhendant, il ne suffit pas d'exhumer une documentation toujours traitée allusivement, et en fin de compte oubliée: il faut encore lui appliquer une méthode d'analyse globale, tenant compte dans la mesure du possible de l'ensemble du champ idéologique, et des autres niveaux de la réalité qui en conditionnent les transformations.

I. Il fallait d'abord faire le point sur le devenir du rousseauisme entre la mort de Jean-Jacques et le début de la crise révolutionnaire: même s'il y a un retour aux textes (parfois évasif d'ailleurs) les hommes de la révolution sont en effet tributaires d'une tradition.

Cette mise au point, comporte certains éléments originaux: ainsi la première utilisation politique du *Contrat social* n'avait jamais été étudiée. Elle intervient en 1775 et peut-être même avant, à l'occasion de la crise provoquée par la politique autoritaire de réformes pratiquée par le chancelier Maupeou. Rousseau devient alors le principal inspirateur des idéologues du Parlement qui, dans le sillage du prince de Conti, prennent volontiers des poses héroïques et se présentent comme les dépositaires de la tradition républicaine. Deux ouvrages parus en 1775, *L'Ami des loix* et le *Catéchisme du citoyen* (après le rappel des Parlements qui suivit l'avènement de Louis XVI) développent, en marge du *Contrat social*, cette critique du despotisme. Mais ils sont condamnés par le Parlement de Paris: le rousseauisme dépasse de trop loin les objectifs du républicanisme aristocratique pour que son maniement ne soit pas jugé subversif. Il y a d'ailleurs au sein du Parlement, contradiction entre les 'gens du Roi' et la masse des magistrats, adversaires traditionnels du pouvoir monarchique. Cet épisode, qui éclaire d'un jour curieux les relations entre le prince de Conti et Rousseau, constitue un prélude aux mutations idéologiques qui vont intervenir dès le début de la crise révolutionnaire.

Par ailleurs, on voit le rousseauisme se scinder en deux aspects: l'un, rejeté ou refoulé, correspond aux deux premiers discours, et compose le visage de l'homme à paradoxes, ennemi de la civilisation et de tout lien social. Vaine parade ou pessimisme, morbide affirme-t-on le plus souvent. Mais on découvre contradictoirement, dans le *Contrat*, dans l'*Emile*, dans la *Nouvelle Héloïse* même, un aspect optimiste et constructif: certains thèmes sont immédiatement assimilés par la pensée des lumières, et deviennent, sans bruit, une composante essentielle de l'idéologie bourgeoise. Ainsi, selon la remarque de Turgot, de la différence entre le 'souverain' et le 'gouvernement', c'est-à-dire du principe de la souveraineté nationale.

Dans cette perspective, il est assez aisé de mettre en évidence une influence précoce du *Contrat* sur beaucoup de ceux qui ont joué un rôle important dans la révolution (Brissot, Mirabeau, Condorcet, mais aussi Sieyès).

II. Pour comprendre les relectures de l'époque révolutionnaire, il était utile de préciser les traits essentiels de l'idéologie révolutionnaire des droits de l'homme, qui se dégage au cours de la première période, antérieure au 14 juillet 1789, et conquiert alors l'hégémonie.

Cette analyse a été faite par les fondateurs du matérialisme historique, et plus d'une fois reprise depuis, mais sans entrer dans la texture du langage de l'époque. Que sont les 'principes' et quelles sont les difficultés de leur maniement?

1. Ils s'imposent à tous ceux qui interviennent dans la lutte des idées, même, le plus souvent, aux partisans résolus de l'Ancien Régime. Ceux-ci sont obligés de se placer sur le terrain de l'adversaire, pour tenter de subvertir son discours de l'intérieur.

2. Les 'principes' jouent un double rôle: normatif en premier lieu, mais aussi d'appréhension du monde – d'où les difficultés inextricables sur lesquelles viennent parfois buter les patriotes, ironiquement soulignées par leurs ennemis. La problématique du droit naturel est insuffisante, parce qu'elle ne permet pas de penser le devenir, et de saisir l'histoire dans son mouvement. En outre, la théorie individualiste du contrat refuse la notion de classe sociale, et de lutte des classes, qui tend à s'exprimer sous une autre forme.

3. Les tensions corrélatives du champ idéologique apparaissent dans le jeu de certains couples de concepts tels que individu/corps politique, droit/fait (ou principes/histoire), raison/volonté, lois/mœurs. C'est à travers ce jeu que s'élabore la nécessaire appréhension du réel, et que s'énoncent certaines impossibilités, qui ont pour conséquence le recours à l'empirisme, et la transposition du problème à un autre niveau (on raisonne alors en termes purement politiques, on met entre parenthèses la théorie).

Le rousseauisme est repris dans ce contexte, qui rend compte des pièges (politico-théoriques) que comporte son utilisation et qui conduit déjà à certaines lectures critiques créatrices, comme celle de l'abbé Dolivier, pour lequel l'abstraction des droits égaux est une pernicieuse illusion.

III. Une première période s'étend jusqu'à la transformation des Etats-Généraux en Assemblée nationale: l'idéologie des droits de l'homme se dégage de l'idéologie parlementaire; sur le plan formel, il suffit que soient pris au sérieux les thèmes rousseauistes, charriés par celle-ci, et jusqu'alors coupés de leurs prémisses comme de leurs conséquences. Mais il s'agit, bien entendu, d'une modification directement commandée par les circonstances politiques.

Les premières ébauches se rencontrent à l'époque de l'Assemblée des Notables de 1787: les radicaux, comme Brissot, mais aussi des modérés comme l'abbé

Brizard, se réfèrent à la doctrine du *Contrat social* dans un esprit qui dépasse nettement les conceptions aristocratiques et parlementaires. Les utilisations les plus massives du rousseauisme restent toutefois liées à celles-ci: on retrouve Saige, l'auteur du *Catéchisme du citoyen*, condamné en 1775, mais devenu depuis un ouvrage classique. Les développements nouveaux soulignent l'étroitesse de cette lecture du *Contrat social*. Bientôt Saige abandonnera cet échafaudage idéologique devenu inopportun, pour se référer à une conception moins démocratique du droit naturel[1] qu'il ne tardera guère à renier à son tour. De telles palinodies vont se multiplier.

Cependant, la crise de l'hiver 1788-1789, avec la campagne de pamphlets qui précède et accompagne les élections aux Etats-Généraux, fait franchir un pas décisif. Il faut ici analyser les conditions et les formes du combat idéologico-politique pour rendre compte de la transformation en cours. La Bretagne offre par le caractère exacerbé de la lutte politique, la clarté de ses implications sociales, l'étendue de ses conséquences idéologiques, une situation exemplaire: s'y affirme la nécessité pour la bourgeoisie de briser l'offensive idéologique des privilégiés en direction du petit peuple, afin de réaliser avec celui-ci une unité de combat (qui était bien loin d'être donnée a priori, en raison des contradictions au sein du Tiers-Etat).

Cette période, qui voit l'affirmation des droits de l'homme, est caractérisée par des changements rapides dans la sphère de l'idéologie, la vigueur croissante des conceptions bourgeoises, la confusion et la dispersion dans les zones marginales.

Entre les mains du parti 'national', le rousseauisme apparaît comme l'arme la mieux adaptée pour exiger la suppression du privilège et l'égalité des droits: la conception rousseauiste du pacte social, celle de la souveraineté nationale, celle du gouvernement, constituent l'armature théorique de centaines de brochures. Certes, on trouve encore des textes idéologiquement composites, qui associent par exemple la vieille théorie, devenue conservatrice, du double contrat, à des développements empruntés à Rousseau: ou qui trahissent une hésitation entre l'idéal de l'équilibre des pouvoirs à l'anglaise (voie du compromis social et politique dans les conditions de 1789) et les solutions radicales du *Contrat social*. Certes aussi, il existe des niveaux divers d'élaboration idéologique, toutes les démarches radicales ne s'appuyant pas également sur le rousseauisme. Mais il reste que les grands textes patriotes reprennent les éléments fondamentaux de la doctrine politique de Rousseau, alors que nombre d'épigones pillent le *Contrat social*, qu'ils se bornent parfois à découper, le plus souvent sans même indiquer leur dette. Les pamphlétaires aristocrates dénoncent dès le début cette présence massive du rousseauisme dans le discours révolutionnaire.

Les défenseurs du privilège n'ont pas tous, à cet égard, la même attitude. Les uns restent dans la ligne du combat mené depuis un demi siècle contre les lumières. Rousseau est pour eux le pire des philosophes, doublement criminel,

---

1. Saige ne cite plus le *Contrat social* mais l'*Ethocratie* de d'Holbach, ou même le très classique traité de Burlamaqui, les *Principes du droit politique*. Chez le premier, la souveraineté populaire, sans être ignorée, est affirmée en termes beaucoup moins rigoureux que chez Rousseau. Quelques semaines encore et dans une courte brochure, l'*Ami des trois ordres*, dont le titre indique l'esprit, Saige passe ouvertement dans le camp de l'aristocratie.

d'abord parce qu'il refuse la loi naturelle et divine, ensuite parce qu'il refuse, ce qui est sans précédent, toute loi sociale ou politique. *Les Observations sur le Contrat social* du père Berthier, publiées seulement en 1789, rencontrent ici plusieurs brochures anonymes, dont la plus développée est due au père Bergier, autre ennemi chevronné des philosophes.

Sensiblement plus nombreux déjà sont ceux qui empruntent à Jean-Jacques des arguments contre le développement de la révolution, et contre le rousseauisme même. Mais de ce côté, la dispersion est extrême: se côtoient certains partisans de l'absolutisme, proches des précédents; les idéologues attardés du républicanisme aristocratique, qui produisent à cette époque, à contre-courant, leurs textes programmatiques et théoriques les plus poussés, et les plus nettement incohérents (Ferrand, Barthez); enfin de nombreux idéologues de la petite noblesse, dont la tendance commune est de réduire le rousseauisme à l'esprit de révolte, à quelques attitudes héroïques, et au prêche moral: à considérer leurs discours superficiellement, on serait tenté de les ranger du côté patriote, ce qu'ils font parfois eux-mêmes, un peu plus longtemps que la situation politique ne devrait le comporter (le cas du comte d'Antraigues est à la fois exceptionnel et typique).

Cette destinée multiple et contradictoire du rousseauisme va, pour l'essentiel, se confirmer et s'éclairer au cours de la période suivante.

IV. La présence de Rousseau, à la fois inspirateur, caution morale et théorique, et jusqu'à un certain point guide politique des révolutionnaires, s'affiche dans la plupart des grands débats d'idées qui se déroulent à la Constituante et sont largement repris dans le pays. Dans plus d'un cas, le contre-feu que la droite s'efforce d'établir s'alimente aux mêmes sources.

Le débat sur les droits de l'homme, qui met en œuvre une problématique complexe, ne voit Rousseau explicitement présent que chez les plus radicaux des intervenants, ceux qui font de la souveraineté populaire le principe des principes et l'âme même des droits de l'homme, même si cela doit mettre en cause le fondement du droit naturel. Mais parmi ceux qui se refusent à aller jusque là, certains (comme Mirabeau) rendent hommage à l'auteur du *Contrat social*, qu'ils tiennent justement pour le plus remarquable théoricien des droits naturels.

Rousseau est présent encore dans les discussions qui touchent à la réalisation concrète de la souveraineté nationale: débat sur l'organisation et le rôle du pouvoir législatif, à l'occasion du droit de veto, débat sur le droit de paix et de guerre. Dans le premier cas, il sert notamment à fonder l'argumentation des partisans du veto relatif, présenté comme un appel au peuple: c'est un des multiples exemples où le refus rousseauiste de la représentation conduit à obscurcir un problème décisif, en frayant la voie au compromis.

Le débat sans cesse renaissant sur les rapports entre le pouvoir politique et le peuple souverain offre, de ce point de vue, la réunion de toutes les équivoques possibles: c'est la droite qui, la première, mobilise contre l'Assemblée, avec le thème des mandats impératifs, les ressources du rousseauisme. Elle intervient ensuite constamment au nom de la souveraineté populaire, c'est-à-dire au nom de la légitimité que les Constituants ont prétendu fonder. Mais la critique de gauche de l'Assemblée se développe selon une ligne voisine: formellement, il y a une quasi-identité. Les démocrates entendent imposer la réalisation concrète de principes dont les contre-révolutionnaires font un usage purement tactique, ou dont ils tendent à montrer l'inanité, en les poussant à l'absurde.

Les discussions sur la société civile et sur les rapports de propriété comportent un recours à la théorie rousseauiste de la propriété, et ouvrent un important débat à ce propos: alors que la majorité bourgeoise de l'Assemblée découvre chez Rousseau une conception inégalitaire du contrat, que la propriété doive être considérée comme un droit naturel ou comme un droit social (mais intangible), les idéologues de la petite bourgeoisie (Fauchet,[2] Cournand[3]) fondent au contraire sur les mêmes textes, dont les aspects contradictoires ou complémentaires sont mieux mis en valeur, leur égalitarisme social.

C'est toujours de ce point de vue que la doctrine de Rousseau est mobilisée, au moment du débat sur les biens ecclésiastiques, alors que le problème de la constitution civile du clergé ne donne pas encore lieu à l'exploitation du si difficilement maniable chapitre 'De la religion civile'.

La discussion sur les clubs et les 'sociétés partielles', qui se déroule à tous les niveaux, met enfin en évidence un des principaux points d'achoppement de la théorie des droits de l'homme: Rousseau, qui fonde l'individualisme bourgeois avec une rigueur sans exemple, donne aux ennemis de la révolution, et aux modérés, des arguments décisifs contre l'existence, attentatoire à la souveraineté nationale, des sociétés populaires. Les révolutionnaires devront passer outre aux interdits de la doctrine bourgeoise, à laquelle ils adhèrent cependant.

Enfin, la naissance d'un état d'esprit républicain et de la doctrine correspondante, au printemps de 1791, surtout après Varennes,[4] est l'occasion de nouveaux emprunts à Rousseau, dont les idées sont reprises, discutées, transformées, et dont le lexique, même s'il ne s'impose pas, constitue un moment de la réflexion des démocrates.

V. Il restait à retrouver ces divers aspects dans quelques œuvres consacrées à J. J. Rousseau, ou à travers la propagande d'hommes qui apparaissent comme ses fidèles disciples. Le spectre entier des attitudes politiques, de l'extrême gauche à l'extrême droite, est ici représenté. Du côté patriote, les hommes qui se glorifient d'être les continuateurs de Jean-Jacques vont des plus modérés aux radicaux.

Aubert de Vitry, auteur de *Jean-Jacques Rousseau à l'Assemblée nationale*, est un modéré, proche des Anglomanes. Dès l'automne 1789, il est obsédé par l'idée qu'il faut vite satisfaire les revendications les plus urgentes des masses populaires, pour éviter qu'elles ne débordent le pouvoir des notables et dénaturent la révolution. Ce qu'il demande à Rousseau, c'est davantage une caution qu'un

---

2. Dans ses conférences sur le *Contrat social*, au cirque du Palais Royal, au cours de l'hiver 1790-1791 (organisées dans le cadre de la confédération dans Amis de la vérité). Cf. *La Bouche de fer*.

3. *La Propriété ou la cause du pauvre, plaidée au tribunal de la raison, de la justice et de la vérité* (Paris 1791).

4. Cf. La Vicomterie de Saint-Sanson *Du peuple et des rois* (Paris 1790), *Les droits des peuples sur l'assemblée nationale* (Paris 1791); François Robert, *Le Républicanisme adaptée à la France* (Paris 1791), nouvelle édition remaniée après Varenne, sous le titre *Avantages de la fuite de Louis XVI et nécessité d'un nouveau gouvernement* (Paris 1791); Billaud-Varenne, *L'Acéphocratie ou le gouvernement fédératif démontré le meilleur de tous pour un grand empire, par les principes de la politique et les faits de l'histoire* (Paris 1791); [anonyme] *Le Despotisme décrété par l'assemblée nationale* (Londres 1790).

corps de doctrine. Mais, d'une façon assez surprenante à première vue, il se montre partisan résolu de la petite propriété paysanne, et disciple intrépide de Jean-Jacques contre le méfait des grandes fortunes et des immenses domaines (attitude courante en fait, où s'exprime la forme idéologique petite bourgeoise, et jusqu'à un certain point le contenu petit bourgeois qui ont permis, dans les conditions françaises, le triomphe de la révolution bourgeoise).

Un peu plus à gauche, Gudin exprime, dans son *Supplément au Contrat social*, les choix politiques et les préférences idéologiques de la majorité constitutionnelle, dont il demande et obtient le patronage.

Mercier est un démocrate, assez timoré à cette date, qui ira jusqu'au républicanisme des Girondins. Son *Jean-Jacques Rousseau considéré comme l'un des premiers auteurs de la révolution française*, œuvre touffue, riche d'aperçus variés, offre un bon exemple de réaction patriote moyenne devant Rousseau: le rousseauisme justifie les grandes options de l'Assemblée, mais autorise certaines critiques des démocrates.

Loustalot, rédacteur des *Révolutions de Paris*, est un disciple fervent, beaucoup mieux instruit de la pensée politique de Jean-Jacques, qui lui sert souvent de guide, et à laquelle il donne certains développements créateurs (en matière de démocratie municipale notamment, dans le dosage entre l'idéal de la démocratie directe et la représentation).

Fauchet enfin consacre au *Contrat social*, au cours de l'hiver 1790-1791, une série de conférences suivies par un très large public. Critique précis, souvent remarquablement pénétrant, il dénonce certaines équivoques du rousseauisme au plan théorique (hésitations entre le droit naturel et la soumission à la loi de nature, ou force des choses, enseignée par Montesquieu) et il montre les lacunes programmatiques et les insuffisances du *Contrat* (dont la source est dans une abstraction dangereuse) au regard des exigences de la révolution. En matière sociale, il fait de Rousseau l'idéologue de la petite paysannerie parcellaire, et il exalte son égalitarisme, attitude qui lui vaut de furieux ennemis.

A droite cependant, un puissant mouvement de réinterprétation de Rousseau, contre son accaparement par les révolutionnaires, se développe à partir de la fin de l'année 1789. Des hommes connus, comme d'Antraigues, Ferrand, Landes, Rivarol, Servan, y participent, au milieu d'une forêt de brochures et d'articles: la postérité a retenu, à cause de son titre, le *Jean-Jacques Rousseau aristocrate* de Lenormant. De faibles nuances distinguent les admirateurs sincères de Jean-Jacques (comme d'Antraigues) et ceux qui feignent seulement d'adhérer au rousseauisme pour mettre en difficulté l'adversaire patriote: Landes, l'abbé Maury, l'abbé Royou de *L'Ami du Roi* etc. De tous ces écrits se dégage le profil d'un Rousseau conservateur, qui comporte un choix de textes spécifique: on insiste beaucoup sur l'abstraction du propos, le loyalisme à l'égard du régime établi, le sens de la force des choses, le goût de la paix …

VI. Reste enfin à dessiner le personnage mythique de Jean-Jacques, résultat d'une querelle ouverte dès longtemps, aux rebondissements multiples, qui reprend à l'occasion du livre de madame de Staël, *Lettres sur les ouvrages et le caractère de J. J. Rousseau*, et de la publication au même moment de la seconde partie des *Confessions*. Ce mythe s'épanouit en un culte, qui s'est développé dès la mort de Rousseau, mais auquel la révolution apporte quelques touches nouvelles. Au bout du compte, cependant, les aristocrates amis de Jean-Jacques, très nombreux au début de la révolution, finissent par prendre acte du fait que l'œuvre de Rousseau, dans ses thèmes essentiels, a servi et continue à servir la démarche des patriotes. Abandonnant Jean-Jacques aux révolutionnaires, ils ne peuvent que le renier, et rejoignent le camp des ennemis 'orthodoxes' du rousseauisme, ceux de la première heure, comme l'abbé Legros, le père Berthier, le père Bergier, ou Leroy de Barincourt:[5] c'est l'origine de la critique de droite de Rousseau, encore bien vivante, et dont la permanence est un signe, parmi d'autres, de la portée toujours actuelle de l'œuvre incriminée. De ce point de vue la trajectoire du comte d'Antraigues, disciple fervent de Jean-Jacques, est exemplaire: après avoir exalté Rousseau, l'avoir défendu pied à pied contre la vénération jugée infâmante des patriotes, variant avec beaucoup d'intelligence et de compétence les angles d'analyse et les thèmes mis en valeur, en appelant notamment de l'œuvre à l'homme qu'il a connu, il finit par brûler ce qu'il avait longtemps adoré, lorsqu'il revendique un ouvrage (qu'il n'a peut-être pas écrit), et dont l'objet est de combattre la révolution à travers l'œuvre de Rousseau.[6]

5. Cf. Jean-Claude-Charles-François Legros, *Analyse des ouvrages de J. J. Rousseau de Géneve* (Genève 1785), *Examen des ouvrages de J. J. Rousseau ... pour servir de suite à 'l'analyse'* (Genève 1786); G. F. Berthier, *Observations sur le Contrat social de J. J. Rousseau* (publiées et continuées par l'abbé Bourdier. Delpuits) (Paris 1789), ouvrage entrepris au lendemain de la parution du Contrat-social abandonné, mais qui redevient – ou devient-actuel, lorsque le traité de Rousseau est systématiquement utilisé par les patriotes; Nicolas-Sylvestre Bergier, *Le Déisme réfuté par lui-même, ou examen en forme de lettres des principes d'incrédulité répandus dans les divers ouvrages de M. Rousseau*, 1ère édition (Paris 1765), *Quelle est la source de toute autorité?* (Paris 1789), réfutation des principes politiques de Rousseau; Leroy de Barincourt, *La Monarchie parfaite* (Genève, Paris 1789), *Principe fondamental du droit des souverains* (Genève, Paris 1788), l'auteur développe une critique de Rousseau, dont il prétend mettre en pièce le système d'anarchie, et lui oppose les principes (d'ailleurs schématisés, et souvent défigurés) de *L'Esprit des loix*). On trouvera l'analyse critique de ces divers ouvrages in R. Barny, *Le Rousseauisme avant 1789: un prélude idéologique à la révolution française*, Annales littéraires de l'Université de Besançon (Paris 1985), et *Jean Jacques Rousseau dans la révolution française (1787-fin 1791): les grands débats politiques. Elaboration et fonctionnement de l'idéologie révolutionnaire bourgeoise* (à paraître).

6. *Principes du droit politique mis en opposition avec ceux de J. J. Rousseau*, 1ère édition (Neuchâtel 1794), attribué à Landes par Barbier et le catalogue BN. Dans sa *Lettre d'un émigré royaliste à l'auteur constitutionnel du coup d'œil sur la révolution française* (s.l. 1795), dont l'attribution ne peut lui être refusée, d'Antraigues cite à trois reprises, exactement et comme étant de lui, les *Principes du droit politique* (pp.8, 13, 72-73). Qu'il s'agisse ou non d'un larcin, ce texte permet de mesurer le changement radical de cet ancien disciple de Jean-Jacques. Cf., dans la bibliographie, la liste chronologique des œuvres et articles du comte d'Antraigues, qui permet de mesurer l'évolution de l'auteur, de l'enthousiasme rousseauiste de la première heure, à l'époque de la révolte nobiliaire, au début des Etats-Généraux, au reniement final, en passant par une longue lutte pour arracher Jean-Jacques à l'utilisation, jugée infâmante, des patriotes. Il multiplie avec intelligence et compétence les angles d'analyse d'une œuvre qu'il connaît parfaitement, met en valeur des constellations de thèmes différentes, en appelle de plus en plus souvent de l'œuvre à l'homme. Il s'est présenté comme un familier de Jean-Jacques, sans qu'on puisse savoir s'il fable ou non (cf. A. Cobban et R. S. Elmes, 'A disciple of J. J. Rousseau, the comte d'Antraigues', *RhlF* 43 (1936), pp.181-210, 340-63). Au total, on peut cependant estimer qu'on assiste à une lente et irréversible dégradation de son rousseauisme.

1. Les *Lettres sur les ouvrages et le caractère de J. J. Rousseau*: querelles littéraires et mondaines

LA baronne de Staël, fille du 'ministre bien aimé', met en circulation dans les derniers jours de 1788 un petit ouvrage, tiré à quelques dizaines d'exemplaires, qui ne tarde pas à faire le tour du tout Paris littéraire et mondain de l'époque: les *Lettres sur les ouvrages et le caractère de J. J. Rousseau*. C'est là son coup d'essai, qui dénote déjà un art assez sûr de la stratégie littéraire. Après un premier succès de curiosité et même de scandale, aidé par la malveillance qui fut toujours de règle en pareil milieu, elle se trouve 'forcée' de lancer une seconde édition destinée au grand public, bientôt suivie d'une troisième, puis d'une quatrième.[1] Son livre fait d'autant plus de bruit qu'elle a eu la fortune d'être attaquée dans un pamphlet acerbe, écrit pour la vouer au ridicule,[2] et défendue avec brio, non par un de ses admirateurs (il tient par dessus tout à éviter un aussi fâcheux malentendu), mais par l'ennemi de son ennemi.[3] Ainsi continuent à aller les choses dans le petit monde des salons parisiens, au cours de l'hiver 1788-1789.

Malgré ce climat peu favorable au sérieux de la réflexion, l'ouvrage de la jeune femme est bien loin d'être sans intérêt. A travers de nombreuses maladresses, elle y aborde des problèmes importants. Déjà, elle y donne des preuves d'une envergure intellectuelle qui dépasse de beaucoup celle de ses médiocres contradicteurs, ou celle de ses alliés.

Mme de Staël présente ses lettres comme un hommage à Rousseau: n'en connaissant point d'éloge, elle a senti, dit-elle 'le besoin de voir [son] admiration exprimée' (Préface). Mais elle ne s'interdit point la critique, et les questions qu'elle pose tiennent au moins autant de place que les témoignages d'adhésion enthousiaste qui sont de règle dans un éloge; cette attitude lui sera tenue à crime par certains; elle lui vaut au contraire les compliments de l'anonyme qui s'emploie à châtier son principal détracteur: 'M. de Champcenetz fait un reproche à Madame de St***, qui est bien loin d'être fondé. Il s'est imaginé que ses lettres étaient plutôt une critique qu'un éloge; il se trompe, c'est l'un et l'autre. L'Académie veut qu'on loue toujours, et la raison veut que l'on critique quelquefois.'[4] En vérité, l'ensemble de la lecture de Mme de St*** semble marquée par cette distance critique.

---

1. Texte cité d'après la dernière édition 'Augmentée d'une lettre de Mme la Comtesse Alexandre de Vassy, et d'une réponse de Mme la Baronne de Staël' (s.l. 1789), in 8°, 92 pp., BN Ln 27 17977 B. La première édition, in 12, très rare, est de 1788.
2. Cf. [M. de Champcenetz], *Réponse aux lettres sur le caractère et les ouvrages de J. J. Rousseau, Bagatelle que vingt libraires ont refusé de faire imprimer* (Genève 1789), in 8°, 63 pp. Cf. aussi, dans le même ton, [An.], *Remerciements de Jean-Jacques Rousseau à madame la baronne de Staël* (s.l.n.d.) (aux Champs Elysées, ce premier avril), in 8°, 8 pp.
3. [An.] *Réponse à la réponse de M. de Champcenetz*, au sujet de l'ouvrage de Madame la B. de S*** sur Rousseau (Rivarol, d'après Quérard, Attribution contestée par Monglond), in 8°, 27pp. Cf. aussi la réplique de Mme de Staël, *Courte réplique à l'auteur d'une longue réponse*, par Mme la Baronne de *** (Genève 1789), in 8°, 14 pp.
4. *Réponse à la réponse*, p.15.

Examinant tour à tour les principaux ouvrages de Rousseau, du *Discours sur les sciences et les arts* aux *Confessions*, elle rencontre divers problèmes dont la position correcte n'est pas évidente à ses yeux: comment apprécier l'importance et le rôle exact du sentiment dans l'œuvre de Jean-Jacques? Quelle est la portée morale de celle-ci? Que faut-il penser des paradoxes et de la dialectique qu'ils instituent? Jusqu'à quel point les abstractions rousseauistes peuvent-elles informer la réalité? En quoi consiste le mystère d'un style dont la perfection est universellement reconnue? Enfin, surtout, que faut-il penser de l'homme, c'est-à-dire en définitive du personnage, modèle ou repoussoir, dans lequel on est tenté de voir la création la plus populaire du grand écrivain? A travers cet ensemble de questions, la position politique et idéologique de Mme de Staël se dessine plus ou moins nettement, certains passages constituant même une participation directe aux luttes de l'heure.

i. L'âme sensible: sentiment et passion

S'il ne fallait retenir qu'un trait de l'ouvrage de Mme de Staël, ce serait sans doute son exaltation des forces du sentiment.

Selon un point de vue traditionnel, Jean-Jacques est considéré avant tout comme le maître et le modèle des âmes sensibles. Sa jeune lectrice se croit particulièrement qualifiée pour en juger: la spontanéité de son âge, la vocation de son sexe, son tempérament passionné, la mettent de plain-pied avec le créateur de Julie. C'est à lui, c'est au chantre de l'amour, mais aussi au poète de la mélancolie moderne qu'elle rend l'hommage le plus fervent. Son livre s'achève sur l'évocation, désormais classique, du pélerinage à Ermenonville:

Que le séjour enchanteur où sa cendre repose, s'accorde avec les sentiments que son souvenir inspire: cet aspect mélancolique prépare doucement au recueillement du cœur que demande l'hommage qu'on va lui rendre. On ne lui a pas élevé en marbre un fastueux mausolée; mais la nature sombre, majestueuse et belle, qui environne son tombeau, semble un nouveau genre de monument qui rappelle et le caractère et le génie de Rousseau: c'est dans une île que son urne funéraire est placée; on n'en approche pas sans dessein, et le sentiment religieux qui fait traverser le lac qui l'entoure, prouve que l'on est digne d'y porter son offrande. Je n'ai point jeté de fleurs sur cette triste tombe; je l'ai longtemps considérée les yeux baignée de pleurs; je l'ai quittée en silence, et je suis restée plongée dans la profondeur de la rêverie. Vous qui êtes heureux, ne venez pas insulter à son ombre! Laissez au malheur un asile où le spectacle de la félicité ne le poursuive pas.[5]

L'apostrophe finale aux gens heureux souligne bien la couleur dominante de cette évocation: Mme de Staël confère une teinte particulièrement sombre à la rêverie inspirée de Jean-Jacques, sans doute parce qu'elle croit au suicide. Mais le crédit qu'elle accorde à cette fable semble surtout en accord avec l'idée qu'elle se fait d'une destinée tragique, et avec certaines valeurs de l'œuvre auxquelles elle est très sensible. Ne parle-t-elle pas avec un 'attendrissement inexprimable' du suicide de Julie, et de l'échec final du bonheur dans ce roman qui pourtant nous en montre les voies (pp.31-32)? Mme de Staël se garde bien, d'ailleurs, de

---

5. *Lettres sur les ouvrages et le caractère de J. J. Rousseau*, pp.85-86.

nier la portée d'une telle recherche, poursuivie dans chacune des œuvres de Jean-Jacques. Elle l'exalte au contraire, dès la première page de son livre: 'Les ouvrages dont le bonheur du genre humain est le but, placent leurs auteurs au rang de ceux que leurs actions immortalisent' (Préface, p.1).

De même que l'*Emile* révèle l'éducation qui assure le bonheur de l'enfant tout en préparant celui de l'homme (pp.39, 41), la *Nouvelle Héloïse* est le roman du bonheur (p.24). Mais il s'agit d'un bonheur mélancolique, né de l'impossibilité reconnue d'éterniser la passion, du besoin d'échapper au temps. Mme de Staël aime ce pathétique, cette réunion des valeurs et des sentiments les plus incompatibles au regard du bon sens; et ce n'est certes pas simple inconséquence si son livre, qui s'ouvre sur l'idée du bonheur, s'achève par l'évocation d'un Jean-Jacques désespéré.

Une telle opposition ne trahit pas l'œuvre de Rousseau. On peut se demander cependant si elle ne tend pas à sous-estimer l'importance de la rêverie heureuse, en faisant la part trop belle à l'échec: au-delà de la futilité des querelles mondaines, c'est en définitive le sens de la principale objection qui va être faite à Mme de Staël.[6] Il est donc tentant de voir dans ses *Lettres* l'annonce de temps nouveaux, au cours desquels les conditions de l'approfondissement et de la généralisation de sa lecture, sur fond d'échec, seront réalisées.

En attendant, on retiendra surtout que la sensibilité est mise au premier plan: cela, du moins, est conforme à une image déjà éprouvée du rousseauisme. La sensibilité, première qualité de Jean-Jacques, est d'abord le fruit de 'l'organisation';[7] mais elle est surtout présentée comme une valeur, tant sur le plan intellectuel que sur le plan moral. Par ce concept, on prétend rendre compte à la fois de l'emprise du Rousseauisme, et de la crise globale des valeurs à laquelle il s'efforce de répondre.

Mme de Staël s'intéresse en effet beaucoup au choc affectif et intellectuel que provoque d'habitude la lecture de Jean-Jacques. Elle sent plus ou moins obscurément que l'ampleur du phénomène invite à dépasser les considérations psychologiques ou littéraires traditionnelles.

Le pouvoir de cette œuvre singulière semble tenir au lien personnel qui s'institue entre le public et l'écrivain. L'appel au sentiment libère une force considérable. Ainsi, Mme de Staël justifie la hardiesse dont elle fait preuve en devenant auteur par le besoin d'exprimer le sentiment qui la presse.[8] En même temps, elle imagine 'l'âme de Rousseau ... consumée par un feu qui la dévora longtemps avant de l'éclairer' (p.1). Tard venu à la carrière d'écrivain, 'il sentait trop pour penser' (p.2). Ce privilège ambigu est à l'origine de son génie; il a su, plus tard, 'inspirer de justes sentiments de haine pour le vice et d'amour pour la vertu'. Sans doute, il ne se charge pas 'd'apprendre à exécuter sa pensée', mais sa leçon est encore plus précieuse: 'il agit sur l'âme, et remonte ainsi à la première source' (p.6).

A travers ces formules banales, Mme de Staël cherche à exprimer, dans le langage inadéquat de la psychologie des facultés, l'expérience de milliers de lecteurs: l'œuvre de Rousseau sollicite l'énergie profonde de l'être. C'est un

---

6. *Réponse aux lettres*, pp.60-61.
7. *Lettres sur les ouvrages*, pp.1-2, 5.
8. *Lettres sur les ouvrages*, préface.

prélude à la crise révolutionnaire, quelle que soit la diversité d'attitudes que l'on observera bientôt chez tous ces amis de Jean-Jacques. D'autre part, l'opposition entre raison et sensibilité, que prétendra opérer plus tard une pensée conduite par la haine du 'dogmatisme' révolutionnaire, n'a pas de raison d'être. Le recours à la sensibilité marque au contraire un effort de dépassement de cette dichotomie mensongère: il exprime l'unité d'un comportement non réductible à ses aspects intellectuels, mais sans que l'importance de ceux-ci soit le moins du monde mise en cause. Si l'intelligence ne suffit pas à maîtriser les aspects de la crise morale et idéologique de la deuxième moitié du siècle, et à indiquer les moyens d'en sortir, elle reste une arme précieuse. Le rousseauisme coïncide avec cette volonté d'appréhender l'être humain concret dans sa totalité, d'où son impact. L'éloquence de Jean-Jacques, que chacun admire en désespérant d'en percer le secret, tient pour une part à cette mise en relief, à ce refus de toutes les réductions et de toutes les mutilations. Ainsi s'affirme déjà le besoin de changer la vie, qui met en œuvre toutes les puissances des hommes. Le rousseauisme joue ici un rôle d'unification: il invite donc à une sorte de transcendance, qui retrouve d'autant plus aisément la forme traditionnelle de la croyance religieuse que les voies réelles de la libération et de l'épanouissement des hommes restent pour l'essentiel cachées.

On peut comprendre par là l'emportement passionnel que met en général le lecteur de Rousseau à vivre sa relation à une œuvre propre à combler ses besoins affectifs et idéologiques les plus vitaux. Mme de Staël va jusqu'à suggérer l'assimilation de cette lecture à une expérience sexuelle heureuse: 'Rousseau [...] rassemble toute sa chaleur dans un centre, et réunit pour brûler tous les rayons qui n'eussent fait qu'éclairer, s'ils étaient restés épars. Ah! si l'homme n'a jamais qu'une certaine mesure de force, j'aime mieux celui qui les emploie toutes à la fois; qu'il s'épuise s'il le faut, qu'il me laisse retomber, pourvu qu'il m'ait une fois élevée jusqu'aux cieux' (p.7).

Naïveté de bas bleu, ou affirmation instinctive d'un tempérament redoutable? Transportés d'aise devant une telle incongruité, les critiques de la jeune femme n'entendent renoncer ni à l'une ni à l'autre des deux explications;[9] mais ils oublient de se demander ce qui a pu provoquer un tel changement de registre: la recherche d'une expérience unifiante, concrète, qui fasse appel à la personnalité totale de l'individu considéré, et dont l'œuvre de Rousseau est la seule à offrir le modèle. Comment ne pas en parler en termes de désir?[10]

Il va sans dire que ce langage ne convient pas seulement pour évoquer l'effet produit par la lecture de la *Nouvelle Héloïse* (p.13). Il est tout aussi pertinent quand il s'agit d'*Emile* (p.49), ou des œuvres politiques. C'est à propos de ces dernières que Mme de Staël écrit (pp.56-57):

Ce n'était point assez d'avoir démontré les droits des hommes; il fallait, et c'était surtout là le talent de Rousseau; il fallait, dans tous ses ouvrages, leur faire sentir le prix qu'ils doivent y attacher. Peut-être est-il quelquefois impossible au génie de transmettre toutes

9. Cf. *Réponse aux lettres sur le caractère et les ouvrages de J. J. Rousseau*, pp.12, 13-14: 'sans doute, cette image est pleine de force et de vérité, et le sexe de l'auteur ne pouvait pas percer plus naïvement; mais je doute que celle qui l'emploie ait la conscience de l'effet qu'elle a produit', etc. L'auteur de la *Réponse à la réponse de M. de Champcenetz* n'est guère plus charitable. Cf. pp.20-21.

10. Cf. encore *Lettres sur les ouvrages et le caractère de J. J. Rousseau*, pp.8-9.

ses idées à tous les esprits; mais il faut qu'il entraîne par son éloquence; c'est elle qui doit émouvoir et persuader également tous les hommes. Les vérités auxquelles la pensée seule peut atteindre, ne se répandent que lentement, et le temps est nécessaire pour achever la persuasion universelle; mais les vérités de sentiment, ces vérités que l'âme doit saisir, malheur au talent qui ne s'enflamme pas pour elles à l'instant qu'il les présente!

Je l'ai aimée aussi, cette liberté qui ne met entre les hommes d'autre distinction que celles marquées par la nature; et m'exaltant avec l'auteur des lettres sur la montagne, je la voulais telle qu'on la conçoit sur le sommet des Alpes, ou dans leurs vallées inaccessibles. Maintenant un sentiment plus fort sans être contraire, suspend toutes mes idées; je crois au lieu de penser; j'adopte, au lieu de réfléchir; mais cependant je n'ai sacrifié mon jugement qu'après en avoir fait un noble usage: j'ai vu que le génie le plus étonnant était uni au cœur le plus pur, et à l'âme la plus forte; j'ai vu que les passions ni le caractère n'égareraient jamais les facultés les plus sublimes dont un homme ait été doué; et après avoir osé faire cet examen, je me suis livrée à la foi, pour m'épargner la peine d'un raisonnement qui la justifierait toujours.

Cette analyse est d'un grand intérêt: elle montre parfaitement les rapports qui s'établissent, conformément à la leçon de Rousseau, entre 'l'éloquence' et le sentiment, ainsi qu'entre celui-ci et la raison. Les vérités du sentiment sont d'un ordre supérieur dans la mesure où le jugement s'épuise en vain à appréhender les réalités du monde moral, social ou politique; mais il n'y a pas conflit entre ceci et cela: le sentiment est la perfection d'une raison trop lente à s'emparer des vérités indispensables. En d'autres termes, le sentiment est révolutionnaire quand la raison hésite encore à formuler son verdict. La conclusion que Mme de Staël donne à son évocation des pouvoirs du rousseauisme montre qu'un tel commentaire n'est pas forcé: l'auteur s'adresse en effet au peuple de France, en train de se ressaisir de ses droits, pour lui indiquer que la leçon proposée, un peu forte peut-être, le concerne cependant. 'Vous, grande nation [...] je ne vous demande pas ce sentiment aveugle dont j'ai fait ma lumière; mais ne vous défiez pas de la raison' (p.58).

Le contexte montre qu'il s'agit ici des réformes politiques appelées par le progrès des lumières, dont Mme de Staël espère la réalisation pacifique. La raison doit en quelque sorte triompher par ses seules forces, sans avoir besoin du recours, légitime mais dangereux, au sentiment. Les deux types d'activité, tout en se conjuguant, se distinguent donc; et nous entrevoyons déjà, avec Mme de Staël, comment la bourgeoisie (incarnation de la raison), craint le déploiement anarchique du sentiment populaire, dont elle comprend cependant la validité.

ii. Jean-Jacques et la réforme des mœurs

Il y a davantage de banalité dans les développements sur la réforme des mœurs opérée par l'œuvre de Jean-Jacques: c'est un des points d'application les mieux reconnus de cette éloquence qui appelle les hommes à transformer les conditions et le but même de leur propre existence.

Emile apparaît ici comme l'ouvrage majeur (pp.33, 40). Mme de Staël rappelle les changements dans les mentalités et les attitudes dus à son influence (pp.39-40), l'importance reconnue du rôle de la mère, le respect de l'enfant, dont le droit au bonheur est pour la première fois affirmé (pp.40-41). Elle suggère que cette libération prend une valeur exemplaire pour tous ceux qui subissent une contrainte injuste (pp.36, 39); elle montre enfin que l'homme de la nature est un modèle qui s'impose à l'attention dans tous les domaines de la pensée et de l'action.

La *Nouvelle Héloïse* elle aussi est appréciée d'abord en sa qualité de roman moralisateur, c'est-à-dire tendant à inspirer des conduites ordonnées: 'une grande idée morale mise en action et rendue dramatique' (p.14). Jean-Jacques enseigne que le bonheur ne se sépare pas de la vertu, de la morale, de l'ordre. Les valeurs bourgeoises de la famille sont ainsi mises au premier plan.

Avec une bonne partie du public, Mme de Staël est conduite ici à réduire le chef-d'œuvre de Rousseau à un de ses aspects, malgré l'exaltation parallèle de la passion et de la sensibilité. La cohérence du roman apparaît mal. Les questions qu'on lui pose conduisent à la fois à méconnaître son caractère d'œuvre littéraire et à détruire l'unité de l'expérience spirituelle qu'il exprime. Julie est avant tout considérée comme un cas humain, posant un problème psychologique et surtout moral, non comme un personnage de roman. Madame de Staël s'attache à lui trouver des excuses, car elle croit devoir lui faire un triple reproche: elle n'aurait pas dû céder à Saint Preux (pp.14-15, 19, 24); l'ayant fait, elle n'aurait pas dû épouser M. de Wolmar (p.25); enfin elle aurait dû avouer immédiatement sa 'faute' à celui-ci (p.25)! Par contre, le tableau du bonheur paisible et vertueux de Clarens, dans une maison bien réglée, est loué comme un modèle admirable.

Madame de Staël s'élève toutefois à des considérations plus neuves lorsqu'elle montre les conditions sociales de l'extraordinaire succès de la *Nouvelle Héloïse*, qui ne peut se comprendre abstraction faite du statut de la femme au dix-huitième siècle, et des besoins spécifiques qui en découlent: en devenant femme, la jeune fille passe d'un monde où les réalités de l'amour sont censées ne pas exister, à un autre où elles sont systématiquement dévaluées. Cette mutilation affective est intolérable. La *Nouvelle Héloïse* proteste contre l'un et l'autre de ses aspects (pp.21-22).

A propos de la condition des femmes, Mme de Staël est d'ailleurs gênée par la conception tout à fait conservatrice qui reste celle de Rousseau. Sans oser la mettre ouvertement en cause, elle en discute âprement certaines conséquences. Si elle admet, d'assez mauvaise grâce, que l'on empêche les femmes 'de se mêler des affaires publiques, de jouer un rôle éclatant', elle fait observer que leur 'esclavage domestique' a une contre-partie imprévue: 'leur nature n'est pas dégradée, même dans les états despotes'; ainsi, dans une monarchie, 'les femmes conservent peut-être plus de sentiment d'indépendance et de fierté que les hommes' (pp.10-11). Ce n'est pas encore une revendication féministe; mais c'est une remarque aiguë sur la supériorité morale et intellectuelle que peut conférer un statut dépendant, dans le cadre d'une caste privilégiée. De là Mme de Staël en vient bientôt à exiger, en fait, un système d'éducation qui ne soit pas exclusivement destiné à reproduire ce statut dépendant. Elle trouve insupportable que Sophie n'ait aucune autonomie par rapport à Emile (pp.35, 44): c'est bien une opposition de fond qui se manifeste à l'un des aspects les plus conservateurs de la morale de Rousseau. Une telle incongruité ne pouvait que remplir de joie les spirituels critiques de Mme de Staël, ennemis résolus des 'femmes savantes'.[11]

iii. Les paradoxes de Jean-Jacques: réalisme ou utopie?

Comme tous les partisans des lumières, Mme de Staël reste perplexe devant le paradoxe anti-progressiste du premier discours. Elle regrette le caractère unilatéral de la thèse choisie (pp.3-4). Mais elle ne se borne pas à cette appréciation négative.

Tout d'abord, elle sait voir la continuité entre le discours sur les sciences et les arts, et le discours sur l'origine de l'inégalité. L'attaque contre le progrès ne peut se comprendre qu'à partir du concept de nature, que le second discours se propose de construire, et d'exalter. Et Mme de Staël signale le retournement qui se produit alors: lorsque Rousseau, désireux de retrouver le sol originel, en vient à évoquer l'histoire du développement social et humain, il magnifie ce progrès dont il dénonce les conséquences malheureuses! Le tableau grandiose du devenir ne saurait produire d'autre effet: 'Avec quelle finesse Rousseau suit les progrès des idées des hommes! Comme il inspire de l'admiration pour les premiers pas de l'esprit humain, et de l'étonnement pour le concours de circonstances qui put le lui faire faire! Comme il trace la route de la pensée, compose son histoire' (p.6).

Mme de Staël ne se borne pas à signaler ce paradoxe dans le paradoxe, qui efface toutes ses réserves; elle prend appui sur cette constatation pour affirmer la fonction créatrice du paradoxe rousseauiste fondamental. A propos du premier discours déjà, elle observe (p.3):

[Rousseau] voulait ramener les hommes à une sorte d'état, dont l'âge d'or de la bible donne seul l'idée, également éloigné des inconvénients de la barbarie et de ceux de la civilisation. Ce projet sans doute est une chimère; mais les alchimistes, en cherchant la pierre philosophale, ont découvert des secrets vraiment utiles. Rousseau, de même, en s'efforçant d'atteindre à la connaissance de la félicité parfaite, a trouvé sur sa route plusieurs vérités importantes.

L'utilisation du paradoxe comme instrument heuristique est surtout évidente dans le second discours, puisqu'elle est signalée par Jean-Jacques lui-même. Mme de Staël loue cet 'effort d'imagination intellectuelle, de création abstraite, au dessus de toutes les inventions d'événements et d'images dont les poètes [...] ont donné l'idée' (p.6). Sans doute ces 'systèmes' sont-ils 'exagérés'. Mais cela ne porte pas atteinte à leur double valeur: ils éclairent le réel, même s'ils n'en donnent pas une image fidèle; surtout peut-être, ils entraînent l'adhésion du public, dont ils modifient le comportement, en inspirant 'de justes sentiments de haine pour le vice et d'amour pour la vertu' (p.6).

Toujours attentive à l'impact de la parole de Rousseau, Mme de Staël refuse donc l'idée, déjà répandue, du caractère arbitraire et inutile de ses constructions théoriques. Elle revient d'ailleurs plus d'une fois à ce problème central sans accorder toujours la même valeur aux abstractions rousseauistes. Ainsi, elle s'indigne contre ceux qui jugent impraticable le système d'éducation proposé

---

11. Cf. *Réponse aux lettres*, pp.34-36.

dans l'*Emile*, et prétendent en général confiner l'œuvre de Rousseau dans le monde des chimères (p.42):

Je sais qu'il paraîtra peut-être extraordinaire d'adopter le système de Rousseau: on s'accorde pour admirer son éloquence; mais on a trouvé simple de croire que cette imagination si vive et si féconde, cette âme si passionnée, avait acquitté la nature envers lui, et qu'un tel talent de peindre ne pouvait être uni à la justesse d'esprit nécessaire pour tracer un plan utile. On a dit que ses opinions étaient impraticables ou fausses, afin de le ranger dans cette classe que les hommes médiocres même traitent avec dédain, ravis d'imposer le court enchaînement de leurs incontestables idées communes aux erreurs qui peuvent se rencontrer dans la suite des pensées nouvelles d'un grand génie. Moi, je ne crois pas qu'un ouvrage sur l'éducation, dont le système est parfaitement suivi depuis la première ligne jusqu'à la dernière, et qui doit réveiller sans cesse nos sentiments et toutes nos idées habituelles, pût intéresser, s'il fatiguait l'esprit par sa fausseté.

L'éloquence, l'imagination, l'âme passionnée de Jean-Jacques sont des quali-tés que chacun se plaît à lui reconnaître; mais de tels éloges sont parfois un moyen de lui refuser la justesse d'esprit, de récuser les idées neuves qu'il apporte, et qui sont un fruit essentiel de son génie. Madame de Staël proteste contre cette lecture conservatrice: la fausseté de l'opposition raison-sentiment est ici patente, sa signification idéologique ne saurait échapper.

Il arrive toutefois à la fille de Necker de reprendre le schéma qu'elle dénonce, lorsqu'elle aborde les œuvres directement politiques de Rousseau (p. 55):

La plupart des vérités qu'il développe sont spéculatives; on doit, j'en conviens, accorder plus d'admiration à celui qui crée un système, même imparfait, mais possible, qu'au philosophe qui, luttant contre la nature seule des choses, offre un plan sans défaut à l'imagination, mais peut-être faut-il avoir administré soi-même, pour renoncer au bien idéal, à côté du mal qu'on doit supporter, pour se borner à faire lentement quelques pas vers le but qu'on atteint si rapidement par la pensée. Enfin peut-être faut-il avoir observé de près le malheur des peuples, pour regarder encore comme une gloire suffisante le léger adoucissement que l'on apporte à leurs maux.

Madame de Staël oppose ici le réalisme du grand administrateur (son père) aux excès des philosophes purement spéculatifs: le *Contrat social*, à ses yeux, n'est donc pas un bon instrument pour un ministre réformateur. Dans le conflit idéologique en cours, Mme de Staël est aux côtés de Necker, et de l'administra-tion royale, contre les imprudences des 'républicains', aristocrates ou non, qui se sont emparés des thèmes les plus offensifs du rousseauisme. L'incertitude de ses appréciations reproduit assez bien les hésitations politiques de son père, et d'une fraction de l'opinion éclairée.

iv. Le personnage de Jean-Jacques

Cette incertitude se marque mieux encore lorsqu'elle en vient à la question si controversée du caractère de Rousseau. Ce n'est pas là un point mineur, dont l'importance anormale résulterait de la position naïve d'un problème littéraire ou idéologique: le personnage de Jean-Jacques est la création d'un grand écrivain, et il se présente aussi comme le fondement ultime de la vérité de l'œuvre, dès lors que le recours au sentiment prend une importance décisive. L'enjeu de la querelle qui se développe depuis la mort de Rousseau est donc plus important qu'il n'y paraît aux yeux du lecteur moderne.

Or le portrait de Jean-Jacques que trace Mme de Staël est singulièrement équivoque: effort d'impartialité d'une femme intelligente, qui refuse la perspective manichéenne des hagiographes, ou des ennemis déclarés? Sans doute,[12] mais ce passage perpétuel du pour au contre pourrait bien traduire en même temps une hésitation à s'engager par rapport au mythe de Jean-Jacques, compte tenu de la fonction remplie par celui-ci. Ainsi Mme de Staël déclare qu'elle n'a point voulu peindre d'abord le caractère de Jean-Jacques, se refusant par là à une démarche devenue habituelle:

Il n'a écrit ses *Confessions* qu'après ses autres ouvrages; il n'a sollicité l'attention des hommes pour lui-même, qu'après avoir mérité leur reconnaissance, en leur consacrant pendant vingt ans son génie. J'ai suivi la marche qu'il m'a tracée, et c'est par l'admiration que ses écrits doivent inspirer, que je me suis préparée à juger son caractère, souvent calomnié, souvent peut-être trop justement blâmé.[13]

Il serait mal venu de contester le bien-fondé de cette méthode, qui restitue à l'œuvre sa place, et son autonomie, contre les confusions des admirateurs naïfs et des ennemis inconditionnels. Mais est-ce bien seulement de cela qu'il s'agit? Le personnage de Jean-Jacques était devenu un problème bien avant que la menace de ses mémoires ne fît rebondir la querelle. Mme de Staël écarte ici la difficulté, sans voir tout ce qu'elle révèle: au-delà de la réalité des faits touchant l'individu, il s'agit bel et bien de prendre position par rapport à un modèle de comportement, et de pensée.

De ce point de vue, le jugement équilibré de Mme de Staël qui procède par juxtaposition de touches contradictoires, témoigne sans doute de quelque embarras au-delà d'une incontestable volonté de distance critique. Dans une série de questions essentielles au regard de la problématique rousseauiste, la fille de Necker évite de s'engager à fond: ainsi à propos de la sincérité de Jean-Jacques, de la valeur de la solitude, du secret du bonheur, de la réalité des persécutions entraînées par une prédication morale et politique hostile aux valeurs que prônent les riches et les puissants. Sur tous ces points, Mme de Staël se refuse à prendre une position unilatérale. Même si elle réagit ainsi aux provocations d'un clan hostile à Jean-Jacques, elle ne peut guère compter sur l'adhésion sans réserve de ses fidèles: d'autant que la stylisation des traits répond aux exigences d'une lutte idéologique en train de s'intensifier. Il ne suffit pas que Jean-Jacques se sente bon, comme l'assure la jeune femme (p.73), il faut encore qu'il le soit vraiment et sans contestation possible, pour que ses adeptes fervents soient pleinement rassurés sur la validité de leurs convictions et de leurs émois. Il ne suffit pas de justifier et d'admirer son amour de l'indépendance

12. Jean Roussel, dans son *Rousseau en France après la Révolution* (Paris 1972), a parfaitement mis en lumière les conditions familiales, sociales et littéraires qui ont présidé à l'élaboration du premier ouvrage de Mme de Staël. Admiratrice de Jean-Jacques, elle répond aux provocations d'un milieu philosophique hostile au rousseauisme, où l'on n'attend pas sans anxiété la publication de la suite des *Confessions*, et où se sont perpétués les modèles de la littérature mondaine: analyse psychologique et morale minutieuse, portrait, sur fond de sagesse classique, prétendûment intemporelle. Elle méconnaît pas pour autant la justesse de certaines critiques, notamment celles qui portent sur le caractère excessif de Jean-Jacques, sur l'agressivité résultant de la mauvaise conscience et de l'obsession du complot.

13. *Lettres sur les ouvrages*, p.63.

(pp.77-78), si par ailleurs on n'écarte pas l'accusation d'ingratitude qui pèse sur lui. Il ne suffit pas de condamner la cruauté de ses ennemis (pp.76, 82, 84), quand on déplore le sombre délire dont il était atteint. Il ne faut pas enfin déprécier son goût de la solitude, et en faire une sorte de fatalité de tempérament (pp.79-80), même si on éprouve beaucoup de sympathie pour ce trait: on en arrive ainsi à faire de la vie de Jean-Jacques un échec, et à confirmer la fable calomnieuse de son suicide (pp.29, 80-81); et on oublie que l'éloge de la solitude, loin d'être une attitude de fuite, est la clé de voûte de la dénonciation du monde moderne.

Pourtant, malgré cet effort pour rejeter l'emprise du mythe, Mme de Staël n'est pas étrangère à la construction d'une image idéalisée de Jean-Jacques, objet de la vénération publique. Tout d'abord, elle exalte les traits qui correspondent à sa propre sensibilité: importance de la passion, goût de la rêverie mélancolique, présence du thème de la mort sont autant d'éléments d'un portrait déjà romantique. En outre, pour Mme de Staël elle aussi, le génie de Rousseau s'apparente à celui du prophète, inspirateur de son peuple (pp.66, 69, 70-71). On rejoint ainsi le culte que les révolutionnaires vont dédier à Jean-Jacques, dont la grandeur intellectuelle et morale symbolise celle de l'homme du peuple, libéré d'une oppression séculaire.

Bien que la tentative de Mme de Staël soit marquée au coin d'une intelligence critique très vive, elle n'échappe donc pas, ni ne pouvait échapper, à la pesée des grands intérêts qui s'affrontent dans la France de 1788, modelant l'image de Jean-Jacques et de son œuvre, au-delà des sollicitations qui s'exercent dans le cadre plus restreint de la société littéraire et mondaine. La jeune femme, d'ailleurs, réagit en même temps à des incitations plus profondes, d'ordre affectif; à travers sa lecture de Rousseau, c'est l'affirmation de sa propre personnalité, et de sa vocation d'écrivain qui est en jeu:[14] c'est dire qu'elle ne peut manquer de se définir, consciemment ou non, par rapport au paysage idéologique et politique de l'heure, même si son objectif est de prendre du champ.

v. Situation idéologique du livre de Mme de Staël

A travers les thèmes essentiels des lettres sur Rousseau, certains choix idéologiques plus ou moins implicites apparaissent déjà avec assez de netteté. Mme de Staël, admiratrice de Jean-Jacques, convaincue que son génie réside dans l'unité de la pensée et du sentiment, est assurément une fille des lumières; mais cela n'est déjà plus, au moment où se posent tous les problèmes d'un choix de société, une détermination suffisante. On peut encore dire que la fille de Necker se range résolument dans le camp des réformateurs; mais non sans prendre ses distances avec les extrémistes de la contestation 'républicaine' (qui prend alors, sauf exception, ne l'oublions pas, une couleur aristocratique marquée).

A plusieurs reprises, les préférences de Mme de Staël trouvent l'occasion de s'affirmer directement. Ainsi, elle est sensible à la protestation anti-nobiliaire inscrite dans le personnage de Saint-Preux, mais sans aller jusqu'à la reprendre à son compte; elle se borne à excuser l'amant de Julie: il était, dit-elle, 'rempli

---

14. Cf. Jean Roussel, p.325.

de ces idées d'égalité que l'on retrouve encore en Suisse'. Mme de Staël admet implicitement que de telles idées sont incongrues dans une grande monarchie comme la France; et elle 'convient' même que le roman de Rousseau 'pourrait égarer un homme dans la position de Saint-Preux' (pp.18, 19). La jeune femme est donc très attentive à ne pas heurter les préjugés d'un milieu où l'on respecte les supériorités sociales.

Elle semble s'engager plus franchement en faveur d'un idéal démocratique lorsqu'elle applaudit à tout ce qui tend, dans l'éducation d'Emile, à faire échapper celui-ci à la dépendance avilissante des hommes pour le soumettre à celle des choses (p.36). Mais bien que ce grand principe rousseauiste présente une importance politique évidente, ce ne sont là encore, en un sens, que propos de moraliste, dont l'importance exacte est difficile à apprécier: ils peuvent très bien se concilier avec une attitude de sagesse classique, prônant une liberté toute intérieure.

Mme de Staël cependant donne une appréciation fort élogieuse, encore que succinte, de la doctrine politique de Rousseau, à un moment où celle-ci est en train d'acquérir une portée pratique aux yeux de beaucoup.[15] D'une façon générale, si l'on peut risquer un anachronisme lourd d'ambiguïté, le caractère révolutionnaire de l'œuvre de Jean-Jacques ne fait aucun doute pour sa jeune admiratrice. A propos du roman d'Emile et de Sophie, qu'elle n'aime guère, elle admet que l'excuse de l'auteur est de se situer dans un monde où l'on n'a plus à s'occuper des 'bizarres institutions de la vanité'. Rousseau, en effet, 'n'appuyait pas un édifice qu'il eût voulu renverser' (p.45). Cette portée critique radicale s'affirme dans les grands ouvrages politiques. Mme de Staël y voit le modèle d'un renouvellement profond de la société française, invitée à se dégager des hasards de l'histoire pour se conformer aux principes du droit (p.53):

La plupart des gouvernements se sont formés par la suite des temps et des événements, et souvent la connaissance de leur nature et de leur principe a plutôt suivi que précédé leur établissement. L'ouvrage donc qui nous fait bien connaître les premières bases du contrat social, qui fixe les vrais fondements de toute puissance légitime, est aussi utile que digne d'admiration: tel est le plan et le but du livre de Rousseau.

Cette mise au jour des principes intangibles de tout gouvernement légitime va permettre aux hommes de prendre en main leur destinée. Mme de Staël expose ainsi l'interprétation bourgeoise habituelle du rousseauisme: la société politique se forme par l'engagement réciproque d'individus libres et égaux en droit, l'intérêt particulier s'efface devant l'intérêt général, la souveraineté nationale affirme son emprise inaliénable sur l'Etat (p.54). Rousseau a toutefois eu tort 'de ne pas regarder comme libre la nation qui a ses représentants pour législateurs, et d'exiger l'assemblée générale de tous les individus'. C'est l'objection courante, dont le sens est vigoureusement souligné: 'les défenseurs de la liberté doivent se préserver de l'exagération. Ses ennemis seraient si heureux de la croire impossible!' (p.54).

Comme à l'ordinaire aussi, cette mise en garde contre l'exagération des principes rousseauistes n'a pas pour seul objet d'écarter les surenchères des conservateurs hypocrites. Mme de Staël veut en outre minimiser la portée de la

---

15. Lettre IV, pp.51-59.

doctrine de la souveraineté nationale; elle ne conçoit pas qu'un exercice populaire de la souveraineté soit possible. Dans cette optique, seul l'état despotique se trouve condamné: 'Ce gouvernement excepté ... il n'en est point que Rousseau ne justifie; il remonte à l'origine de toute autorité sur la terre, et prouve même que la monarchie établie par la volonté générale, fondée sur des droits que la nation seule a le droit de changer, est un gouvernement aussi légitime et peut-être meilleur que les autres' (p.54).

Rien ne prouve que Mme de Staël songe ici à une monarchie constitutionnelle, sévèrement limitée, comme celle qui va être instaurée par le coup d'audace du 23 juin, et confirmée par l'insurrection populaire. Bien au contraire, elle partage les vues assez indécises de Necker. Elle propose donc une interprétation timidement réformiste du *Contrat social*.

A la veille de la réunion des états-généraux, elle tient d'ailleurs à exprimer son admiration pour son père, qui apparaît alors, pour un court moment d'unanimité nationale factice, comme le grand homme incarnant les espoirs de tout un peuple. C'est ainsi que Jean-Jacques est à la fois exalté comme l'inspirateur de cette vaste entreprise de réformes, et réduit aux dimensions d'un précurseur de Necker (pp.58-59):

Et toi, Rousseau ... que n'es-tu le témoin du spectacle imposant que va donner la France, d'un événement préparé d'avance, et dont, pour la première fois, le hasard ne se mêlera point! C'est là, peut-être, c'est là que les hommes te paraîtront plus dignes d'estime! ou je me trompe, ou nulle passion personnelle ne doit maintenant les animer. Ils ne mettront en commun que ce qu'ils ont de céleste. Ah! ... Rousseau, quel bonheur pour toi si ton éloquence se fût fait entendre dans cette auguste assemblée! quelle inspiration pour le talent, que l'espoir d'être utile! quelle émotion différente quand la pensée cessant de retomber sur elle-même, peut voir au-devant d'elle un but qu'elle peut atteindre, une action qu'elle produira! les peines du cœur seraient suspendues dans une si grande circonstance; l'homme occupé des idées générales disparaît à ses propres yeux. Renais donc, ô Rousseau! renais donc de ta cendre! paraît, et que tes vœux efficaces encouragent dans sa carrière celui qui part de l'extrémité des maux, en ayant pour but la perfection des biens; celui que la France a nommé son ange tutélaire, et qui n'a vu dans ses transports pour lui, que ses devoirs envers elle; celui que tous doivent seconder, comme s'ils secouraient la chose publique; enfin celui qui devait avoir un juge, un admirateur, un concitoyen comme toi.

Dans ce discours à Jean-Jacques, Mme de Staël présente celui-ci comme le penseur génial qui a appris les hommes à dominer la force des choses; mais en même temps comme un précurseur trop en avance sur son temps pour découvrir le point d'appui qui pouvait lui permettre de réaliser cette ambition: d'où l'échec, le repli sur soi, l'individualisme exacerbé, le sombre désespoir des dernières années. Necker, placé dans des conditions plus favorables, a par ailleurs les qualités qui manquaient à Rousseau pour réaliser l'entreprise qu'il avait conçue: Necker sait en effet s'oublier lui-même; surtout peut-être il sait donner à l'ambition réformatrice les sages limites sans lesquelles le discours ne peut nourrir que le discours, dans un mouvement stérile impuissant à féconder le réel.[16] Un tel point de vue sur Rousseau ne manque sans doute ni de générosité

16. Cf. *Lettres sur les ouvrages*, pp.55-56. Mme de Staël poursuit: 'Qu'on place donc au-dessus de l'ouvrage de Rousseau, celui de l'homme d'état dont les observations auraient précédé les résultats, qui serait arrivé aux idées générales par la connaissance des faits particuliers, et qui se livrerait

ni de finesse, malgré tout ce qu'il ignore; mais il reflète surtout les positions prudentes, et au fond ambiguës, des cadres réformistes de l'état monarchique.[17]

Les *Lettres* de Mme de Staël s'adressent en priorité à un monde où tout ce qui a trait au personnage de Jean-Jacques est reçu avec avidité et inquiétude:[18] non seulement beaucoup de ceux qui furent impliqués dans la brouille entre le citoyen de Genève et les philosophes sont encore vivants, mais les implications idéologiques de la querelle sont plus actuelles que jamais. Celle-ci ne pouvait donc manquer de rebondir avec la publication d'un livre dont le succès est attesté par les propos mêmes de ses ennemis.[19] Au-delà de la polémique acerbe qui se développe sur le champ, et qui tient en partie à des inimitiés étrangères au débat, l'ouvrage de Mme de Staël va désormais servir assez souvent de référence aux points de vue sur Jean-Jacques.

Dans l'immédiat, aux brochures pour ou contre s'ajoute la pseudo-biographie de Rousseau par Barruel-Beauvert, hâtivement compilée dès que les lettres de Mme de Staël commencent à se répandre. Là aussi, il s'agit essentiellement de paraître à son avantage sur la scène mondaine, sinon en se montrant le meilleur dans l'art de la méchanceté spirituelle, du moins en s'affirmant homme de lettres.[20]   D'autres ouvrages, dictés par un sentiment moins superficiel, comme ceux de Sébastien Mercier[21] ou de Moutonnet de Clairfons[22] reviennent sur les problèmes qui sont au centre de la querelle, notamment ceux de la mort de Jean-Jacques, et du rôle joué auprès de lui par sa compagne, Thérèse Levasseur. Ce sont des recueils de souvenirs et d'anecdotes sur Rousseau, dont la mise au jour à cette date est appelée par l'actualité du rousseauisme, et par le développement du débat portant sur l'homme.

A ce moment d'ailleurs, la seconde partie des *Confessions* a été publiée.[23] A partir d'octobre 1789, elle fournit un nouvel aliment au débat, tout en prolongeant le succès des lettres de Mme de Staël, plus d'une fois alléguées élogieusement: tel journaliste émerveillé de leur à-propos et de la justesse de ton qui les caractérise, suggère que leur auteur a dû avoir connaissance du manuscrit de

moins en artiste à tracer le plan d'un édifice régulier, qu'en homme habile à réparer celui qu'il trouverait construit. Mais qu'on accorde cependant un grand tribut de louanges à celui qui nous a fait connaître tout ce qu'on peut obtenir par la méditation, et qui s'étant saisi d'une grande idée, l'a suivie dans toutes ses conséquences, jusqu'à sa source la plus reculée.'

17. Cf. encore pp.51-52, le passage dans lequel Mme de Staël présente la profession de foi du vicaire savoyard comme la première ébauche imparfaite du livre publié par Necker, *De l'importance des opinions religieuses*.

18. Cf. J. Roussel, pp.317-18.

19. Cf. *Réponse aux lettres* [Champcenetz], p.4.

20. Cf. R. Barny, *J. J. Rousseau dans la Révolution française: les grands débats politiques*, deuxième partie: 'Barruel-Beauvert et *La Vie de J. J. Rousseau*'.

21. S. Mercier, *De J. J. Rousseau considéré comme un des premiers auteurs de la révolution*. Cf. à ce sujet R. Barny, *L'Eclatement révolutionnaire du rousseauisme: amis de Jean-Jacques, de l'extrême gauche a l'extrême-droite – grandes lectures d'ensemble*, Annales littéraires de l'Université de Besançon (à paraître), première partie, ch.3.

22. *Le Véritable philanthrope, ou l'Isle de la philanthropie … précédé d'anecdotes et de détails peu connus sur J.J. Rousseau, avec une réfutation de son prétendu suicide*, par J.J.M.D.C., membre de plusieurs Académies, soldat volontaire de la garde nationale parisienne (Philadelphie 1790).

23. A l'initiative de Pierre Moultou, après la mort de son père, dépositaire des manuscrits de Rousseau, survenue en 1787. Le prospectus de l'édition des sieurs Barde et Manget, imprimeurs à Genève, est daté du 16 octobre 1789. Cf. J. J. Rousseau, *Œuvres complètes*, notices bibliographiques par Bernard Gagnebin, i.1897-99.

Rousseau; sinon, la réussite de Mme de Staël ne peut s'expliquer que par la secrète sympathie qui la lie à l'écrivain dont elle fait l'éloge.[24]

Des quelques articles et écrits divers consacrés explicitement aux *Confessions* se détache le livre de Ginguené,[25] modèle de toutes les défenses de Jean-Jacques publiées jusqu'à aujourd'hui.

Tous ces textes appartiennent à un même ensemble, défini par le problème central qu'ils posent: celui du personnage, largement mythique, de Rousseau.

24. Cf. *Révolutions de Paris* (de Prudhomme), no 26, du 2 au 9 janvier 1790, pp.41-42. Cf. surtout l'appréciation élogieuse de Fontanes, in *Journal de la ville et des provinces, ou Le modérateur*, par une société de gens de lettres, 9 nov. 1789, pp.158-59.

25. *Lettres sur les confessions de J. J. Rousseau*, par H. Ginguené (Paris 1791), in 8°, 138 pp.

2. Le débat sur le personnage de Rousseau rebondit

Il faut encore y ajouter les éloges composés à l'occasion d'un concours de l'Académie française dont le prix, annoncé pour 1790 puis reporté en 1791, ne fut jamais décerné.[1] Quelques-uns de ces discours furent néanmoins publiés. Par un de leurs aspects, important sinon essentiel, ils appartiennent au précédent ensemble, auquel viennent se joindre les remarques et anecdotes qui surgissent ici et là, sous la plume des journalistes et des pamphlétaires.

i. Aspects généraux du débat

Le trait essentiel, que l'on retrouve chaque fois que s'ouvre une discussion à propos de l'œuvre de Rousseau, c'est le glissement de ce premier problème à celui de la personnalité de l'auteur. Du moins en apparence: car il ne s'agit pas ici, nous l'avons déjà vu, d'une conception biographique de la littérature; la réduction de l'œuvre à 'l'homme' n'est d'ailleurs nullement caractéristique de l'époque. Il s'agit au contraire de mettre l'accent sur un des aspects importants de l'œuvre de Rousseau, comme productrice d'un mythe de la personnalité de l'auteur: celle-ci est envisagée à la fois comme le fondement d'une morale, d'une attitude politique, et comme le modèle idéal de l'individualité moderne. La situation marginale de Jean-Jacques, conscience solitaire, lui interdit d'envisager d'autre justification, cependant que l'individualisme lié au développement de la bourgeoisie, et l'état correspondant de la connaissance scientifique, conduisent à donner à cette attitude une valeur exemplaire.

Certains critiques ont conscience de la spécificité du problème: la lecture de l'œuvre de Rousseau impose une attitude inhabituelle. Ainsi, dans un compte-rendu de la seconde partie des *Confessions*, Mercier observe: 'De l'admiration de ses écrits, on passe facilement à l'examen de son caractère, on cherche à connaître s'il était pur, le foyer d'où sont partis tant d'idées et de sentiments.'[2] Jean-Jacques lui-même ne se comporte pas autrement, tout au long de son œuvre autobiographique: question vitale, au sens propre, dans la perspective où il la pose.

Un commentateur de 1790 s'est efforcé de rendre compte de la nécessité de ce passage. Après avoir signalé la divergence des jugements portés sur Jean-Jacques, il affirme d'abord le caractère exceptionnel d'une telle préoccupation:

ces critiques et ces éloges honorent également Rousseau. On admira Racine, Corneille, Voltaire, Montesquieu et Mably; mais content du plaisir que donne la lecture de leurs ouvrages, personne, que je sache, ne s'est beaucoup inquiété de savoir quels ils furent

---

1. Cf. ci-dessous ch.3, pp.79ss.

2. Cf. *Annales patriotiques*, supplément au no liv (du 25 novembre 1789). Cet article est reproduit, à quelques coupures près, in *De J. J. Rousseau considéré comme l'un des premiers auteurs de la révolution*, ii.340-43.

dans leur famille, et s'ils ne mentirent jamais aux préceptes qu'ils ont donnés. C'était à Rousseau qu'était réservée la singulière gloire que tous ses lecteurs voulussent, même après sa mort, faire connaissance avec lui, et devenir ses amis; qu'il n'y en eût pas un seul qui pût rester froid et indifférent sur le compte de l'Auteur, après avoir médité ses ouvrages; et qu'il fallût absolument se passionner pour ou contre lui, aussitôt qu'on l'avait lu.[3]

Cherchant à s'expliquer 'la cause de ce phénomène moral', le journaliste croit la discerner dans le fait que Rousseau est le seul véritable moraliste de son siècle. Alors que les autres écrivains 'se sont fait une sorte de philosophie ostensible, et qu'ils ont moins cherché à honorer la vérité, qu'à se faire honorer eux-mêmes, Rousseau 'n'écrit pas pour paraître meilleur qu'il ne l'est, mais pour être utile. C'est, par un contraste fort singulier, l'homme auquel on a le plus reproché l'exagération dans ses opinions, qui en a le moins mis dans sa morale.'

En bref, Jean-Jacques, lorsqu'il écrit, accomplit une fonction vitale. Réciproquement, le lecteur est renvoyé à l'acte d'écrire dans toute la richesse de son contexte, comme à son propre acte de lecture, qu'il ne distingue pas: Jean-Jacques invite à la réflexion sur son expérience en même temps qu'à la communion:

En écrivant, il ne s'occupe pas de sa réputation, il s'occupe seulement de votre bonheur; et convaincu que vous êtes, après avoir lu un de ses ouvrages, qu'il ne l'a composé que pour opérer quelque bien, il n'est pas extraordinaire que vous, qui êtes devenu son ami par reconnaissance, vous vouliez le connaître.

Il n'est pas étonnant non plus que vous le vouliez aussi, vous qu'un parti-pris d'avance et quelque haine de circonstance, ou une basse jalousie condamnent à ne pas l'aimer. Vous voulez le décrier: mais quoi! sa diction enchanteresse, l'attrait de sa morale, la fidélité de ses observations, et surtout le désintéressement de ses motifs résistent à vos mordantes critiques, vous savez bien aussi que ce n'est pas avec des paroles qu'on réfute Jean-Jacques. Dès là, vous essayez de mettre sa conduite en opposition avec ses principes, parce qu'il est plus aisé de censurer l'une que de répondre aux autres, et vous imaginez d'en être quitte de raisonner, pourvu que vous calomniez. Ne pouvant le faire croire inepte Auteur, quoique vous ayez fait, votre dernière ressource est de chercher à l'avilir pour lui ôter créance. Dans ce louable dessein, vous voulez savoir quelles ont été ses actions, afin de les tordre, de les commenter et de les salir.

Et ainsi, et par des motifs bien différents, la vie de ce grand homme a-t-elle autant d'inquisiteurs que ses ouvrages ont d'envieux et de partisans.[4]

Certes, cette explication reste surtout psychologique. Mais elle a le mérite, tout en soulignant l'existence d'un problème réel à ce niveau, de mettre l'accent sur une circonstance capitale dans un autre système d'appréhension: l'œuvre de Rousseau et la personnalité qui s'y dessine sont le lieu d'un combat acharné au sujet des principes que les lecteurs mettent en œuvre ou rejettent dans leurs comportements sociaux. En d'autres termes, cette image, contrastée et mouvante, est lourdement chargée de valeurs idéologiques: auprès de la fonction qu'elle assume ainsi, la réalité même des faits (en l'occurence la conduite de l'homme Rousseau) est de peu d'importance.

3. *Journal gratuit*, treizième classe, belles-lettres (1790), p.106 (in compte-rendu du 'second supplément à la collection des œuvres de J. J. Rousseau, citoyen de Genève, contenant la suite de ses confessions, et un recueil de lettres nouvelles. 3 vol. in 12. A Genève', pp.99-126).
4. *Journal gratuit*, pp.108-109.

Dans cette optique, les *Confessions* doivent apparaître comme le couronnement nécessaire d'une œuvre, dont le personnage de Jean-Jacques est le thème central et le fondement. C'est ce qu'affirme l'auteur d'un éloge académique publié en 1791. Il rappelle d'abord le rôle capital de l'élément subjectif dans tous les livres de Rousseau:

Osons le dire à ceux qui pourraient l'ignorer: chez presque tous les écrivains, l'homme souvent est bien différent de l'auteur; il y a presque toujours un long intervalle entre lui et ses productions: celles de Rousseau sont des créations de son âme et de véritables émanations de lui-même. Chez les autres, on voit que les sentiments sont dans la tête et chez Rousseau les idées mêmes, les pensées naissaient de son cœur.[5]

De telles protestations, cent fois répétées par Jean-Jacques lui-même, conduisent à souligner la place privilégiée des *Confessions*. Il n'est aucun des écrits de Rousseau, poursuit l'auteur, 'dans lesquels on ne le retrouve et qui n'aide à le juger. Dans tous, il est le même; ou plutôt, tous ses ouvrages sont *lui*: mais c'est dans ses confessions, surtout, qu'on reconnaît cette empreinte de l'homme' (p.65).

Il n'y a donc aucune solution de continuité entre l'œuvre autobiographique et l'œuvre politique et morale: le rousseauisme doit être accepté comme un tout dominé par la subjectivité de Jean-Jacques. Ce qui ne conduit nullement, au contraire, à la refuser comme une construction arbitraire. La validité même du *Contrat social* est attestée par l'investissement subjectif qu'on peut y reconnaître en profondeur: le sentiment est un principe intellectuel dont il est impossible de se passer sans tomber dans les erreurs les plus graves, notamment dans le domaine politique, où il joue le rôle du critère de la pratique. Hors de lui, il n'y a que facticité et mensonge. Dans cette perspective, les propos sur l'homme, sur la légitimité des *Confessions*, et sur le système politique de Rousseau, forment un tout indissociable.

C'est d'ailleurs l'actualité même de la pensée politique de Rousseau qui nourrit le discours, en apparence purement psychologique, sur l'homme, et qui accroît l'intérêt porté aux *Confessions*: 'Le génie de Rousseau, sa renommée, ses malheurs réels ou imaginaires, la grande influence que les vérités politiques énoncées dans son contrat social ont sur la révolution présente, tout nous oblige de parler avec quelque étendue de ces nouveaux Mémoires de sa vie', écrit le rédacteur du *Journal de la Ville*.[6]

Quant au disciple de Rousseau, Loustalot, il commence en ces termes le compte-rendu qu'il consacre aux *Confessions* dans les *Révolutions de Paris*:

Cet ouvrage était le seul qui, dans l'état des choses, pût distraire les esprits des matières politiques, si toutefois c'est s'en éloigner que de lire la vie d'un républicain qui a puissamment coopéré à notre révolution, en publiant le Contrat Social, qui sut flétrir à jamais l'aristocratie génevoise, en renonçant au titre de citoyen de Genève, et dont toutes les actions ont prouvé que l'amour de la liberté peut s'unir dans une âme fière aux vertus les plus douces.[7]

5. *Eloge de J. J. Rousseau*, qui a concouru pour le prix de l'éloquence de l'Académie française, en l'année 1791. Par M. Thiéry, membre de plusieurs Académies (s.l. 1791), in 8°, 82 pp., p.58.
6. 9 novembre 1789, p.158.
7. *Révolutions de Paris* [Prudhomme], no xxiv, du 19 au 26 décembre 1789, p.43. Le compte-rendu de la 'suite des Confessions' (pp.43-50) se poursuit aux nos xxv (pp.33-41) et xxvi (pp.33-42).

L'image édifiante de Jean-Jacques est manifestement ici le complément des convictions révolutionnaires du journaliste. De la même façon les ennemis de la révolution projettent parfois leur haine sur le personnage qui incarne à leurs yeux le régime nouveau. Ainsi Burke se livre à une très violente diatribe insérée dans la *Feuille du jour* (10 mai 1791, p.333):

Les inventeurs systématiques en morale se disputent à qui ressemblera le mieux à *Rousseau*. Pénétrés de ses poisons, ils se sont appropriés son sang, son esprit et ses mœurs. Ils le dévorent, ils le pompent avec avidité dans les moments qu'ils dérobent aux débauches de la nuit, aux laborieuses machinations du jour. Semblable à la statue de Polyclète, la vie de cet effronté cynique est devenue le modèle de la perfection pour eux.

Pourquoi vos législateurs ayant à choisir une foule d'écrivains immoraux, pour avilir le marbre en le condamnant à reproduire leurs traits, ont-ils préféré Jean-Jacques? C'est parce que le vice qu'ils voulaient asseoir sur le trône de la vertu, brille chez lui de sa plus horrible splendeur.

A cette époque (1791), une telle violence est tout à fait exceptionnelle. Pariseau, le rédacteur fayettiste de droite qui publie cet extrait, n'omet d'ailleurs pas de prendre ses distances par rapport au publiciste britannique (p.333):

Il paraît une nouvelle lettre de M. Burke contre les opérations de l'assemblée nationale. Nous ne rendrons aucun compte de cet ouvrage. Il faudrait adopter ce qui peut être juste, réfuter ce qui ne l'est pas, approfondir et discuter. Nous laisserons ce travail à ceux qui peuvent s'y livrer, et nous nous contenterons de faire connaître à nos lecteurs la façon de parler de M. Burke sur Rousseau. Nous ne croyons pas nécessaire de dire que cette façon de penser est infiniment éloignée de la nôtre. Encore une fois, il ne s'agit pas ici de nous, mais d'un Anglais, dont l'opinion a de la faveur et du poids, quoique la chaleur de son imagination et l'âcreté de son humeur l'emportent fréquemment au-delà des mesures de la raison et de la vérité.

En 1791, il en est vu d'abondantes preuves, l'opinion aristrocrate reste dans sa majorité favorable à Rousseau. Même quand elle est réticente, ce n'est pas là son ton. Certes, si Pariseau se plaît à citer ainsi Burke, c'est qu'il juge que tout n'est pas déraisonnable dans les violences de l'orateur anglais: le courant hostile à Jean-Jacques se fraie peu à peu un chemin à droite, où il s'imposera plus tard. Mais, pour l'instant, *La Feuille du jour* participe elle aussi à la campagne aristocrate de récupération du rousseauisme.[8] La réaction passionnelle de Burke montre en tous cas que la condamnation de Jean-Jacques est exactement symétrique de sa déification: c'est une variante de la même approche, qui conçoit le personnage comme la projection de principes moraux et politiques autour desquels la révolution semble se livrer.

Mais l'ère des insultes proférées ouvertement est close en France, pour le moment du moins. La plupart de ceux qui interviennent désormais se présentent comme des amis de Jean-Jacques. L'hostilité franche se réfugie dans de brèves remarques excédées chez certains pamphlétaires ultra-conservateurs. Ainsi l'abbé Royou tance vertement le jeune Dampmartin qui s'est laissé aller, dans une note de son *Histoire de la rivalité de Carthage et de Rome*, à un éloge démesuré du citoyen de Genève:

8. Cf. textes cités in Barny, *L'Eclatement révolutionnaire du rousseauisme*, 2e partie et en outre, les nos du 29 août 1791, p.476; 12 sept., p.589; 17 sept., pp.627-628; 21 oct., p.903; 23 janvier 1792, p.182; 18 mars 1792, p.618 (617); 30 mars, p.716; 23 avril, p.891; 26 mai, pp.1170-71.

il en fait un Dieu; il se prosterne aux pieds de ses autels. Toute cette note est l'élan du plus aveugle enthousiasme. L'Auteur oublie que Rousseau a fait plus de mal que de bien à la Société; que, si son éloquence a rajeuni quelques maximes utiles, elle a accrédité bien des erreurs très dangereuses; qu'il a écrit contre la Religion et le Gouvernement du pays qui lui avait donné un asile, ce qui, dans un Philosophe, est une très grande indiscrétion; enfin, qu'en s'élevant contre la corruption du siècle, il a lui-même outragé les bonnes mœurs. M. Dampmartin n'a peut-être pas lu les *Confessions* de Jean-Jacques, il aurait de la peine à reconnaître son héros dans un pareil déshabillé; et il serait étrangement surpris de voir que son Dieu n'est qu'un homme bien petit et bien faible.[9]

Ce texte est de juillet 1789. Bientôt, sans changer de point de vue quant au fond, l'abbé Royou se montrera plus prudent: la vague de rousseauisme va le conduire à participer à la tentative de récupération opérée à droite; et Dampmartin, évoquant en 1790 le reproche de naguère, se félicite de l'évolution qu'il croit discerner chez le rédacteur de l'*Année littéraire*: 'Il m'est doux de penser que le littérateur estimable qui m'a reproché *l'élan du plus aveugle enthousiasme pour Rousseau de Genève*, a lui-même changé d'opinion depuis quelques mois, et cesse de croire que ce philosophe *ait fait plus de mal que de bien à la société*.'[10]

Dampmartin, qui deviendra lui-même beaucoup plus réservé au sujet de Rousseau, au fur et à mesure que ses opinions libérales feront place à une attitude 'modérantiste', puis contre-révolutionnaire, se trompe ici complètement. Mais il est bien exact qu'en 1790-1792 le courant anti-rousseauiste semble s'être évanoui: tout se passe comme s'il n'y avait plus d'opposition qu'entre les partisans inconditionnels de Jean-Jacques et ceux qui, admettant certaines réserves, ne veulent pas condamner sans appel ses ennemis. Non seulement la droite est devenue orfèvre en matière de rousseauisme, et prétend juger en dernier ressort de la qualité d'ami de Jean-Jacques, mais la coterie philosophique répugne à s'exprimer publiquement; non qu'elle soit convertie, mais il est devenu difficile de se présenter comme un ennemi de Rousseau, dès lors que cela risque de conférer une étiquette politique indésirable pour beaucoup, celle de contre-révolutionnaire. De nombreux disciples des philosophes sont en effet de fervents patriotes: ainsi le futur député à la convention Deleyre, mais aussi, à cette date, l'académicien La Harpe, ou l'exécuteur testamentaire de Diderot, Naigeon. La polémique avec l'ombre de Rousseau passe donc au second plan, dans la mesure où elle risque d'entraîner un fâcheux malentendu.

On peut dès lors avoir l'impression que Jean-Jacques a définitivement gagné son procès auprès de la postérité, dans les termes mêmes où il l'avait conçu. Çà et là, on en fait la remarque. Aux yeux de Moutonnet-Clairfons, l'éloge mis au concours par l'Académie française est la preuve 'la plus convaincante' de ce revirement.

Que ce philosophe si longtemps persécuté par les beaux esprits, serait surpris s'il pouvait revenir sur la terre! Son Eloge à l'Académie française! Tous les préjugés sont éteints; tous les partis se réunissent; toutes les haines s'évanouissent: toutes les prétentions disparaissent, toutes les préventions s'éteignent: tous admirent le profond philosophe.[11]

9. *L'Année littéraire*, 1789, no 26, 1er juillet, p.243.

10. [H. A. Dampmartin], *Un provincial à Paris pendant une partie de l'année 1789* (Strasbourg s.d. [début 1790]); cf. lettre xxx, p.188.

11. *Le Véritable philanthrope*, pp.4-5.

Ce tableau idyllique est confirmé par le rédacteur du *Journal de Paris*, dans son compte-rendu de l'ouvrage de Ginguené: selon lui, la réputation de Rousseau 'a complètement triomphé des plus violentes attaques'.[12] Depuis que les principes politiques de l'auteur du *Contrat social* ont servi de base à la constitution de la France, 'ses partisans semblent s'accroître, tandis que la haine de ses ennemis n'a plus d'aliments'.

Divers témoignages montrent pourtant que les héritiers de la 'coterie holbachique', ou ceux qui partagent leurs préventions, ne sont pas prêts à battre leur coulpe. Leur hostilité est tenace, mais elle s'exprime à mots couverts. Ainsi La Harpe, qui a publié jadis, au moment de la mort de Rousseau, un article assez malveillant sur celui-ci, n'ose pas récidiver. Mais la mauvaise humeur perce en plusieurs endroits du compte-rendu qu'il consacre, dans le *Mercure*, à la 'suite des Confessions'. Il déclare, d'un air pincé:

Il n'est plus temps de revenir sur les œuvres et sur la personne de Jean-Jacques Rousseau. Ils sont appréciés. Ses ouvrages le sont beaucoup plus dans la situation où la France se trouve, que sa personne sur laquelle nous pensons qu'on ne variera plus quand on aura parcouru ses Confessions. Nous nous garderons bien de laisser percer notre opinion; mais nous rapporterons fidèlement les faits qui pourront justifier et accuser cet Ecrivain, intéressant même dans ses écarts.[13]

Si l'éminent critique consent, du bout des lèvres, à louer sans restriction l'œuvre de Jean-Jacques, notamment son œuvre politique, il entend rappeler qu'il n'éprouve aucune sympathie pour l'homme. Au moment de conclure, il va le souligner plus nettement encore (p.86):

Nous avons promis de ne pas laisser percer notre opinion, et nous tenons parole. Nous venons de prouver que nos intentions ne sont rien moins qu'hostiles, et que nous avons trouvé du plaisir à présenter les titres justificatifs de Rousseau: mais on ne doit point en induire que nous soyons bien indulgents pour l'homme qui met ses enfants aux Enfants trouvés, qui épouse sa servante (Eh! Quelle espèce de servante!) qui croit les Rois et les particuliers ligués contre lui, et qui ... Nous nous arrêtons, parce que cet homme est celui qui a écrit l'*Emile*, *Héloïse*, *le Contrat social*; qui, s'il n'a pas toujours pratiqué la vertu a su la rendre aimable et touchante; dont le génie était fait pour affermir le bonheur des sociétés sur ces bases sacrées, autour desquelles germent la vertu et la liberté.

En un sens, La Harpe sera donc tout à fait fondé à affirmer, après sa conversion spectaculaire à la foi chrétienne et à la contre-révolution la plus extrême, qu'il n'a jamais aimé Rousseau en quoi que ce soit: 'on sait assez qu'en aucun temps je n'ai partagé à l'égard de Rousseau le fanatisme populaire. Je savais ce qui le produisait avant même d'avoir pensé à ce qu'il pouvait produire.'[14]

En d'autres termes, La Harpe, dont le conservatisme social a toujours été très accusé, même lorsque ses convictions patriotes étaient dans toute leur force, n'a pas prévu le danger politique des doctrines de Rousseau; mais il a toujours éprouvé de l'éloignement pour l'idéologie rousseauiste, et il rapporte ce sentiment à la répugnance que lui inspire l'homme. Après thermidor, il sera réconcilié avec lui-même. Il se glorifie alors de son article sans complaisance de 1778, et

12. *Journal de Paris*, 4 juillet 1791 (compte-rendu des *Lettres sur les Confessions de Jean-Jacques Rousseau*, par Ginguené), p.744.

13. *Mercure de France*, novembre 1789, *Suite des Confessions de Jean-Jacques Rousseau*, pp.78-79.

14. Cf. *Sur J. J. Rousseau*, in *Lycée ou cours de littérature ancienne et moderne*, 144.

ses violentes diatribes contre Jean-Jacques[15] confirment la permanence, et l'épanouissement à droite du système critique déjà mis en évidence: on a construit un personnage qui est essentiellement le point de cristallisation des haines politiques et idéologiques sanglantes nourries par la révolution.

Dès 1789-1791 cependant, les réticences d'un La Harpe ne sont pas exceptionnelles, sauf par l'aigreur du ton. D'autres patriotes modérés se sentent atteints par la sévérité de Rousseau envers les philosophes, et prennent la défense de ceux-ci. Dans le *Journal de la ville*, Fontanes s'efforce d'excuser la conduite de Voltaire, sans aller jusqu'à la justifier.[16] Il observe surtout que, d'après les *Confessions* mêmes, les torts de Diderot et de d'Alembert ne sont pas du tout prouvés.[17] Seul Grimm est abandonné à l'ironie meurtrière de Rousseau:[18] il est vrai que les terribles pages qui lui sont consacrées sont de celles dont on ne se relève plus.

Un autre défenseur des encyclopédistes se présente en la personne de l'ex-jésuite Cerutti, un des écrivains patriotes en vue de la première période, dont le glissement à droite est déjà sensible. Il adresse une longue lettre au *Journal de Paris* pour corriger le portrait, injuste à ses yeux, que Rousseau trace du baron d'Holbach.[19] Lettre prudente, et très défensive: Jean-Jacques, sans inventer aucun fait, a mal interprété l'attitude du baron à son égard. Ginguené n'aura

---

15. p.145: 'Je rendis tout ce qui était dû à la mémoire encore récente d'un homme que je reconnaissais pour *un des plus éloquents écrivains du dix-huitième siècle*, mais j'indiquai dès lors tous les reproches qu'on pouvait lui faire; je réduisis, comme je le devais, la folle exagération des louanges. Je montrai dès lors les rapports très importants et très décisifs entre l'auteur et sa doctrine, entre sa vie et ses livres, entre son amour propre et ses principes, entre ses ressentiments et ses jugements, entre son caractère et sa morale, entre ses aventures et ses romans. Tout cela n'était que sommairement résumé, avec une précision sévère, qui ne manqua pas de m'attirer, de la part des enthousiastes, quelques libelles dont je fus affecté alors, et dont je m'applaudis aujourd'hui. Je n'avais jamais pu goûter l'arrogance paradoxale qu'on appelait *énergie*, et le charlatanisme des phrases qu'on appelait *chaleur*. En un mot, je ne pouvais voir dans ce J. J. Rousseau, tant vanté par une certaine classe de lecteurs et surtout par lui-même, que le plus subtil des *sophistes*, le plus éloquent des *rhéteurs* et le plus impudent des *cyniques*. Combien ce jugement, que je crois juste, et qui est, à ma connaissance, celui de tous les bons esprits, laisse-t-il de places au-dessus de Jean-Jacques, pour ceux qui ont été dans la première classe des vrais philosophes, des orateurs et des poètes! Mais combien ce même jugement m'a paru encore plus fondé, depuis que le Ciel a permis que ce funeste novateur fût si terriblement réfuté par tout le mal qu'il a fait! Il faut détailler aujourd'hui ce que je n'avais qu'effleuré, et je suis obligé de montrer l'homme en même temps que ses opinions: l'un sert à infirmer l'autre.'

On ne saurait mieux dire. Le grand mérite de La Harpe consiste dans la parfaite clarté de ses motivations idéologiques, à quoi se réduisent souvent ses jugements littéraires. Ici la démarche n'a même pas besoin d'être indiquée: le portrait-charge de Rousseau s'avoue comme une exigence de la lutte des idées.

16. Cf. le *Journal de la ville*, 24 novembre 1789, pp.218-19.

17. p.219: 'On ne voit pas, dans les *Confessions*, que Diderot et d'Alembert aient eu les mêmes torts que Voltaire. Le premier selon Rousseau lui-même, *était plus inconséquent et plus faible que méchant*. Le second est souvent accusé, mais aucune preuve n'atteste ses prétendues noirceurs. Un fait détruit à cet égard toutes les rêveries de Rousseau. Ouvrez la correspondance de Voltaire et de d'Alembert, vous y verrez que la raison calme du géomètre modère plus d'une fois les emportements du poète. D'Alembert représente qu'on doit ménager les malheurs de Rousseau, et plaindre ses préventions. Cet argument est sans réplique.'

18. 'L'ennemi pour qui Rousseau semble nourrir le plus de haine, est Monsieur le baron de G***. Il ne serait pas impossible qu'il eût eu de faux amis, comme tant d'hommes illustres et même vulgaires.'

19. *Supplément au no 336 du Journal de Paris*, mercredi 2 décembre 1789, pp.1567-68.

pas de mal à montrer que Cerutti confirme, sans y prendre garde, les principaux griefs de Rousseau. D'Holbach se plaisait bien à harceler celui-ci de remarques irritantes; ce n'est pas une excuse que d'avoir voulu provoquer des 'éclats' divertissants, ou même fascinants par les paradoxes que le citoyen de Genève, poussé à bout, développait alors: on ne contrarie pas sans cesse un ami pour le rendre sublime 'comme on fouette un singe pour le faire passer dans un cercle'. D'autre part, d'Holbach a bien cherché à vérifier les connaissances musicales de l'auteur du *Devin du village*, accusé de plagiat par ses ennemis. Enfin il a tenté, avec Diderot, de le séparer de Thérèse: peut-être était-ce pour son bien, mais on comprend que Jean-Jacques se soit révolté.[20] En un mot, Cerutti montre sans doute que les crimes du baron d'Holbach et de ses familiers pouvaient être assez bénins de leur point de vue; mais il met surtout en évidence la situation en porte-à-faux de Jean Jacques, dont les obsessions devaient être nourries par son isolement affectif et intellectuel croissant, aggravé par la complicité unissant, contre lui, ses 'amis' philosophes.

Mais c'est surtout indirectement, à travers les témoignages de Ginguené et de quelques autres, que l'on découvre la persistance d'une hostilité cohérente à Rousseau, inspirée au moins en partie par une tradition issue du milieu des philosophes. On entrevoit que bien des discours tenus sur Jean-Jacques, notamment après la lecture de la suite des *Confessions*, ont dû être plus violents que les écrits publiés ne le laisseraient supposer.

Dans la préface de ses *Lettres*, Ginguené indique qu'elles furent écrites à cette occasion (cf. p.37, n.38). S'il ne les publie qu'un an plus tard, c'est que désormais 'la mémoire de celui qui en est l'objet est en quelque sorte devenue sacrée': l'assemblée nationale vient en effet de décréter, le 21 décembre 1790, qu'une statue sera élevée à l'auteur du *Contrat social* et d'*Emile*.[21] Malgré cette circonstance, certains familiers de Ginguené lui prédisent qu'il va se faire beaucoup d'ennemis. Il en convient, mais il prétend sauver l'honneur du monde littéraire, dont la froideur ne se dément pas:

Il est impossible de juger impartialement Jean-Jacques Rousseau, et surtout ses *Confessions*, sans déplaire à beaucoup de personnes; mais s'en suit-il qu'on ne doive jamais dire ce qu'on pense? Faudra-t-il attendre qu'il n'y ait plus sur la terre aucun de ses ennemis, ou des amis de ses ennemis, ou des amis de leurs amis? Les lettres qu'il a tant honorées, quoiqu'il en ait dit tant de mal, seront-elles seules muettes sur son compte, dans cette Révolution si favorable à sa gloire?[22]

Les milieux littéraires influencés par les philosophes restent donc à l'écart du grand mouvement de sympathie envers Jean-Jacques; c'est là qu'on continue à lui vouer des haines farouches, d'autant plus dangereuses qu'elles sont nourries par des hommes fortement retranchés dans certaines institutions officielles, toujours subsistantes, de l'ancien régime, telles l'Académie française ou l'Académie des sciences: contradictions de la machine d'état monarchique, et de l'idéologie bourgeoise prospérant dans un cadre officiel! Dans l'article qu'il consacre aux *Lettres sur les Confessions*, le rédacteur de la *Chronique de Paris* confirme l'exactitude des appréciations de Ginguené:

---

20. Cf. *Lettres sur les Confessions*, pp.85-88.
21. Cf. ci-dessous, ch.4, i.
22. *Lettres sur les Confessions*, p.vii.

Il est sûr que la publication de cet écrit lui fera des ennemis, et des ennemis d'autant plus dangereux qu'ils n'oseront pas avouer le motif honteux de leur haine. Nous connaissons un homme de lettres qui osa rendre un hommage public à Jean-Jacques au moment de sa mort. Cette audace fit sonner le tocsin. On députa chez lui pour l'engager à rayer de son ouvrage les vers coupables. Il tint bon; on lui menaça de l'exclure à jamais de l'académie, de le perdre dans sa fortune et dans sa réputation; et ce qu'il y a de pis, c'est que l'on tint parole. Cet homme de lettres est également recommandable par son honnêteté, son civisme et ses talents. C'est de lui que nous tenons l'anecdote.

M. Ginguené est donc bien fondé à croire que cet écrit lui fera des ennemis. Mais, ce qui doit le consoler, il est bien propre à lui faire des amis de tous ceux pour qui les mots de sentiment, de nature, d'amour, d'amitié, de patrie et de vertu ne sont pas des mots vides de sens, et la révolution française prouve que le nombre en est considérable.[23]

Même si l'armée des fidèles de Jean-Jacques est plus imposante que jamais, car s'y retrouvent maintenant les admirateurs du *Contrat* et 'toutes les âmes sensibles' pour qui 'la lecture des Confessions n'a nullement diminué l'estime et le tendre attachement' qu'elles portent à l'homme, des points de résistance subsistent donc, et les discussions demeurent vives.[24]

Pour apprécier la portée de ce débat inégal, dont on voit surtout émerger les aspects favorables à Jean-Jacques, il faut entrer dans le détail des choses. La discussion roule essentiellement sur les questions suivantes: le complot et la 'folie' de Rousseau; l'étendue et les causes de son pessimisme; les circonstances de sa mort; ses fautes de conduite, notamment l'abandon des enfants; la personnalité de sa compagne. A travers les anecdotes qui circulent et les traits de caractère mis en valeur, on voit aussi s'ébaucher un renouvellement de l'image édifiante du héros, mieux accordée aux exigences idéologiques de la révolution.

ii. Images de la déstinée et du personnage de Jean-Jacques

a. Le 'complot'

Au centre de la querelle, comme déjà vingt ans plus tôt, le problème de la réalité du complot qui obsède Rousseau depuis le séjour en Angleterre. Mais on n'ose

23. *Chronique de Paris*, jeudi 14 avril 1791, p.413.

24. Cf. notamment à ce propos le compte-rendu des *Confessions* in *Journal gratuit*, pp.104-105: 'Mais si l'écrivain est jugé par tout le monde, j'entends tout le monde de bonne foi, il n'en est pas ainsi de l'homme; et la vie privée de Jean-Jacques est encore pour bien des gens un texte équivoque qui fournit aux uns une ample matière de censure, et aux autres un intarissable sujet de panégyrique. A en croire les premiers, Jean-Jacques Rousseau fut un perfide ami, un amant grossier, un époux sans amitié, un père sans entrailles; un homme naturellement orgueilleux, dur par caractère et insociable par système, qui méconnut ou trahit tous ses devoirs, qui sacrifia ses enfants à son intérêt, ses amis à sa vanité, et la société entière à son amour de l'indépendance. Les autres au contraire, et c'est le très grand nombre, ne voient dans Rousseau qu'une âme délicate, ombrageuse peut-être, mais profondément sensible; un homme bon, simple et vrai que de longues persécutions, des malheurs non mérités et des haines actives tourmentèrent sans relache et aigrirent à la fin; un homme à qui il fut permis de fuir la société, puisqu'en retour du bien qu'il lui avait fait, il n'en reçut jamais que du mal; un ami sûr, confiant et tendre, mais par cela même plus exigeant, plus aisé à blesser, plus révolté, quand il s'apercevait d'avoir été trompé, enfin le meilleur et le plus aimant des mortels, mais si souvent trahi, outragé, poursuivi, si barbarement chassé des asiles qu'il s'était successivement choisis, que dans son désespoir, il était venu à penser qu'il existait contre lui une ligue formée par le genre humain presqu'entier, et que de se livrer à de nouvelles liaisons, ce serait servir la rage de ses propres ennemis, et les aider à lui tendre des pièges et à lui préparer des tourments.'

plus guère, désormais, tout expliquer par le délire de la persécution et par la méchanceté de la prétendue victime. La thèse des ennemis de Jean-Jacques circule sans doute encore, mais surtout dans les conversations: elle semble de moins en moins publiable.

On la trouve pourtant encore, à peu de choses près, dans quelques articles, inspirés par la postérité des encyclopédistes. Dans le compte-rendu qu'il consacre aux *Confessions*, Fontanes s'en rapproche progressivement. Au début, il se montre assez prudent. Il observe que l'imagination de Rousseau 'a sans doute grossi jusqu'à l'extravagance quelques torts assez légers de ses premiers amis'; et il poursuit:

Une fois qu'il eut pris ce premier ombrage, il s'enfonça dans la solitude. Son cœur s'y aigrit encore. Il vit partout une conspiration qui n'existait vraisemblablement que dans sa tête. Au moins cette seconde partie des Confessions n'ajoute aucune preuve certaine du complot dont il parle sans cesse. J'avoue que j'aime à croire Rousseau abusé. Je n'en respecte pas moins son génie en plaignant ses infortunes; et je ne suis plus obligé d'accuser cette foule d'hommes illustres que sa voix accuse.[25]

C'est là un ton assez répandu. Mais il ne va pas tarder à devenir plus sévère: 'Ce que l'on cherche partout dans ses Confessions, et qu'on n'y trouve jamais, c'est précisément la seule chose que Rousseau ait voulu prouver, je veux dire la conspiration de l'Europe entière contre lui.'[26]

Dans son troisième et dernier extrait,[27] Fontanes s'attache exclusivement à cette question. Il broche son commentaire dans le genre apitoyé, autour du thème des travers affreux qui accompagnent parfois les dons de l'esprit. Quand il parle du complot, Jean-Jacques délire assurément; comme seuls les aspects les plus incongrus de cette obsession sont mis en valeur, il n'est plus possible de l'expliquer que par la maladie, et par la fatalité du tempérament:

Un homme dont l'éloquence passionnée parlait à toutes les âmes, se croit en horreur à ceux mêmes qui sont idolâtres de sa personne et de ses écrits. Dans les empressements les plus flatteurs, il ne voit que de la perfidie, dans les offres de service que le dessein de l'humilier. Tout change de nature à ses yeux. Les personnages les plus respectés deviennent des monstres dès qu'ils l'approchent. Des prêtres, des philosophes, des ministres, des rois même, enfin *jusqu'aux vieux soldats invalides*, tout est entré dit-il, *dans le complot dont il n'y eut jamais d'exemple. C'est une épouvantable révolution qui a gagné toute l'Europe.* C'est ainsi qu'il s'exprime. Les plus grands ressorts de la politique ne sont donc employés qu'à priver Jean-Jacques d'un asile et d'un tombeau! Quel excès de démence pour un grand homme! mais quel touchant sujet de réflexion pour ses admirateurs.

Fontanes s'engage alors dans une analyse psychologique assez malveillante. En fin de compte, c'est dans l'orgueil qu'il faut voir la cause du déséquilibre mental dont souffre Jean-Jacques: 'Il trouve quelque charme, quoiqu'il en dise, à se sentir l'objet de cette conjuration universelle. La multitude de ses ennemis l'agrandit à ses propres yeux. Je suis fâché de le dire, mais l'orgueil se laisse entrevoir dans toutes ses plaintes. Il est fier de ses malheurs et de sa destinée.'

Comme il arrive presque toujours, les considérations de psychologie, malgré leur apparence de détachement scientifique, ne sont que l'alibi de la condamna-

25. *Journal de la ville*, 9 novembre 1789, p.158.
26. *Journal de la ville*, 10 novembre 1789, p.163.
27. *Journal de la ville*, 24 novembre 1789, pp.218-20.

tion morale, parfois simplement suggérée, soulignée ici avec quelque vigueur. Fontanes est évidemment soucieux, comme il l'a d'ailleurs indiqué dès le début, de défendre la réputation des écrivains célèbres dont Rousseau est devenu l'ennemi: 'ce sentiment', écrit-il, 'ne sera désapprouvé que par l'envie qui trouve un dernier triomphe à calomnier l'âme des grands hommes quand elle ne peut plus attaquer leur génie'.[28]

Au-delà des excès de Jean-Jacques, le journaliste semble ici s'en prendre à une campagne de dénigrement des philosophes. Il s'attache donc successivement à justifier Voltaire, tâche difficile, puis Diderot et d'Alembert, pour suggérer enfin la bonne foi de Hume dans sa dispute avec Rousseau. Seul Grimm est jugé sans ménagement: il ne vaut pas la peine d'être défendu.

Les *Confessions* sont donc toujours lues par Fontanes dans la perspective étroitement polémique imposée, dès l'annonce de leur existence, par les craintes des 'amis' de Jean-Jacques. Elles ne sont même pas envisagées comme un document sur l'histoire idéologique de la période pré-révolutionnaire, puisque des oppositions fondamentales, sur la base d'une appartenance commune de Rousseau et de ses adversaires à la pensée des lumières, sont réduites à l'anec-dote, et au verbiage psychologique camouflant les jugements de valeur.

Le rédacteur du *Journal encyclopédique*[29] n'échappe pas, lui non plus, à cette vision appauvrissante: 'Si l'on n'avait pas présents à l'esprit les grands ouvrages de Rousseau, si l'on ne prenait aucun intérêt à l'écrivain, les détails dans lesquels il va entrer obtiendraient peu d'attention de la part de ses lecteurs.'

Les 'détails' en question ne sont guère appréciés que pour leur valeur apologé-tique, jugée médiocre:

Plusieurs d'entre eux semblent nous montrer un homme qui veut être plus malheureux, plus persécuté, plus jalousé qu'il ne l'est en effet, un homme même qui pouvait être heureux, s'il n'avait pas été trop ingénieux à se tourmenter lui-même sur ce qu'on pensait, ou qu'on ne pensait pas de lui. A l'entendre, il n'eut guère que de faux amis dans ceux qui l'avaient le plus recherché; pour l'en croire, il faudrait ne voir avec lui que des persécuteurs toujours occupés de complots contre lui, sans qu'il leur eût jamais fait autre chose que du bien; et ces persécuteurs acharnés d'un philosophe, c'étaient aussi des philosophes, c'étaient Diderot, Voltaire, Hume, M. G.*** surtout; et ce qu'il y a de bien singulier, c'est que les connaissant, il en était pourtant toujours la dupe, sans qu'on voie l'intérêt que ces amis peuvent avoir eu à le perdre.

Le journaliste effleure ici, sans y prendre garde, un problème intéressant: en quoi pouvait bien consister, au fond, la querelle interne au parti philosophique? Mais l'hypothèse même lui en paraît absurde, et il se borne à jeter le discrédit sur l'attitude de Jean-Jacques, qui ne peut être qu'un 'malheureux imaginaire'.

Un tel parti-pris anti-rousseauiste est assez exceptionnel. Deux tendances s'affrontent surtout: l'une que l'on pourrait appeler objective, car elle s'efforce de trouver un point d'équilibre entre les arguments passionnels de Jean-Jacques et ceux de ses ennemis; l'autre tend vers l'hagiographie.

Il ne faudrait pas croire que l'attitude équitable est le fruit d'une neutralité abstraite: personne n'échappe aux tensions du champ idéologique. Il s'agit au

28. *Journal de la ville*, 9 novembre 1789.

29. *Journal encyclopédique ou universel dédié à Son Alt. Sérénissime Mgr le Duc de Bouillon*, année 1790, tome i, partie II, 15 janvier, pp.228-47.

contraire, le plus souvent, de la réaction de patriotes, qui honorent à la fois Jean-Jacques et les philosophes comme des précurseurs de la révolution, et déplorent au fond d'eux-mêmes la lutte fratricide qui les a mis aux prises. Ils peuvent donc dépasser les condamnations sommaires. Le discours que prête aux amis de Jean-Jacques le rédacteur du *Journal gratuit* est tout à fait significatif de cet état d'esprit, présenté comme dominant.[30] C'est par exemple le ton de la très voltairienne *Chronique de Paris* (20 novembre 1789, p.354):

On voit dans les Confessions, l'homme simple et bon, mais ombrageux, toujours doutant du bonheur, et poussant la sensibilité jusqu'à une susceptibilité extrême qui lui grossit les objets, et lui fait donner une grande importance à des événements très communs et très ordinaires.

Rien de moins prouvé que cette grande conjuration générale contre lui, dont il dit à chaque page qu'il va donner des preuves. On ne peut cependant douter que la plupart des membres de la secte philosophique n'aient été jaloux de ce succès. Mais quel homme n'a point encore éprouvé la perfidie d'un ami? Quel grand écrivain n'a pas été exposé à l'envie de ses rivaux? Et Rousseau, à qui beaucoup de ses lecteurs ont rendu une espèce de culte, n'avait-il pas de quoi s'en consoler? Il est certain que Diderot et quelques autres de ses amis ont eu des torts avec lui, et que la conduite de M. G.*** qui lui devait de la reconnaissance, est impardonnable et a pu l'affliger.

Un article du *Mercure de France*, dû cette fois à la plume de Chamfort, propose une analyse beaucoup plus intéressante: l'humeur sauvage et soupçonneuse de Jean-Jacques est rattachée au décalage existant entre celui-ci et la société dans laquelle il était condamné à vivre en tant qu'écrivain célèbre; et, d'une façon plus générale, au décalage entre le monde des lettres, et celui des salons parisiens.[31] Le cas de Jean-Jacques devient donc exemplaire, son imagination maladive n'étant plus que l'expression, à coup sûr anormale, d'une situation sociale et idéologique extrême, mais significative. On pouvait attendre cet effort de sympathie intelligente de la part d'un homme qui, tout en ayant su prendre à merveille le ton de la bonne société, avait cependant partagé les colères et l'angoisse de Rousseau, dont il avait fait jusqu'à un certain point son modèle.

Il n'est pas jusqu'à La Harpe qui ne s'efforce de tenir la balance égale entre Jean-Jacques et ses adversaires philosophes[32] qu'il réunira d'ailleurs plus tard (à l'exception de Voltaire) dans la même haine débridée.

Avec Ginguené, l'équilibre est nettement rompu en faveur de Jean-Jacques. Ce n'est peut-être pas encore tout à fait le ton de l'hagiographie, mais c'en est

---

30. Cf. texte cité ci-dessus, p.30 n.24.

31. *Mercure de France*, juin 1791, pp.56-62 (compte-rendu des *Lettres sur les Confessions*, de Ginguené. Signé C ...). Cf. notamment pp.61-62: 'Les maux qu'il a soufferts et le bien qu'il a fait, voilà ses titres et ses excuses. Qu'on se représente, d'une part, le tort de sa Société, les opinions établies dans le temps où Rousseau a vécu dans le monde, c'est-à-dire l'époque de ses succès: qu'on se figure, de l'autre, Jean-Jacques au milieu de ces conventions absurdes, dont la plupart sont si bien jugées maintenant; qu'on se rappelle ses goûts, ses habitudes, son attachement aux convenances naturelles et premières; et qu'on juge de quel œil il devait voir les convenances factices que la Société leur opposait, l'importance mise aux petites choses, la nécessité de déférer aux sottises respectées, aux sots en crédit; la tyrannie des riches, leur insolence polie, l'orgueil qui, pour se ménager des droits, se déguise en bienfaisance; la fausseté du commerce entre les Gens de Lettres et les Gens du Monde: on sentira ce que de pareilles Sociétés devaient être pour Rousseau, et ce qu'il était lui-même pour elles. C'est là que se formèrent les inimitiés qui empoisonnèrent le reste de la vie de Jean-Jacques, et qui l'engagèrent dans une lutte où il ne pouvait avoir que du désavantage.'

32. Cf. *De la philosophie du dix-huitième siècle*, *Lycée*, tomes xi et xii.

déjà la substance. Ginguené, qui réplique non seulement aux détracteurs de Rousseau, mais aussi à ses admirateurs trop tièdes, c'est-à-dire à l'ensemble des textes publiés sur les *Confessions*, compose un modèle d'apologie dont a pu s'inspirer naguère encore M. Henri Guillemin. La thèse de la réalité du complot, défendue avec brio par celui-ci, est déjà pour l'essentiel dans les *Lettres* de Ginguené: le dossier n'est pas aussi intelligemment construit, mais les grandes lignes de l'argumentation sont les mêmes.

Voici d'abord la thèse générale: à partir de la condamnation de l'*Emile* commence à s'ourdir autour de Jean-Jacques 'cette trame invisible dont il se crut toujours enlacé dans la suite et dont il s'exagéra plutôt la force que l'existence'.[33]

La responsabilité de Mme de Luxembourg dans l'affaire de l'*Emile* est nette-ment affirmée, ainsi que celle des patrons aristocrates de Rousseau: ils ont attiré celui-ci dans un véritable piège, au mieux par irresponsabilité (pp.69-72), puis ils se sont débarrassés en toute hâte de ce jouet compromettant. Ginguené est le premier à souligner que la fuite précipitée hors de France a bien été imposée à Jean-Jacques, comme celui-ci le suggère, par une mise en scène du prince de Conti.[34]

Puis il détaille les étapes du chemin de croix, interrompu par quelques moments de bonheur paisible, qui commence alors. Il insiste sur la réalité des persécutions subies et sur la douceur résignée qui fait le fond du caractère de Jean-Jacques, entre ses crises d'angoisse (pp.73-78).

C'est à partir du voyage en Angleterre que les philosophes sont dénoncés comme les maîtres-d'œuvre du complot,[35] dont Hume devient le principal instrument pour avoir traîtreusement attiré sa victime en Angleterre (pp.89-90). Sans trop s'attarder aux menées de ce que Jean-Jacques appelle 'la puissance',

---

33. *Lettres sur les Confessions*, p.69.
34. p.72: 'Relisez bien tous les détails de cette scène nocturne: d'après la manière dont on s'y prit, d'après quelques circonstances des adieux et du départ, il vous paraîtra comme à moi que Rousseau ne s'est point trompé sur cette affaire: il vous paraîtra vraisemblable qu'on ne voulut que l'effrayer, et le forcer à s'enfuir, et qu'il eût fort décontenancé toute la cabale parlementaire, fanatique et ministérielle s'il eût fait tête à l'orage. Mais en restant il fallait ou mentir, ce qu'il fit quelquefois par surprise, par faiblesse, jamais de dessein prémédité; ou compromettre des personnes que, malgré leur abandon, et peut-être pis, il continuait de respecter.'
35. pp.78-79. 'Et tant de preuves convaincantes d'une inaltérable bonté ne désarmeraient pas encore l'aveugle et implacable malveillance? Et Jean-Jacques était un méchant! Et les bonnes gens, les honnêtes gens étaient sans doute ceux qui avaient fait chasser de France le Philosophe à qui la France doit en plus grande partie sa liberté: les honnêtes gens étaient ceux qui l'avaient fait exclure de Genève sa patrie; qui l'avaient assiégé dans un asile où toute la protection de Frédéric le Grand ne put le défendre; qui reléguèrent dans une misérable petite Isle, celui dont les écrits brûlants rappelaient toute l'Europe aux sentiments naturels, et aux vertus sociales; qui l'en arrachèrent, qui le poussèrent en Angleterre, et l'y poursuivirent; ceux qui, dans sa vieillesse, ne le laissant respirer nulle part, aliénèrent enfin sa raison; et qui, après avoir précipité ce beau génie dans la démence du malheur, eurent encore la barbarie de lui en faire un reproche.
Pour cette fois, Madame, il n'y a plus moyen de m'en dédire; ce n'est plus hypothétiquement que je vous parle de la haine et des persécutions de ceux que l'infortuné Rousseau appela ses ennemis et ses persécuteurs. Sans doute vers la fin de sa vie, il généralisa trop leurs menées sourdes, leurs complots, les effets de leur calomnie sur l'opinion publique, et ce qu'il regardait comme la ligue d'une génération entière. Mais sans nous enfoncer ici dans la fange de cette intrigue ténébreuse, saisissons seulement les principaux traits de ce qui en paraissait à la lumière, même avant les *Confessions*; et voyons s'il n'y en a pas assez pour nous éclairer sur tout le reste.'

et qui fut pourtant 'tantôt la cause et tantôt l'instrument de tous ses malheurs',[36] Ginguené en arrive à la partie délicate du dossier: il examine avec sévérité l'attitude de Voltaire (pp.80-84, 114-27), puis celle des principaux philosophes, Grimm (p.83), d'Alembert (pp.84, 89-90, 127-28), Diderot (pp.85, 129-31), d'Holbach (pp.86-88; cf. ci-dessus pp.29-30). A des degrés divers, tous ont calomnié Jean-Jacques, ont appelé sur lui la persécution, volontairement ou non; les plus innocents ont au moins contribué à préparer le climat qui la permettrait.

Quant à Mme d'Epinay, sa vanité et sa sécheresse de grande dame en ont fait une ennemie particulièrement sournoise et impitoyable de son ex-protégé. Elle a poussé la mesquinerie jusqu'à faire graver sur le buste de Rousseau qu'elle conserve dans le jardin de l'Hermitage 'des vers aussi plats qu'injurieux' (pp.100, 136-37).

Au total, Jean-Jacques est donc triomphalement acquitté sur tous les points. Ses ennemis ne sauraient rien lui reprocher, 'aux soupçons près qu'il poussa trop loin quelquefois, mais qu'ils justifièrent le plus souvent' (p.88). Par contre, les torts qu'ils eurent à son égard, et 'l'accord qui régnait entre eux pour le perdre' sont évidents.

Il a donc fallu attendre le patriote Ginguené pour que soit rempli le programme affiché par les adversaires aristocrates de Mme de Staël. Ce fait n'est peut-être pas sans signification: Ginguené enveloppe sans réticence dans la même réprobation indignée 'la puissance', les cercles de l'aristrocratie qui prétendaient gouverner Rousseau, et les philosophes qui réglaient leurs comptes avec lui, parfois proches des précédents comme Voltaire, ou en tous cas gens d'importance, comme le baron d'Holbach, et même l'académicien d'Alembert. Cet amalgame, opéré par Jean-Jacques lui-même, efface certes des oppositions essentielles. Mais qui oserait prétendre qu'il ne correspond à rien de réel, au-delà de la subjectivité de Rousseau et des hasards qui tissent l'existence individuelle? Le problème sous-jacent est celui du rapport d'antagonisme ambigu entre les grands idéologues de la bourgeoisie montante et la machine d'état qu'ils investissent partiellement. Ce n'est qu'en se plaçant du point de vue plébéien de Jean-Jacques qu'une telle ligne de force tend à se dégager, non de celui de l'aristocrate Champcenetz, qui ne déborde pourtant pas de considération pour les philosophes, alors que Ginguené affirme à plusieurs reprises qu'il est consterné d'avoir à écrire des choses peu honorables pour Voltaire.

Il faut en venir maintenant aux textes qui relèvent du culte de Rousseau, au sens propre. Là, aucune nuance n'est plus tolérée, et la dénonciation des philosophes ne s'accompagne plus de la moindre réserve: ainsi, dans un curieux discours prononcé au nom d'une association de jeunes gens, les *Amis de l'instituteur d'Emile*, au cours d'une sorte de cérémonie religieuse organisée après le décret sur la statue.[37] Le porte-parole du groupe s'exprime en ces termes:

Vils calomniateurs du Philosophe le plus profond, accusateurs du moderne Socrate, rentrez dans l'obscurité, cachez-vous sous la poussière de vos brochures ordurières! Vous n'osâtes l'accuser, de son vivant, en face, et vous vous êtes acharnés sur son cadavre

36. p.79, et p.88, une allusion à 'l'influence ministérielle' qui entraîna les persécutions de Genève.
37. Cf. ci-dessous, ch. 4, iii.c, pp.169-71.

encore palpitant! Un moment, vous avez, par vos clameurs, séduit quelques âmes faibles: mais votre triomphe a été de peu de durée: c'en est fait pour jamais, le soleil de la liberté vient de dissiper les ténèbres que vous vouliez entretenir ... Nous ne vous verrons plus sourire avec un dédain insultant, quand nous rendrons justice au libérateur, au véritable ami de l'humanité! Vous ne nous accablerez plus de ridicules menaces, que nous savions mépriser quand nous plaidions la cause du juste persécuté; il ne sera plus défendu dans ce que vous appeliez la bonne société, de parler avantageusement du citoyen de Genève; vous ne promettrez plus, vous ne donnerez plus des places lucratives d'académies et de folliculaires, aux conditions d'écrire et de parler contre l'auteur des discours sur les arts et les sciences, et l'inégalité des conditions; vous ne direz plus de l'homme honnête qui faisait l'éloge de la nouvelle Héloïse, du cœur sensible, de la main hardie [*sic*] qui peignit ce beau et intéressant tableau: *c'est un enthousiaste, il est ridicule.* Vous ne traiterez plus de folie absurde, de rêverie dégoûtante, l'existence du complot formé pour écraser Jean-Jacques Rousseau, afin d'atténuer au moins l'effet inévitable de ses immortels écrits! Vous savez que nous avons cent preuves de cette ligue éphémère, que nous sommes prêts de les produire au grand jour.

Pour compléter l'effet de cette éloquence, l'auteur ajoute, en note, diverses allégations, d'un ton à peine moins exalté. On apprend ainsi que 'depuis la mort de Rousseau, il a paru chaque année une vingtaine de petites et grosses brochures contre ses écrits et sa personne' et qu'on l'a 'accusé publiquement de tous les crimes possibles et même contradictoires'. On nous révèle qu'un jeune homme, présentant en 1785 à la censure 'un petit écrit où il défendait la mémoire de Jean-Jacques outragée', s'entendit répondre: 'Mon cher, brûlez votre manuscrit, il pourrait, en le publiant, vous procurer quelque séjour à la Bastille.'[38] Enfin, les lecteurs qui douteraient encore qu'une ligue ait été formée contre Rousseau 'entre le Ministère et les gens de lettres de proffession' sont vivement admonestés: 'l'envie irascible des auteurs est connue; Choiseul était très bon politicien dans son système, en éloignant le père d'*Emile* et du *Contrat Social* de la capitale de la France. Que n'a-t-il pu aussi anéantir tous ses ouvrages! nous n'aurions pas les droits de l'homme. Oui, le plus grand œuvre de l'Assemblée nationale, le plus sublime, c'est d'avoir su renfermer en dix-sept phrases claires, tout le Contrat Social.'

Voici donc, en quelques lignes, un assez beau concentré des lieux communs de l'éloquence révolutionnaire, quand elle prend Rousseau pour objet. Que nous dit cette image du destin de Jean-Jacques? Certains de ses éléments pourraient bien être conformes à la réalité: il est troublant d'entendre répéter à plusieurs reprises l'anecdote sur la vigilance anti-rousseauiste des écrivains pourvus de fonctions officielles. Mais on retiendra surtout que viennent se cristalliser ici certains éléments populaires du culte de Jean-Jacques: la haine des Académies, celle des institutions officielles à fonction répressive, celle des puissants et des riches en général, se confond avec celle de l'Ancien Régime. A l'opposé, Jean-Jacques symbolise l'honnêteté et l'indépendance de l'homme du peuple. La réaction des jeunes 'Amis de l'instituteur d'Emile' est incontestablement populaire: elle porte la marque des sentiments de la petite bourgeoisie travailleuse des sans-culottes, la plus propre à partager les rancœurs et des indignations de Jean-Jacques contre la bonne société de 'ces messieurs'; et elle annonce, dans la langue figée du rituel, la condamnation fameuse que portera Robespierre

38. Comparer avec l'anecdote rapportée ci-dessus, ch. 2, i, p.31.

contre les encyclopédistes opposés à Rousseau. Sans doute s'agit-il aussi d'un niveau différent d'élaboration idéologique, à base de stéréotypes connus, et choisis comme tels, en raison même de leur absence (apparente) d'ambiguïté, garante de leur efficacité politique. Mais la reduplication, à un autre niveau, d'un premier discours moins ostensiblement idéologique, permet par ailleurs le glissement de fonction. Ce mouvement ne fait d'ailleurs que reproduire les rapports contradictoires entre les diverses composantes du bloc révolutionnaire bourgeois.

b. La mort de Rousseau: la fable du suicide

Dès la mort de Jean-Jacques, le bruit avait couru qu'il avait volontairement mis fin à ses jours. Corancez fut le premier à colporter cette fable, bientôt imité par Grimm.[39] Pour l'un, Rousseau était plongé dans la mélancolie depuis son installation à Ermenonville; l'autre alléguait le délire de la persécution; il suggérait, en somme, une crise de démence. Les démentis du marquis de Girardin et de Thérèse, le témoignage surtout de Lebègue de Presle, le médecin qui, avec trois confrères, avait procédé à l'autopsie, semblent avoir mis un terme à ces racontars, provisoirement du moins.

La légende renaît en effet, plus vigoureuse, en 1788-1789, par les soins de Mme de Staël et de Barruel-Beauvert. On se souvient que Thérèse, par son inconduite, devient, dans cette version, la cause directe de la mort de Jean-Jacques. Mme de Staël invoque à ce propos, le témoignage d'un 'Génevois qui a vécu avec Rousseau, pendant les vingt dernières années de sa vie, dans la plus grande intimité'.[40] Barruel-Beauvert se borne à recueillir cette tradition.

On peut se demander quelle fonction idéologique elle remplissait. On retiendra surtout le thème de l'échec, de la solitude désespérée du philosophe du bonheur; la fable du suicide, en suggérant la rupture entre le rêve et la réalité, tend à discréditer les applications que l'on peut faire des idées de Rousseau. Par ailleurs, l'opposition entre Jean-Jacques et Thérèse est une des idées forces de cette version.

On constate, non sans surprise, que beaucoup de textes sur les *Confessions*, et sur le personnage de Jean-Jacques ne comportent pas la moindre allusion à cette affaire. Ginguené lui-même n'en souffle mot: il est tentant d'interpréter un tel silence comme un signe que la thèse du suicide était alors largement accréditée.

Mme de Staël a pourtant rencontré quelques contradicteurs vigoureux. Dès la première édition de son livre destinée au grand public, elle y joint une lettre de la comtesse de Vassy, fille de M. de Girardin.[41] Encore enfant lorsque Jean-Jacques était l'hôte de son père, la jeune femme se souvient bien des circonstances de sa mort, et elle prend sa défense avec flamme:

Madame, on vous a trompée en vous disant qu'il s'est donné la mort; et cette erreur que

---

39. Cf. Relation de Corancez in Musset-Pathay, *Histoire de la vie et des ouvrages de J. J. Rousseau* (Paris 1822), i.269.

40. Charly Guyot, dans son *Plaidoyer pour Thérèse Levasseur* (Neuchâtel 1962), a fait le point sur la mort de Jean-Jacques; cf. ch. 9, pp.135-50, et bibliographie p.199.

41. Cf. *Lettres sur les ouvrages et le caractère de J. J. Rousseau*, pp.89-91.

vous accréditez, peut avoir des conséquences si dangereuses par leur effet, si fâcheuses pour la mémoire de Rousseau, que je crois remplir un devoir sacré en me hâtant de la détruire. Un homme tel que lui appartient à l'Univers, ses préceptes persuadent, ses exemples entraînent.

La mort de Rousseau est si touchante, si belle, si sublime, c'est une si grande leçon qu'un grand homme aux prises avec la douleur, recevant avec reconnaissance les soins qu'on lui rend, et voyant arriver, sans effroi, le moment prescrit pour sa destruction; cet exemple est si frappant pour moi, qui en ai été presque témoin, que je ne puis voir, sans douleur, accuser Rousseau d'une action qui était loin de son cœur, et en contradiction avec ses principes.

Mme de Vassy assure par ailleurs que l'infidélité de Thérèse ne saurait être mise en cause: ce n'est que plus d'un an après la mort de Rousseau 'qu'elle a eu des torts assez graves pour ne pouvoir plus rester à Ermenonville'. Au reste, le témoignage de Lebègue de Presle est présenté comme décisif.

Ce ne sont pas ces preuves qui sont intéressantes aujourd'hui, mais les premiers paragraphes de la lettre, cités ci-dessus; Mme de Vassy y exprime en effet les sentiments qui l'obligent à considérer comme scandaleuse la thèse du suicide.

D'une part Rousseau n'était pas malheureux chez M. de Girardin, où il recevait les soins les plus attentifs: cette protestation, à demi-formulée, doit être mise au compte de l'affection filiale surtout. Elle reste donc au niveau de l'anecdote. Mais elle interfère avec un thème beaucoup plus important: Jean-Jacques incarne aux yeux de ses fidèles, à travers ses infortunes même, le sens du bonheur. C'est sa leçon la plus haute. Comment aurait-il pu trahir la confiance de ceux qui l'ont entendu? Son suicide eût été un insupportable reniement. On peut donc assurer qu'il n'a pas mis fin à ses jours, ne fût-ce que par rectitude morale, à supposer qu'il ait pu être tenté. Mais même dans le secret de son cœur, il était bien loin de cet acte de désespoir.

On voit ici comment le rôle affectif joué par le mythe de Jean-Jacques peut suffir à en préserver l'intégrité. La plupart des protestations contre la thèse du suicide reprennent la même idée centrale. Ainsi Champcenetz s'en prend avec aigreur à Mme de Staël.[42] Rousseau ne pouvait connaître, comme elle l'affirme, 'ce découragement de vivre qui saisit tous les hommes isolés', puisque seule la corruption du monde lui était à charge, et que c'était justement 'dans la solitude qu'il sentait renaître tout son courage': cette conception optimiste, positive, de la solitude, comme moyen de retrouver le sens de rapports humains normaux, et non comme un renoncement, correspond bien à l'expérience et à la pensée de Jean-Jacques. Champcenetz écarte encore l'idée que l'hôte de M. de Girardin ait pu être assailli par le remords: ce sentiment était 'aussi loin de son cœur qu'il était peu fait pour le troubler'. Enfin, Mme de Staël a prétendu que Rousseau 'avait besoin de se sentir aimé pour ne pas se croire haïssable': l'affreux désert affectif dans lequel il dut se trouver plongé par l'abandon de Thérèse aurait donc eu pour conséquence de le livrer au doute, sur lui-même et sur l'univers qu'il avait conçu. C'est bien mal le comprendre, réplique Champcenetz: 's'il désirait être aimé, ce n'était point *pour ne pas se croire haïssable*, mais parce qu'il se jugeait digne de l'amitié des hommes, et que sa vertu souffrait de se voir

---

42. *Réponse aux lettres*, pp.60-62.

réduite à l'inaction'. La conception active et optimiste du rousseauisme, la conviction de son efficacité morale et politique interdisent donc de se complaire dans l'idée du suicide de Jean-Jacques.

La réaction de Moutonnet-Clairfons, aussi vive, est du même genre. Il parle de 'calomnie atroce', et surtout d''horrible blasphème'. Rousseau 'n'avait aucun motif d'être dégoûté de la vie': à Ermenonville, il était au milieu d'une nature qu'il aimait, entouré de l'affection délicate de ses hôtes. La retraite n'était pour lui ni une fuite hors du monde, ni une solitude absolue; elle n'était que le moyen de préserver sa liberté.[43] Enfin, le caractère connu de Jean-Jacques, sa philosophie, ses principes religieux, tout ce qui le définit en un mot, interdit de s'arrêter un seul instant à la thèse du suicide.[44]

Pour Moutonnet-Clairfons lui aussi, la pensée et l'exemple de Rousseau, loin de favoriser une lâche démission, sont donc essentiellement toniques: leur vertu agissante suffit à réfuter la calomnie. On ne sera pas surpris de voir un franc aristocrate, Champcenetz, et un jeune bourgeois patriote, Moutonnet-Clairfons, se rejoindre dans cette défense de Rousseau: outre que la vertu rousseauiste est susceptible de bien des interprétations idéologiques différentes, Champcenetz écrit à un moment où le sens de l'indépendance, pour ne pas dire de la révolte, enseigné par Jean-Jacques, reste très apprécié dans les milieux de l'aristocratie; alors que le rousseauisme, en tant que philosophie de la liberté, est adopté par la bourgeoisie révolutionnaire.

Il reste à signaler une anecdote assez curieuse qui représente la version anti-philosophique de la thèse du suicide. On la trouve dans une feuille éphémère, le *Rôdeur français*.[45] Selon cette anecdote, Rousseau aurait rencontré, peu de jours avant sa mort, Sophie d'Houdetot et Saint Lambert, au milieu d'une compagnie nombreuse de personnes 'avec la plupart desquelles [il] avait eu jadis des

43. Cf. *Le Véritable philanthrope*, pp.12-13: 'Rousseau, n'avait plus lieu d'avoir d'inquiétude pour sa fortune à l'avenir; il n'avait aucun motif d'être dégoûté de la vie. Il passait agréablement ses jours dans un appartement joli, propre, commode, parfaitement situé, au milieu d'un parc immense, dans une belle campagne, dans un jardin anglais, taillé, décoré, meublé tout à fait dans son goût. De l'eau en abondance, très claire, très limpide, des lacs, des îles, des prairies, des bois, de la solitude, et non un désert, tel est Ermenonville. Il était chéri, fêté, respecté par ses hôtes et par leur compagnie. On lui donnait de temps en temps de la musique dans l'île des Peupliers; c'était la retraite qu'il choisissait, qu'il chérissait de préférence. Dans cette nouvelle demeure, il jouissait de la liberté et de tous ses agréments. Aimait-il la solitude, il pouvait en profiter. Voulait-il de la société, elle était nombreuse, choisie. Il rencontrait partout des amis et des admirateurs. Rousseau était content. Son plus cruel ennemi venait de terminer sa longue et brillante carrière ... Voltaire, en mourant, le laissait sans rivaux dignes de lui, et le premier écrivain de son siècle et de l'Europe. C'était alors la plus belle et la plus riante saison de l'année: celle qui lui était si agréable et qui lui faisait dire qu'il voudrait que le printemps durât toujours ... Quel motif pouvait-il donc avoir d'abréger ses jours, qui commençaient à être plus heureux, plus calmes, plus tranquilles.'

44. pp.14-17. L'auteur affirme la fausseté de cette accusation 'intentée contre l'homme le plus doux, le plus humain, le plus sensible et le plus courageux, surtout dans l'adversité et dans les persécutions'. Puis il poursuit: 'Ceux qui l'ont accusé d'une pareille folie, d'une semblable frénésie, connaissaient bien peu son cœur, sa noblesse, sa fierté, son élévation, son innocence, et sa pureté. Sa mort subite est malheureusement une suite naturelle de l'horrible chute qu'il fit sur le chemin de Ménilmontant ... vouloir prouver un suicide par des réflexions alambiquées, c'est mettre inutilement son esprit à la torture, et calomnier en vain un philosophe si estimable. On pourrait faire un volume d'observations qui prouveraient la méchanceté, la fausseté et l'absurdité d'une telle inculpation. Cette calomnie atroce ne pourra trouver de croyance que parmi ceux qui n'ont jamais connu personnellement Rousseau, ou qui n'ont point lu ses ouvrages.' etc.

45. Cf. Lc2 267-268, no 1 (s.d. [fin 1789]), pp.6-9: *Cause présumée de la mort de J. J. Rousseau.*

liaisons'. Tout ce beau monde était venu d'Ermenonville 'dans l'intention de voir le fameux solitaire'. Jean-Jacques les apercevant au détour d'une allée s'enfuit précipitamment: dépit de Sophie, qui se mit alors 'à parler avec beaucoup de légèreté du *soi disant philosophe*'; concert d'approbations et de propos malveillants sur Rousseau. Par malheur, celui-ci, réfugié à quelques pas de là, avait tout entendu. Le journaliste du *Rôdeur français* conclut son récit en ces termes:

Jean-Jacques était alors très malheureux; sa sensibilité était au plus haut degré d'exaltation; il haïssait les hommes qu'il aurait voulu aimer. L'ingratitude des personnes qu'il avait le plus chéries, et qu'il exceptait jusqu'alors de la conjuration qu'il pensait que le genre humain avait formé contre lui, dut produire une crise terrible. La vie qui lui était à charge, lui devint insupportable; et soit qu'il ait volontairement terminé ses jours, soit qu'ils aient alors achevé de s'éteindre et de se consumer eux-mêmes dans l'amertume et dans le désespoir, on a tout lieu de croire que la scène du désert fut la véritable cause de sa mort. Du moins quelques personnes de la suite de Mme D ... [d'Houdetot], lorsqu'elles apprirent, huit jours après leur voyage à Ermenonville, la fin de cet homme célèbre, sentirent germer dans leur âme un remords, qui ajoute encore à la probabilité de nos conjectures sur les vraies causes de la mort de J. J. Rousseau.

On appréciera le caractère théâtral de cette fin, dans laquelle les principaux protagonistes se trouvent réunis. 'L'amertume et le désespoir' sont ici causés directement par la conduite cruelle des 'anciens amis' de Rousseau, les responsables du 'complot' ou leurs proches, avec lesquels le vieil homme, réfugié à Ermenonville, a rompu depuis longtemps: conclusion édifiante aux yeux d'un défenseur inconditionnel de Jean-Jacques. Cette anecdote, cristallisation manifeste de certains thèmes de l'apologétique rousseauiste, montre une fois de plus que l'image du destin de Jean-Jacques n'est que la projection de l'idée que l'on se fait de l'homme, c'est-à-dire en fin de compte de l'œuvre et de sa portée, ou plus exactement des rapports que chacun entretient avec le rousseauisme dans le contexte de la crise révolutionnaire.

c. Thérèse

Thérèse est liée à jamais au destin de Jean-Jacques et de son œuvre. Elle est donc entraînée, elle aussi, dans le même processus d'utilisation contradictoires, où la réalité des faits allégués importe moins que les colorations affectives diverses qu'on leur donne et les jugements de valeur qu'on y joint: il n'y a d'ailleurs de conduite humaine que relativement à de tels systèmes de jugements, où chacun projette la conscience qu'il a de ses rapports aux autres.

De ce point de vue, la pauvre Thérèse est singulièrement mal lotie: adversaires et amis de Jean-Jacques se réunissent pour l'accabler.[46] Le portrait qu'ils tracent d'elle est une véritable somme de tous les défauts qu'on peut imaginer chez une femme. Pour les uns (les plus nombreux) cette ignoble mégère, un composé de *Xantippe* et de *Junon*,[47] fit le malheur de Jean-Jacques. Quelques autres se plairaient plutôt à montrer en elle un double caricatural du prétendu philosophe. Dans tous les cas, il est évident que son personnage n'a d'existence que par rapport à celui de Rousseau.

46. Cf. Charly Guyot, *Plaidoyer pour Thérèse Levasseur*.
47. Barruel-Beauvert, *Vie de J. J. Rousseau*, p.116, note 1; cf. R. Barny, *L'Eclatement révolutionnaire du rousseauisme*, deuxième partie, ch.2.

La période révolutionnaire se borne ici à recueillir une tradition déjà solidement fixée. Quelques défenseurs de Thérèse se manifestent pourtant, et surtout l'assemblée nationale, indifférente aux bruits qui courent, honore la 'veuve de Jean-Jacques Rousseau', tendant ainsi, en quelque sorte, à la réhabiliter officiellement.

Mme de Staël, suivie encore une fois par Barruel-Beauvert, est le principal témoin de l'accusation.[48] Ses contradicteurs restent muets sur ce point. On peut en inférer que l'image défavorable de Thérèse est à peu près universellement acceptée, comme le confirment, à une exception près, les articles et écrits sur les *Confessions*.

Il est utile de rappeler les grandes lignes de ce portrait-charge, avant de se demander quelle peut en être la fonction. Trois idées directrices s'imposent à l'attention. D'une part, bien que simple d'esprit, Thérèse est méchante, hypocrite, capable de ruse lorsque son intérêt (ou ce qu'elle croit être tel) est en jeu. L'avidité est le plus souvent le principe de sa conduite. C'est ainsi qu'elle s'est emparée de l'esprit de Jean-Jacques, éloignant de celui-ci tous ses amis, et toute société véritable. Elle a tissé autour du malheureux un réseau de mensonges, nourrissant son délire soupçonneux. C'est elle, au bout du compte, qui l'a réduit à un état proche de la démence.[49]

Mme de Staël et Barruel-Beauvert en font, de plus, une mère dénaturée: elle aurait imposé à Jean-Jacques l'abandon des enfants.[50] Comme la seconde partie des *Confessions* va bientôt venir présenter une version toute différente, on renoncera à accuser Thérèse de cette noirceur supplémentaire.[51]

48. Mme de Staël, *Lettres sur les ouvrages et le caractère de J. J. Rousseau*, pp.67-68, 80-81; Barruel-Beauvert, *Vie de J. J. Rousseau*, pp.86-87, 115-16, 131, 359-62.

49. Cf. Mme de Staël, p.67: 'L'indigne femme qui passait sa vie avec lui, avait appris assez à le connaître pour savoir le rendre malheureux; et le récit qu'on m'a fait des ruses dont elle se servait pour accroître ses craintes, pour le rendre certain de ses doutes, pour seconder ses défauts, est à peine croyable.'

Barruel-Beauvert, p.115: 'Elle connaissait si bien la bonhomie de Jean-Jacques, et possédait tellement, en vertu de cette connaissance, l'art de l'effaroucher, qu'elle finissait par lui persuader tout ce qu'elle voulait. Monsieur le Prince d'*** m'a assuré qu'à *Montmorency*, elle lui avait fait accroire que la livre de bœuf ne coûtait que deux sous, tandis que les gens du château et des environs lui certifiaient qu'ils la payaient au moins cinq fois plus.'

Mercier, *De J. J. Rousseau*, ii.163: 'Pour mieux le capturer, elle renforça le penchant qu'il avait à la méfiance; elle multiplia autour de lui les fantômes; elle parvint à l'isoler en lui persuadant qu'il n'était entouré que d'ennemis; afin que le besoin qu'il aurait d'elle lui tînt lieu des qualités qui lui manquaient; ainsi, les caractères infimes se connaissent parfaitement, et se relèvent par la ruse et par l'astuce.'

Chronique de Paris, 20 novembre 1789, p.354: 'Cette Thérèse, en qui il avait tant de confiance, a été une des grandes causes de son malheur. C'est sur ses délations, presque jamais prouvées, qu'il soupçonnait ses amis et les gens qui devaient lui être les plus chers. Il paraît que cette femme aigrissait son esprit et nourrissait dans son imagination la défiance qui lui était naturelle, pour se rendre nécessaire.'

50. Cf. Mme de Staël, p.68: 'Un Genevois qui a vécu avec Rousseau pendant les vingt dernières années de sa vie, dans la plus grande intimité, m'a peint souvent l'abominable caractère de sa femme. Les sollicitations atroces que cette mère dénaturée lui fit pour mettre ses enfants à l'hôpital, ne cessant de lui répéter que tous ceux qu'il croyait ses amis s'efforceraient d'inspirer à ses enfants une haine mortelle contre lui; tâchant enfin de le remplir, par ses calomnies et ses feintes frayeurs, de douleur et de défiance. C'est une grande folie sans doute d'écouter et d'aimer une telle femme, mais cette folie supposée, toutes les autres sont vraisemblables.' Barruel-Beauvert, pp.115-16.

51. Cf. *Révolutions de Paris*, no xxvi, du 2 au 9 janvier 1790, pp.41-42.

La débauche constitue le second grief: 'une paysanne vicieuse' écrit Barruel-Beauvert (p.115); on connaît la version popularisée par Mme de Staël, du suicide de Rousseau: il avait, enfin! découvert l'infidélité de Thérèse. D'aucuns rappellent, d'un air entendu, que celle-ci n'était plus vierge lorsque Jean-Jacques la connut.[52] Son benêt de philosophe ne lui suffisait évidemment pas. Il n'y a pas à s'étonner qu'elle ne lui reste pas fidèle après sa mort! Encore ne connaissait-on pas, à cette époque, le fameux cahier où Boswell avait consigné ses exploits.

Tout cela ne tirerait sans doute pas à conséquence, malgré la qualité annexe, peu gracieuse, d'ivrognesse, que l'on ajoute parfois,[53] sans la présence d'un dernier grief, beaucoup plus grave: Thérèse n'est qu'une fille du peuple, grossière, inculte, et stupide. Une servante d'auberge, c'est tout dire! C'est ici que la nature de classe des montages idéologiques est le plus agressivement visible.[54] Le thème de la mésalliance apparaît. Thérèse est une 'femme indigne'[55] par sa nature: comment s'étonner de son comportement? Réciproquement, 'l'homme qui met ses enfants aux enfans trouvés, qui épouse sa servante (Eh! quelle espèce de servante) …' ne mérite aucune indulgence, écrit suavement La Harpe.[56] La réunion de Jean-Jacques Rousseau et d'une 'fille d'auberge nouvellement débarquée'[57] est, à proprement parler, une énorme incongruité. Ce thème se retrouve presque partout. La *Chronique de Paris* parle 'd'attachement singulier' pour une 'fille sans éducation, sans aptitude à en recevoir'.[58] Cerutti, rapportant les confidences du baron d'Holbach au sujet de Rousseau, écrit dans le *Journal de Paris*: 'On ne peut imaginer un contraste plus affligeant que celui qu'il présentait avec sa Thérèse et son génie. Diderot, Grimm et moi-même, nous fîmes une conspiration amicale contre ce bizarre et ridicule assemblage.'[59] Fontanes manifeste la même réaction de dégoût devant la 'méprisable compagne' du philosophe, et sa peu convenable famille: une telle promiscuité, les scènes que doit subir Rousseau, les 'détails bourgeois dans lesquels il s'ensevelit', tout cela contribue à 'dégrader son caractère et son talent'.[60]

Bizarre, singulier, affligeant, ridicule, dégoûtant, dégradant: tels sont les qualificatifs qu'appelle la présence auprès de J. J. Rousseau d'une fille d'auberge. Au-delà de la disparité sociale, la mésalliance, par ses éléments affectifs et culturels, nous introduit dans l'univers du grotesque. Jean-Jacques est certes un

52. Cf. *Journal encyclopédique*, 15 janvier 1790, p.235.
53. Cf. G. Lenôtre, *Paris révolutionnaire, Vieilles maisons, Vieux papiers*, quatrième série, Paris 1949 (1ère édition, 1910). La fin de Thérèse Levasseur, p.166.
54. Cela n'est pas vrai seulement pour la période révolutionnaire. Aujourd'hui encore, il suffit de savoir placer un spécimen de l'écriture phonétique attribuée à Thérèse pour obtenir un effet très sûr, sans avoir besoin de risquer le moindre commentaire désobligeant. *La fameu deu gangaque* (la femme de Jean-Jacques) plonge en général le lecteur dans l'univers du grotesque. Et pourtant, ou bien cette écriture n'est pas celle de Thérèse, ou bien, s'il est exact qu'elle était capable d'écrire, si mal que ce fût, ou même de signer correctement son nom, cette circonstance n'est guère compatible avec tout ce que l'on dit par ailleurs, d'après Rousseau lui-même, de sa faiblesse d'esprit. C'était là un niveau de culture qui n'était pas négligeable au dix-huitième siècle, pour une 'fille d'auberge'! chacun le sait bien, mais personne n'y pense.
55. Cf. Barruel-Beauvert, pp.86-362; *Journal de la ville*, 9 novembre 1789, p.158.
56. *Mercure de France*, novembre 1789, p.86.
57. *Journal encyclopédique*, 15 janvier 1790, p.234.
58. *Chronique de Paris*, 20 novembre 1789, p.353.
59. *Journal de Paris*, 2 décembre 1789.
60. *Journal de la ville*, 10 novembre 1789, p.163.

homme du peuple, mais d'une essence bien particulière: pour les aristocrates, le génie anoblit, jusqu'à un certain point; du moins condescendent-ils à traiter avec lui de pair à compagnon, dans les limites qu'ils ont fixées; cela lui crée des obligations. Pour les bourgeois démocrates, Jean-Jacques témoigne de l'excellence du peuple, mais dans la mesure où il a mérité d'en sortir. Pour les uns comme pour les autres, Rousseau s'avilit donc en s'unissant à une servante:[61] ce n'est qu'à partir de là que les détails les plus ignobles sont perçus comme tels.

On peut voir maintenant comment s'est constituée l'image de Thérèse, et comment elle fonctionne.

Remarquons tout d'abord qu'il n'y a pas contradiction absolue entre cette image, et celle que donnent les *Confessions*. La mésalliance est un phénomène social qui ne réside pas seulement dans l'imagination de ceux qui en sont les victimes; en outre, les préjugés de classe de Rousseau sont accusés, bien qu'il s'en défende, par la forte pression idéologique qui s'exerce sur lui de toutes parts. Il est donc le premier responsable de l'image péjorative de Thérèse lorsqu'il souligne le statut équivoque qu'elle conserve auprès de lui, malgré la volonté tardive de tout clarifier par le mariage. On rapporte volontiers telle confidence révélatrice: 'Je sens bien qu'elle n'est pas nécessaire à mon moral, mais elle me donne du bouillon parfait, quand je suis malade?'[62] Ce mot est peut-être inventé, mais plus d'une page des *Confessions* confirme la réalité du sentiment qu'il traduit.[63] Les ennemis de Thérèse ne font, après tout, que broder sur le même thème.

A partir de là, le portrait-charge se constitue de deux façons. D'une part Thérèse est l'anti-Jean-Jacques, l'autre incarnation, dérisoire, du peuple. Elle est aussi méchante que Rousseau est bon, aussi mesquine et égoïste qu'il est généreux, aussi stupide qu'il est génial. Elle est à la fois son ombre grotesque, et son mauvais génie. Responsable de son malheur, elle devient aussi le bouc-émissaire qui se charge de ses fautes, comme le montre l'anecdote controuvée de l'abandon des enfants. C'est le thème du 'contraste affligeant', du 'bizarre et ridicule assemblage'. 'Il est incroyable qu'un homme tel que Rousseau ait pu passer sa vie avec une semblable créature.'[64]

Thérèse, d'autre part, est exactement l'image inversée des héroïnes de Rousseau. 'On est tenté de rire quand on voit celui qui a peint la vertueuse Julie se complaire de ce charmant triomphe sur une fille d'auberge.'[65] La 'paysanne vicieuse' de Barruel-Beauvert incarne en quelque sorte l'ignoble réalité d'où

---

61. Cf. à ce propos l'histoire, racontée par G. Lenôtre (in *Vieilles maisons, Vieux papiers*, quatrième série) du concitoyen de Robespierre, Herman, président du Tribunal révolutionnaire de Paris. Herman, 'greffier en chef des Etats d'Artois', issu 'd'une ancienne famille de Saint-Pol, réputée pour son respect des traditions' avait lui aussi épousé sa servante, le 12 octobre 1792, au grand scandale de la bonne société d'Arras. G. Lenôtre lui-même traite tout l'épisode dans le registre du récit fantastique.

62. Cf. Barruel-Beauvert, p.362; et Mercier, ii.163. D'après Barruel-Beauvert, cette réponse aurait été faite à M. de Montcizet, après la cérémonie de Bourgoin.

63. Cf. notamment liv. ix, *Œuvres complètes*, i.421: 'C'est surtout dans la solitude qu'on sent l'avantage de vivre avec quelqu'un qui sait penser.' Cf. aussi pp.414 et n.1, 416 et n.1, 419 et n.1, 421 n.3, 594 et n.1.

64. *Chronique de Paris*, 20 novembre 1789, p.354.

65. *Journal encyclopédique*, 15 janvier 1790, p.234.

procède le rêve: toute une conception de l'univers rousseauiste se profile derrière cette silhouette misérable. Thérèse était condamnée à ne pas trouver beaucoup d'indulgence chez les lecteurs de Rousseau! Ajoutons que, pour les ennemis de celui-ci, elle était le double caricatural, révélateur de la bassesse, du 'prétendu philosophe'. Quelques défenseurs vont pourtant se manifester. Loustalot ne mérite guère ce titre, puisqu'il se borne à protester contre le qualificatif injuste de mère dénaturée; mais sa réaction témoigne déjà d'une certaine gêne.[66] Ginguené, tout en restant prudent, s'engage davantage: il comprend très bien que Jean-Jacques est éclaboussé par les propos excessifs contre sa compagne, il est donc conduit à défendre à la fois l'un et l'autre. Il s'en prend d'abord au comportement de la coterie holbachique:

Si j'avais placé mon bonheur dans l'attachement d'une fille simple, douce et aimable pour moi, c'est-à-dire, qui me parût telle, mais qui aurait aux yeux du monde le tort de n'être pas une Dame du grand ton, et de n'avoir pas un mari à avilir ou à tromper; si après quelques représentations que l'amitié peut permettre, mon ami prétendu revenait obstinément à la charge; s'il me tourmentait sans relâche par une *conspiration* contre ma *Thérèse* avec un autre soi-disant ami à qui j'aurais bien pardonné sa *Nanette* ... je ne pourrais, je le sens, supporter une conduite si contraire à l'amitié.[67]

Lorsque Ginguené réclame le droit pour Rousseau de voir avec les yeux de l'amour une femme qui ne le mérite peut-être pas, il ne s'avance pas très loin. Mais il touche à un point essentiel quand il dénonce le comportement de classe des philosophes, égalé à celui des mondains: à leurs yeux, ce sont les bienséances qui sont violées par l'attachement de J. J. Rousseau à Thérèse. La révolution impose d'appréhender ce fait à travers un autre système de valeurs, que tel philosophe (Diderot) n'aurait pas dû ignorer pour être en accord avec lui-même. Ginguené souligne donc que la réprobation qui frappe Thérèse se fonde sur un préjugé de classe. Ce n'est sans doute pas se porter garant de ses bonnes qualités, mais c'est à coup sûr refuser l'outrance, et entrevoir la possibilité d'une image toute différente, dont l'auteur esquisse les contours (p.105):

Mille voix s'élèvent contre elle: faut-il les croire? faut-il penser qu'une telle femme eût si longtemps respiré le même air que Jean-Jacques, possédé sa confiance, et paru la mériter en partageant ses infortunes? Pourquoi le suivit-elle dans son exil? Pourquoi s'attacha-t-elle à lui dans sa misère, dans ses infirmités, dans son délaissement? Tant de noirceur et de bassesse s'allierait-il avec cette constance désintéressée et généreuse? Quoi? celle dont si souvent, dans ses *Confessions* et dans ses *Lettres*, il vante la droiture, la simplicité, la bonté de cœur, celle qu'il nomma tant de fois la seule consolation de sa vie, en eût été le tourment et l'opprobre! Non, je ne le puis croire: je ne puis croire des bruits vagues et incertains: j'en croirais à peine des preuves.

Madame de Charrière dénonce, elle aussi, la fausse logique des ennemis de Thérèse. Dans un spirituel pamphlet,[68] elle montre les racines de classe de l'indignation pharisienne de Mme de Staël, qu'elle n'aime guère.

La lettre supposée qu'elle fait publier à Neuchâtel vers la fin de 1789 se

---

66. *Révolutions de Paris*, no xxvi, pp.41-42.
67. *Lettres sur les confessions*, p.86.
68. *Plainte et défense de Thérèse Levasseur.* Ce texte, à peu près introuvable, a été publié par H. Buffenoir. Cf. *Thérèse Levasseur, Plaidoyer en sa faveur par Madame de Charrière* (décembre 1789), in *La Révolution française* (1920), pp.115-26.

présente, par certains de ses traits, comme un simple badinage satirique sans profondeur. Ainsi, la thèse du suicide de Rousseau provoqué par les amours de Thérèse avec 'un homme de la plus basse classe' est accueillie par une pirouette:

> Est-ce la coutume, je vous prie, que les maris se tuent pour ces sortes de choses? Et si ce n'est pas le parti qu'ils prennent d'ordinaire, fallait-il taxer de cette rare folie un philosophe de soixante-six ans? Certes, pour une personne qui lui veut tant de bien, et à moi si peu, vous me faites bien de l'honneur, et à lui bien du tort.

Il s'agit, bien entendu, d'une pseudo-argumentation: on voit mal Jean-Jacques se pliant à ces règles élémentaires de la morale mondaine. Il est clair aussi qu'il n'est pas exactement un 'philosophe' dans le sens où le mot est pris. Mais ce maniement de l'anti-phrase, qui se présente comme une simple manifestation d'humour à un premier niveau, devient, dans le contexte, une ironie meurtrière: il y a en effet inversion des valeurs entre Jean-Jacques et ses lecteurs, dont la morale médiocre est ainsi soulignée, en même temps que leur inconséquence lorsqu'ils prétendent s'ériger en juges de Thérèse. Mme de Charrière s'intéresse moins au suicide prétendu de Rousseau qu'à la fausseté des professeurs de morale qui s'en indignent.

Toute sa lettre est en effet construite sur une série de retournements: entre Thérèse et Jean-Jacques, entre celui-ci et son public, entre le rousseauisme affecté de ce public et son comportement réel. Ainsi Thérèse s'oppose bien à Jean-Jacques, mais ce n'est pas dans le sens où on l'entend d'ordinaire. Mme de Charrière lui prête le discours suivant:

> Ah! mon bon ami! vous qui ne vouliez pas recevoir des bienfaits, parce qu'avec eux on reçoit des chaînes, vous qui redoutiez les chaînes plus que la mort, vous m'en faites porter de bien pesantes! Mais c'est sans le savoir que vous me les avez imposées. Vous était-il venu dans l'esprit que ce nom de Renou, ou de Rousseau, que vous me donnâtes sans que je le demandasse, me mettrait dans l'obligation de vous ressembler, ou plutôt à vos femmes et maîtresses imaginaires? Ce fut votre réputation, non la mienne, qui vous détermina.
>
> N'importe: vous étiez bon, vous auriez laissé dire Voltaire, votre ennemi, et j'aurais gardé mon nom, dont j'étais contente, si vous eussiez su qu'en le perdant, je perdrais toute liberté, et que le prétendu honneur que je recevais serait une source d'infortune, un prétexte à accusation.
>
> Vous êtes mort, et on vous idolâtre: je suis vivante, et on m'injurie. Ceux qui prétendent vous apprécier le mieux, vous ont en effet mal connu; et vos livres qui sûrement enseignent la bonté, sont perdus pour eux, quoiqu'ils s'extasient à chaque page, à chaque mot.

On a l'habitude de présenter Thérèse comme la responsable des malheurs de Jean-Jacques; elle est plutôt une malheureuse victime de celui-ci, puisqu'il l'a arrachée au monde où elle aurait vécu tranquille, pour la jeter dans un autre où tout est piège. Surtout, Mme de Charrière montre parfaitement par quel processus s'est constituée l'image infâmante de Thérèse, condamnée à ressembler à la fois à Jean-Jacques et à ses héroïnes. Elle ne pouvait devenir un personnage que par différenciation. Et cette image condamne le public qui l'a créée, puisqu'il se montre par là incapable de vénérer les valeurs constitutives du rousseauisme autrement qu'en imagination.

La répulsion de Mme de Charrière pour la duplicité du public mondain la conduit donc non seulement à comprendre le cas de Thérèse, mais à le situer au cœur des conflits idéologiques à travers lesquels s'opère une lecture, même patriote, de Rousseau: la défense de Thérèse est l'occasion de souligner ironique-ment combien il y a loin de la glorification abstraite du peuple à l'identification avec le peuple réel, et au sens concret de l'égalité, tel que le prôneront les sans-culottes.

L'opinion publique va pourtant, dans une certaine mesure, se retourner en faveur de la veuve de Jean-Jacques, exigeant que celui-ci soit respecté à travers la femme à laquelle il a voulu donner son nom.

Thérèse a dilapidé le petit patrimoine que les libraires et les amis de Rousseau lui avaient constitué. Elle est dans le besoin.[69] A un moment où la ferveur rousseauiste entraîne de nouveaux fidèles, elle peut faire appel à la générosité publique. Soit qu'elle le comprenne elle-même, soit qu'on le lui souffle, elle n'y manque pas. Elle écrit à Mirabeau, qui lui répond le 12 mai 1790, et lui conseille de présenter un mémoire à l'assemblée nationale.[70] Quelques journalistes s'émeuvent. Les acteurs de la Comédie-Française sont les premiers à faire un geste. Ils font annoncer qu'ils donneront au profit de 'Madame Rousseau' une représentation de *Pygmalion*.[71] C'est bien le moins qu'ils puissent faire, ricane, dans les colonnes de la *Chronique de Paris*, un lecteur qui revendique en faveur de la propriété littéraire: cette aumône est une insolence que n'aurait pas aimée Jean-Jacques; sa veuve devrait réclamer la part d'auteur qui lui est due lors de chaque représentation.[72] Mais on recommande à Thérèse de ne pas suivre un tel conseil: elle préfère accepter l'offre des comédiens français, et se désister de tout autre prétention, comme en témoigne sa lettre de remerciements, rendue publique vers le début d'octobre 1790.[73]

Le produit de cette représentation charitable, qui eut lieu le samedi 9 octobre 1790, n'était pas de nature à rétablir la situation financière délabrée de la veuve Rousseau. Elle décida alors de s'adresser à l'Assemblée Nationale. Le 21 décembre 1790, Barère, après avoir donné lecture d'une lettre où elle réclamait

69. Cf. Charly Guyot, *Plaidoyer*, pp.151-72.

70. *Plaidoyer*, pp.173-74, lettre publiée pour la première fois par Musset-Pathay, i.284.

71. Cf. *Chronique de Paris*, 15 septembre 1790, p.1029. Cet épisode a échappé à l'attention des érudits qui se sont intéressés au destin de Thérèse Levasseur.

72. Cf. *Chronique de Paris*, 17 septembre 1790, p.1070: 'Mais ne sera-ce pas offenser les mânes de J. J. Rousseau, de faire l'aumône à sa veuve, lui qui ne la voulut jamais la recevoir de son vivant? et si cette femme l'accepte, ne l'accusera-t-on pas d'avilir une seconde fois sa mémoire?

Il nous paraîtrait plus simple, plus juste, plus digne du grand homme à qui MM. les comédiens veulent rendre hommage, de compter à Madame Rousseau ce qui peut lui revenir du produit de *Pygmalion*; de donner cette pièce un certain nombre de fois chaque année, et de lui remettre la part d'auteur qui lui est due, puisque Rousseau lui a légué la propriété de ses ouvrages.

Pygmalion, depuis 1775, a été joué 173 fois; la recette de chaque représentation a été de trois, quatre et cinq mille livres, et jamais au-dessous de cent louis; en les évaluant toutes à cent louis, nous aurons 346 000 liv.: les frais journaliers et le quart des pauvres des 173 représentations, rigoureusement calculés, se montent à 108-125 liv.; reste 235-875 liv., laquelle somme aurait dû rendre à J. J. Rousseau ou à sa veuve, héritière de sa propriété, 17 354 liv.

En comptant strictement avec Madame Rousseau, MM. les comédiens français ne feront qu'un acte de justice; mais ils en feront un très louable, en donnant chaque année *Pygmalion* un certain nombre de fois, afin de procurer à Madame Rousseau une subsistance qui ne fasse pas rougir les mânes de son époux, puisqu'elle sera le noble fruit de son travail et de son génie.'

Cette lettre est signée Jean-Alphonse Le Monnier.

73. Cf. *Chronique de Paris*, 8 octobre 1790, p.1122. La lettre de Thérèse, datée du 20 septembre 1790, est publiée dans le *Journal général de France* du 9 octobre 1790, à la rubrique *Spectacles*, p.1192.

une pension de 600 livres, appuyait chaleureusement cette requête:

La veuve d'un homme célèbre vient réclamer aujourd'hui, auprès des représentants de la nation, des secours dans l'indigence qui la menace. Cette veuve est celle de J. J. Rousseau; elle jouit de quelques modiques pensions qu'elle ne doit qu'au nom de son illustre époux; mais ce ne sont là que des bienfaits précaires. Si les titres de ces bienfaits existent, elle ne les connaît pas; ces sources de sa subsistance peuvent tarir à chaque instant, et la laisser en proie aux angoisses du besoin. C'est cette crainte qui lui fait implorer vos secours.[74]

Après ces explications assez laborieuses (et contraires à la vérité[75]), Barère, dans une grande envolée rhétorique, entreprend la défense de la veuve Rousseau, que la voix publique accuse d'infidélité posthume. Il trace les grandes lignes d'une image officielle, conforme aux bienséances, qui n'a évidemment rien à voir avec les propos habituels tenus sur Thérèse, ni même (si l'on s'arrête à ce qu'il suggère, et non à ce qu'il dit) avec les faits les mieux attestés:

J'entends déjà les clameurs de la calomnie (*Un grand nombre de voix*: ce n'est pas ici). Elle a si longtemps tourmenté l'auteur du *Contrat social*, elle a si lâchement et si criminellement entrepris de remuer sa cendre, qu'elle ne pouvait pas, sans doute, épargner sa veuve. Cette femme respectable a été accusée d'avoir avili le nom célèbre de Rousseau dans les bras d'un second mari. C'est dans ce temple des lois qu'on doit venger la veuve du législateur de l'univers, trop longtemps calomniée. Non, elle n'a jamais manqué à la mémoire de Rousseau; elle ne voudrait pas changer le titre de sa veuve pour une couronne (*on applaudit*). Ce sont les propres expressions de sa sensibilité que j'ai recueillies et que je n'ai pu entendre de sa bouche sans émotion.

On remarquera que Barère, en avocat retors, n'affirme rien qui ne soit littéralement exact: Thérèse ne s'est pas remariée. Mais elle vit maritalement avec John Bally, l'ancien domestique de M. de Girardin. On remarquera aussi que les bienséances, soigneusement respectées par l'orateur de l'assemblée nationale, sont justement celles que dénonçait Mme de Charrière. L'image officielle de Thérèse n'est que le négatif à partir duquel s'est formée l'image de l'opinion publique: 'une fille d'auberge' devenue la femme de J. J. Rousseau n'a plus le droit de partager le lit d'un palefrenier, ce serait une intolérable chute dans le burlesque. Après cet exercice d'éloquence jésuitique, Barère allègue les témoignages écrits des curés d'Ermenonville et du Plessis-Belleville.[76] Thérèse a donné tous les jours, depuis son veuvage, 'l'exemple des bonnes mœurs et de la bienfaisance'. A cet étalage de certificats élogieux, viennent s'ajouter les

74. *Moniteur* du 21 décembre 1790, reproduit in *Archives parlementaires*, xxi.619.

75. Cf. sur ce sujet Charly Guyot, *Plaidoyer*; G. Lenôtre, *Vieilles maisons, vieux papiers*, iv.166-68, et Rousseau, *Œuvres complètes*, i.561 n.1, 590 n.2, 602 n.2. Grâce à la prévoyance de Rousseau, Thérèse aurait dû disposer d'un revenu très modeste, mais sûr, si elle n'avait pas aliéné son capital.

76. Cf. Charly Guyot, *Plaidoyer*, pp.175-76. Le certificat de Gaucher, curé d'Ermenonville, a été publié dans les *Annales J. J. Rousseau* (1911), pp.89-90. Pour celui de Madin, curé du Plessis-Belleville, Charly Guyot donne comme référence les *Œuvres de J. J. Rousseau* publiées par Musset-Pathay (1826), xxi.193. Ces deux pièces figuraient déjà dans le *Recueil de pièces relatives à la motion faite à l'Assemblée nationale au sujet de J. J. Rousseau et de sa veuve*. A Paris, le 7 janvier 1791. Paris, de l'imprimerie nationale, 1791 (reproduit in *Jean-Jacques Rousseau dans la Révolution française, 1789-1801*, Paris 1977 [documents rassemblés par R. Barny]).

recommandations décisives de Rousseau:[77] l'assemblée, après avoir applaudi, n'a plus qu'à s'exécuter, d'autant que Barère invoque dans sa péroraison l'exemple d'Athènes élevant la famille d'Aristide, et précise que Thérèse, fidèle à l'idéal d'indépendance et de modération de Jean-Jacques, refuse absolument d'accepter une pension supérieure à 600 livres. Cette sobriété paraît excessive, et on lui en accorde 1200.

Dans le recueil de pièces publié par les soins de l'Assemblée nationale à l'occasion de ce décret (dont l'article premier porte qu'une statue sera élevée à l'auteur d'*Emile* et du *Contrat social*[78]) figurent, outre les deux attestations utilisées par Barère, un recueil des passages des *Confessions* et de la *Correspondance de Rousseau* propres à faire justice des calomnies contre Thérèse (pp.20-24). C'est donc bien à une entreprise de réhabilitation que se livre l'assemblée. Mais, comme l'indique le contexte, notamment l'article premier du décret, auquel a conduit la suite de la discussion, c'est avant tout Rousseau qu'on veut honorer à travers sa veuve 'indigente', et la révolution qui s'honore elle-même en célébrant ainsi son grand homme, conformément à l'exemple antique. Il s'agit en somme d'un autre visage, officiel et idéalisé, de Thérèse: il ne se situe plus sur le même plan que la caricature généralement reçue, sans exclure celle-ci à proprement parler.

d. Les fautes de Jean-Jacques

Reste à faire entrer dans l'image de Rousseau toute une série de comportements peu honorables, dont plusieurs ne sont connus que par les *Confessions*: le plus consternant aux yeux de beaucoup étant peut-être cet exhibitionnisme tout à fait contraire à la bienséance. A cet égard, la période révolutionnaire ne témoigne d'aucune originalité; d'autant que certaines révélations inédites viennent, dans la seconde partie des *Confessions*, compléter un tableau déjà inquiétant.

Le crime le plus grave reste, bien entendu, l'abandon des enfants. Les aveux et les justifications de Jean-Jacques sont diversement accueillis. On imagine sans peine que cela ne suffit pas à désarmer ceux qui ne l'aiment pas, les autres étant le plus souvent plongés dans l'embarras.

Les pages consacrées à cette affaire dans les *Confessions* sont connues du public dès 1788: on peut les lire, avec quelques autres extraits, dans le *Voyage à Ermenonville* de Le Tourneur, que Mercier et Brizard ont publié dans le tome i de leur édition des *Œuvres complètes*. Le commentaire de Le Tourneur est celui d'un ami de Jean-Jacques:

Malgré une conduite si paradoxale ... qui semble si contraire à la tendresse vulgaire, à la nature, ne le condamnons pas sans l'entendre. Ses ennemis se sont réjouis de cet écart, si propre à réunir contre lui toutes les clameurs des mères; et ils en ont tiré un grand parti dans leur envieuse malveillance; mais en le supposant inexcusable, avec ce crime

---

77. Extraits d'une lettre à M. Dubos, à Moutiers-Travers: 'Elle a fait, dit-il en parlant de son épouse, elle a fait ma consolation dans mes malheurs; elle me les a fait bénir; et maintenant, pour le prix de vingt ans d'attachement et de soins, je la laisse seule, sans protection, dans un pays où elle en aurait si grand besoin. Mais j'espère que tous ceux qui m'ont aimé lui transporteront les sentiments qu'ils ont eu pour moi; elle en est digne: c'est un cœur tout semblable au mien.'

78. Cf. ci-dessous, ch. 4, i, pp.103-106, 142-46.

de plus, Rousseau était meilleur qu'eux; car, si son acte fut mauvais, il est certain que son intention fut bonne.[79]

Ces lignes situent parfaitement le problème tel qu'il se posait pour les contemporains, d'accord en cela avec Rousseau lui-même: de quel côté est la bonté? chez Jean-Jacques ou parmi ses adversaires? il s'agit moins de substituer une morale de l'intention à une morale plus exigeante, comme on l'a dit souvent, que de faire un choix dans une lutte idéologique où le rôle avoué de la subjectivité est essentiel. Ce qui est en cause, à travers cette subjectivité, c'est tout ce qu'elle supporte, ou paraît supporter. Le fait de l'abandon des enfants est d'abord perçu comme un élément de cet ensemble. Il devient donc important d'entendre Rousseau et de sauver son personnage, sans pour cela justifier son comportement: on peut, à la limite, présenter celui-ci comme extérieur à l'être profond, au cœur, dont il suffit de préserver la pureté.

On devine que cela ne suffit pas à convertir les ennemis de Jean-Jacques, eux qui reconnaissent au contraire la source empoisonnée à ses effets. Le rédacteur du *Mercure de France* a grand peine à modérer l'expression de son mépris pour 'l'homme qui met ses enfants aux enfants trouvés'.[80] Celui du *Journal encyclopédique*, après avoir cité la justification de Rousseau, admet que 'l'aveu répare en quelque sorte le scandale', mais cette concession est vite reprise. Comment, demande le journaliste, le cœur de Jean-Jacques a-t-il été si tardif à le détromper? Et il poursuit:

car ce n'est pas un de ses enfants, ce sont tous ses enfants qu'il envoie à l'hôpital, et ils sont au nombre de cinq; il n'en conserve pas un seul. Lui, qui a ordonné à toute mère d'allaiter elle-même ses enfants, n'a pas permis à la mère des siens de les allaiter; il les a arrachés à ses sollicitations, à ses larmes. Cette énigme n'est pas facile à résoudre pour l'honneur du père; et pour celui des bonnes mœurs, pourrait-on se permettre de l'absoudre?[81]

La remarque venimeuse de la fin renvoie manifestement à la 'révélation' de Barruel-Beauvert, selon qui Rousseau n'était pas le père de 'ses' enfants. En somme, ou bien il faut admettre qu'il avait le cœur mauvais, ou bien qu'il était mû par une raison très forte, qu'il n'a pas osé avouer et qui ne suffit d'ailleurs pas à l'innocenter. Dans l'un et l'autre cas, la valeur exemplaire du personnage est singulièrement amoindrie: comment accorder sa confiance à quelqu'un qui viole ainsi ses propres préceptes?

Sans être aussi sévère, Fontanes reste perplexe devant les explications de Rousseau:

Il s'avoue franchement coupable d'avoir mis cinq enfants à l'hôpital malgré les réclamations de leur mère. Il ne se dissimule point l'énormité de ce crime, si frappante dans l'homme qui a le mieux retracé les devoirs et les sentiments de la nature. Cependant, lorsqu'il s'en accuse avec douleur, on voit que par la plus étrange de toutes les préventions, il n'est pas fâché d'avoir dérobé ses fils au malheur de porter son nom. Ainsi la folie est

---

79. *Œuvres complètes de J. J. Rousseau*, nouvelle édition classée par ordre des matières et ornée de quatre-vingt-dix gravures ... Tome premier 1788, p.142.

80. *Mercure de France*, novembre 1789, p.86.

81. *Journal encyclopédique*, 15 janvier 1790, pp.235-36.

à côté du crime, et l'on est prêt de verser des larmes au lieu de s'indigner. On ne voit plus qu'un grand homme malheureux.[82]

Fontanes est sensible au contraste entre le repentir affiché et la virtuosité dialectique avec laquelle l'auteur des *Confessions*, retrouvant son personnage de jadis, en justifie le comportement. Il ne songe pas à incriminer la mauvaise conscience, mais souligne au contraire l'un des mobiles de Rousseau, persuadé qu'il joua un grande rôle pour une tout autre raison: la volonté de soustraire les enfants aux effets du complot. Fontanes rejoint ainsi la critique du clan philosophique qui met charitablement au premier plan le délire interprétatif de Jean-Jacques.

La défense de celui-ci est parfois ressentie comme tellement incohérente, que cela peut même devenir un motif de mettre en cause l'authenticité de la suite des *Confessions*.[83]

Ainsi le rédacteur du *Journal gratuit*[84] s'étonne du décalage qu'il constate entre deux types de justification: Rousseau indique d'abord qu'il a fait comme tout le monde, dans le milieu où il vivait alors, sans se poser le moindre problème de conscience;[85] puis il fait état de ses remords, et de l'argumentation spécieuse par laquelle il est venu à bout de les étouffer.[86] Selon le journaliste, ce contraste dénonce l'interpolation; le premier passage est assurément un faux, fabriqué par les ennemis de Jean-Jacques pour ternir son image (no.7, p.112):

J'ignore quelle sensation a pu faire une telle lecture sur ceux qui aiment Rousseau; pour moi, je l'avouerai, en lisant ces affreuses pages, le dégoût, la douleur, l'indignation me saisirent. Je ne savais ce qui me faisait le plus de peine, ou de voir le bon, le vertueux, le sublime Rousseau, roulant ainsi dans la fange du vice, ou de l'entendre raconter toutes ces gentillesses du ton d'homme qui y était accoutumé, et qui toute sa vie n'avait fait autre chose. Ne pouvant me remettre de l'étonnement que me causait une contradiction aussi frappante de ses notions et de son ton avec les principes, je ne lus [*sic*, pour *je relus*]

---

82. *Journal de la ville*, 9 novembre 1789, p.159.

83. Cette authenticité était parfois contestée en raison des angoisses de Rousseau, persuadé qu'un des objectifs majeurs du 'complot' était la falsification de son œuvre, et surtout à la suite de la querelle qui venait de mettre aux prises ses différents exécuteurs testamentaires, Du Peyrou s'élevant contre la publication entreprise à l'initiative des héritiers de Moultou. Dans un premier temps, alors que cette publication était imminente, Du Peyrou lui-même avait suggéré que le texte pourrait bien n'être pas fidèle (cf. la dernière phrase de la *Déclaration relative aux Confessions de Jean-Jacques Rousseau, accompagnée de quelques notes*, Neufchâtel, 27 octobre 1789; *Mercure de France*, novembre 1789, pp.63-68). Les éditeurs, Barde et Manget, de Genève, avaient solennellement protesté, affirmant que leur édition était faite sur le manuscrit original autographe, qu'ils venaient de déposer chez un notaire public, pour couper court aux propos malveillants (cf. *Mercure de France*, décembre 1789, pp.152-53). Sur quoi Du Peyrou, après examen, et sans revenir sur sa condamnation sévère d'une entreprise réalisée au mépris des dispositions testamentaires de Rousseau, avait très honnêtement authentifié le texte (cf. *Suite à la Déclaration relative aux Confessions de J. J. Rousseau*, Neufchâtel, 19 novembre 1789; *Mercure de France*, décembre 1789, pp.16-17: 'Je déclare encore qu'autant du moins qu'un coup d'œil rapide peut en faire juger, cette seconde partie des Confessions qu'on vient de publier, m'a paru, à plusieurs inexactitudes près, généralement conforme à la copie entre mes mains, faite sur le Manuscrit original de l'Auteur, par lui confié à M. M. ... [Moultou].)
Des doutes continuaient cependant à s'exprimer çà et là sur la fidélité du texte. Cf. notamment Meude-Monpas, *Eloge de J. J. Rousseau*, p.17.

84. *Journal gratuit*, treizième classe, belles-lettres (1790), nos 7 et 8 (BN. Lc2 504, no 13).

85. *Journal gratuit*, no 7, p.111 et no 8, pp.118-20, et cf. *Confessions* liv. VII, *Œuvres complètes*, i.342-44.

86. *Journal gratuit*, no 8, pp.120-23, et cf. *Confessions*, liv. VIII, *Œuvres complètes*, i.356-57.

les passages qui l'avaient si fortement choqué, et je m'écriai: ce n'est pas Rousseau qui a écrit.

Qu'il me soit permis de hasarder ici mes conjectures, elles sont pour moi d'une telle force, que je les crois la vérité et fussé-je abusé par mon respect pour la mémoire de Jean-Jacques, mon entreprise mérite toujours quelque indulgence, puisqu'elle tend à le faire estimer davantage.

Le comportement et surtout le langage de l'auteur des *Confessions* sont confrontés à des critères moraux stricts, définissant un idéal de vertu bourgeoise, où le bien et le mal s'opposent sans ambiguïté, et suscitent des réactions affectives marquées. Le principal scandale tient encore au fait que Rousseau semble faire fi de valeurs à l'établissement ou à la restauration desquelles il a apporté une contribution décisive. Son œuvre, célèbre parce qu'elle fait accéder les vertus familiales au plan de l'héroïsme, est opposée à tout écart. Il est curieux de voir que les pages qui témoignent des angoisses morales de Jean-Jacques, mais aussi des démarches subtiles de la mauvaise conscience, sont jugées acceptables, alors que l'expression beaucoup plus simple et convaincante d'une indifférence passée aux contraintes morales, selon la loi du milieu libertin où vivait le jeune Rousseau, provoque un réflexe d'incrédulité et de dégoût. Le lecteur des *Confessions* est ici victime d'une image toute faite de Jean-Jacques, considéré comme l'incarnation de certaines valeurs du rousseauisme, celles qui ont été immédiatement reçues et magnifiées par la petite bourgeoisie, en quête de cadres solides à opposer à la dissolution de la communauté traditionnelle, dont les mœurs mondaines étaient l'expression provocante.

Mais la réaction la plus fréquente des amis de Rousseau devant l'abandon de ses enfants, et devant la manière dont il en parle, est la gêne, qui se traduit sans doute plus d'une fois par le silence. Il est certes possible de se satisfaire du repentir affiché dans les *Confessions*, et suggéré dans les *Rêveries*, à condition de négliger les passages justificatifs qui ouvrent une autre direction. C'est ce que fait le rédacteur de la *Chronique*: 'Dans cette second partie, Rousseau a infiniment moins à rougir que dans la première: il n'a d'action à se reprocher que celle d'avoir mis ses enfants à l'hôpital, et il se condamne aussi sévérement que le censeur le plus rigoureux pourrait le faire.'[87]

Madame de Charrière se montre moins indulgente dans son *Eloge de Rousseau*: 'Il a perdu ses enfants. Pourquoi? était-ce les perdre, les abandonner, les livrer à un sort malheureux, que de les confier à la religion et à la patrie? Il a perdu ses enfants: en vain il s'étourdit sur cette perte, et j'entends mal ses regrets et ses faibles excuses, s'il n'est mort victime d'un si cruel souvenir.'[88]La mauvaise honte et la pauvreté sont, selon Mme de Charrière, les vraies causes de cette faute grave, que Jean-Jacques redouble par ses justifications inacceptables.

D'autres participants au concours de l'Académie française, rousseauistes fervents, tels Thiéry ou Michel Edme Petit,[89] ne soufflent mot de l'affaire; ils consacrent pourtant une part notable de leur discours à brosser le portrait de

---

87. *Chronique de Paris*, 20 novembre 1789, p.354.

88. [Mme de Charrière], *Eloge de Jean-Jacques Rousseau qui a concouru pour le prix de l'Académie française* (Paris 1790), p.49.

89. Cf. ci-dessous, ch. 3, et notamment 3, v, pp.61-62, 87, 89-92.

Jean-Jacques. Le *Journal de Paris*, rendant compte de l'Eloge composé par Thiéry, signale cette omission suspecte.[90]

Barruel-Beauvert, pour sa part, se distingue en présentant une version inédite de l'abandon des enfants: Jean-Jacques, affirme-t-il avec la ferme assurance d'un homme bien renseigné, n'a jamais été père; il s'est chargé d'une faute imaginaire pour couvrir l'inconduite de Thérèse; 'il s'est tu pour se respecter dans sa femme'. Barruel-Beauvert apporte ainsi sa contribution à la campagne anti-thérésienne. Mais sa défense de Rousseau ressemble fort au pavé de l'ours.[91]

Cette thèse est pourtant reprise par Mercier:[92] non seulement il déclare l'adopter sans réserve, mais il promet des éclaircissements pour bientôt: 'l'on pourra avant peu s'expliquer là-dessus d'une manière démonstrative'. On attend toujours les preuves annoncées. A défaut, Mercier brode un peu autour du thème du crime imaginaire: les *Confessions* doivent être considérées comme un roman, 'non dans le fond mais dans les détails'; Jean-Jacques a dû inventer l'épisode des enfants mis à l'hôpital: 'Il aura voulu nous donner un tableau idéal, peindre l'indigence et l'infortune assiégeant un homme supérieur, et celui-ci glissant dans la vie à travers les coups de massue de la force et du despotisme [*sic*]' (p.262).

Le rédacteur du *Journal de Paris*, dans un compte-rendu sévère de l'ouvrage de Mercier,[93] ironise au sujet de cette interprétation, qui fait de toutes les fautes avouées par Jean-Jacques des paraboles 'dont il s'est servi pour donner du corps à sa morale' (Mercier, p.267). Le passage où Mercier généralise son propos est reproduit comme un exemple particulièrement frappant d'ineptie (p.263):

[Rousseau] aura joui de l'idée de *mystifier la postérité*, d'élever une foule de raisonnements sur un être imaginaire; et lui, caché derrière ce modèle idéal, d'acquérir de nouveaux droits à l'immortalité par les discussions interminables qu'il aura fait naître sur la moralité de son individu. Ainsi le plus grand homme, quand il aime la renommée, n'est pas exempt d'un certain jeu de coquetterie, et de *quelques mines faites à la postérité* pour le plus grand intérêt de sa gloire.

Cette défense est évidemment très ambiguë, puisqu'elle transforme en une pure fiction l'ouvrage dont Jean-Jacques tenait par-dessus tout à affirmer le caractère véridique; c'est, en quelque sorte, choisir une des vertus du saint, la bonté, au détriment de la vérité, tout aussi importante. Mercier n'est sans doute pas inconséquent, puisqu'il est très réservé devant les *Confessions*. Mais son attitude contrainte permet au journaliste, qui n'est certes pas un chaud partisan de Jean-Jacques, de triompher: 'L'auteur d'*Emile* travesti en charlatan qui *mystifie la postérité* et en *coquet qui lui fait des mines*! Nous doutons que cette imagination là l'eût mis de bonne humeur. Il eût vraisemblablement prié M. Mercier de s'arrêter dans ses éloges.'

Pour une fois, il est permis en effet de prêter la parole à Rousseau sans tomber dans la reconstitution absurde, et d'utiliser contre lui la maladresse, ou le malaise de ses défenseurs. Comme le personnage de Jean-Jacques ne se situe

90. *Journal de Paris*, mardi 20 décembre 1792, p.1444.
91. Cf. *Vie de J. J. Rousseau*, p.391.
92. *De J. J. Rousseau*, ii.262-67.
93. *Journal de Paris*, mardi 18 octobre 1791, pp.1185-86.

pas uniquement dans l'univers de la légende, la résistance du réel peut devenir meurtrière.

Il existe pourtant un plaidoyer presque parfait: c'est une fois encore celui de Ginguené. Il a le tact de ne pas chercher une justification à tout prix, et la lucidité d'admettre sa propre réticence à parler de l'abandon des enfants:

Parmi les aveux que j'ai dû faire, et les fautes que l'équité me forçait à reconnaître dans Jean-Jacques, il en est une que je viens de toucher enfin, et dont involontairement j'avais toujours différé de parler. Maintenant prêt à finir, je me trouve par ma maladresse obligé de terminer ces lettres par ce qu'il y a de plus défavorable à celui qui en est l'objet; et de laisser pour dernier trait dans votre esprit, le souvenir d'une faute que tout homme sensible aura peine à lui pardonner, de la seule peut-être que les femmes ne lui pardonneront pas.[94]

Mais cette prétendue maladresse constitue en fait une grande habileté. Ginguené ne pouvait présenter la défense de Jean-Jacques qu'après avoir éclairé les aspects essentiels de son personnage, et après avoir admis la juste sévérité de ses admirateurs les plus fervents. Adossé à cette concession, il reprend le dossier, et s'efforce de répondre aussi bien aux amis maladroits qu'aux ennemis déclarés. Les uns et les autres ont le tort de ne pas distinguer entre les époques, et de ne pas concevoir l'évolution de Jean-Jacques: celui-ci 'eut cinq enfants, qui tous, il n'est que trop vrai, furent mis aux Enfants-trouvés, mais non pas tous de la même manière'. S'appuyant sur le texte des *Confessions*, Ginguené montre que les contradictions que d'aucuns ont cru déceler entre divers passages, dont le contraste n'était pas même remarqué par les autres, représentent deux moments très différents de la prise de conscience de Rousseau. Il abandonna ses deux premiers enfants

presque sans réflexion, par une suite des mauvaises maximes qu'il entendait tous les jours répéter sur cette matière, par des gens sans principes et sans mœurs, mais non pas sans esprit et sans politesse. En faisant comme eux, il crut faire comme tout le monde, en pareil cas, parce que, malgré leur inconduite, ils étaient ce qu'on appelait dans ce temps-là des gens comme il faut, d'honnêtes gens.

En bref, la personnalité du jeune Rousseau doit être comprise dans son rapport à l'histoire, et à la réalité sociale qui la déterminait immédiatement: la balle est désormais dans le camp des défenseurs de l'Ancien Régime. Ginguené marque fortement ('dans ce temps là') la rupture introduite par la révolution, ainsi que l'illusion d'optique banale qui poussait Jean-Jacques à réduire l'ensemble du monde social et du champ idéologique correspondant à la prétendue 'bonne société' et à ses valeurs. Il souligne en quelque sorte que l'auteur d'*Emile* et du *Contrat social* trouva d'abord en lui les stigmates du mal qu'il ne cessa plus ensuite de dénoncer, à la fois comme moraliste et comme écrivain politique. Au demeurant, Jean-Jacques se trouvait en situation d'infériorité dans ce monde où il était venu chercher fortune: il devait, au moins au début, en accepter d'autant plus docilement les préceptes:

Qu'était-il alors lui-même? Secrétaire, à 900 livres d'appointements, chez une femme bel-esprit, qui, bien loin de deviner quel homme elle avait à ses gages, ne le trouvait capable que d'écrire sous sa dictée, et de faire pour elle quelques recherches d'érudition;

---

94. *Lettres sur les Confessions*, p.106.

bien éloigné de prévoir lui-même ce qu'il devait être un jour, ayant à peine de quoi vivre, lui, sa Thérèse, et la mère, et l'insatiable famille. C'est dans cette position qu'il faut le voir pour juger sainement sa faute. Je ne l'excuse point, je l'expose seulement telle qu'elle est.

Il ne faut donc point accuser Jean-Jacques de s'être renié lui-même: 'Vous voyez que l'on se trompe et qu'on intervertit les dates, lorsqu'on dit que l'auteur d'Héloïse et d'Emile mit ses enfants aux Enfants-trouvés.'

Il reste pourtant une difficulté sérieuse que Ginguené ne dissimule pas: les trois autres enfants eurent le même sort, dans un temps où la réforme de Jean-Jacques 'ne lui permettait plus la même indifférence'. Tout ce que l'on peut dire ici pour atténuer la gravité de sa faute, c'est qu'il fut victime d'une argumentation spécieuse, application erronée de ses principes. Ginguené demande simplement qu'on ne le condamne pas sans l'entendre, et il renvoie aux principales pièces du dossier (pp.108-109): si, malgré cela, on persiste à le trouver aussi coupable, on n'aura sans doute pas tort; le repentir qu'il manifeste à plusieurs reprises, le jugement sévère qu'il porte lui-même sur sa conduite, peuvent seuls lui mériter quelque indulgence. Ginguené conclut (p.110):

Pour moi, si je peignais Rousseau cité pour cette faute au tribunal de la Nature, je la représenterais se voilant de douleur au récit de cette infraction de ses loix les plus saintes; mais l'accusé baigné de ses larmes ferait parler son repentir, et montrerait d'une main une foule innombrable d'hommes et de femmes, ramenés par son éloquence au culte de la Nature, et à l'amour de ces mêmes loix qu'il eut le malheur d'oublier: la Déesse relèverait doucement son voile, et laisserait briller dans ses regards quelque espérance de pardon.

Le caractère désuet de l'allégorie ne doit pas cacher le mérite de cette mise au point, qui tient à son caractère politique. Le problème de l'individualité de Jean-Jacques est certes traité dans le cadre de la philosophie idéaliste du sujet: comment aurait-il pu en être autrement? D'où sa position à première vue exclusivement moralisatrice, et pour ainsi dire judiciaire: on instruit le procès d'un individu. Mais l'attitude révolutionnaire de Ginguené le conduit à mettre en cause les bases idéologiques et sociales de la personnalité de Jean-Jacques, à suggérer la relation dialectique entre la modification de celle-ci et la modification des conditions qui l'ont produite. Cette insistance sur le contexte, et sur le mouvement qui le caractérise, permet d'effleurer le problème réel qui est en cause dans les discours sur Jean-Jacques, à travers le pseudo-problème de l'individualité de l'écrivain: celui du personnage, c'est-à-dire de l'impact produit par l'image de Rousseau sur son public. C'est là une question politique qui se découvre à travers la réponse donnée par Ginguené: il faut préserver et cultiver l'influence bénéfique du rousseauisme, quelles que soient les erreurs de l'homme. Voilà pourquoi, aux yeux de la postérité, Jean-Jacques mérite de rester l'homme de la '*Nature*'.

L'abandon des enfants, pièce capitale dans le dossier réuni contre Jean-Jacques, vient par ailleurs renforcer l'accusation d'ingratitude, que développent surtout les 'anciens amis' philosophes. C'est tout cet ensemble de griefs dont Ginguené récuse la fonction, sans mettre en cause sa légitimité; il lui oppose la présence vivante du rousseauisme, dans les comportements et les mentalités qu'il influence.

Mais cette présence se traduit aussi, dans un univers où le sujet reste le fondement de toute réalité humaine, par une certaine image de Jean-Jacques.

e. Image de Jean-Jacques: la légende

L'homme de la nature, c'est celui qui incarne le mieux les valeurs dont la révolution a besoin. Jean-Jacques est tout désigné pour jouer ce rôle, où le mythe devient plus réel que la réalité (anecdotique) qui le supporte.

Non que le portrait de Jean-Jacques ne soit pas matière à controverses, d'autant plus vives que la lutte politique est plus âpre. Mais l'image idéalisée l'emporte de très loin: des groupes très divers peuvent s'y retrouver, comme ils peuvent se réclamer du rousseauisme, à condition de pratiquer un choix, ou de conférer des significations diverses à un trait donné. Seuls les tenants d'un conservatisme ouvert et agressif s'opposent à cette idéalisation, sans aller encore jusqu'à proposer l'image repoussante que la droite s'efforcera plus tard de faire admettre.

Chacun des éléments essentiels de ce portrait remplit une fonction idéologico-politique évidente, par laquelle il a été sélectionné. Jean-Jacques est avant tout l'homme de la bonté, de la vérité, de toutes les vertus démocratiques qui manifestent le sens profond de l'égalité; enfin, il incarne de plus en plus la dignité intellectuelle et morale du peuple, face aux anciennes couches dirigeantes; ou, plus exactement, la réussite bourgeoise, par laquelle le talent issu du peuple affirme et nie en même temps la vocation de celui-ci à participer à la direction de la société.

Tout d'abord, Jean-Jacques est *bon*. C'est une *âme* exceptionnelle. C'est, par exemple, un des leitmotiv de Mme de Staël. Pour elle, la perfection du style de Jean-Jacques traduit une qualité de l'âme: 'le charme de son style, c'est à son âme qu'il le doit'.[95] Mme de Charrière, elle aussi, suggère qu'il existe une relation de cause à effet entre 'l'âme sublime' et le 'style enchanteur' de Rousseau.[96] D'une façon générale, l'excellence de l'œuvre n'a pas d'autre source. Les jouissances qu'elle retrace et qu'elle renouvelle prouvent 'une âme douce et pure', écrit Mme de Staël, dont les hésitations se traduisent de la même façon: il y a parfois, chez Rousseau, des défaillances de l'âme.[97] Ne pourrait-on pas aller jusqu'à l'accuser de bassesse? 'L'élévation de l'âme est peut-être une qualité qu'une seule faute fait perdre' (p.73). Mme de Staël, qui n'entend pas pour autant rejeter le rousseauisme, est obligée ici de s'opposer à l'interprétation courante, et de signaler (dans un sens tout différent de celui des ennemis de Jean-Jacques) la contradiction entre l'œuvre et l'homme: selon elle Rousseau 'n'est pas, si l'on peut dire, l'arbre des fruits qu'il porte' (p.74).

Les auteurs d'*éloges* tiennent pour la plupart des discours du même type sur l'âme de Jean-Jacques, et ne renoncent pas, eux, aux facilités que comporte cette explication. Thiéry, dont le spiritualisme est très marqué, voit dans la diffusion du rousseauisme le triomphe de l'union des âmes;[98] bien entendu,

95. *Lettres sur les ouvrages*, p.8.
96. *Eloge de Jean-Jacques Rousseau qui a concouru*, p.9.
97. *Lettres sur les ouvrages*, p.72.
98. *Eloge de J. J. Rousseau qui a concouru pour le prix d'éloquence de l'Académie française en l'année 1791.* Par M. Thiéry, membre de plusieurs Académies, 1791, p.5.

c'est dans l'âme de Jean-Jacques qu'il prétend trouver une clef pour saisir le 'développement' de ses idées, notamment à propos du second discours:[99] cette perspective, selon laquelle la Nature ne peut être reconquise qu'à travers le témoignage d'une subjectivité souffrante, est tout à fait fidèle à Rousseau. Le futur conventionnel Michel-Edme Petit tient les mêmes discours exaltés, et assimile la compréhension des rapports entre les hommes à l'effusion dont Jean-Jacques a donné l'exemple: 'Quelle âme avait donc cet homme divin!'[100]

Voilà ce qui constitue le fond de presque tous les portraits de Jean-Jacques. Bien entendu, de telles propositions se rattachent d'abord aux conceptions spiritualistes à peu près universellement admises selon lesquelles l'*âme* est la représentation individualisée, et à forte coloration affective, de la substance. Ce concept est donc très logiquement placé à la base de toute entreprise éthico-politique. Mais il y a, dans ce cas précis, une raison supplémentaire d'importance: l'œuvre de Jean-Jacques est l'élaboration la plus poussée de l'idéal individualiste bourgeois; et il l'a lui-même présentée comme assise sur un fondement exclusivement subjectif, garantie de sa validité. En ce sens, la légende de Rousseau tient à la structure même de son œuvre, expression des conflits de l'époque, et de leurs impasses sociales et théoriques.

Cette excellence de l'âme, caractéristique de Jean-Jacques, se traduit par une vertu cardinale, la bonté, qui apparaît d'abord sous sa forme chrétienne traditionnelle, la charité. L'esprit charitable de Jean-Jacques est un poncif particulièrement apprécié de l'époque révolutionnaire. On sait qu'avec les lumières, l'amour du prochain est devenu bienveillance, ou philanthropie; mais cette laïcisation n'implique pas de changements considérables dans la façon dont on conçoit la structure des rapports sociaux. Et l'image de Jean-Jacques en train de faire l'aumône aux pauvres reste à peu près la même, quel que soit le mot servant à désigner son attitude. En 1788 déjà, dans son voyage à Ermenonville, Letourneur insiste sur ce tableau édifiant, que l'auteur du compte-rendu paru dans le *Journal de Paris*, choisit de mettre en valeur:

Le pauvre M. Rousseau, dit à nos voyageurs le guide qui les conduisait, il n'est pas resté longtemps avec nous; six semaines à peine: mais il connaissait déjà tous les pauvres du village; et, tous les jours, il ne rentrait jamais chez lui sans avoir fait du bien. Ah! tout le village l'a pleuré et le regrette encore.[101]... Larmes du pauvre sur la cendre de l'homme de bien, commentait Letourneur, vous êtes sa plus belle récompense.

Ces témoignages sur la charité de Rousseau, recueillis parmi les pauvres gens d'Ermenonville, circulent désormais activement. Ils appartiennent à la légende du philosophe. 'Il était bon,' écrit Mme de Staël, 'les inférieurs l'adoraient; ce sont eux surtout qui jouissent de cette qualité.'[102]

L'auteur des lettres sur Rousseau avouait ainsi, assez naïvement, les limites de la pensée sociale qui trouvait à se fortifier dans la contemplation de ce

---

99. *Eloge de J. J. Rousseau*, p.11. Cf. aussi pp.60, 61, 81.

100. *Eloge de J. J. Rousseau citoyen de Genève*, par Michel-Edme Petit citoyen français ... seconde édition (Paris 1793), p.46.

101. *Journal de Paris*, 7 septembre 1788, p.1082; cf. *Voyage à Ermenonville*, in *Œuvres complètes de J. J. Rousseau*, nouvelle édition classée par ordre des matières ... i.164.

102. *Lettres sur les ouvrages*, p.68.

personnage édifiant. J. Y. Besnard, dans ses *Souvenirs d'un nonagénaire*,[103] Meude-Monpas,[104] Ginguené (notamment d'après Bernardin de Saint-Pierre),[105] rapportent les mêmes anecdotes, dans un esprit à peu près semblable. Rousseau, 'pauvre, mais si naturellement porté à la bienfaisance', incarne la philanthropie du siècle, et, le plus souvent, la bonne conscience de la bourgeoisie devant un type d'inégalité qui exprime à ses yeux l'ordre éternel des choses. Il arrive même que cette bonté soit mise au compte du spiritualisme de Rousseau, et invoquée contre la 'philosophie désolante' qu'il a combattue; mais il s'agit, là encore, de travailler au 'bonheur des hommes'.[106] Toutefois, lorsque la vénération qui entoure Rousseau devient plus populaire et prend la forme d'un véritable culte,[107] c'est la composante démocratique du thème de la bonté qui s'affirme: Jean-Jacques enseigne aux mortels 'l'exercice des vertus sociales et la sainte humanité'.[108] Lors de la fête champêtre organisée à Montmorency en septembre 1791, après le vote de la constitution, le principal orateur se demande pourquoi Rousseau occupe une place exceptionnelle dans le cœur des simples gens: 'C'est', répond-il, 'qu'avec un grand génie, [il] fut bon, qu'il aima les hommes, qu'il s'occupa de leur bonheur, et qu'il fut malheureux.'[109] La qualité de cet amour apparaît mieux encore lorsque Jean-Jacques est caractérisé à la fois comme 'le plus ardent ami des hommes' et comme '[le] plus zélé défenseur de leurs droits'. La bonté qu'on honore tient désormais tout autant à la haine passionnée et active de l'injustice qu'à la philanthropie.

Quelques ombres apparaissent pourtant: elles tiennent aux *Confessions*, et aux aveux qu'on y trouve; dans la perspective hagiographique particulière qu'impose la révolution, de tels aveux ne pouvaient guère être compris. En général, on les juge consternants: le 'cœur pur' de Rousseau n'est-il pas gâté par les comportements qu'il évoque, et plus encore par la complaisance que trahit leur aveu public? Il s'agit, on l'a deviné, de l'épisode du ruban, mais plus encore des ridicules déviations sexuelles de Jean-Jacques. Mme de Staël allait jusqu'à parler de sa 'bassesse'. Plus d'un révolutionnaire éprouve la même gêne, tel Mercier, qui note 'Il est des fautes qui nous choquent moins que leur aveu.'[110] Sans même parler de la censure vigilante qui devait s'exercer longtemps encore contre le dévoilement et l'analyse des réalités de la vie sexuelle, interdisant tout détachement scientifique, et réduisant ce type de discours à sa nature de symptôme, il est évident que le statut conféré au personnage de Jean-Jacques par la révolution n'autorisait guère à insister sur de telles misères, peu compatibles avec la dignité d'un héros.

103. Cité in André Monglond, *Vies préromantiques* (Paris 1925), 'Les deux dernières années de Rousseau et les rêveries du promeneur solitaire', p.76.

104. *Eloge de J. J. Rousseau* (Paris 1791), pp.19-20, et 21-22: on y apprend comment Jean-Jacques soigna un jeune officier pendant plus de trois mois, en s'exposant 'aux dangers d'une fièvre putride'; et comment, à Ermenonville, il prit soin pendant plus de six mois d'une pauvre vieille (chacun savait bien, pourtant, qu'il était mort quelques semaines après son arrivée chez le marquis de Girardin).

105. *Lettres sur les Confessions*, pp.78, 94-95, 112.

106. *Journal gratuit*, treizième classe, belles-lettres, no 7, p.100.

107. Cf. ci-dessous, ch. 4.

108. *Prosopopée de J. J. Rousseau, ou sentiments de reconnaissance des amis de l'instituteur d'Emile*, p.11.

109. *Fête champêtre célébrée à Montmorency en l'honneur de J. J. Rousseau* (Paris 1791), p.16.

110. *De J. J. Rousseau*, ii.261.

Mais ce problème touche de plus près encore à une autre vertu de Jean-Jacques, celle de vérité. On sait avec quelle violence pathétique Rousseau a toujours affirmé, contre ses ennemis, qu'il était l'homme de la vérité. Son orgueilleuse devise: *Vitam impendere vero*, ne pouvait que séduire les hommes de la révolution. Lorsque Marat choisit d'en faire l'épigraphe de son journal l'*Ami du peuple*, il sait assurément qu'il affiche par là même sa sympathie envers Jean-Jacques, avec lequel il s'identifie volontiers. Mais nulle question n'était plus embrouillée, car elle revêt plusieurs sens qui sont presque toujours confondus. La vérité est d'abord celle de l'ordre naturel, retrouvé par Jean-Jacques, et qui constitue l'objet de son enseignement, dans tous les domaines: elle est alors synonyme de *Nature*; elle est morale, politique et sociale. Elle concerne directement la grande mutation révolutionnaire qui est en cours, et dont Rousseau passe pour le principal artisan idéologique. Mais elle concerne aussi, selon la problématique indiquée par Jean-Jacques lui-même, son propre individu, dans toutes ses manifestations, comme expression et support de cet ordre naturel. Ici se pose le problème de l'accord entre l'homme et l'œuvre, c'est-à-dire de l'identité de Jean-Jacques, que lui refusent ses ennemis, ou que discutent ceux qui entrevoient le caractère arbitraire d'une telle approche. Enfin l'œuvre autobiographique vient compliquer encore les choses, en superposant au problème précédent ceux de la véracité de l'auteur, et de la vérité artistique; cette confusion explique en partie la réserve, ou la franche hostilité avec laquelle beaucoup de révolutionnaires ont accueilli les *Confessions*.

Le premier type de vérité est mis en cause par ceux qui nient la conformité entre les idées de Jean-Jacques et ses convictions intimes. C'est le thème bien connu de l'éloquence dangereuse du sophiste sans principes: grave accusation qui obsède Rousseau, et dont il fait l'objet du complot. Dans toute son œuvre autobiographique, et dans sa correspondance, il multiplie les efforts pour repousser cette interprétation infamante. Mais avec le développement de la crise de l'ancien régime, il ne se trouve plus guère de lecteurs pour refuser ouvertement de prendre Rousseau au sérieux: l'évidence des maux qu'il dénonce frappe tous les esprits, et la logique profonde de ses idées et de son expérience s'impose. Les propos de Mme de Staël en témoignent déjà. A ses yeux, il est absurde de prétendre, comme on le fait sans doute encore dans les conversations privées, que les débuts littéraires de Jean-Jacques furent ceux d'un sophiste:

Le premier sujet que Rousseau a traité, c'est la question sur l'utilité des sciences et des arts. L'opinion qu'il a soutenue est certainement paradoxale; mais elle est d'accord avec ses idées habituelles, et tous les ouvrages qu'il a donnés depuis, sont comme le développement du système dont ce discours est le premier germe. On a trouvé dans tous ses écrits la passion de la nature, et la haine pour ce que les hommes y ont ajouté: il semble que pour s'expliquer le mélange du bien et du mal, il l'avait ainsi distribué. Il voulait ramener les hommes à une sorte d'état, dont l'âge d'or de la Bible donne seul l'idée, également éloigné des inconvénients de la barbarie et de ceux de la civilisation. Ce projet sans doute est une chimère, mais les alchimistes, en cherchant la pierre philosophale, ont découvert des secrets vraiment utiles.[111]

Le problème de la vérité, ou de la sincérité de Jean-Jacques, est bien ici celui

---

111. *Lettre sur les ouvrages*, pp.2-3.

de la Nature dont il découvre l'image au fond de son cœur. Cette expérience est comprise comme un résultat du développement de la crise de l'Ancien Régime (crise sociale et crise des valeurs), et comme l'expression d'une lutte idéologique indispensable: au-delà de certains aspects chimériques du rousseauisme, celui-ci conduit à l'appréhension de quelques vérités essentielles.

Un tel point de vue est très largement répandu à partir de 1789: il correspond à la portée révolutionnaire, vérifiable chaque jour, de l'œuvre de Rousseau. La confiance en celle-ci s'impose tellement qu'elle ne s'exprime plus guère de façon défensive, mais seulement pour exalter la profondeur de la vérité saisie par Rousseau, qui lui confère un statut d'exception parmi les écrivains. Ainsi le rédacteur du *Journal gratuit* observe:

dans Rousseau, l'Ecrivain est presque toujours caché, et l'on sent l'homme à chaque page ... Peu lui importe qu'on le croie vil, petit, ingrat ou intéressé, c'est d'être vrai qui lui importe. Il n'écrit pas pour paraître meilleur qu'il n'est, mais pour être utile. C'est, par un contraste fort singulier, l'homme auquel on a le plus reproché d'exagération dans ses opinions, qui en a le moins mis dans sa morale.[112]

Au-delà de l'anecdote, Rousseau s'élève donc à une vérité utile pour tous: témoignage irréfutable du lien profond avec le réel qu'il a su maintenir. Sans doute, ses formulations sont parfois excessives, mais il ne faut pas se laisser tromper par cette apparence: ses principes tiennent à l'expérience la plus authentique qui soit. Tel semble être le sens de l'opposition qu'établit le journaliste entre les *opinions* et la *morale*, celle-ci appartenant au niveau le plus profond que l'autre sert surtout à révéler.

Dans son introduction aux œuvres complètes, Mercier rencontre le même thème lorsqu'il s'interroge sur le secret de la 'composition aussi neuve qu'enchanteresse' de Rousseau:

Ce secret est en partie dévoilé dans l'anecdote suivante:
    Deux Jésuites se présentèrent chez lui, et le prièrent de leur enseigner l'art qu'il employait pour écrire avec tant d'éloquence. Rousseau leur répondit ... *J'en ai un en effet; je suis fâché qu'il ne soit pas à l'usage de votre société; c'est de ne jamais dire que ce que je pense.*[113]

Jean-Jacques est donc tout le contraire du sophiste subtil qu'on a prétendu reconnaître en lui. Sa réussite démontre d'ailleurs l'impuissance de cet art du mensonge, qu'incarnent les jésuites. Il va sans dire que l'anecdote que rapporte Mercier est beaucoup trop édifiante pour être authentique: elle est la projection de la vérité et de l'utilité du rousseauisme aux yeux d'un public de plus en plus nombreux.

Ginguené, dans son désir de réfuter toutes les allégations des ennemis de Jean-Jacques, revient, lui, sur les propos malveillants et absurdes qui tendaient à présenter les paradoxes des discours comme de simples artifices publicitaires. Il en veut à Diderot, qui est à l'origine de cette légende, sans prendre garde que les paroles de celui-ci n'ont pas forcément le sens désobligeant qu'on leur a prêté:

Et pourtant Diderot a osé dire que c'était lui qui avait détourné Jean-Jacques de prendre

---

112. *Journal gratuit*, treizième classe, belles-lettres, no 7, p.107.
113. *Œuvres complètes de J. J. Rousseau*, t. i, Introduction, p.32.

dans cette cause le parti de l'affirmative; tandis que, soutenue négativement, elle tient à toute sa vie présente, et n'est, pour ainsi dire, qu'une tête dont tous ses ouvrages suivants forment les membres et le corps: et d'honnêtes gens, qui ont quelques prétentions au titre de gens raisonnables, croient et redisent encore cette évidente fausseté! Qu'ils tâchent donc enfin de connaître l'homme éloquent et sublime, qui dut à sa propre conviction sa sublimité, son éloquence: qu'ils cessent de supposer ou de croire qu'avec le seul talent d'écrire il eût allumé dans les cœurs un feu dont le sien n'eût pas été le foyer et le centre; et qu'on possède ainsi tous les secrets de la persuasion, sans être persuadé soi-même: s'ils n'ont pas honte d'être injustes, qu'ils rougissent au moins d'être absurdes.

En soutenant, dans cette occasion éclatante, l'opinion contraire aux idées communes, il suivit tellement le fil accoutumé des siennes, qu'elles se réveillèrent et l'assaillirent toutes à la fois, et que subjugué désormais par leur puissance réunie, il ne lui fut plus libre d'être que ce qu'elles voulurent qu'il fût.[114]

C'est donc toute la logique de l'œuvre de Rousseau qui confirme, dans ses grandes lignes, le récit des *Confessions*: l'illumination de Vincennes, loin d'apparaître ici comme une manifestation irrationnelle et imprévisible, se présente comme la prise de conscience soudaine, mais préparée par tout l'expérience antérieure, de la nécessité d'une réponse globale à la crise des valeurs, expression de la crise du régime féodal. Le rousseauisme constitue précisément cette réponse, ou cette tentative de réponse.

Les divers éloges de Jean-Jacques ne pouvaient manquer de souligner l'importance de cette quête de la vérité, née d'un affrontement douloureux avec le réel, puisque le fruit en est précisément la révolution. C'est ainsi que l'un des concurrents écrit:

Exercé de bonne heure aux sentiments douloureux, luttant corps à corps avec l'infortune, déchiré souvent par l'injustice, il semble que Jean-Jacques ait promis à son cœur de se venger de ses maux, en apprenant un jour aux hommes la bienfaisance et la justice. On dirait que cet espoir l'élève au-dessus de tout et qu'il trouve dans ce but même qu'il se serait proposé, la force d'y atteindre. Il savait, comme par inspiration, que la vérité seule peut tracer la route de l'équité, et dicter les actions louables. L'impérieux besoin de connaître en toutes choses le vrai devient pour lui une passion qui absorbe toutes les autres. Repoussé par les difficultés de l'étude, il étudie avec un courage que l'on prendrait pour de la témérité. Sans guide, sans maître il n'a d'autre méthode que l'envie de tout savoir, de tout comprendre. Il nourrit son esprit de toutes les connaissances humaines, et peu importe par quel endroit il en saisisse d'abord la chaîne, elle ne peut lui échapper. Tout à coup, il jette là les livres élémentaires et tourne toute l'aptitude de son génie vers les lumières qu'il cherche. Les temps, les lieux, les circonstances, le plaisir, la douleur, tout lui sert à comparer, à juger. Il rassemble enfin toutes ses lumières acquises, et descend avec elles dans les profondeurs du cœur humain, et l'homme se découvre tout entier à son génie! C'est ainsi que par le sentiment il trouve l'origine de nos vertus et de nos vices, les ressorts, le jeu, les mouvements, les secrets de toutes les passions; c'est ainsi qu'il s'empare des deux plus beaux avantages de l'esprit humain, celui de penser toujours juste, et celui de faire croire à la vérité; c'est ainsi que celui qui devait être le précepteur

---

114. *Lettres sur les Confessions*, pp.52-54. Ginguené cite en note le passage incriminé de l'*Essai sur les règnes de Claude et de Néron*: 'Lorsque le programme de l'Académie de Dijon parut, il vint me consulter sur le parti qu'il prendrait. Le parti que vous prendrez, lui dis-je, c'est celui que personne ne prendra. Vous avez raison, me répliqua-t-il, etc ...'. Sur cette question, cf. J. J. Rousseau, *Œuvres complètes* (éd. Gagnebin etc.), i.1427-29.

du monde, devait être en tout l'ouvrage de la nature, l'élève de la providence.[115]

Michel-Edme Petit, l'auteur de ces lignes, est de toute évidence l'un des disciples les plus fervents et les plus fidèles de Jean-Jacques parmi les patriotes. L'image idéalisée qu'il trace ici de la formation, et de l'action bienfaisante de son héros, définit parfaitement la fonction révolutionnaire du rousseauisme. Trois idées fondamentales se dégagent. Première idée: la vérité est révolutionnaire; Rousseau, comme les encyclopédistes, incarne cette soif de connaissances et d'élaboration conceptuelle qui doit transformer le monde pour le bonheur des hommes. L'auteur parle ici au nom d'une classe résolument optimiste, qui tend à développer l'ensemble de l'activité sociale. C'est le contenu principal de la vérité en question. Deuxième idée: il n'y a aucune opposition entre les lumières et le sentiment, entre le cœur et la raison; celle-ci ne peut fonctionner utilement que si elle met en œuvre l'expérience totale de l'individu, affectivité comprise. Il n'y a pas d'homme vraiment raisonnable qui ne soit d'abord un homme sensible. C'est là un truisme pour tous les révolutionnaires. Dernière idée enfin: cette expérience globale, dont la mise en œuvre constitue la vérité indispensable pour éclairer les voies de la révolution, est envisagée exclusivement sous sa forme individuelle. Son caractère social est méconnu. Jean-Jacques incarne, Michel-Edme Petit l'indique très nettement, cette perspective à la fois individualiste et subjectiviste. Il découvre la *vérité* de l'homme (abstrait) par le *sentiment*. Telle est la philosophie de la nature qui organise la prise de conscience des problèmes sociaux et moraux par les révolutionnaires. Dans ce premier sens, il n'y a plus guère que certains contre-révolutionnaires avoués pour refuser à Jean-Jacques l'héroïsme, la 'Sainte-Audace'[116] de la vérité.

Mais le rapport de Jean-Jacques à ses ouvrages prend forcément, on l'a vu, dans une perspective subjectiviste, un autre sens, trop souvent confondu avec le premier dans la chaleur du combat: la personnalité de l'auteur est-elle l'expression de son idéal? si la légende le veut ainsi, il n'est pas toujours facile de la réconcilier avec les faits connus. La légende s'impose pourtant, dans l'ensemble; et lorsque les fidèles de Jean-Jacques évoquent la figure stylisée de cet homme 'bon, simple, et vrai',[117] les qualités qu'ils exaltent ont toute la compréhension que le lecteur est disposé à leur donner. Ainsi, dans son *Eloge*, Thiéry célèbre à la fois

ce caractère si simple, si vrai, qui ne s'est jamais démenti; cette âme si élevée qui s'épanchait avec tant d'ingénuité et de franchise, et se livrait avec si peu de précautions à des élans subits et continuels; cette conduite toujours constante, toujours conforme aux

---

115. *Eloge de J. J. Rousseau* ... par M.-E. Petit ..., pp.10-11. Cf. encore p.12: 'Ne dirait-on pas que la vérité se trouve comme resserrée dans la pensée d'un grand homme et que la nécessité de la dire, quand il l'a découverte, devient pour lui plus impérieuse encore que le besoin de la chercher quand il ne la connaissait pas? Mais s'il est des vérités qu'il puisse présenter nues à ses contemporains enchantés, combien en est-il d'autres qui, bien que couvertes des voiles les plus épais, saisissent d'effroi toute une génération? Comment donc dire celles-là? Comment pouvoir les taire? C'est ici, que pour l'homme qui doit lutter contre tout son siècle, le courage se change en une sainte audace, et la vertu s'unit au génie. Rousseau connaît toutes les manières d'être, toute la moralité de l'homme, il va proclamer avec force le vrai, le juste, et la plus haute sagesse se fera entendre sous le soleil, à des hommes dégénérés et pervers, à des gouvernements corrompus.'

116. Voir M.-E. Petit, texte cité, note précédente.

117. *Journal gratuit*, p.105.

mêmes principes, à la même règle; cette foule d'écrits enfin, tous dictés par le même sentiment, tous arrachés par la même persuasion, tous respirant un amour du bien, du juste, du beau, porté jusqu'au délire.

Puis il s'écrie, confondant dans la même défense toutes ces manifestations de la vérité:

Tout cela n'était donc que factice? Cette apparente sincérité qui s'échappait, pour ainsi dire, de ses actions et de ses discours, n'était que le fruit de l'art et du mensonge? Quelle étonnante passion qu'un semblable orgueil, et quel homme que celui qui savait la manier et la maîtriser ainsi! Toutes les actions d'une vie si agitée, tous ses mouvements qui jamais ne se sont ni heurtés, ni contredits, tenaient donc à un même ressort; et Rousseau avait entre ses mains, sans doute, le fil qui le faisait mouvoir?[118]

La transfiguration de Jean-Jacques est manifeste ici, et on en distingue fort bien le processus: la sincérité du moraliste et celle de l'homme sont confondues. La force de la conviction implique le respect absolu des principes, dans la conduite comme dans les propos. Or, s'il y a un rapport entre ceci et cela, il est loin d'être aussi étroit, comme Rousseau lui-même l'avait bien souvent reconnu. Mais le besoin d'incarner un noble idéal dans une figure héroïque pousse à gommer cette contradiction, dont les ennemis du rousseauisme tireront au contraire le plus grand parti. Mme de Staël, pour sa part, aidée par la nécessité où elle se trouve d'argumenter de près avec l'adversaire, n'hésite pas, on l'a vu, à dissocier les deux aspects allant jusqu'à suggérer que Rousseau n'est peut-être pas 'l'arbre des fruits qu'il porte'.[119]

118. *Eloge de Jean-Jacques Rousseau qui a concouru pour le prix d'éloquence*, pp.68-69.
119. Cf. *Lettres sur les ouvrages*, p.74. Cf. aussi, ci-dessus, pp.60-61, Ginguené. Cf. surtout pp.70-71 des *Lettres* ..., où Mme de Staël traite du problème de 'l'hypocrisie' de Rousseau. Elle distingue nettement les deux sens: 'Rousseau a été accusé d'hypocrisie, d'abord parce que dans ses ouvrages on a trouvé qu'il soutenait des opinions exaltées: tout ce qui est exagéré est faux disent souvent ceux qui veulent faire croire qu'on est plus loin du but en le passant qu'en n'y arrivant pas; il y a des personnes exagérées à froid, si je puis le dire, qui sans être entraînées par degrés, sans y être amenées par la suite de leurs pensées, avancent tout à coup une opinion extrême, et se décident à la défendre; celles-là, c'est un parti qu'elles prennent, et non un mouvement qui les emporte; d'autres, dans diverses circonstances de leur vie, ou dans les différentes situations qu'elles peignent dans leurs ouvrages, ne se sentant pas l'accent du cœur, le prennent de trop haut dans la crainte de le manquer; celles-là peuvent être accusées d'hypocrisie; mais celui que le transport de son imagination et de son âme élève au-dessus de lui-même, et surtout, peut-être, au-dessus de ceux qui le lisent, celui que son élan emporte, et qui sent un moment ce qu'il n'aura peut-être pas la force de sentir toujours; est-ce cet homme là qu'on devrait accuser d'hypocrisie? Ah! cette exaltation est le délire du génie ... .
On accuse encore Rousseau d'hypocrisie, en comparant sa conduite avec ses principes; les actions naissent du caractère et peuvent en donner l'idée; mais les pensées viennent souvent par inspiration; et l'homme, enivré par l'esprit divin qui l'anime, n'est plus lui-même quoiqu'il soit plus vrai que jamais, et s'abandonne entièrement au sentiment qu'il éprouve en écrivant.'
Rousseau apparaît donc comme l'homme de la vérité au sens 1 seulement, l'intervention du sens 2 étant considérée comme non pertinente. L'autre originalité de Mme de Staël est de recourir à la vieille doctrine de la fureur poétique pour penser la rupture entre l'individualité de Jean-Jacques et son œuvre; mais, ce faisant, elle en vient à postuler une absence de rapport entre ceci et cela, au risque d'effacer l'importance du moment subjectif, et surtout de négliger le rôle capital assigné à la subjectivité par Jean-Jacques et par la masse de ses lecteurs. Aussi corrige-t-elle en faisant appel à une notion proche de celle d'instant privilégié: il n'y a plus anéantissement du sujet, mais modification, discontinuité apparente d'un état à l'autre par affaiblissement de la force vitale, sans que l'importance décisive de l'individu soit mise en cause. Ce spiritualisme reste donc étroitement subjectiviste.

Les *Confessions* viennent compliquer encore le problème. Comme les attributs de Dieu, les principaux attributs de Jean-Jacques entrent en contradiction l'un avec l'autre: comment peut-il être bon et vrai en même temps? Ennemis et amis se retrouvent ici d'accord sur la façon de poser le problème. Mais alors que les uns triomphent, les autres sont consternés, ou irrités. Il ne s'agit pas tellement de savoir si Jean-Jacques, après avoir 'tout dit' mérite encore d'incarner la bonté. On découvre surtout, ou on croit découvrir, que toute vérité n'est pas bonne à dire: l'excès dans la confession publique n'est-il pas une forme de mensonge? De quel ordre est donc la vérité qui s'affiche dans les *Confessions*? C'est finalement l'ensemble des attributs de Jean-Jacques qui risquent d'être mis en cause, du fait même que ce personnage en est venu à incarner le rousseauisme, dans ce que celui-ci offre de vital pour les hommes de la révolution. Il apparaît d'abord que la franchise excessive de Jean-Jacques peut être considérée comme un défaut. Elle n'est donc plus l'expression de la *vérité*, mais le symptôme déplaisant d'une certaine bassesse d'âme.

Le rédacteur du *Journal encyclopédique* répugne d'autant moins à l'admettre qu'il n'est guère favorable à Rousseau. Il commence par suggérer que celui-ci fausse systématiquement les faits qu'il relate, notamment à propos du soi-disant complot. Puis il découvre des passages qui offensent sa pudeur. Non seulement en effet, Jean-Jacques, qui 'prêche les bonnes mœurs avec tant de zèle que d'éloquence' n'a pour femme 'qu'une vraie concubine'; non seulement 'il se laisse presque toujours aller aux vives impressions de son cœur pour toutes celles dont le charme le touche', mais encore 'jusque dans ses *Confessions* il semble prendre pour franchise des descriptions lubriques, des expressions que le goût, les bonnes mœurs, réprouvent également'.[120]

Le journaliste fait ici allusion, entre autres choses, aux divers épisodes mettant en scène les courtisanes vénitiennes (p.233):

Le lecteur ami des loix du goût, de la décence et des mœurs ne lui pardonnera, sur ce dernier article, ni les détails dans lesquels il entre, ni le ton qu'il se permet. Jean-Jacques et l'un de ses amis élèvent une très jeune fille pour la faire servir à leurs plaisirs communs. Cette partie de ses *Confessions* et plusieurs autres semblaient au moins devoir diminuer la confiance avec laquelle il assure à tous ses lecteurs qu'ils se trompent, s'ils se croient plus honnêtes que lui.

Les réflexions de ce saint homme, scandalisé par l'épouvantable lubricité de Jean-Jacques, ne mériteraient sans doute pas d'être rapportées, si elles ne touchaient un point sur lequel le public de l'époque, même rousseauiste, semble en effet assez sensible: la façon dont Jean-Jacques évoque certaines particularités de sa vie sexuelle indispose, bien plus que les faits eux-mêmes qu'il révèle. C'est l'écrivain des *Confessions* qui est accusé d'attenter à la fois au bon goût et à la morale.

Si le *Journal encyclopédique* exprime ce point de vue avec une satisfaction mal déguisée, il n'en va pas toujours ainsi. Le chroniqueur littéraire du *Journal gratuit* est un ami de Jean-Jacques; sa réaction n'est pourtant pas différente. Il s'attarde aux épisodes vénitiens pour regretter non pas, assure-t-il, le fait même de l'aveu, mais une désolante vulgarité du style; ce jugement se donne pour exclusivement

120. *Journal encyclopédique*, 15 janvier 1790, p.230.

littéraire, l'auteur faisant en même temps l'éloge des pages symétriques de la première partie des *Confessions*, louées au contraire pour la délicatesse avec laquelle Rousseau sait évoquer les réalités plus scabreuses:

cette incroyable négligence se rencontre précisément dans les récits où elle est plus déplacée, dans les récits qui par la nature de leurs détails exigeaient plus d'art, de délicatesse et de sévérité. Relisez dans la première partie la narration de cette atteinte involontaire donnée par l'innocent J. J. à la pudeur de Mademoiselle Lambercier, lorsqu'elle lui infligeait un châtiment que la grande jeunesse du patient devait faire croire à la Maîtresse être sans indiscrétion; relisez l'histoire de ses voluptés enfantines avec Mlle Goton, de ses désordres secrets et solitaires, de ses jeunes amours avec Mad. Bazile, du préservatif bizarre imaginé par Mad. Warens, pour garantir ses mœurs; en un mot toutes les anecdotes les moins chastes de la première partie; la décence la plus austère et la plus piquante ne l'abandonne jamais. Point de tableau lascif, pas une expression impure, pas une seule phrase dont pût se choquer une jeune vierge. Il dit tout parce qu'il fait ses confessions; mais il le dit en homme vrai, qui avoue ses fautes, et non pas en Ecrivain cynique, qui donne une leçon de débauche. Comparez après cela, dans la suite des Confessions, toutes les époques auxquelles Jean-Jacques s'est trop souvenu qu'il était homme. Lisez, si vous en avez le courage, les aventures galantes du scrupuleux Jean-Jacques à Venise avec la Padoana et la Zulietta ... aventures décrites avec une obscénité qui ne serait que dégoûtante si tout autre Ecrivain s'en était servi, mais qui est odieuse et révoltante quand on réfléchit que c'est l'apôtre des mœurs qui en paraît salir sa plume. Lisez encore tout d'une haleine l'endroit où Jean-Jacques raconte que son ami Carrio et lui forment le projet d'avoir une seule maîtresse pour eux deux; que pour réaliser ce projet, ils achètent une petite fille de onze à douze ans, appellée Anzoletta; qu'en attendant qu'elle soit mûre (j'en demande pardon au lecteur, mais c'est là l'expression de l'ouvrage) ils lui donnent des maîtres; qu'en voyant cette enfant croître et prendre des talents sous leurs yeux, leurs sentiments changent de nature, au point que si Jean-Jacques n'eût pas quitté Venise sur ces entrefaites, il eût certainement partagé la retenue de Carrio, qui ne traita jamais Anzolleta qu'en père. [121]

On sait à quoi tend l'opposition établie par le critique, entre la première et la deuxième partie des *Confessions*: il est persuadé que le texte de celle-ci a été défiguré par des faussaires malveillants. [122] Le contraste qu'il signale n'est d'ailleurs pas seulement le fruit de son imagination. Mais ce n'est pas ce qui importe ici, et le fait qu'il se trompe en définitive ne détruit pas la signification de son propos. Ses arguments contre les épisodes vénitiens laissent en effet entrevoir, malgré la relative justesse de ton avec laquelle il évoque les pages réputées scabreuses de la première partie, qu'il défend alors Jean-Jacques plutôt par principe, sans être dégagé des préjugés qui empêchent de lire les évocations les plus hardies des *Confessions*: celles qui réintroduisent l'activité sexuelle, et ses frustrations, dans la vie affective et intellectuelle totale de l'individu. Le point de vue du journaliste est organisé de bout en bout par la nécessité de respecter des interdits. Ses périphrases précautionneuses en témoignent, comme les épithètes qui lui servent à traduire son mouvement de refus: 'dégoûtant', 'odieux', 'révoltant'. Il s'agit, notons-le bien, non des faits relatés, mais de la manière dont l'écrivain les restitue; la plus violente réaction de rejet est provoquée par un mot trop cru; de la même façon, l'éloge des pages correspondantes de la première partie insiste non sur leur pouvoir de suggestion, mais exclusivement

---

121. *Journal gratuit*, treizième classe, belles-Lettres, no 7, pp.110-11; cf. aussi no 8, pp.115-17.
122. Cf. ci-dessus ch.2, iv, pp.51-52.

sur l'art de voiler la réalité évoquée, sur la 'décence', et en définitive sur l'objet moral de Rousseau, défini comme la condamnation du vice. Rousseau porte ici le poids de son personnage, et du genre sérieux qu'il cultive: l'expression de l'émotion érotique (surtout quand elle est déviante) est sévèrement proscrite de la grande littérature, celle qui a pour objet de proposer des modèles de comportement, alors qu'elle sera parfaitement acceptée dans le cadre d'un roman libertin. La violation d'un tabou ne saurait être qu'un fait de langage, et en apparence de pure convention, mais elle tient à l'ensemble de la police idéologique qui aide à maintenir le consensus social.

Mme de Staël devant ce problème délicat reste perplexe, son approche est un modèle de prudence inquiète. Comment juger, se demande-t-elle, le comportement de *l'écrivain?*

Il y a des traits dans ses confessions, qui révoltent les âmes nobles; il en est dont il inspire l'horreur lui-même par les couleurs odieuses dont son repentir les charge: sans doute quelques personnes, en finissant cette lecture, ont le droit de s'indigner de ce que Rousseau se croyait le meilleur de tous les hommes; mais moi, ce mouvement orgueilleux de Rousseau ne m'a point éloignée de lui; j'en ai conclu qu'il se sentait bon. Les hommes se jugent eux-mêmes, par leur caractère plutôt que par leurs actions; et il n'y a que ce moyen de connaître un cœur suceptible d'erreur et de folies.[123]

Les traits qui provoquent la réprobation des âmes nobles tiennent-ils au langage de l'auteur des *Confessions*, ou à la réalité qu'il rapporte? L'un et l'autre sans doute, mais ceux dont il 'inspire l'horreur lui-même' sont manifestement beaucoup moins graves que cette culpabilité diffuse qui tient à l'énonciation. Au total, le verdict est pourtant favorable, dans la mesure où Mme de Staël glisse au problème du rapport entre l'être intime et le comportement. Rousseau n'avait pas tort de 'se sentir bon', bien que son cœur fût 'susceptible d'erreur et de folies': déjà une nouvelle nature intervient et la substance même de l'individualité de Jean-Jacques semble menacée de dégradation. Mme de Staël poursuit en effet:

Il est extraordinaire que Rousseau raconte les fautes de tout genre qu'il a commises; mais si ce n'est pas toujours seulement par franchise, c'est quelquefois, je pense, un tour de force qu'il entreprend: il ressemble à ces bons écrivains qui essaient de faire un mot ignoble dans la langue. J'avoue que je vois avec peine dans ses confessions des torts qui tiennent aux habitudes de sa première destinée: mais l'élévation de l'âme est peut-être une qualité qu'une seule faute fait perdre; elle naît de la conscience de soi, et cette conscience se fonde sur la suite de toute la vie: un seul souvenir qui fait rougir, trouble la noble assurance qu'elle inspire, et diminue même le prix qu'on y attache. De tous les vices, il est vrai, la bassesse est celui qui inspire le moins d'indulgence; l'excès d'une qualité peut être l'origine de tous les autres: celui-là seul naît de la privation de toutes; mais quoiqu'il y ait dans les mémoires de Rousseau quelques traits qui manquent sûrement de noblesse, ils ne me paraissent d'accord ni avec son caractère, ni avec le reste de sa vie. On serait tenté de les prendre pour des actes de folie, pour des absences de tête; ces traits semblent en lui des bizarreries; il n'est pas, si l'on peut dire, l'arbre des fruits qu'il porte: c'est peut-être le seul homme qui ait été bas par moments; car c'est de tous ses défauts le plus habituel.

Il fallait citer l'ensemble de cette page surchargée de ratures pour permettre

123. *Lettres sur les ouvrages*, p.73.

de mesurer les réticences de Mme de Staël. Les termes de modalité, exprimant la concession, l'atténuation, la correction, s'entassent et semblent interdire tout espoir d'arriver enfin à une proposition acceptable (il est extraordinaire que ... mais si ... c'est quelquefois ... je pense ... j'avoue que ... mais ... peut-être ... il est vrai ... peut-être ... mais quoiqu'il y aît ... sûrement ... on serait tenté de ... si l'on peut dire ... c'est peut-être ...). La difficulté de produire une solution est à la mesure de l'impuissance à formuler le problème. Observons d'ailleurs le caractère totalement allusif de ces propos, dont l'objet même demeure obstinément caché. Quelles sont ces fautes que révèlent les *Confessions*, ou qui prennent corps dans leur tissu même? Elles n'existent que par une complicité dans le non-dit du critique avec son lecteur: étonnante évocation de la pression sociale, d'autant plus malaisée à définir qu'elle est plus profondément vécue. Mme de Staël donne à entendre que la faute essentielle réside dans l'acte même de la confession publique, sans parvenir à le dire nettement. Rousseau viole ici toutes les convenances: 'il est extraordinaire qu'[il] *raconte* les fautes *de tout genre* qu'il a commises'. Il en résulte que la vérité dont il s'enorgueillit n'est plus la vérité. Mme de Staël propose ici plusieurs hypothèses. Ce n'est peut-être qu'un jeu, un simple 'tour de force' d'écrivain, dont toute l'audace consiste à créer un néologisme, un être de langage: considération qui se veut rassurante. Mais il s'agit d'un 'mot ignoble dans la langue': l'idée de ce contraste entraîne une brusque transformation de l'hypothèse initiale; la faute de Jean-Jacques est maintenant le signe d'une tache indélébile, puisqu'elle tient 'aux habitudes de sa première destinée', à l'histoire de son être, qui détermine inéluctablement la conscience qu'il a de lui. En dernière analyse, l'origine sociale de ses défaillances est suggérée: cet écrivain inégalable n'a-t-il pas surgi des bas-fonds de la société? L'opposition entre la bassesse et l'élévation de l'âme se situe à la fois sur le plan moral et sur le plan social: on ne manipule pas inocemment des termes qui ont conservé une coloration de classe aussi forte. Mme de Staël tente ensuite d'atténuer la gravité de ce verdict, qui lui sera durement reprochée,[124] en faisant du cas Jean-Jacques une sorte d'exception: il y aurait perte d'identité; mais la logique profonde de son discours la ramène en fin de compte à l'accusation de bassesse. La vérité intime que Jean-Jacques a essayé de dire se trouve ainsi disqualifiée. Ce n'est pas de cette vérité là que la bourgeoisie révolutionnaire a besoin.

On voit jouer les mêmes interdits à travers la réaction de Mercier, même si elle prend des formes quelque peu différentes. L'humeur chagrine de l'auteur du *Tableau de Paris* est à la mesure de son admiration pour Jean-Jacques, qu'il ne sépare pas de son engagement révolutionnaire. 'Il est des fautes qui nous choquent moins que leur aveu,' grommelle-t-il. 'Qu'avons-nous besoin de nous confesser publiquement? Le tout est de se corriger; nous ne nous déguisons guère à nos propres yeux.'[125]

---

124. Cf. [Champcenetz], *Réponse aux lettres sur le caractère*, pp.53-54, 57-59. Mais la défense de Champcenetz ne touche pas à la question posée. Il se borne à faire l'éloge du repentir que montre Jean-Jacques, et considère essentiellement la confession comme un moyen de rachat, dans l'optique chrétienne, enveloppant le tout dans des banalités très abstraites sur la faiblesse humaine et sur la liberté (un homme n'est pas déterminé par son passé).

125. *De Jean-Jacques Rousseau considéré comme l'un des premiers auteurs de la révolution*, p.261.

Pour Mercier, la conscience de soi n'offre donc rien d'opaque et les *Confessions* ne peuvent dès lors apporter aucune révélation digne d'intérêt. Et pourtant certains aveux sont intolérables, au point qu'ils ne peuvent littéralement pas être entendus! Qu'il soit gênant de les accueillir comme des vérités dans lesquelles le lecteur est invité à se retrouver, on en trouve peut-être la preuve dans l'hypothèse rassurante de la fiction, imaginée par Mercier: les récits les plus étranges des *Confessions* sont des paraboles; ils ne renferment donc qu'une vérité abstraite, et n'ont plus rien de redoutable.[126]

Mercier s'efforce pourtant de lire les *Confessions* d'un œil favorable, et de les faire correspondre à la légende héroïque de Rousseau. Il dispose, pour cela, d'une idée au moins grossière du devenir, avec la notion de rupture révolutionnaire: les *Confessions*, lorsque Jean-Jacques en arrive à la période des grandes œuvres, pourraient précisément nous montrer l'avènement du héros. C'est pour cela que Mercier a toujours été favorable à la publication rapide de la seconde partie de l'ouvrage:

On était impatient de voir comment Rousseau était sorti de cet état d'abjection, de cette vie errante, de cette situation précaire et mendiante pour s'élever à la hauteur d'un homme indépendant, d'un philosophe pauvre mais non avili, subsistant sans rougir des travaux les plus honorables; il avait fait des aveux, certes héroïques, de certaines fautes qui, on ne peut en disconvenir, dérivent de la bassesse de l'âme; les fruits sortis de ce fumier en étaient plus intéressants à contempler; les pieds avaient trempé dans la fange, mais la tête avait produit l'*Emile*; on avait le droit de faire le procès aux inconséquents receleurs des Confessions[127] parce qu'ils devaient tout ensevelir ou tout publier; on tremblait d'apprendre que Rousseau eût porté un cœur complètement vicieux; c'eût été une nouvelle affligeante pour les amis de la morale, et peut-être le plus sanglant affront fait à la nature humaine.

Mercier va donc s'évertuer à trouver ce qu'il cherche, la métamorphose de Rousseau, désormais tel qu'en lui-même enfin la révolution l'a statufié (pp.259-60):

La seconde partie des *Confessions* indique le passage de Rousseau vers un nouvel être; on sent qu'il a travaillé sur lui-même et qu'il s'est élevé par sa propre force; on voit disparaître l'homme difforme et qui n'avait encore qu'une physionomie équivoque, voisine de la vileté, ce qui indigne peut-être plus qu'un penchant décidé au vice; on voit naître dans cette seconde partie des confessions l'homme qui va secouer l'enveloppe qui le défigurait pour s'élancer vers les hauteurs de la philosophie et vers un orgueil qui semble s'affermir par la vue distincte de sa vie passée: voilà ce qui m'a le plus frappé dans cet ouvrage étrange.

La bassesse d'âme et la difformité ne seraient donc plus qu'une dépouille devenue totalement étrangère à l'auteur de l'*Emile* et du *Contrat social*. Mais le problème propre que posent les *Confessions* n'a pas disparu. En quoi Jean-Jacques peut-il se targuer ici d'être l'homme de la vérité? Non seulement restent les aveux indiscrets, mais la volonté d'apologie personnelle gâche bien des pages. La première réaction de Mercier était très sévère. Elle ne s'est pas modifiée:

Admirateur passionné des écrits de Rousseau, je n'aime point ses *Confessions*, parce que je n'y trouve point ce caractère d'abandon, de vérité, de repentir, et surtout de moralité

---

126. pp.262-63, et cf. ci-dessous, au contraire, p.70, Ginguené.
127. C'est ce qu'a fait Mercier lui-même dans son Introduction aux *Œuvres complètes*, i.23-26.

que j'y désirerais; j'y sens des *lacunes*, des *réticences*: c'est un ouvrage agréable, c'est une galerie variée de portraits; l'auteur y parle beaucoup des autres et fort peu de lui-même; le style en est soigné comme celui d'un roman. J'y découvre même un naturel affecté, c'est-à-dire un art mal déguisé; alors je n'entends plus l'homme véridique qui dit, qui ose dire tout ce qu'il a fait; j'intitulerais donc cet ouvrage: *mémoires sur sa vie*, et rien de plus. Quel moraliste honoré du sacerdoce voudrait recevoir une pareille confession? Est-ce ainsi qu'on met sa conscience à nu, telle que Dieu la pénètre? ... pour moi, je ne relirai les prétendues *Confessions de Rousseau* que pour y chercher des beautés de style; car je regarde ces Confessions comme incomplètes, trompeuses, étrangères à la morale. Quand le style est trop étudié, l'Ecrivain ment.[128]

Ainsi commence, dans le lieu même du culte de Jean-Jacques, le procès des *Confessions*, ouvrage impropre à nourrir une légende conforme à la demande idéologique des révolutionnaires.[129] La vérité dont ceux-ci ont besoin ne concerne pas la substance dont se tisse l'individualité souffrante, mais celle où doit s'opérer le bouleversement des structures sociales. Au reste, le rappel insistant de la lutte contre les philosophes peut difficilement être bien accueilli, à un moment où la bourgeoisie patriote mobilise l'ensemble de ses forces contre le principal ennemi de classe.[130]

Jean-Jacques trouve pourtant, une fois de plus, un défenseur résolu, sinon intransigeant, en la personne de Ginguené: l'objet premier des *lettres* publiées par celui-ci est justement d'examiner, en réponse aux critiques qui s'élèvent de toutes parts, si Rousseau 'devait écrire ses confessions et les écrire comme il a fait'.[131] 'Terrible ouvrage', ironise Ginguené, qui a 'effarouché tant de consciences peu timides', et qui a paru enlever à Jean-Jacques 'tant de partisans qu'il n'avait pas'!

Les ennemis n'étant pas les seuls à s'émouvoir, Ginguené doit concéder que Rousseau s'est rendu coupable de certaines fautes en écrivant les *Confessions*, essentiellement à l'égard d'autrui ... Il avait sans doute le souci de ne compromettre personne comme il l'écrivait à Duclos et à Moultou: 'Je ne saurais me peindre sans peindre beaucoup d'autres gens; et je n'ai pas le droit d'être aussi sincère pour eux que pour moi, du moins avec le public, et *de leur vivant*'.[132] D'où le terme éloigné fixé pour la publication des *Confessions*. Mais, se demande Ginguené, 'devait-il, même après sa mort, exposer la mémoire de ceux qu'il confessait ainsi malgré eux à rougir devant la postérité? Voilà la question.'

On a donc accusé Jean-Jacques d'avoir révélé 'l'inconduite' de Mme de Warens,[133] ainsi que l'histoire de sa liaison avec Sophie d'Houdetot (*Lettres sur*

128. *Annales patriotiques et littéraires*, supplément au no liv, 25 novembre 1789, p.2; et *De J. J. Rousseau*, ii.342-43.

129. Cf. encore, par exemple, la diatribe de l'abbé Grégoire contre les *Confessions*, *Mémoires*, ii.3.

130. Comme en témoigne la réconciliation de Rousseau et de Voltaire (cf. ci-dessous, ch.4, i, pp.100-101) ainsi que les regrets exprimés par quelques auteurs patriotes devant la brouille entre Rousseau et Diderot. Cf. notamment Mercier, *De J. J. Rousseau*, i.145 et ii.135-36: 'mais tirons le rideau sur ce scandale'; d'Escherny insistera plus tard sur le lien profond qui subsistait malgré la rupture, entre les deux hommes. On connaît aussi, depuis longtemps, l'attitude de Deleyre.

131. *Lettres sur les Confessions*, pp.2-3.

132. Lettre à Moultou, janvier 1763. Cf. *Lettres sur les Confessions*, pp.6-7.

133. *Lettres sur les Confessions*, pp.7-10. On sait que c'était là un des thèmes majeurs des attaques contre la première partie des *Confessions*. Cf. notamment *Eclaircissements sur la vie et les ouvrages de J. J. Rousseau* [Servan] (1783); *Mémoires de Madame de Warens et de Claude Anet, pour servir de suite aux confessions de J. J. Rousseau* [Doppet] (Chambéry 1786); *Vintzenried ou les mémoires du chevalier de Courtille*,

les Confessions, p.10). Non sans raison dans le premier cas, avoue Ginguené, bien qu'il ne faille pas exagérer la gravité de cette indélicatesse; Mme de Warens n'a pas eu d'enfants, et ceux qui l'ont connue savent bien la liberté, sans doute excessive, de ses mœurs (pp.11-12). Pour ce qui est de Sophie, il fallait que Rousseau 'peignît au naturel la situation des acteurs, ou qu'il renonçât à cette scène, la plus vive, la plus animée de son ouvrage, ou plutôt qu'il renonçât à l'ouvrage même; puisque c'en est ici le nœud' (pp.10-11).

Rien dans tout cela qui rappelle les vives attaques contre l'impudicité de certaines évocations ou analyses, sauf, parfois, de façon très indirecte, ou allusive. Ainsi, à propos du reproche fait à Jean-Jacques de ne pas avoir écarté les 'galanteries', Ginguené observe: 'ce n'est … qu'à la réserve habituelle et à la chasteté de sa plume, ce n'est qu'à ses opinions sur la vertu des femmes, à l'austérité de ses principes, à l'élévation de sa morale, qu'il doit d'être jugé sur cet article avec tant de rigueur' (p.11). Le problème n'est effleuré que pour être nié aussitôt, Ginguené ne reconnaissant au texte incriminé aucune qualité distinctive.

Le principal mérite de sa critique tient à l'effort qu'il fait pour apprécier les *Confessions* en fonction des critères posés par Rousseau lui-même. Contre l'incompréhension qu'il constate il affirme à la fois l'utilité, et la vérité de l'œuvre. A ses yeux, c'est à juste titre que Jean-Jacques se glorifie d'une sincérité sans exemple: rien ne l'obligeait à révéler ses fautes les plus graves, celles-ci n'étant connues que par l'aveu qu'il en fait. Quelques bruits 'vagues' couraient sans doute, mais 'une demi-confession, rédigée avec cette apparente franchise, qui en impose beaucoup mieux qu'une dissimulation entière, eût à jamais effacé les impressions naissantes'. Au lieu de cela (pp.5-6):

il dit tout, il n'adoucit rien; il déroule son cœur aux yeux des hommes comme devant l'Etre suprême. Il n'avoue pas seulement ce qui est mal, mais ce qui est vil; et pour une âme aussi fière, de combien ces derniers aveux ne sont-ils pas les plus pénibles? Non content de ces accusations, il atténue le bien qu'il pouvait dire, ou laisser croire. Ses admirateurs, ses enthousiastes, car il en avait dès lors, placent en vain sur sa tête la couronne de la vertu; il se l'arrache …, il s'avoue faible et timide. Il croit utile qu'un homme regardé comme au-dessus de la classe commune, se montre une fois en dedans

pour servir de suite aux Mémoires de Madame de Warens, à ceux de Claude Anet, et aux Confessions de J. J. Rousseau [Doppet] (Paris 1789). Dans la préface de ce dernier ouvrage, l'éditeur prétendu (l'auteur) indique que son but, en publiant les mémoires de Mme de Warens, qui contiennent 'des faits bien contraires à l'exposé des Confessions du philosophe visionnaire', était de 'rendre publique la vie d'une femme que Rousseau venait injustement d'avilir dans les Confessions'.

Au reste, Doppet ne se présente nullement comme un ennemi de Rousseau. Cf. in *Vintzenried*, les *Réflexions de l'Editeur sur M. de Courtille et Mad de Warens; sur les liaisons de cette dame avec Rousseau, et sur les confessions de ce dernier*, p.127: 'Rousseau est connu; son nom est cher à tous ceux qui ont vu ses immortels ouvrages. La supériorité de son génie lui aurait-elle donné le droit de diffamer ceux qui furent les protecteurs de sa jeunesse?'

Ce qui semble importer à l'auteur, plus encore que le réhabilitation de Mme de Warens, c'est de corriger, selon les exigences de la décence, les épisodes scandaleux où Rousseau présente une image de ses rapports avec sa maîtresse non conforme à la norme établie en matière de comportement sexuel (cf. par exemple p.135: 'Quelque heureux que soit un amant, il est rarement l'ami de son rival'). En ce sens les romans de Doppet sont, eux aussi, une bonne illustration des refus suscités par la lecture des *Confessions*.

Signalons au passage que Doppet, devenu fervent patriote sous la révolution, honorera Jean-Jacques en tant qu'artisan de celle-ci. Cf. *Le Commissionnaire de la ligue d'Outre-Rhin, ou le Messager nocturne* (Paris 1792), p.165.

et à nu. Aucun ne l'a fait encore, il veut donner ce grand exemple .... Il avait jusqu'alors justifié sa devise, en disant aux hommes leurs vérités; il la justifie bien autrement, en leur disant les siennes.

Bref, c'est ici une paraphrase de Jean-Jacques, dont les affirmations sur son entreprise, et le sens qu'il lui donne, sont prises au pied de la lettre. La perspective suggérée est double. Elle est d'abord apologétique: Jean-Jacques veut être connu, pour qu'on lui rende justice. Sa légende, qu'elle soit le fruit de l'enthousiasme ou de la malveillance, lui pèse. Il suffit qu'on reconnaisse sa bonté pour que l'univers qu'il a construit soit préservé. Mais cela conduit à affirmer sa vocation de prophète, ou plus simplement, de guide idéologique: il est le seul à avoir l'audace et le pouvoir de regarder profondément en lui; cette sincérité lui permet de reconnaître la nature; même s'il ne la suit pas en toutes choses, il est son témoin. La seconde perspective est celle du moraliste: Rousseau offre à ses lecteurs mieux qu'un exemple, un moyen de se connaître eux-mêmes. Selon Ginguené, c'est là l'utilité la plus évidente des *Confessions* (pp.20-21):

quel livre peut nous rendre plus savants que celui où un homme de bonne foi s'essaie sur son propre intérieur, quitte les universalités et les abstractions de la philosophie, se suit, se guette d'un œil observateur, depuis les jeux de son enfance; saisit dans ce premier âge l'origine de ses bons et de ses mauvais penchants, en développe tous les progrès, et nous fait voir enfin ce que nous ne trouvons ni dans la société ni dans les livres, *un cœur d'homme* ouvert à tous les regards.

Rousseau fait donc œuvre de moraliste: cela suffirait déjà à ennoblir les *Confessions*, malgré les actions viles qui y sont évoquées. Mais Ginguené entrevoit que cette perspective ne suffit pas à définir l'apport de ce livre 'étrange', qui échappe à la banalité et au conformisme de l'abstraction à priori. Le grand mérite des *Confessions* tient à leur caractère concret: c'est aussi une vertu du style, qui permet de saisir une expérience dans sa singularité, dans ses traits distinctifs. Ainsi découvre-t-on la genèse d'une individualité, alors que l'*Emile* donne, sous une forme didactique, les cadres conceptuels permettant de penser cette réalité nouvellement apparue dans le champ de la connaissance. Ginguené évoque ici les deux fameuses fessées et l'épisode du ruban volé, en insistant, d'après Jean-Jacques, sur l'importance de tels événements dans la formation de l'être moral. Cet apport des *Confessions* ne se trouve 'ni dans la société ni dans les livres': entendons qu'il est neuf, mais aussi qu'il suppose un effort de libération à l'égard de certaines règles et tabous sociaux, et complétons la démarche de Ginguené en précisant que ces normes ont, par la voie de médiations complexes, une signification de classe. Les interdits qui opèrent à travers la définition des divers genres littéraires, comme ceux qui s'expriment dans les bienséances communes, ont en effet pour fonction de maintenir les valeurs de la classe dirigeante (ou des classes dirigeantes).

Un tel effort de sympathie envers les *Confessions* reste pourtant tout à fait exceptionnel: les besoins idéologiques immédiats des couches révolutionnaires ne le comportaient pas, et ceux des partisans avoués de l'Ancien Régime l'excluaient absolument. C'est donc, pour l'essentiel, en dépit des *Confessions* que Rousseau est appelé à incarner la quête héroïque de la vérité.

Le troisième trait distinctif du portrait de Jean-Jacques ne pose pas de problème aussi délicat: c'est la simplicité, jointe au goût de l'indépendance. En un mot, on se représente le comportement privé de l'auteur du *Contrat social* comme l'illustration parfaite de ses principes démocratiques. On se plaît à retracer ses longues conversations avec les paysans d'Ermenonville:[134] il ne s'agit plus de charité, mais du plaisir qu'avait le plus grand philosophe du siècle à s'entretenir avec les gens du peuple, à fraterniser avec eux, témoignant ainsi de ce sens profond de l'égalité, qui transformera les rapports humains en se généralisant. 'Cet écrivain', observe Mercier, 'a par-dessus tous les autres un mérite utile; c'est qu'il inspire à ses lecteurs l'amour des choses simples; par-dessus tout il s'étudie à ridiculiser le faste et l'orgueil, en lui opposant les touchants tableaux de la nature.'[135]

Lors de la fête champêtre organisée à Ermenonville, la place d'honneur est réservée dans le cortège au bon vieillard avec lequel aimait à converser Jean-Jacques, et à Gustin, 'son fidèle jardinier':[136] l'un et l'autre incarnent le petit peuple, magnifié par Rousseau comme le dépositaire des vertus naturelles conduisant au bonheur. Ce modèle toutefois reste fermement tenu à distance: on s'identifie certes à la Nature dont il propose l'image; mais la noble simplicité de Jean-Jacques n'est telle que par la différence qui subsiste, celle du génie: seul celui-ci, ou à son défaut le talent, introduit de plain-pied parmi la nouvelle classe dirigeante: en témoigne assez clairement la campagne contre le marc d'argent, menée justement au nom de Rousseau.[137] Ginguené rapporte, d'après Bernardin de Saint-Pierre, une anecdote édifiante où l'on voit s'affirmer cette fonction ambiguë de la vertu de simplicité:

Jean-Jacques ... reparaissant après une longue absence, au bois de Boulogne, où il avait été souvent avec sa femme manger une côtelette, est accueilli par le garçon du Suisse, d'un 'hé bien, bon homme, d'où venez-vous donc? Il y a un temps infini que nous ne vous avons vu'; [il] lui répond simplement: c'est que ma femme a été longtemps malade, et moi-même j'ai été incommodé, trouvant tout naturel d'être pris depuis longtemps par ce garçon pour un homme d'un état mécanique, et paraissant même ne pas comprendre l'étonnement que cause cet accueil à son compagnon de promenade.[138]

Jean-Jacques, qui a voulu identifier son statut économique à celui de l'artisan, et qui a magnifié cet état, le présentant à la fois comme une sorte de paradis perdu, et comme un avenir possible au-delà de la période de crise dont il pressentait l'approche, a bien pu accepter une telle méprise, à laquelle il devait même prendre plaisir. Mais son compagnon, tout comme Ginguené, n'applaudit à cette attitude que dans la mesure où elle lui est occasion de s'émerveiller: nul n'est plus éloigné que Jean-Jacques d'un 'état mécanique'.

Ce sens exemplaire de l'indépendance et de l'égalité est d'ailleurs, lui aussi, susceptible d'être mis en doute: les *Confessions* apportent à cet égard quelques éléments peu compatibles avec l'image édifiante chérie des fidèles. Dans ses

---

134. Cf. déjà in Letourneur, *Voyage à Ermenonville*, p.150.

135. *Annales patriotiques et littéraires*, supplément au no liv, 25 novembre 1789, p.2.

136. Cf. *Le Courrier* (de Gorsas), 28 septembre 1791, pp.433-34, et *Fête champêtre célébrée à Montmorency*, p.5.

137. Cf. R. Barny, *J. J. Rousseau dans la Révolution française: les grands débats politiques*, deuxième partie, ch.3, i.

138. *Lettres sur les confessions*, p.114.

relations avec certains grands seigneurs, l'auteur du *Contrat social* ne se comporte pas toujours avec la fierté intransigeante que semblent promettre ses principes. Il lui arrive d'ailleurs de signaler lui-même cette inconséquence. Ainsi, au sujet du Maréchal et de Mme de Luxembourg: 'Je me pris pour eux', écrit-il, 'd'une amitié qu'il n'est permis d'avoir que pour ses égaux.'[139] Mais plus d'une fois, on surprend chez l'auteur des *Confessions* un mouvement de vanité lorsqu'il rappelle sur quel pied il était traité par d'aussi grands personnages que les Luxembourg ou le prince de Conti. Certains de ses admirateurs sont très sensibles à ces accents. Mais comme il s'agit d'un public assez divers, tous n'y réagissent pas de la même façon.

Les uns y trouvent la confirmation de leurs propres sentiments. C'est le cas de d'Escherny: favorable à la révolution dans ses débuts, il est pourtant resté, comme beaucoup de nobles libéraux, imbu du préjugé de la naissance. Il croit trouver dans l'attitude de Jean-Jacques la preuve que le respect pour les grands est un trait de la nature humaine:

L'auteur du contrat social était bien certainement l'homme le moins fait pour s'en laisser imposer par la sottise des ayeux et des titres; voyez cependant, comment ce grand philosophe, comment Jean-Jacques lui-même partage avec le peuple ce respect superstitieux pour la Noblesse. Lisez ses confessions, lisez ses lettres; et vous verrez comme il pense, comme il sent, comme il s'exprime sur le Duc de Luxembourg, sur Milord Maréchal, etc ..., etc. Si donc ce préjugé trompe le peuple, trompe les Nobles eux-mêmes, trompe jusqu'aux penseurs et aux philosophes, convenons de bonne foi qu'il ne trompe personne, et qu'il n'est que l'expression fidèle d'un des traits caractéristiques de la nature humaine.[140]

Mme de Charrière, quant à elle, analyse avec beaucoup de pénétration et de sympathie l'attitude de Jean-Jacques dans ces attachements inégaux, qu'elle explique, comme ses autres liaisons, par un besoin affectif que le rêve ne suffit pas toujours à combler:

Quelquefois même [il s'attache] à un grand seigneur, à un homme riche: mais qu'alors il est pointilleux et difficile! peut-être se reproche-t-il son attachement comme une apostasie. N'avait-il pas voué une haine éternelle aux richesses corruptrices et aux tyranniques grandeurs? N'avait-il pas juré d'être à jamais indépendant de la fortune? Au moindre soupçon qu'il peut concevoir, il s'efforce d'acquérir une si forte conviction des intentions les plus perfides, qu'elle rende la rupture nécessaire. Alors l'apparence de caprice et d'ingratitude qu'il va se donner, est à ses yeux un acte de vertu de plus; il sacrifie à la vertu jusqu'à sa réputation.

Mme de Charrière observe qu'en outre, dans ce type de liaison, l'inégalité est double, ce qui doit les rendre particulièrement intolérables:

Je trouve que les gens qui se nomment les amis d'un homme célèbre, ne le sont jamais que comme on l'est des rois. Trop de vanité se mêle au sentiment. Le dévouement même qu'on leur témoigne est teint de je ne sais quoi de trop éclatant. *La douce égalité* n'y est

---

139. Cf. les *Confessions*, livre dixième, *Œuvres complètes*, i.522.
140. *Correspondance d'un habitant de Paris avec ses amis de Suisse et d'Angleterre* (Paris 1791); cf. lettre XI, p.420. L'auteur ajoute en note: 'ce Milord Maréchal objet de la vénération de J. Jacques, en avait une telle pour la noblesse que le seul inconvénient qu'il trouvait à la peste était de ne savoir pas même épargner un gentilhomme, et d'envelopper de sa contagion nobles et roturiers, sans distinction. Tel était le héros du héros d'une révolution qui précisément n'a fait fonction de peste que contre la noblesse.'

d'aucun côté. L'amitié manque dans ces amitiés, et Rousseau ne quittait pas un ami, quand il renonçait à celui qui était son client pour l'esprit, en même temps que son patron pour la fortune.[141]

En femme intelligente, supérieure à ses propres préjugés, Mme de Charrière retourne, selon son habitude, les données du problème pour en prendre une vision d'ensemble: et elle rend justice à l'esprit d'indépendance de Jean-Jacques. Mais son éditeur n'est pas aussi indulgent, qui souligne d'un ton assez ironique, la vanité de l'auteur des *Confessions*: 'comme une autre, [il] avait du faible pour ceux que distingue un nom illustre; leurs caresses le flattaient'.[142]

Parmi les admirateurs de Rousseau, beaucoup n'apprécient guère cette attitude. Les patriotes les plus convaincus ont du mal à la lui pardonner. Mercier rapporte avec admiration la fière réponse du philosophe au prince de Condé, qui lui faisait proposer l'éducation de son fils: 'si j'acceptais cette offre et que je me trompasse dans ma méthode, ce serait une éducation manquée: si je réussissais, ce serait bien pis; mon élève renierait son titre, et ne voudrait plus être prince'; puis le laudateur de Rousseau ajoute: 'Très bien; mais après ce billet, je trouve qu'il met à trop haut prix, dans ses *mémoires*, les deux visites que lui fit le feu prince de Conti.'[143]

Camille Desmoulins, lui, ne se contente pas d'une remarque cinglante. Avec sa vivacité coutumière, il est bien près de renier Jean-Jacques, 'devenu aristocrate sur ses vieux jours', et il laisse éclater sa colère:

Combien il était loin de regarder un Alexandre avec la fierté de ce Cynique, à qui on le compare, et combien j'ai vu avec peine qu'il a réuni les défauts opposés de Diogène et d'Aristippe! C'est une chose plaisante que d'entendre l'auteur du Contrat social se récrier dans ses confessions sur la *simplicité du commerce de si grands seigneurs* [M. et Mme de Luxembourg]. *Il pleure de joie, il veut baiser les pieds de ce bon maréchal, parce qu'il a bien voulu accompagner un de ses amis, commis de bureau, à la promenade.* Y a-t-il rien de plus petit, de plus ridicule. *J'ai reçu*, dit-il ailleurs, *le plus grand honneur qu'un homme puisse recevoir, la visite du prince de Conti* (honneur que Rousseau partageait avec toutes les filles du Palais Royal). A cet endroit j'ai jeté le livre de dépit, et j'avoue qu'il m'a fallu relire le discours de l'égalité des conditions, et le roman de Julie, pour ne pas prendre le philosophe de Genève en haine, à l'égal de Durosoy et de Mallet du Pan; car les mêmes principes, dans la bouche d'un si grand homme, sont autrement condamnables et dignes d'aversion que dans la bouche de nos deux gazetiers.[144]

Jean-Jacques incarnation de l'irrespect et de l'esprit d'indépendance des démocrates? Dans ce domaine là aussi, certains aspects des *Confessions* entrent donc en conflit avec la légende, c'est-à-dire avec le rousseauisme vivant des révolutionnaires.

En définitive, c'est bien entendu la légende qui s'impose, car elle correspond à la vérité de l'œuvre, telle qu'elle est assimilée par les patriotes. 'C'est dans l'Emile que la raison et la vraie politique repoussent les idées chimériques de la Noblesse' observe Mercier, et il insiste sur le rôle libérateur joué à cet égard par Rousseau, qui ne s'est pas borné à théoriser, mais a puissamment contribué à la

141. *Eloge de Jean-Jacques Rousseau qui a concouru pour le prix de l'Académie française* (Paris 1790), pp.53-54.
142. *Eloge de J. J. Rousseau*, Notes de l'éditeur, p.59.
143. *De J. J. Rousseau*, i.23.
144. *Révolutions de France et de Brabant*, no 55, 13 décembre 1790, pp.113-14.

formation d'une sensibilité démocratique.[145] Les anecdotes mêmes qui circulent tendent de plus en plus à faire de Jean-Jacques un champion de l'irrespect, contre les préjugés de classe et les institutions vermoulues. Ainsi celle que publie la *Chronique de Paris*. Des 'amis de la liberté' en pélerinage à Montmorency l'ont reçue de la bouche même d'anciens voisins de Rousseau (9 octobre 1791, p.1137):

Près de *l'hermitage* était un homme vain, jaloux de la chasse et très fier de son cordon rouge. Un de ses lièvres s'égara, malgré sa défense, et vint se faire prendre dans le modeste carré de choux, devant l'humble cabane du philosophe. Le noble voisin l'apprit, fut indigné, et menaça la jardinière. La bonne femme tremblait. Jean-Jacques dicta sa réponse. Elle faisait beaucoup d'excuses et terminait sa lettre par dire: Monsieur, j'ai un grand respect pour vos lièvres; mais de grâce, afin que je puisse les distinguer, ayez désormais la complaisance de leur mettre un cordon rouge.

Cette historiette, très proche par le ton de la lettre à l''homme au beurre',[146] présente Jean-Jacques sous les traits d'un avocat du petit peuple, exerçant son esprit caustique contre l'arbitraire et contre la morgue des aristocrates. Telle autre anecdote met en relief son esprit revendicatif tenace: il refuse de payer sa capitation parce que le bureau de ville, responsable du département de l'Opéra, lui doit, affirme-t-il, soixante mille livres pour son *Devin du village*. 'Notre philosophe opiniâtre avait défendu à sa femme et à ses amis de payer pour lui, sous peine d'encourir son indignation.'[147] Bref, Rousseau n'est pas un philanthrope ambigu; c'est un vrai 'pauvre', capable de fraterniser avec le peuple et de lui enseigner la révolte. Déjà, on voit se profiler l'image du sans-culotte Jean-Jacques.

Mais il est une autre image, plus ou moins en contradiction avec celle-ci, qui s'affirme plus largement, et qui est sans doute plus riche de signification. Nous l'avons entrevue déjà au fond de bien des propos patriotes sur Jean-Jacques. Elle exprime un trait essentiel de l'idéologie bourgeoise: Jean-Jacques représente la réussite de l'homme du peuple, c'est-à-dire à la fois le peuple et son contraire. Il apparaît d'abord comme le symbole de temps nouveaux, où le mérite est vraiment devenu la valeur suprême: en ce sens, il fonde une nouvelle aristocratie, où plutôt il lui confère ses lettres de Noblesse. Un aristocrate, ami de Jean-Jacques, d'Escherny, a parfaitement mis en évidence cette fonction.[148]

Jean-Jacques incarne en même temps une autre valeur bourgeoise, le travail: valeur révolutionnaire contre l'ancien monde féodal, mais qui ne tardera pas à devenir mystificatrice, par la confusion entre le travail vivant et le travail accumulé, qui servira à justifier la propriété capitaliste, l'exploitation des travailleurs, et le développement de l'inégalité sociale.[149] Cette contradiction est déjà en germe dans la justification bourgeoise de la propriété, bien qu'il s'agisse avant tout, à cette étape, de libérer l'individu des structures féodales qui l'asservissent et entravent l'activité sociale en général. Jean-Jacques incarne à

145. *De J. J. Rousseau*, i.25.
146. Lettre de Rousseau au comte de Lastic, le 20 décembre 1754.
147. *Le Courrier de Paris ou le publiciste français*, no xxxiv, 16 novembre 1789; cf. aussi Mercier, *De J. J. Rousseau*, ii.160.
148. Cf. *Correspondance d'un habitant de Paris*, lettre ix, début.
149. Cf. R. Barny, *J. J. Rousseau dans la Révolution française: les grands débats politiques*, troisième partie, ch.4, ii.

la fois ce rôle libérateur du concept bourgeois de travail, et sa précoce ambiguïté, soupçonnée par quelques rares précurseurs du socialisme, comme l'abbé Dolivier.

Les patriotes les plus fougueux exaltent au contraire sans mesure cette valeur nouvelle, à travers l'enseignement et l'exemple de Rousseau. Dans son *Eloge de J. J. Rousseau* Michel-Edme Petit s'écrie (pp.36-37):

N'oublions pas que Jean-Jacques Rousseau, occupé des plus profondes méditations sur la Nature de l'homme et de ses devoirs, eut un autre genre d'occupation qui lui laissait tout l'honneur de gagner son pain ..., il avait appris la musique en l'enseignant; il l'enseignait; il la copiait même pour vivre. Il savait par expérience, que les gênes du labeur sont les ailes de la liberté. Ce fut pour conserver toute la liberté de son âme, qu'il s'astreignit au travail, et toute sa vie et ses ouvrages démontrent que les principes du véritable philosophe sont toujours d'accord avec sa conduite, et que jamais l'homme qui se suffit à lui-même ne peut vendre son âme, ne peut être l'esclave d'autrui.

Texte révélateur! On y voit la fonction révolutionnaire, mais déjà toutes les impasses de l'idéalisation bourgeoise du travail. D'un côté s'affirme l'opposition intransigeante à l'idéologie féodale: le travail est réhabilité, en tant que condition de l'épanouissement de l'individu; la liberté de l'artiste, telle que la concevait Jean-Jacques, ne peut reposer que sur son indépendance économique: celle-ci est assurée par une activité artisanale, conforme à la nature. Ici commence l'utopie, d'abord économique, et dont les potentialités réactionnaires sont déjà sensibles: le travail devient la valeur suprême, *abstraction faite de la structure économique* qui sert à le mettre en œuvre. On connaît l'adage: le travail c'est la liberté, et l'usage sinistre auquel il a pu servir. Cet adage, profondément caractéristique de l'idéologie bourgeoise, peut être considéré à juste titre comme conforme à la doctrine et à l'exemple de Rousseau.

Un autre passage du même éloge permet de voir mieux encore à partir de quelles conditions économiques cette idéalisation du travail a pu se produire, en même temps que sa portée révolutionnaire pour l'époque (pp.54-55):

Jean-Jacques qui, comme nous l'avons vu, travaillait pour vivre, Jean-Jacques qui conserva par le travail la franchise dure et noble de son caractère, et l'indépendance de ses idées, voulut que l'homme, élevé à sa manière, donné par la nature à la société, pût tirer de lui-même tous ses moyens de subsistance, et fût par cela seul tout à la fois utile à ses semblables et indépendant d'eux. Grands du monde, tyrans oisifs de l'espèce humaine, l'horreur que vous avez pour le travail des mains, vous la tournez en mépris sur la classe la plus nombreuse de la société, et vous appelez gens du peuple ceux qui remplissent le premier, le plus saint devoir de l'homme; vous croyez dans vos folles imaginations, et contre le témoignage de vos cœurs vides, avoir mis de votre côté tous les avantages, toutes les jouissances de la vie, en les retirant à cette tourbe laborieuse, à ce peuple? Eh bien! riches et puissants, apprenez de moi que vous vous êtes trompés dans vos désirs insensés. J'ai été peuple aussi, je le suis encore au besoin, et dans ma bassesse que vous seul osez appeler telle, j'ai eu, j'ai encore plus de bonheur, plus d'honneur et plus de plaisir que vous.

Que les fous rient donc d'Emile à l'établi, si cela les arrange; on ne rit pas longtemps devant un homme qui ne rit pas. Emile, menuisier, sera toujours, suivant moi, le chef-d'œuvre de l'ami des hommes et de la liberté. Il est l'honneur du travail et de la simplicité, la honte et la réprobation de la paresse et du luxe. Emile, robuste et sain, sensible et laborieux, fera le bonheur et la gloire d'une épouse. Femme, honore ton chef, c'est lui qui travaille pour toi, qui te gagne ton pain, qui te nourrit, voilà l'homme.

L'identification à Rousseau, l'adhésion aux principaux aspects de sa morale et de sa vision du monde est ici tout à fait remarquable. Inversement on est forcé de constater que Rousseau donne ses lettres de noblesse à la conception bourgeoise de l'homme et de la société. Tout y est: la portée antiféodale de cette définition de l'homme (abstrait) par le travail, le rejet du parasitisme et de la stagnation caractéristiques de l'ancien monde dans tous les domaines, économique, culturel, affectif; la liaison nécessaire posée entre le travail, dispensateur de liberté, et l'existence d'une société de petits producteurs indépendants, conçue comme éternelle; mais aussi la tendance à confiner cette valeur progressiste dans le domaine de la morale, abstraction faite de la réalité économique et sociale. Cette exaltation abstraite du travail, comme moyen de parvenir à l'équilibre vital et au bonheur, ne tardera pas à devenir un thème violemment réactionnaire, propre à justifier l'exploitation des travailleurs au nom de la philanthropie.[150] Enfin l'image de 'l'homme' que propose le disciple de Jean-Jacques est celle du producteur petit-bourgeois, maître despotique de la cellule familiale qu'il domine économiquement.

Le personnage de Rousseau devient donc l'incarnation des vertus, mais aussi de l'étroitesse de la morale bourgeoise, dont les potentialités conservatrices s'affichent déjà à l'époque de sa pleine efficacité révolutionnaire.

Cette valeur s'affirme avec une force particulière lorsque Jean-Jacques prend figure de héros de la réussite bourgeoise: l'homme du peuple sorti du peuple témoigne en faveur de celui-ci, tout en le repoussant hors du cercle des élus, appelés à diriger la société. Dans cette fonction, Jean-Jacques ne fait que doubler un autre personnage de légende, Franklin, symbole des vertus de la jeune république américaine. Ce phénomène correspond bien entendu aux rapports qui existent, dans l'esprit de beaucoup, entre les deux révolutions.

Après la mort de Franklin, des éloges sont publiés,[151] des ouvrages paraissent qui célèbrent l'ascension étonnante de ce petit artisan,[152] devenu, par la grâce du génie et d'un travail acharné, non seulement un grand savant, mais aussi

---

150. On trouve un texte effrayant, mais significatif, in *Révolutions de Paris* no 32 (du 16 au 20 février 1790), pp.44-45, sous le titre 'Projet pour détruire la mendicité'. Comme ce n'est pas un article de fond, mais une simple information commentée, il n'est pas absolument sûr que Loustalot en soit l'auteur. Le journal présente le projet du sieur Pierre Diot, de Dunkerque, fabricant d'étoffes. Ce philanthrope 'a démontré la possibilité d'occuper en France, dans la classe indigente tant à la filature du lin, chanvre et coton, qu'à la fabrication des nouveaux ouvrages qu'il a imaginés, douze millions d'individus, à compter depuis l'âge de six ans jusqu'à soixante-dix'. Pour dissuader les parents de priver leur progéniture de ce bienfait, il imagine un impôt d'un sou par semaine sur chaque enfant ayant atteint l'âge de six ans 'qu'il soit occupé ou non ces filatures' dès qu'on lui en aura fourni le moyen. Le rédacteur (un des disciples les plus scrupuleusement démocrates de Jean-Jacques!) conclut: 'Cette imposition ne peut qu'être avantageuse à cette classe indigente, attendu que les enfants accoutumés au travail dès l'enfance, en conserveraient l'habitude toute leur vie, et se trouvant surveillés et encouragés, par leur mère, l'amour du travail se perpétuerait parmi les générations, et tous les citoyens deviendraient utiles à la société.'
Tout commentaire affaiblirait ce texte, qui annonce les horreurs de l'accumulation du capital au dix-neuvième siècle – Saint-Preux cède ici la parole aux maîtres du domaine de Clarens, précurseurs eux aussi en matière de surveillance et de prophylaxie morales, et d'incitation à la productivité.

151. Cf. notamment ceux composés par l'abbé Fauchet et par Condorcet.

152. Cf. notamment *Mémoires de la vie privée de B. Franklin, écrits par lui-même et adressés à son fils; suivis d'un précis historique de sa vie politique, écrit par un anglais, et de diverses pièces relatives à ce père de la liberté* (Paris 1791), BN 8° pz 1235.

l'un des chefs les plus respectés de la république. Il incarne donc les vertus de la démocratie bourgeoise. Le parallèle avec Jean-Jacques s'impose; suggéré par l'abbé Fauchet, on le trouve, nettement indiqué, dans un article de la *Chronique de Paris* (12 février 1791, p.209):

C'est un spectacle bien intéressant pour un observateur que de voir Franklin passer sa jeunesse dans l'occupation d'un apprenti fabricant de chandelles, puis coutelier, puis enfin imprimeur, mais doué d'une âme forte et d'un esprit actif, s'enflammer, comme Jean-Jacques Rousseau, par la lecture des vies de Plutarque, vaincre à force de constance et d'opiniâtreté la mauvaise fortune, consacrer les premiers produits de son aisance à des établissements utiles dont manquait sa patrie, et développer successivement ce génie profond et sublime qui devait pénétrer les mystères de l'électricité, déconcerter les mesures cachées du despotisme, garantir l'univers des ravages de la foudre, et l'Amérique des horreurs de la tyrannie.

Génie, force d'âme, ténacité, idéalisme nourri aux sources antiques, haine de la tyrannie, sens de l'utilité sociale: toutes ces qualités sont aussi celles de Jean-Jacques; elles définissent l'héroïsme révolutionnaire bourgeois. Brissot, dans le *Patriote français*, insiste sur un autre caractère; le législateur américain, comme le philosophe français a connu la pauvreté (no 541, 31 janvier 1791, p.123):

Franklin [...], errant dans les rues de Philadelphie avec 6 liv. environ dans sa poche, inconnu à tout le monde, mangeant avec avidité un pain, en tenant deux sous son bras, étanchant ensuite sa soif dans les eaux du Delaware! Qui aurait pu reconnaître dans cet ouvrier misérable un des législateurs futurs de l'Amérique, un des chefs de la philosophie moderne, [...]? Ce trait rappelle celui de Jean-Jacques Rousseau, ayant pour toute fortune deux liards; harassé de fatigue et tourmenté par la faim, il balançait s'il sacrifierait sa petite pièce à son appétit: finissant ce combat par l'achat d'un petit pain, il se livra au sommeil en plein air.

Quel triomphe de l'idéal démocratique que la respectabilité et l'influence sociale enfin conquises par ces deux grands hommes, qui ont mis leur génie au service du bien commun! Ils diffèrent pourtant sur un point essentiel: Franklin a fait fortune, on n'imagine guère Jean-Jacques dans la même situation: elle eût constitué pour lui le pire des reniements. Cette qualité fait évidemment de Franklin un bien meilleur représentant de l'idéal bourgeois; elle est d'ailleurs en harmonie avec l'honorabilité incontestable de l'homme d'Etat américain, dont le personnage n'est pas de ceux qui suscitent le scandale. Sur tous ces points, l'originalité de Rousseau n'est pas sans correspondre à celle de la révolution française, dont le démocratisme bourgeois, par suite de l'intense mobilisation des masses paysannes et plébéiennes des villes, prend une coloration beaucoup plus populaire.

Cette différence n'empêche pas Rousseau et Franklin de figurer côte à côte dans le premier panthéon démocratique, en compagnie de Voltaire, et de Mirabeau, après la mort de celui-ci.[153]

Tel est le visage légendaire de Jean-Jacques, parfois contrasté, ou brouillé, car il est l'enjeu d'une lutte sévère; mais au total conforme à ce que le développement de la révolution et l'affirmation hégémonique de l'idéologie bourgeoise empruntent au rousseauisme.

153. Cf. ci-dessous, ch.4, i, pp.100-101.

3. L'éloge mis au concours par l'Académie française

DANS sa séance publique du 25 août 1789, l'Académie française proposait, pour l'année suivante, un prix d'éloquence ayant pour sujet l'éloge de Jean-Jacques Rousseau. La récompense, une médaille de 600 livres, était modeste, comparée aux 2400 livres promises à l'auteur du meilleur discours sur 'le caractère et la politique de Louis XI'. L'annonce de cette décision fut néanmoins fort applaudie par l'assistance,[1] cependant que l'abbé Royou (mais oui!) écrivait dans l'*Année littéraire*: 'le plaisir de relire Rousseau suppléera à la modicité du prix'.[2] Il semblait que Jean-Jacques pénétrât enfin dans la dernière place forte tenue par ses ennemis.

Le 25 septembre 1790, le prix était réservé pour 1791, en même temps qu'il était porté à 1200 livres par la générosité d'une seconde personne, qui ne se nommait pas.[3] En fait, il ne devait jamais être décerné.

Les confidences de quelques-uns des principaux acteurs permettent d'entrevoir les raisons de ce fiasco.

Le premier donateur, le comte de Barruel-Beauvert, avait annoncé son intention dans sa *Vie de Jean-Jacques Rousseau* (p.15). C'était pour lui, en même temps qu'un geste bien conforme à son personnage, une sorte de test: l'Académie française, véritable repaire des ennemis de Jean-Jacques, serait-elle capable de faire taire ses préventions, et d'accepter cette offre? Un refus eût été l'aveu public que haines et jalousies continuaient à fermenter.[4] Il était difficilement concevable, à une époque où la popularité de Rousseau était à son zénith. Les Académiciens avalèrent la couleuvre en silence. Si l'on en croit Loustalot, ils avaient une autre raison: ils se préparaient à mendier (avec succès) auprès de l'Assemblée nationale un décret les autorisant à préparer pour leur corps une constitution particulière.

Le second donateur, anonyme, devait se faire connaître beaucoup plus tard: c'était le Neuchâtelois François-Louis d'Escherny, qui se targuait d'avoir été l'ami de Jean-Jacques et faisait volontiers l'important à ce propos.[5] Dans un ouvrage publié en 1811, il raconte en ces termes l'histoire de la médaille:

L'année même de mon pélerinage à Ermenonville (1790), je doublai le prix de six cents francs, destinés au meilleur Eloge de Jean-Jacques Rousseau, au jugement de l'Académie française. Je fis remettre la somme à M. Marmontel, secrétaire perpétuel. Six mois après,

---

1. *Mercure de France*, 5 septembre 1789, Académie française, séance publique du 25 août, pp.18-21; cf. aussi le *Journal* du libraire Hardy.

2. *Année littéraire* (1789), v.106.

3. *Journal gratuit*, treizième classe, belles-Lettres (BN Lc2 504, no 13), pp.215 et 223; *Gazette de France*, 3 septembre 1791 (ou *Gazette de Paris*).

4. p.86. Cf. aussi p.128.

5. Cf. Charly Guyot, *De Rousseau à Mirabeau: pèlerins de Môtiers et prophètes de 1789* (Neuchâtel 1936), pp.43-53; Hippolyte Buffenoir, *Etudes sur le dix-huitième siècle: le prestige de J. J. Rousseau – souvenirs, documents, anecdotes* (Paris 1909), ch.10: J. J. Rousseau et le comte d'Escherny (pp.283-313).

je m'avisai de concourir, et j'envoyai un Eloge de ma fabrique. L'académie ne se décida pour aucun: les deux prix restèrent là, ensevelis avec les Eloges, dans les cartons de l'Académie. M. Marmontel avait distingué le mien, c'est celui qui fait partie de ces mélanges. Voici le jugement qu'il en porta, écrit de sa main, sans savoir qui en était l'auteur.

Cet ouvrage est plein d'enthousiasme, il réunit les beautés et les défauts que l'enthousiasme produit. Si l'on ne demande dans l'Eloge de Rousseau que de la verve et de la chaleur, une éloquence naturelle, mâle et hardie, des vues profondes et des idées vastes, l'auteur aura beau jeu; mais, etc ..., etc ..., en voulant mettre d'accord Jean-Jacques avec lui-même, l'auteur de ce beau discours me semble avoir tenté l'impossible.

Un jour Marmontel était à dîner chez moi, et un homme de lettres à qui j'avais lu cet éloge lui en parla en ma présence, en lui témoignant une grande surprise que l'Académie ne l'ait point couronné. Marmontel fut très embarrassé, car il avait fait mention de cet Eloge en termes magnifiques, et il jouissait d'une grande influence sur l'Académie. Mais l'on savait que Rousseau avait pour ennemis tous les membres de l'Académie, et à la tête Marmontel. Le moyen de couronner le bien qu'il fallait dire d'un homme qu'on ne pouvait souffrir? Ces messieurs auraient été très disposés à couronner une pièce qui, sous le nom d'Eloge, aurait été remplie de traits malins et d'ironie.[6]

Ce récit est sans doute l'occasion pour d'Escherny de revenir sur un de ses thèmes favoris: son propre éloge; mais il contient aussi des observations fort pertinentes. L'hypothèse de la malveillance de Marmontel est la meilleure que l'on puisse formuler, quand on sait la haine tenace qu'il avait vouée à Jean-Jacques; épousant toutes les rancunes du parti philosophique, le secrétaire perpétuel de l'Académie française les avait portées à un point extrême d'aigreur et d'incompréhension. Ses *Mémoires* montrent que Rousseau ne fut jamais pour lui qu'un sophiste méprisable.[7] Marmontel avait été sans doute un idéologue de la bourgeoisie; il avait même eu, en son temps, l'honneur d'être persécuté par la Sorbonne. Mais ce notable de la littérature, esprit assez médiocre et conformiste, très lié d'ailleurs à l'Ancien Régime, qui l'avait couvert de pensions et d'honneurs (ii.158-59, 161-82), n'était guère disposé à reconnaître maintenant les vertus du rousseauisme, à travers celles d'une révolution dont il s'était immédiatement tenu à l'écart (notamment livres XIII et XIV). On devine avec

6. *De Rousseau et des philosophes du dix-huitième siècle*, in *Mélanges de littérature, d'histoire, de morale et de philosophie* (Paris 1811) – réédités sous le titre de *Œuvres philosophiques, littéraires, historiques et morales* (Paris 1814). Nous citons d'après cette seconde édition. Cf. iii.172-75. D'Escherny relate ensuite comment il parvint, sous l'empire, Lucien Bonaparte étant ministre de l'intérieur, à récupérer après plusieurs rebondissements non pas ses 600 francs qui avaient disparu 'au milieu des troubles de la révolution', mais leur équivalent en livres pris dans le 'vaste dépôt' de Versailles.

7. *Œuvres complètes de Marmontel*, nouvelle édition (Paris 1819). *Les Mémoires d'un père pour servir à l'instruction de ses enfants* forment les deux premiers tomes. Cf. i.422-27; ii.1-10, 120-23 et 126-27. A sa femme, mécontente de l'entendre parler souvent mal de Rousseau, et qui observe qu'il y a de l'impiété à troubler les cendres des morts, Marmontel réplique par une diatribe passionnée: 'Oui, la cendre des morts qui n'ont, lui dis-je, laissé aucun exemple, aucun souvenir pernicieux pour les vivants; mais des poisons assaisonnés dans les écrits d'un éloquent sophiste et d'un corrupteur séduisant; mais des impressions funestes qu'il a faites sur les esprits par de spécieuses calomnies; mais tout ce qu'un talent célèbre a laissé de contagieux, doit-il passer à la faveur du respect que l'on doit aux morts, et se perpétuer d'âge en âge? Certainement j'y opposerai, soit en préservatifs, soit en contre-poisons, tous les moyens qui sont en mon pouvoir; et, ne fût-ce que pour laver la mémoire de mes amis des taches dont il l'a souillée, je ne laisserai, si je puis, à ce qui lui reste de prosélytes et d'enthousiastes, que le choix de penser que Rousseau a été méchant, ou qu'il a été fou.'

quel enthousiasme il dut se préparer à couronner l'éloge de Jean-Jacques, ce 'monstre' (ii.9)!

Toutefois, la vague rousseauiste était si puissante à cette époque que Marmontel ne tenait pas à exprimer publiquement sa désapprobation. Et l'on put croire que l'Académie était convertie, ou sur le point de l'être: tel est l'espoir qu'exprime un ami de Jean-Jacques, que nous avons déjà rencontré, A. H. Dampmartin. Bien que l'Académie soit une institution un peu vermoulue, viciée par le rôle que lui a fait jouer le despotisme, elle reste vénérable à ses yeux; une de ses séances produit en lui 'la plus vive émotion'. D'ailleurs elle va se régénérer, comme toutes choses:

Les académiciens accueilleront parmi eux le premier bien des grandes âmes, la liberté; ils briseront les tables de leurs lois, de ces lois portant l'empreinte de la main du despote altier qui les dicta, par conséquent également injustes et absurdes. Nous ne verrons plus la naissance prendre la place de l'esprit; nous n'apprendrons plus, avec indignation, que l'écrivain supérieur se trouve forcé à des démarches souvent indignes de lui. De bons ouvrages deviendront les seuls titres ...[8]

De cette transformation, l'éloge de Jean-Jacques prononcé devant les immortels sera le gage. L'auteur exhorte Bernardin de Saint-Pierre, ami et disciple du philosophe, à se mettre sur les rangs:

Vous serez enlevé à votre retraite, non pour prononcer de fastidieux éloges, mille fois rebattus, mais pour couronner la statue du bienfaiteur des Français: l'homme de génie, prenant en main le flambeau de l'amitié, parlera dignement de Rousseau. Vous, jadis son élève, maintenant son successeur, peignez-nous en traits de flamme les talents, les vertus portés au plus haut degré; faites-nous bien connaître ce mortel à la voix duquel le despotisme s'écroule, les préjugés se taisent, l'homme reprend ses droits, la nature n'est plus outragée. Bravez les cris d'impuissants ennemis.

Cet appel ne devait pas être entendu. Peut-être le cadre dans lequel se situait cet hommage contribuait-il, malgré l'optimisme un peu naïf de Dampmartin, à en limiter l'audience. La personnalité des deux donateurs n'était d'ailleurs pas de nature à corriger ce défaut. Barruel-Beauvert s'était révélé un contre-révolutionnaire acharné dès la période des Etats-Généraux; d'Escherny, plutôt patriote en 1789, n'allait pas tarder à rejoindre des positions voisines,[9] tout comme Dampmartin lui-même.[10] Ces hommes appartiennent au public aristocrate de Jean-Jacques. Après avoir participé avec fougue à la révolte 'anti-despotique', il leur arrive d'être tentés par le libéralisme, et de se laisser séduire par la révolution bourgeoise; mais la lutte devenant plus âpre et leur intérêt de caste mieux perçu, ils rejoignent, les uns après les autres, le camp de la contre-révolution ouverte.

Placé sous de tels auspices, le prix d'éloquence de l'Académie française pouvait difficilement mobiliser la masse des amis de Jean-Jacques. Son succès ne fut donc pas à la mesure de la diffusion du rousseauisme dans les classes cultivées

8. *Un provincial à Paris pendant une partie de l'année 1789* (Strasbourg s.d.); cf. lettre xxx, pp.186-88.

9. Cf. déjà, in *Correspondance d'un habitant de Paris avec ses amis de Suisse et d'Angleterre, sur la révolution de France* (Paris 1791), par M. d'Escherny, Comte d'Empire, la lettre xi, publiée à part en 1814 sous le titre d'*Essai sur la Noblesse*.

10. Cf. *Mémoires sur divers événements de la révolution et de l'émigration* (Paris 1825) (1ère édition Berlin 1799), notamment pp.30-31, 145-47, 410-15.

depuis deux ans. Beaucoup de patriotes devaient d'ailleurs se méfier, si l'on en juge par cette mise en garde de Loustalot, au terme d'un article consacré à dénoncer l'esprit aristocratique de l'Académie française:

En proposant l'éloge de Jean-Jacques, qu'elle n'a point eu l'honneur de posséder dans son sein, et celui de Benjamin Franklin, dont elle n'a jamais professé les maximes, l'académie s'est flattée d'en imposer sur ses dispositions anti-révolutionnaires, et de donner à croire qu'elle pourrait un jour devenir utile à la liberté. La nation et ses représentants se préserveront de ce piège, ou bien toutes les corporations ministérielles qui craignent leur destruction, auront le droit de demander, de présenter leur nouvelle constitution. Il n'y a jamais eu à Sparte, à Athènes, à Rome, de corps lettré reconnu par la loi. Les vrais gens de lettre sont les défenseurs de la liberté. Les corps lettrés n'ont jamais servi que le despotisme, l'aristocratie et les intrigues de ceux qui veulent égarer l'opinion publique.[11]

Cette violente hostilité, qui n'était pas propre à Loustalot, a dû écarter de la participation un bon nombre des rousseauistes les plus convaincus. Néanmoins les sept discours publiés par leurs auteurs, sans compter la quinzaine de manuscrits qui figurent encore dans les cartons de l'Académie française, montrent que celle-ci aurait pu, sans se déconsidérer, attribuer le prix annoncé.[12]

Ces discours donnent en effet une idée assez juste de la diversité idéologique et politique du public rousseauiste. A ce titre, leur examen rapide s'impose.

L'un des candidats, G. A. Delorthe, doit être mis à part. C'est un pauvre diable, manifestement paranoïaque, et qui dissipe sa fortune en publications

11. *Révolutions de Paris*, no 60, du 28 août au 4 septembre 1790, p.395.

12. La plupart des discours publiés ont déjà été cités: *Eloge de J. J. Rousseau qui a concouru pour le prix de l'Académie française* (Paris 1790) [Mme de Charrière]; *Eloge de J. J. Rousseau mis au concours de 1790. L'académie a renvoyé sa décision pour 1791* (Paris 1790) [signé G. A. Delorthe]; *Eloge de J. J. Rousseau*, par J. J. O. Meude-Monpas (Paris 1790); *Eloge de J. J. Rousseau qui a concouru pour le prix d'éloquence de l'Académie française en l'année 1791*, par M. Thiéry, membre de plusieurs Académies (s.l. 1791); *Eloge de J. J. Rousseau, citoyen de Genève, par Michel-Edme Petit, citoyen français*, député du département de l'Aisne, à la Convention nationale. Seconde édition (Paris 1793) (la 1ère édition est signalée en 1792 in Monglond, *La France révolutionnaire et impériale*, ii.622).

Cf. aussi *Eloge de J. J. Rousseau, citoyen de Genève, couronné par la Société populaire de Montpellier*, et prononcé dans le temple de la raison, lors de son apothéose, le decadi 20 floréal, l'an second de la république française, une et indivisible, par Jean-Jacques Rouvière membre de la société. A Montpellier, de l'imprimerie révolutionnaire, chez Bonnariq et Augnon, l'an second de la République. Ce discours, prononcé en l'an II, était, pour l'essentiel, rédigé depuis 1790: Rouvière avait en effet participé au concours de l'Académie française, envoyant même successivement deux manuscrits (cf. Archives de l'Acad. fr.). En ce qui concerne la date de la publication, Monglond donne 1792: c'est probablement une erreur, à moins qu'il ne s'agisse d'une première édition que nous n'avons pas retrouvée.

Il existe, aux Archives de l'Académie française, un dossier où l'on retrouve ces éloges (à l'exception de celui de d'Escherny) mêlés à d'autres: en tout quinze manuscrits, classés deux fois de 1 à 8, ce qui correspond sans doute aux deux concours de 1790 et 1791. Plusieurs manuscrits, outre celui de d'Escherny, ont dû disparaître, puisqu'il n'y a qu'un seul no 4 et pas de no 5.

On relève les noms de J. J. Leuliette, habitant de Boulogne-sur-Mer (no 1, rejeté le 23 juillet); Desmolins, avocat au parlement de Paris (no 1, rejeté le 12 juillet); Cl. Joseph Trouvé (no 2, rejeté le 23 juillet); Dubois de la ville, à Breteuil, par Verneuil, au Perche (no 4, rejeté le 23 juillet); Tardieu, élève-commissaire de la marine à Toulon (no 7, rejeté le 28 juillet); de Meslin, principal commis des finances, au bureau des dépêches, hôtel du contrôle général, rue neuve des Petits-champs (no 8, rejeté le 19 juillet). Plusieurs manuscrits restent anonymes, soit que les noms figurant dans les cartouches aient été égarés, soit que les auteurs n'aient voulu être identifiés que grâce à une devise: c'est le cas, par exemple, pour les textes de Mme de Charrière et de Thiéry.

diverses que personne ne lit. Dans son éloge de Jean-Jacques, il ne parle guère que de ses propres découvertes scientifiques, et du mépris scandaleux avec lequel elles sont accueillies, en dépit de la révolution. Toutefois, ce texte, digne d'arrêter un historien des maladies mentales, est intéressant au même titre pour l'historien des idées. Les obsessions de Delorthe constituent un symptôme, tant sur le plan idéologique que sur le plan social. Elles sont significatives de la façon dont les marginaux, les ratés, les débris sociaux que la révolution produit en abondance, ou révèle, tendent à projeter leur drame, en le magnifiant, sur le personnage de Jean-Jacques Rousseau.

Très nettement à droite, se situe le discours de Meude-Monpas, assez caractéristique de la position des petits nobles, avec ses outrances caricaturales. Meude-Monpas, qui se pare, lui aussi, d'une prétendue familiarité avec Jean-Jacques, n'apprécie guère la destinée révolutionnaire du rousseauisme, et il rejette sans hésiter tout ce qui lui paraît dangereux. Cela fait beaucoup de choses: le 'penchant au paradoxe' de Rousseau lui a fait adopter plus d'une fois des 'principes douteux'; s'il en tire des conséquences justes, ce n'est que par un 'abus de l'éloquence'. Ce n'est d'ailleurs pas dans le premier discours que ce défaut se manifeste, mais dans celui 'sur l'inégalité parmi les hommes', riche en 'propositions erronées': aux rêveries de Jean-Jacques, Meude-Monpas oppose la doctrine de l'inégalité naturelle, 'la diversité de besoins et de moyens, d'où dérive nécessairement celle de jouissances et de droits'. Quant au *Contrat social*, il présente un 'système de politique impraticable'. C'est bien là que se fait sentir 'l'abus de l'éloquence'! Reste l'*Emile*, ce 'chef d'œuvre'. Mais il développe une méthode qu'il est impossible de suivre strictement: Jean-Jacques lui-même l'a avoué à l'auteur. En un mot, on doit admirer en Rousseau l'écrivain, le moraliste sans doute, mais il faut surtout s'abstenir de lui demander la moindre leçon politique. Meude-Monpas en retient pourtant une, du moins il le croit. Le discours sur les sciences et les arts lui est prétexte à affirmer un idéal de régression culturelle. La science est mauvaise dès que le peuple s'en empare. Il faut donc cultiver l'ignorance (*Eloge de J. J. Rousseau*, pp.6-7):

Rien de plus contraire à l'ordre social que les progrès des connaissances. Si l'homme sauvage se croit libre, s'il n'a que des besoins physiques, l'homme civilisé s'en est forgé mille autres, et dépend nécessairement de ses passions. Or, quand les passions cessent d'être machinales, elles fermentent nos organes et souvent aigrissent le caractère. De là tous les combats de l'amour-propre ... je dis plus; s'il est incontestable que la religion soit le principe des vertus et de l'union sociales, le progrès des sciences doivent leur être contraires, puisqu'ils anéantissent la foi; la foi qui console le pauvre de son adversité; la foi qui rend sacrée la propriété; enfin la foi qui est le véhicule des bonnes œuvres.

Ce n'était pas la première fois que le *Discours sur le sciences et les arts* était lu dans cet esprit! Malgré l'énormité du contre-sens, cette mésaventure n'est pas sans révéler une des composantes de la vision du monde contradictoire de Jean-Jacques. L'éloge de l'ignorance, construit sur la base d'une tradition vénérable, mais comme une véritable provocation à l'égard des classes dirigeantes, ne pouvait en définitive que servir celles-ci.

L'Eloge composé par Mme de Charrière n'a sans doute rien de commun avec celui de Meude-Monpas, mais il est celui d'une femme qui prend ses distances avec la révolution, avec l'idéologie patriote en général, et qui refuse d'admettre l'interprétation révolutionnaire de l'œuvre de Rousseau. Elle se glorifie d'en donner une image non politique. Sa qualité d'étrangère lui donne l'illusion d'échapper à un débat partisan. Son discours se recommande par la sérénité du ton, par sa justesse lorsqu'il est question de caractériser le personnage de Rousseau. Mais son insistance presque exclusive sur l'importance du rêve, même si elle conduit à des développements heureux, classe très nettement à droite sa contribution.

Les Eloges de Thiéry et de Michel-Edme Petit sont, par contre, incontestablement ceux de bons patriotes. Thiéry est peut-être un modéré, mais il est, en tous cas un partisan résolu de la doctrine politique de Rousseau, qu'il expose avec clarté et conviction, du moins dans ses grands thèmes, fondamentaux pour l'idéologie bourgeoise. 'De longtemps', écrit-il, 'nous ne devons marcher que le Contrat social à la main' (p.56). Michel-Edme Petit lui, est un admirateur inconditionnel de Jean-Jacques, auquel il s'identifie en tant qu'idéologue de la petite production paysanne et artisanale.[13] Cette adhésion sans réserve, cas tout de même assez rare, n'est d'ailleurs pas sans rendre équivoque la propre situation politique de l'auteur, dont la pensée mérite d'être examinée d'un peu plus près.

Quant à l'œuvre de d'Escherny, il serait encore plus artificiel de la faire entrer dans un cadre idéologique préétabli. Sans doute, l'auteur est, en 1791, un noble libéral qui demeure plus attaché que d'autres au préjugé de caste, et dont les sentiments, naguère patriotes, tièdissent très vite. Cette attitude ne peut pas ne pas se marquer dans son discours. Mais celui-ci se recommande par un mérite qui est, pour une part du moins, accidentel au regard de cette position de classe: d'Escherny entrevoit le caractère dialectique de la pensée de Rousseau, et il en pressent la portée.

En dépit de leur diversité idéologique, tous ces discours présentent certains points de vue communs.

En premier lieu, on s'y félicite des honneurs enfin rendus à Rousseau, auxquels l'Académie participe par son initiative. A cet égard, il y a communion parfaite entre le comte d'Escherny, Mme de Charrière et Thiéry ou Michel-Edme Petit.[14]

Les uns et les autres attachent une importance capitale à l'œuvre romanesque et autobiographique. A droite, on s'en explique volontiers; c'est un choix motivé par le refus de l'interprétation patriote de Rousseau. L'éditeur de Mme de Charrière préfaçant l'ouvrage de celle-ci, écrit à ce propos:

l'Académie, si elle n'a point montré de préférence à ce discours sur les autres, n'en a pas montré non plus à aucun autre sur celui-ci. Elle peut l'avoir trouvé mauvais ou médiocre, mais elle peut aussi ne l'avoir trouvé que trop peu politique, ce qui n'est pas un défaut pour tout le monde dans un temps ou nous sommes inondés de politique et d'ouvrages politiques.

13. Cf. ci-dessus, ch.2, pp.76-77.
14. Cf. Mme de Charrière, pp.9, 43-44; Thiéry, pp.3-4, 50; Petit, pp.3-5. Petit, qui a manifestement revu et complété son texte après la révolution du 10 août, apprécie à la fois l'hommage de l'Académie, et son inachèvement: 'Il est des hommes en tout extraordinaires pendant leur vie, et qui, même au-delà du tombeau, sont encore remarquables par une sorte de fatalité qui s'attache à leur mémoire. La nature a dû faire un effort pour produire dans ce siècle J. J. Rousseau, citoyen de Genève, et la plus étonnante révolution sociale devait tout à la fois légitimer et retarder les hommages publics décernés par l'Académie française à cet homme justement célèbre.'

Il est peu probable que telle ait été l'opinion de Marmontel. Mais, quoi qu'il en soit à cet égard, l'originalité de Mme de Charrière n'était pas aussi remarquable qu'elle le croyait. Les concurrents patriotes, sans négliger l'œuvre proprement politique de Rousseau, ont en général hâte d'en venir à l'examen des aspects moraux et sentimentaux, et au problème du personnage de l'auteur:[15] ils savent bien que ce n'est pas là, d'ailleurs, s'éloigner de la politique, pas davantage que ne le fait Mme de Charrière lorsqu'elle exalte l'univers purement imaginaire de Jean-Jacques. La plupart du temps, les *Confessions* fournissent la trame du récit qui supporte cette analyse,[16] et la recherche d'une communion affective avec Jean-Jacques s'affirme: 'Quittons, il en est temps, et la discussion et ses formes méthodiques: laissons vaguer notre âme, en cherchant celle de Rousseau dans ce qu'il a écrit, dit et pensé: examinons le rapport de son cœur, de son caractère et de ses ouvrages; parlons de lui enfin ...' (Thiéry, p.56).

Les exigences politiques d'un bon patriote, comme Thiéry, ne s'opposent pas à l'idéal de l'âme sensible.

Sans doute faut-il faire intervenir ici les contraintes d'un genre, qui interdisent de transformer un éloge académique en un pur pamphlet politique. Mais l'essentiel est ailleurs, dans le rôle joué par le personnage même de Rousseau, et dans le besoin de nouer avec lui une relation affective, contrepartie probable d'une idéologie farouchement individualiste, qui correspond en outre aux conditions de lutte des patriotes, et plus largement à l'isolement de beaucoup de travailleurs intellectuels, malgré le rôle des clubs et sociétés populaires.

L'importance attribuée à l'œuvre morale est aussi un point sur lequel tous se réunissent: *La Nouvelle Héloïse* et l'*Emile*, en rappelant les exigences de la Nature, ont restauré les mœurs, régénéré la cellule familiale, libéré l'enfant. Mais à gauche, on n'oublie pas d'insister en outre sur la signification symbolique du maillot, emblème de toutes les sujétions et de toutes les mutilations.

L'unanimité se réalise encore pour applaudir Jean-Jacques d'avoir montré l'importance du sentiment religieux. Ses admirateurs, à gauche comme à droite, sont théistes, ou pour le moins adeptes d'un déisme sentimental. Ils ne conçoivent pas comment les besoins affectifs de l'homme pourraient être pleinement satisfaits sans cela, et se félicitent que Jean-Jacques se soit opposé aux ravages de l'impiété, en détachant la philosophie de celle-ci:

tel a cru qu'on ne pouvait être homme de génie et croire en Dieu, qui voit que Rousseau croyait en Dieu. Quand même il ne serait pas fort content des preuves, les éclairs qui auront brillé à ses yeux pourront lui laisser d'utiles souvenirs. Le dévot en haïra moins la philosophie, le jeune athée sera moins sûr de soi.

C'est Mme de Charrière qui se félicite ainsi de l'exemple donné par Jean-Jacques (*Eloge*, p.42). Mais un patriote comme Thiéry ne s'exprime pas en termes très différents. Tout au plus ajoute-t-il une diatribe contre les théologiens sectaires, 'fanatiques imbéciles', qui ont osé accuser Jean-Jacques d'impiété. Celui-ci est au contraire le restaurateur de la religion dont ils sont les pires ennemis; il en fait 'le centre de toutes les grandes vérités et le foyer des plus sublimes passions'; il retrouve l'esprit de l'évangile; il fait enfin 'du culte de

15. Ainsi M.-E. Petit commence par là son Discours; cf. aussi Thiéry, pp.56-57.
16. Cf. M.-E. Petit, pp.7ss.; Thiéry, pp.57-399.

l'être suprême, le premier besoin d'une âme sensible et pure'.[17]

Tout se passe donc comme si Rousseau avait libéré la religion à la fois du dogmatisme des théologiens et de celui des philosophes: il répond ici à un besoin largement ressenti, besoin de l'esprit et surtout du cœur.[18]

Si la distinction entre la droite et la gauche n'est pas pleinement pertinente dans ce domaine, cela ne veut pas dire, bien entendu, qu'elle ne joue aucun rôle. Le déisme sentimental qui s'impose de part et d'autre peut s'accompagner de thèmes variés, contradictoires, dont la signification sociale et politique saute aux yeux. Ainsi, la conception ultra-conservatrice du Dieu gendarme, gardien des propriétés, mise en avant par Meude-Monpas, ne se retrouve pas chez les autres patriotes. Non qu'elle soit originale, ou qu'elle répugne, dans son fond, à la conscience bourgeoise! Mais elle est exprimée sous une forme agressive qui la situe, dans le contexte de l'époque, à l'opposé des sentiments populaires: elle se rattache à la défense du privilège, non à la volonté petite-bourgeoise de conquérir et de préserver la propriété.

Toutes ces convergences, qui ne sont pas négligeables, n'excluent pas des oppositions extrêmement nettes. Elles reproduisent, en partie, les lectures contradictoires qui s'affirment directement dans la lutte politique. On retrouve ici l'antagonisme des patriotes et des aristocrates.

A droite, le thème directeur est celui de l'irréalisme de Jean-Jacques. Non qu'on lui en fasse grief: c'est au contraire, sa plus émouvante qualité. Dans cet esprit, Mme de Charrière développe une réflexion souvent très juste sur l'importance du rêve dans l'œuvre de Rousseau (pp.27-42); mais le goût de l'impossible, si l'on en fait un système d'interprétation exclusif, ne peut qu'aboutir à la négation de la portée révolutionnaire de l'ensemble des thèmes rousseauistes, et à un silence quasi total sur la doctrine politique, dont on ne trouve rien à dire, sinon qu'elle est merveilleusement inapplicable. Ainsi, le lecteur est convié à admirer le *Contrat social*, 'qu'aucune société n'a fait ni ne peut faire' (p.30), ou l'*Emile*, qui propose une 'éducation impossible'. Mme de Charrière rejoint ici les négations brutales d'un Meude-Monpas.

Bien entendu, les patriotes ne peuvent accepter que les idées majeures du rousseauisme viennent ainsi s'enliser dans les sables de l'imaginaire pur. Non seulement ils exposent les principes du *Contrat social*, mais ils s'en prennent volontiers au caractère spécieux de la valorisation de l'impossible, dont ils dénoncent la signification de classe. S'il leur arrive de reconnaître certaines insuffisances de l'abstraction rousseauiste,[19] ils se soucient avant tout d'affirmer le lien avec le réel, dans tous les domaines, de l'œuvre de Rousseau. En politique, d'abord; mais aussi dans l'analyse des problèmes de la vie morale et affective. Ainsi, à propos de *La Nouvelle Héloïse* (Petit, p.46):

17. Thiéry, pp.23-14; cf. aussi Petit, pp.11, 57.

18. Il est incontestable qu'il concourt, dans un premier temps du moins, à la restauration du sentiment religieux, comme l'a si bien montré, jadis, P. M. Masson. Mais il est non moins évident que l'adaptation qu'il réalise et qui permet de satisfaire, dans un cadre traditionnel, des besoins idéologiques et affectifs nouveaux, modifie le centre de gravité de la conception religieuse du monde, et tend à lui substituer d'autres formes de conscience des rapports du 'moi' à la nature et à la société.

19. Cf. par exemple Thiéry, p.16.

laissons les vils corrupteurs de la société, pour lesquels la pudeur n'est que le signe honnête des honteux désirs; l'amour, une passion égoïste et brutale; la piété filiale, un égard conventionnel; la fidélité conjugale, un crime ridicule; laissons les, dis-je, traiter Julie de chimère; que nous importent les jugements de ceux dont la raison est aliénée, les sentiments de ceux dont l'âme se déprave et se perd? Qu'ils disent tout ce qu'ils voudront; Julie amante, fille, femme et mère, fera toujours honneur à l'humanité, et la peinture que nous en a laissé Jean-Jacques a trop de ressemblance avec ce que nous aimons le plus, avec ce que nous adorons, pour ne ressembler à rien. Sans doute Julie a existé; elle est trop dans nos cœurs pour n'être pas dans la Nature.

Cette lecture politique de *La Nouvelle Héloïse*, à travers les problèmes moraux et sentimentaux qu'elle pose, est caractéristique de la petite bourgeoisie patriote.[20] La *Nouvelle Héloïse* permet d'affirmer, contre la dissolution des liens familiaux et l'épuisement affectif, qui sont un aspect de la crise du monde féodal au sein des couches dirigeantes et de leur clientèle, la volonté de créer un style de vie profondément différent. La rupture entre la vie sexuelle et toute la richesse de l'affectivité d'une part, mais aussi la coupure entre l'amour, quel qu'il soit, ou le sentiment en général, et le domaine où s'exerce l'activité sociale, sont ressentis comme une intolérable mutilation. L'issue est recherchée dans le cadre strict de la vie familiale, ou dans celui de la petite société dont la famille est le centre. Il s'agit d'une restauration, dans des limites qui sont, en dernière analyse, celles de l'individualisme bourgeois. La famille, base des vertus à reconquérir ou à sauvegarder, contre l'immoralisme du milieu mondain, est déterminée par son support économique, la fortune bourgeoise, qu'il faut gérer et faire prospérer. D'où l'antagonisme qui s'ébauche, sans être bien perçu, entre deux types d'exigences: celles du patriotisme, et celles de la vie familiale. Vertus publiques et vertus privées sont également nécessaires pour définir le bon citoyen. Mais elles sont posées côte à côte, elles ne sont pas montrées dans leurs rapports, car alors la contradiction éclaterait le plus souvent. A cela correspondent deux types d'images empruntées à l'univers de Jean-Jacques, où elles coexistent également tant bien que mal.

Cette volonté patriote d'affirmer le lien entre le rousseauisme et la réalité sociale s'exprime de la même façon en ce qui concerne l'*Emile*; M.-E. Petit écrit à ce propos (p.53):

la plupart des moyens d'éducation proposés par Rousseau sont d'une si évidente utilité, d'une pratique si facile, qu'ils ont été mis en usage avec le plus grand succès. Quant à ceux qui ont été jugés impraticables par les petits esprits ou par l'orgueil, il en est un surtout qui a révolté les gens du bel air. Je m'arrête à celui-là, parce qu'il est une conséquence naturelle des principes de Jean-Jacques. Il consiste à faire apprendre un métier à son enfant.

20. Cf. encore Thiéry, pp.27-28; J. J. Leuliette, manuscrit conservé aux Archives de l'Académie française: 'Après avoir parcouru ce délicieux roman, le lecteur qui n'a prodigué qu'une stérile admiration, accuse Rousseau de s'être écarté de la nature, de s'être égaré dans une perfection chimérique. Ce reproche, est-ce lui ou nous qui l'a mérité? [*sic*] Où règne la nature dans toute sa beauté, est-ce chez l'homme corrompu par la société, ou chez l'homme simple, doux, bienfaisant, qui n'écoute que la voix de sa conscience et le mouvement de son cœur? Ne récusons point la possibilité des vertus, parce qu'elles ont cessé de régner parmi nous ... D'ailleurs les qualités des héros que Rousseau nous peint se concilient avec la faiblesse humaine. Saint-Preux n'est qu'un vraiment honnête homme, Julie une bonne mère, une épouse fidèle, Wolmar un homme vertueux, un sincère ami. Malheur à celui qui croirait n'y voir que des êtres fictifs, ou qui n'aurait point conçu le noble orgueil de les réaliser, celui-là est peut-être dans la nature, mais dans la nature corrompue.'

Là encore, le thème de l'irréalisme de Rousseau apparaît comme un choix politique, dont la révolution semble avoir démontré l'inanité. Un autre concurrent malheureux, J. J. Leuliette, affirme avec force que le 'beau idéal' dans lequel on accuse l'auteur d'*Emile* de s'être égaré, est peut-être le modèle d'une société à venir. Rousseau n'est pas 'un navigateur timide, qui vogue sur des traces anciennes, dans un océan connu'. On peut comparer son aventure à celle de 'l'audacieux Colomb'. Aussi ne doit-on pas désespérer de voir un jour l'exécution de son 'admirable plan'.

'Rousseau', poursuit Leuliette, 'a peut-être franchi l'espace qui nous séparait d'un monde éloigné, d'une nouvelle race d'hommes. Peut-être ce qu'on relègue aujourd'hui dans le pays des rêves séduisants, et des brillantes chimères, se réalisera-t-il un jour? Peut-être le plus beau roman qu'ait créé l'imagination douée d'un philanthrope vertueux n'est-il que l'histoire anticipée d'une belle époque de l'humanité.'[21]

Les patriotes ne se bornent pas à envisager le changement des structures politiques. Les mentalités, les mœurs, la vie morale des hommes vont aussi se transformer. Dans tous ces domaines, Rousseau est un initiateur. La notion d'une nature humaine immuable qu'il faut retrouver sous les sédiments dont elle a été recouverte par la faute de rapports sociaux mauvais, n'exclut pas le sentiment de vivre une aventure véritable, dont le terme exact est imprévisible. C'est un des éléments même de l'optimisme révolutionnaire qui caractérise cette lecture de Rousseau.

Un autre point mérite d'être noté: s'il y a un accord à peu près général sur l'importance du personnage de Jean-Jacques, les différences quant à la définition de celui-ci sont sensibles. Les patriotes surtout, qui voient en Jean-Jacques le support nécessaire du rousseauisme, sont tentés de s'enfermer dans la légende. Le contraste entre ombres et lumières, assez finement évoqué, par exemple, par Mme de Charrière, ne retient guère leur attention, même lorsqu'ils affirment le contraire. Ainsi tel concurrent, après avoir déclaré qu'il faut se garder de toute adulation, et que d'ailleurs 'les hommes qui ne sont illustrés que par des écrits ne doivent être honorés que par l'analyse de leurs pensées', poursuit en ces termes:

Mais il est un autre genre de gloire qu'il ne faut pas lui enlever [à Rousseau]. Ecrivain sublime, il a encore instruit les hommes par sa conduite, et puisque la mémoire de Socrate nous est [conservée?] par le simple souvenir de ses vertus, je raconterai celles de Jean-Jacques qui l'ont approché de ce modèle, et peut-être son exemple ne sera pas une moindre leçon que ses écrits.

La légende de Rousseau, partie intégrante du rousseauisme, ne peut pas être rejetée.

Dans cette optique, Jean-Jacques, incarnation de la grandeur morale et de la grandeur intellectuelle, prend aussi volontiers la stature d'un prophète. Il a prédit la révolution, et il a forgé les armes pour la mener à bon terme.[22] Bien

---

21. Manuscrit cité, Arch. de l'Acad. fr.
22. Cf. Petit, pp.31, 36; Thiéry, p.20. Le texte le plus souvent allégué est celui du livre III de l'*Emile*: 'Défiez-vous de l'ordre actuel de la société; nous approchons de l'état de crise et du siècle des révolutions; qui peut vous répondre de ce que vous deviendrez alors?' Thiéry, après avoir apostrophé ceux qui souriaient de pitié à cette leçon, poursuit: 'Apprenez donc à respecter le génie

entendu, l'insistance sur la valeur prophétique de son œuvre ne résulte pas seulement du rôle capital joué par celle-ci dans l'idéologie révolutionnaire, elle est aussi le fruit de la méconnaissance des lois de l'histoire.

Deux textes surtout méritent d'être extraits de cet ensemble, car ils présentent chacun une originalité non dépourvue de signification.

Michel-Edme Petit, révolutionnaire fougueux, s'identifie absolument à Jean-Jacques. A aucun moment, il ne tente de prendre ses distances, attitude commandée, même chez ceux qui adhèrent en définitive à la légende, à la fois par l'humilité devant le génie, et par la perplexité devant certains aspects du personnage. Ce qui est en cause, au fond, ce sont les contradictions de l'idéologie rousseauiste: ainsi, on déplore en général, sur le plan politique, le refus buté du régime représentatif, sans l'organisation duquel les patriotes ne voient aucun moyen de faire triompher les principes démocratiques inscrits dans le *Contrat social*.[23] Mais, à un autre niveau, la composante anti-progressiste de la pensée de Jean-Jacques, si caractéristique, n'est pas moins ambiguë. Si elle aide à formuler certaines aspirations des couches populaires, elle est surtout un obstacle au mouvement de la révolution. Il se crée en quelque sorte, en ce lieu de l'idéologie petite-bourgeoise révolutionnaire, des remous assez troublants. M. E. Petit incarne bien cette valeur du rousseauisme.

Rappelons d'abord, c'est l'essentiel, que la base économique et sociale qu'il envisage pour l'avenir, grâce aux conquêtes de la révolution, est celle de la petite production paysanne et artisanale.[24] Dans ce cadre pourra se développer harmonieusement l'homme de la nature, selon le cœur de Jean-Jacques et selon le sien. Tous les aspects de l'œuvre de Rousseau trouvent ici leur place; tous offrent les leçons que les révolutionnaires doivent assimiler. Ceux qui reprochent à Jean-Jacques son incohérence ne savent pas reconnaître l'unité d'un grand dessein: la transformation de l'homme et de la société, sur le modèle de la nature.

Ainsi les vertus nécessaires aux patriotes, les vérités qu'ils doivent méditer sont inscrites dans l'œuvre de Rousseau. Il convient d'abord de ne pas oublier que la 'sensibilité libre' est 'le principe de tout ce qu'il y a de bon et de grand dans l'homme':[25] ceci n'est pas un principe de repliement sur soi et d'égoïsme, mais au contraire d''expansion'; la sensibilité invite à multiplier, et surtout à approfondir les rapports entre les êtres. Elle fonde la communauté des citoyens. La morale et les bonnes mœurs sont à la fois, comme l'enseignent *La Nouvelle Héloïse*, l'*Emile*, la *lettre sur les spectacles*, une nécessité politique et une condition du bonheur individuel. M.-E. Petit en fait, contre les préjugés et les habitudes de la société mondaine, l'objet d'une revendication révolutionnaire.[26] Le *Devin du village* est justement l'expression, affirme-t-il, de cette sensibilité de l'homme

et les lois qu'il dicte, sachez que souvent il ne daigne pas dévoiler la vérité qu'il a connue tout entière, mais dont la faiblesse de vos organes ne pourrait soutenir l'éclat.'

23. Quelques-uns des candidats signalent cette inconséquence. Ainsi par exemple, Claude-Joseph Trouvé (manuscrit no 2, Arch. de l'Acad. fr.): 'reconnaissons l'esprit et le génie du citoyen de Genève; en plaignant son erreur de n'avoir pas cru le gouvernement représentatif compatible avec la liberté.' C'est un thème bien connu de la propagande patriote.

24. Cf. ci-dessus, p.76.

25. *Eloge de J. J. Rousseau, citoyen de Genève*, p.8.

26. *Eloge de J. J. Rousseau*, notamment pp.41-42, 45-46, 49, 50-51; et cf. ci-dessus p.76.

du peuple: il est donc parfaitement absurde d'en faire un crime à Jean-Jacques, ennemi du théâtre pour les mêmes raisons qui l'ont conduit à composer cette pièce (pp.39-41). Mais c'est peut-être à propos du paradoxe anti-progressiste que l'approbation de M.-E. Petit est la plus chaleureuse, là où beaucoup de patriotes ont tendance à biaiser, à atténuer la dureté des propos de Jean-Jacques, ou à suggérer une conciliation assez médiocre.[27] Le premier discours est une admirable provocation contre les classes dirigeantes, et contre la richesse en général qui leur semble liée:

Vos sciences et vos arts ont corrompu vos mœurs!

Telle fut la vérité terrible dont Jean-Jacques Rousseau jeta tout à coup la lumière sur nos vicieuses institutions, sur nos coupables habitudes, sur la source de tous nos maux.

Dès les premiers pas de Jean-Jacques dans la carrière qu'il s'ouvrait à lui-même, ne semblait-il pas devoir être arrêté par les préjugés de son siècle? Et moi-même, en essayant aujourd'hui son éloge, éprouverai-je une sorte d'embarras à affirmer après lui la première vérité qu'il ait manifestée? A Dieu ne plaise, car c'est un saint devoir de dire la vérité à un peuple qui se régénère. Français, toute vérité vous appartient maintenant, et plus encore celle que Jean-Jacques démontre dans son premier ouvrage: vous êtes déjà assez libres pour devenir plus libres encore. ... Croirait-on qu'il se rencontre aujourd'hui même, parmi les admirateurs de Jean-Jacques, des hommes assez prévenus pour douter encore de cette vérité? Ils ne s'aperçoivent pas que ce doute, s'il était fondé en raison, ferait évanouir comme un songe toute la gloire de ce grand homme; que si cette vérité devient un simple système ou un ingénieux paradoxe, Rousseau n'est plus, dans toute la suite de sa vie et de ses ouvrages, qu'un éloquent visionnaire. J'opposerai à ce doute injurieux pour lui, dangereux pour l'humanité, toute la force des plus simples raisonnements.[28]

Certes, cet enthousiasme ne jette pas Michel-Edme Petit dans l'absurdité que les ennemis de Rousseau prêtent à celui-ci: il ne se fait pas l'avocat d'une régression, d'un retour à l'ignorance et au dénuement des âges primitifs (p.24). Il dégage au contraire la portée politique concrète de la condamnation portée par le premier discours, approfondie par le deuxième: il faut désormais une science qui serve le peuple,[29] comme Jean-Jacques en a donné l'exemple en préparant la révolution (pp.26-27). Quant aux 'Beaux-Arts', s'ils ne doivent être qu'un moyen de faire oublier l'oppression et la misère du plus grand nombre, ils ne sont pas dignes d'inspirer l'indulgence. Que disparaisse au moins la distinction, injurieuse et criminelle, entre l'artiste honoré parce qu'il est le valet des puissants, et l'utile artisan que l'on méprise (pp.20-21).

Dans une république à la Spartiate, il n'y a pas de place pour ces superfluités.

De la même façon, la dénonciation du théâtre par Rousseau ne doit pas prêter au contre-sens: il n'avait pas en vue la capitale d'une grande monarchie comme la France, où le luxe et la démoralisation qu'il entraîne rendent ce remède

---

27. Cf. par exemple Thiéry, *Eloge de J. J. Rousseau*, pp.9, 11-12, 13, 18, 23-24, 40. Dubois de la Ville (manuscrit no 4, Archives de l'Académie française), fol. 10, 15, etc.

28. *Eloge de J. J. Rousseau, citoyen de Genève*, pp.15-16.

29. p.25: 'Français, c'est ici que la première vérité que Jean-Jacques a découverte, nous devient nationale par notre révolution. C'est à nous qu'il convient de donner maintenant à la terre l'exemple d'un peuple qui honorera les sciences, en les faisant toutes servir de cortège à la science de l'homme et de ses devoirs; les arts en les détournant de leurs anciens objets, en ne les destinant qu'à servir la faiblesse humaine dans les occasions jugées utiles à l'humanité, à immortaliser les vrais citoyens, à ajouter encore, s'il est possible, des plaisirs au plaisir de bien faire.'

nécessaire (p.24). Il envisageait aussi d'autres conditions morales et politiques, impliquant des spectacles très différents de ceux qui ont fait la gloire de la scène française. En ce sens, la protestation de Rousseau est riche d'enseignements pour la France révolutionnaire, qui ne manquera pas d'organiser les grandes fêtes populaires, où les citoyens, acteurs et spectateurs à la fois, prendront conscience du lien qui les unit, et se livreront aux effusions d'une joie véritable.[30]

Il ne s'agit donc pas là d'un programme négateur. Le paradoxe de Jean-Jacques sert essentiellement à présenter de façon tranchante un ensemble d'exigences populaires. Pourtant, celles-ci restent très générales, et l'anthropologie idéaliste de Rousseau prend souvent un sens voisin de celui que lui prêtent ses ennemis (pp.16-21): dès lors que le développement des arts est présenté comme la base de la crise de la société, celle-ci est en quelque sorte naturalisée,[31] et le primitivisme ne peut plus être simplement la forme paradoxale que prend l'exigence révolutionnaire. Les prestiges du passé et de l'heureux dénouement envahissent la scène, et le danger de leur utilisation conservatrice est grand: les besoins factices créés par le développement de l'humanité sont la cause de tous les malheurs des hommes, en même temps que la forme principale que prennent ceux-ci, répète le disciple de Jean-Jacques.[32]

Dans une perspective tout à fait classique, il en vient donc à conseiller la modération, attaquant à la fois le privilège des classes dominantes, et le désir de mieux-être des couches populaires. Cette indistinction porte en germe les confusions les plus graves: une fois encore, la perspective petite-bourgeoise va produire, à terme, une des parades les mieux adaptées de l'arsenal idéologique bourgeois, non sans avoir auparavant fourni quelques arguments à la contre-révolution féodale, comme en témoignent les propos d'un Meude-Monpas. Le même phénomène peut d'ailleurs apparaître sous une forme beaucoup plus subtile. Ainsi, lors des discussions sur l'organisation de l'instruction publique à la Convention Nationale, Michel-Edme Petit sera plus d'une fois victime (avec d'autres!) du mirage rousseauiste de l'ignorance heureuse.[33] Après Thermidor,

30. p.41: 'oui, c'est parce que Jean-Jacques préparait dans un de nos plus beaux arts une révolution qui influerait aussi sur nos mœurs, c'est pour cela même qu'il a dû dire: *quand on a une femme, des enfants, une patrie, le théâtre est tout au moins inutile*. Français d'aujourd'hui, ne semble-t-il pas que Jean-Jacques nous adresse à l'instant ces paroles? Nos femmes, nos enfants, notre patrie, ne nous sont-ils pas rendus par notre révolution? Quel temps pourrons-nous donner désormais aux amusements du théâtre? Quand nous en aurons à peine assez pour remplir les devoirs du patriotisme et ceux de la nature, et lorsque nous aurons fait de notre mieux, pour nous choisir des législateurs ou pour créer nos lois, pour diriger les volontés vers leur exécution, pour procurer à nos femmes, à nos enfants, un bonheur toujours augmenté du bonheur public, quel spectacle plus magnifique et plus touchant que celui que nous nous donnons à nous-mêmes dans notre garde nationale ...' etc.

31. Ce qui est en contradiction avec une autre thèse importante de Rousseau, celle de la nature sociale du mal.

32. Cf. notamment *Eloge*, p.21: 'Au désir de jouir, le besoin d'être considéré s'est uni. Chacun a voulu être riche et surtout le paraître; tous les moyens de parvenir à ces deux fins ont été bons ...' etc.

Il est vrai que l'auteur ajoute: 'cependant, comme les grands crimes ne sont pas à la portée de tout le monde, on a vu tout à coup figurer dans la société quelques insignes voleurs et quantité de petits fripons'. Ce sont ces grands criminels (les riches) qui ont constitué la noblesse; mais la révolution va y mettre bon ordre!

33. Cf. notamment Convention Nationale, *Discours sur la révision du décret pour l'organisation des premières écoles, faite par le comité d'instruction publique, et sur quelques nouveaux systèmes d'éducation*, par M.-E. Petit, député du département de l'Aisne, membre du comité d'instruction publique. Prononcé

Lakanal n'hésitera pas à mettre cette erreur au compte de la barbarie robespier-riste: cette schématisation polémique était de bonne guerre![34]

Il apparaît en tous cas que le rousseauisme exalté et intransigeant de Michel-Edme Petit, tout exceptionnel qu'il soit, révèle une ligne de force importante de l'idéologie bourgeoise révolutionnaire, puisque celle-ci prend volontiers, dans les conditions françaises, une forme agressivement petite-bourgeoise. Cette contradiction n'est pas sans reproduire, dans un contexte nouveau, un des aspects de la pensée de Rousseau lui-même.

Rien n'est plus étranger à d'Escherny que cette identification passionnée. S'il tire volontiers gloire de ses liens personnels avec Jean-Jacques, il prend déjà ses distances. Il affecte en général l'attitude d'un spectateur impartial, intéressé par la révolution, mais capable de voir tous les aspects des choses. Ce parti-pris correspond, en fait, aux incertitudes des nobles libéraux. S'y ajoute, dans le cas de d'Escherny, la liberté d'esprit d'un étranger. Bien qu'il ne s'agisse que d'une halte, avant de rejoindre le camp de la droite, ce désengagement ostensible permet plus d'une fois à d'Escherny de tracer un tableau pittoresque des débuts de la révolution. Sa *Correspondance d'un habitant de Paris*[35] offre, en marge des stéréotypes habituels, quelques reportages qui seraient tout à fait excellents si la pose du narrateur n'était, çà et là, un peu trop sensible.

Ce premier ouvrage contient déjà une lettre sur l'influence de Rousseau, composée vers le début de 1791, à l'occasion du décret de l'assemblée nationale décernant au philosophe les honneurs d'une statue. Peu après, d'Escherny adressait son *Eloge* de Jean-Jacques à l'Académie française, ayant entre temps

le 19 Frimaire, l'an 2e de la République française (Bibl. de l'I.P.N. 11.724). M.-E. Petit proteste contre le coût de la réforme envisagée et contre l'institution de 'demi-savants chanoinisés': 'Les Français régénérés ne consentiront jamais à labourer la terre pour de pareils gens' (pp.16-17).

Cf. aussi *Opinion sur l'éducation publique*, prononcée le 1er octobre 1793 (Bibl. de l'I.P.N. 11.651), not. projet de décret, art. xxii et xxiii: M.-E. Petit insiste sur l'importance décisive de l'éducation donnée par la famille. Au bout du compte, les thèmes les plus provocants du rousseauisme aboutissent ici au libéralisme bourgeois le plus pur! Il serait évidemment absurde de réduire les discussions sur l'éducation publique à la Convention à ce nouvel avatar d'un thème rousseauiste. Il n'est même pas possible de décrire correctement celui-ci sans avoir auparavant analysé la configuration idéologique dans laquelle il intervient, et le rapport de celle-ci au fond du débat. Mais on peut du moins entrevoir que le lien établi par Jean-Jacques entre la science et l'oppression des faibles garde son efficace propre, et ne contribue guère à clarifier le problème.

34. Cf. *Rapport sur l'établissement des écoles normales*, par Lakanal, séance du 2 brumaire an III de la République, imprimé par ordre de la convention nationale.

'Il y a quelques mois, des hommes qui avaient leurs motifs pour vouloir tout couvrir de ténèbres, étaient prêts de traiter de criminels ceux qui vous auraient parlé d'instructions et de lumières ...'

Cf. aussi *Rapport sur les mesures prises par le comité de salut public pour l'établissement de l'Ecole Centrale des travaux publics*, décrétée par la convention nationale le 21 ventôse dernier, et projet de décret pour l'ouverture de cette école et l'admission des élèves. Présenté au nom des comités de salut public, d'instruction publique et des travaux publics réunis, par Fourcroy, à la séance du 3 vendémiaire de l'an III de la République française une et indivisible. Imprimé par ordre de la Convention Nationale.

35. *Correspondance d'un habitant de Paris avec ses amis de Suisse et d'Angleterre sur les événements de 1789, 1790, et jusqu'au 4 avril 1791*. Paris, Desenne, in 8, 480 pp. réédité sous le titre de: *Tableau historique de la Révolution, jusqu'à la fin de l'Assemblée constituante*, 2e éd. augmentée d'un grand nombre de morceaux sur différents sujets. Paris, Treutel et Würtz, 1815, 2 vol., in 8.

doublé la récompense promise.[36] On peut donc considérer que les deux textes constituent un ensemble.

Il ne faisait aucun doute pour d'Escherny, nous l'avons vu, que son éloquence dût être récompensée. Plus tard, il était bien persuadé que la malveillance des académiciens envers Jean-Jacques l'avait frustré d'un honneur qui ne pouvait lui échapper.[37]

De fait son discours, échappant dans ses meilleures pages aux conventions du genre, est bien loin d'être sans mérite. D'Escherny se rend compte que les contradictions de Rousseau, que lui reprochent les petits esprits, révèlent au contraire le point fort de sa pensée. Guidé par cette idée profonde, il progresse autant que pouvait le lui permettre sa propre position de classe, sans parler des limites mêmes de l'idéologie bourgeoise à laquelle il adhère en partie, mais qu'il ne saurait dépasser.

Son intuition est sans doute le fruit d'une réelle ampleur de vues, qui se manifeste notamment dans l'article de la *Correspondance d'un habitant de Paris* consacré à l'influence de J. J. Rousseau. D'Escherny ne considère pas cette influence comme un phénomène ponctuel: il s'efforce de l'appréhender en tant que composante d'un ensemble, la philosophie des lumières, et dans le cadre d'une lutte idéologique intense.[38] D'autre part, il marque très bien que le

36. Cf. ci-dessus, p.79. Le manuscrit de d'Escherny a disparu des cartons de l'Académie française. Mais l'*Eloge de J. J. Rousseau* a été édité à plusieurs reprises.

Cf. *De l'égalité ou principes généraux sur les institutions civiles, politiques et religieuses*. Précédé de l'éloge de J. J. Rousseau en forme d'introduction. A Basle 1796. 2 vol., in 8 (tome premier, pp.i-cvi); *Mélanges de littérature, d'histoire, de morale et de philosophie* ... par François Louis Comte d'Escherny, ancien chambellan de S.M. le Roi de Wurtenberg. A Paris, 1811, 3 vol., in 8 (tome troisième); ouvrage réédité sous le titre de: *Œuvres philosophiques, littéraires, historiques et morales* ... seconde édition, augmentée de quatre discours ou traités ... A Paris, chez Bossange et Masson, et Delaunay, 1814, 3 vol., in 8 (tome troisième).

A l'époque où il publie son *Eloge de J. J. Rousseau*, d'Escherny a rejoint depuis longtemps le camp de la contre-révolution. Son point de vue sur la pensée politique de Rousseau s'est donc modifié. Son traité de l'*Egalité* (publié en 1796 mais commencé en 1794) n'est qu'une longue rhapsodie contre les principes du *Contrat social*, résumée dans un article de ses mélanges (1811): *Des erreurs de J. J. Rousseau en politique*. Cf. aussi dans le même ouvrage, *De Rousseau et des philosophes du dix-huitième siècle*. Les souvenirs d'Escherny, le récit de ses excursions avec Jean-Jacques autour de Môtiers, sont bien connus.

37. Cf. ci-dessus, pp.80-81. Hippolyte Buffenoir, in *Le Prestige de J. J. Rousseau*, p.312, affirme d'ailleurs son accord avec le jugement avantageux de d'Escherny sur son propre ouvrage: 'Il méritait cent fois le prix académique.'

38. Cf. *De l'influence de J. J. Rousseau sur les révolutions de France*, cité d'après le *Tableau historique de la révolution* (deuxième édition de la correspondance), ii.14-15:

'Je vais le considérer un moment [J. J. Rousseau] dans ses rapports avec les grands mouvements qui agitent la France, et auxquels on n'a donné le nom trop faible de révolution, que parce que la langue n'a pas d'autre terme pour exprimer cette suite étonnante d'événements.

La France était un colosse antique, élevé dans des proportions monstrueuses sur un socle gothique. La raison, distillée lentement par les siècles, remplissait sourdement de secrets réservoirs. Comprimés tout autour dans ses asiles par la résistance de l'interêt personnel et de l'autorité, et ne pouvant s'en échapper, elle a tout à coup fait une explosion terrible qui a renversé le colosse; elle l'a mis en pièce, l'a soumis à l'action d'un feu de réverbère, et en a fait couler la matière en fusion dans un moule tout neuf. Les philosophes, après avoir longtemps travaillé au modèle, ont fait jouer les soufflets qui entretenaient l'activité du feu. Les ennemis de la raison, ne pouvant, malgré leurs efforts, parvenir à étouffer ce feu, ont pris le parti d'en allumer un autre, d'opposer feu à feu, et d'éteindre l'un par l'autre. Ils ont évoqué le fanatisme, espérant par son moyen de faire taire les soufflets ennemis, et les démonter; mais toujours, et en toute rencontre, les philosophes sont demeurés vainqueurs. C'est donc ici une détonation de la raison, dont la France est demeurée le

rousseauisme, en 1790, n'est pas un objet de recherche érudite, mais une réalité vivante, à l'œuvre dans l'histoire, à un moment capital de celle-ci, la révolution.[39] C'est donc faire preuve d'intelligence historique que d'en parler au présent. C'est en même temps le plus bel éloge que l'on puisse faire de J. J. Rousseau. D'ailleurs, l'importance actuelle de sa pensée ne tient pas seulement, ni sans doute essentiellement, à sa doctrine politique, mais à ses principes moraux, aux attitudes, aux formes de sensibilité qu'il popularise, bref à tout un style de vie en accord avec les idéaux démocratiques des patriotes; d'Escherny comprend que la force du rousseauisme tient à son caractère global, tout à l'opposé de la sécheresse d'un propos purement didactique (p.26). C'est une des raisons qui permettent à Jean-Jacques de faire parler la philosophie aux sens et à l'imagination.[40]

Il est vrai que cette constatation est, chez d'Escherny, le prélude à une diversion dans le goût de la propagande aristocrate: les principes essentiels de Rousseau n'ont pas été appliqués parce qu'ils sont inapplicables.

Généralisant toute une série de remarques formulées tant par les amis que par les ennemis de Jean-Jacques, à gauche comme à droite, d'Escherny distingue en effet très bien la faiblesse essentielle de la théorie rousseauiste, notamment en politique: sa trop grande abstraction:

Les principes du Contrat social ... sont-ils à l'abri de toute atteinte? Portent-ils le caractère de l'évidence? Quand des principes n'expliquent pas tous les phénomènes, ou ne les expliquent que d'une manière forcée; quand un esprit lumineux, malgré tous ses efforts, ne peut parvenir à dissiper une certaine obscurité, ne peut environner ses idées

foyer, et qui de là retentit sur tout le globe et l'ébranle. C'est en même temps une grande refonte. C'est mieux encore, c'est le premier succès, le triomphe de la raison, la première victoire qu'elle ait jamais remportée sur les passions, la sottise et les préjugés ligués et réunis. On voit combien un fait unique dans l'histoire connue, a peu de rapport avec ce qui a été appelé jusqu'à présent des *révolutions*. Entre tous ces soufflets victorieux, on en remarquait un d'une vaste dimension et d'un effet prodigieux, c'était celui qu'animait l'âme de Jean-Jacques: aussi la France lui rend-elle le plus juste des hommages, en le considérant comme celui de tous les philosophes qui a le plus influé sur ses nouvelles destinées. Il les a même prédites. Nous approchons, dit-il dans l'Emile, de l'état de crise et du siècle des révolutions. Mais ce que sa modestie ne lui permettait pas de prévoir, c'est la grande influence que lui-même aurait sur ce nouvel ordre de choses. C'est le degré dans lequel l'esprit humain serait modifié par ses propres écrits; l'empire qu'il exercerait sur l'opinion publique.'

Ce texte constitue l'une des premières tentatives de cerner le concept nouveau de *révolution*, en même temps qu'un témoignage pris sur le vif de l'élargissement de sens du terme. Certes, la perspective de d'Escherny est celle, idéaliste, de la philosophie des lumières, dont il tente de montrer le rôle: les idées sont les maîtresses du monde. Mais il dégage en même temps sur la base de l'expérience, quelques-unes des caractéristiques du phénomène qu'il voudrait définir: importance et intensité de la lutte idéologique, brutalité et ampleur des changements (qui s'oppose à l'idée reçue de la progressivité nécessaire de l'évolution), bref, *refonte* totale de la société: la 'matière en fusion' coule 'dans un moule tout neuf'. C'est une expérience historique tout à fait inédite: la grandeur de Rousseau tient, en partie, à cela. Plus tard d'Escherny, converti à une position réactionnaire, refusera cette perspective, parce qu'il aura besoin de minimiser et de dévaloriser les transformations introduites par la révolution.

39. *De l'influence de J. J. Rousseau sur les révolutions de France*, p.24, et surtout *Eloge de J. J. Rousseau* (cité d'après *De l'égalité*, i.vii-ix): 'Il est des hommes justement célèbres, dont on peut entreprendre l'éloge. Ils auront vécu dans des temps plus reculés de nous ... En un mot, tous ces grands hommes sont morts: celui-ci vit et respire encore au milieu de nous; il nous a mis, par ses Confessions, dans sa plus intime confidence ... Nous le voyons dans nos enfants sains, libres et contents. Nous l'entendons à l'assemblée nationale de France. Nous le respirons dans les vallons solitaires avec le parfum des plantes et des fleurs'.

40. Cf. *Eloge de J. J. Rousseau* (in *De l'égalité*, pp.xxii-xxv).

de cette clarté qui annonce la vérité, on peut être sûr que le principe premier reste encore à découvrir. Qu'est-ce que cette volonté générale qui ne peut s'égarer, et qui pourtant s'égare? Qu'est-ce que la volonté d'un peuple ignorant et crédule, qu'un ambitieux habile fait mouvoir à son gré? Qu'est-ce qu'une volonté incapable de vouloir par elle-même et pour elle-même? Qu'est-ce qu'une volonté souveraine qui ne peut faire ses lois, et qui est obligée de les recevoir, bonnes ou mauvaises, d'un ou plusieurs philosophes?[41]

Sans s'interroger sur le sens aigu du réel qui caractérise les applications révolutionnaires des principes de Rousseau, d'Escherny s'enferme sur le même terrain que celui-ci, raffinant encore sur son abstraction, puisqu'il ne fait aucune allusion aux fondements sociaux de la démocratie politique, dont Jean-Jacques montrait l'importance dans quelques aperçus suggestifs. L'auteur adopte ici une démarche de droite, qui le conduira en définitive à rejeter l'ensemble du rousseauisme, pour son absence de lien avec la réalité.[42] Mais chemin faisant, il entrevoit une vérité capitale, plus d'une fois soupçonnée par les aristocrates: la démarche de Rousseau est viciée parce qu'elle ignore ce qui fonde, dans le concret de l'histoire, la validité des principes qu'elle dégage. En dernière analyse, on sait qu'il s'agit de l'ignorance, ou plutôt de la dénégation de la lutte des classes. Malgré cela, d'Escherny, aidé sans doute par la liberté d'esprit (toute relative et temporaire) avec laquelle il examine les événements de la révolution, dont certains aspects contradictoires s'imposent à lui, s'empare d'une idée très importante, pour en faire l'axe de son étude: les contradictions de Rousseau, loin de traduire une faiblesse, tiennent directement à la profondeur même de son génie.

C'est la compréhension de la dialectique, et de la méthode de raisonnement correspondante, qui s'annonce ainsi. D'Escherny découvre en effet, dans ce que les lecteurs inattentifs ou malveillants prennent pour des incohérences, un principe de méthode, qu'il croit très concerté: il faut affirmer à la fois le pour et le contre et aller jusqu'au bout de sa pensée. C'est le seul moyen de parvenir à des vérités nouvelles:

Les paradoxes ne sont que des aperçus nouveaux; ils tendent à reculer les limites de l'esprit humain; et lorsque l'on crie au paradoxe, on ressemble à de malheureux Egyptiens campés au pied d'une des faces de la grande pyramide, et qui nieraient l'existence des autres faces, parce qu'ils n'en auraient jamais fait le tour. Rousseau a fait le tour de toutes les questions de morale et de politique, et de toutes les idées qui tiennent le plus intimement à la félicité des hommes. Mais faire le tour de ces questions, c'est les considérer sous leurs divers aspects; et c'est par conséquent passer d'une face à la face opposée.

Il est toujours une de ces faces que l'habitude, les préjugés, un certain respect de la tradition, nous font regarder comme la seule vraie. Nous sommes accoutumés à lui vouer un culte exclusif, et nous considérons la face opposée comme nos ancêtres regardaient les antipodes; nous la traitons de chimérique et d'absurde. Il faut de la fierté et de l'audace dans le génie pour fouler aux pieds ce respect superstitieux, et abjurer ce culte. Sans cette audace, Colomb n'eût pas découvert le nouveau monde. L'esprit systématique ferme les yeux sur les aspects qui le contrarient, et cherche à tout concilier: il est l'apanage

41. *De l'influence de J. J. Rousseau*, pp.17-24.
42. Cf. déjà, dans le texte que nous examinons, pp.21, 23, 25, 29, les concessions à la pensée politique conservatrice traditionnelle.

de la médiocrité ou de la témérité. Les systèmes sont l'écueil du génie: Rousseau n'en a point fait.[43]

Ainsi Rousseau est un grand découvreur de continents nouveaux en morale et en politique qu'il a osé 'douter', sans pourtant 'adopter la marche timide du sceptique'. A l'opposé de celui-ci, il a eu la force d'armer son doute 'd'une forme décisive et tranchante'.[44] Les pages d'Escherny sur le 'scepticisme actif' de Jean-Jacques sont particulièrement suggestives. Dans cette lumière, le paradoxe anti-progressiste révèle quelques-unes de ses implications politiques et sociales les plus neuves.[45] Par ailleurs, le plan d'éducation contenu dans l'*Emile*, le système politique du *Contrat social*, sont présentés par d'Escherny comme des *modèles idéaux*, construits en suivant la méthode du doute actif; confrontés au réel, ces 'modèles' permettent de le récuser, et d'en entreprendre la transformation, sans que pourtant l'écart qui subsiste entre cet être de raison et le réel modifié soit accablant (pp.xci-xcvii). A cette époque, d'Escherny ne conçoit donc la dialectique rousseauiste qu'au service de la révolution.

Mais cette conception de la dialectique reste bien entendu très abstraite, et étroite. Sa principale faiblesse réside dans l'indifférence de d'Escherny aux questions sociales – sans parler même de son ignorance absolue de la sphère économique. Pis que cela: ce lecteur intelligent de Rousseau est déjà un partisan résolu, sous certains aspects, du maintien de l'ordre féodal. Il tient par exemple à la distinction des rangs. Tout cela ne favorise guère la compréhension profonde des bouleversements introduits par la révolution, dont seuls quelques aspects superficiels sont saisis. La dialectique est donc envisagée uniquement dans son aspect formel. Encore celui-ci est-il très appauvri (puisque les formes mêmes ne peuvent pas se séparer du mouvement concret par lequel elles existent).

Au bout du compte, d'Escherny ne peut éviter le piège, qu'il signale pourtant lui-même, du septicisme. La dialectique dont il fait l'éloge se révèle n'être qu'un relativisme sceptique, conduisant au refus des extrêmes et à la philosophie dérisoire du juste milieu, servant même à parer le conservatisme le plus strict des séductions de la modernité:

C'est un grand pas de fait vers la félicité publique que la connaissance du mal que renferme le bien, et du bien que renferme le mal. Point de pratique absurde, point de

---

43. *Eloge de J. J. Rousseau*, pp.x-xi.

44. *Eloge de J. J. Rousseau*, p.xiv. Sur l'importance du doute, et de la contradiction, cf. notamment pp.xiv, xxii, xxv-xxviii, lxiii, lxviii, lxxvi, xcvi.

45. pp.xxvii-lxii, sur les implications du second discours, avec l'éloge de l'indépendance primitive. Cf. notamment p.xxxi:

'Après avoir divisé le globe en deux parties, l'une savante, l'autre ignorante, incomparablement plus grande, une division toute aussi naturelle se présente à la suite; c'est celle des opprimés et des oppresseurs. Le rapport de ces deux divisions est affreux autant qu'il est frappant. Les oppresseurs sont précisément les savants, et les opprimés les ignorants. La science (terrible vérité!), la science fait donc le crime et les coupables, et l'ignorance les innocents et les victimes.

Je vois l'Europe savante tenir sous son joug les trois autres parties du monde ... Que dis-je? l'Europe elle-même n'a-t-elle pas ses ignorants? Le peuple en tout pays n'est-il pas une espèce de sauvage, ou soumis, ou furieux, selon l'impulsion qu'il reçoit? Il souffre l'oppression et sert à opprimer ...'.

p.xl: 'Je pourrais ajouter une troisième division, c'est celle des pauvres et des riches. Nous y trouverons comme dans les deux premières, que pauvre coïncide toujours avec ignorant et opprimé, comme riche avec oppresseur et savant ...'.

coutume ridicule, point d'usage impertinent qui ne recèlent un grand nombre d'utilités. Cette connaissance peut conduire à des considérations neuves sur la nécessité des mélanges et sur le danger des exagérations en tout genre. Peut-être faut-il unir le mal au bien pour donner à celui-ci plus de durée et de solidité.[46]

En un mot, ce qui est n'est pas si mal. On retrouve ici le respect de la complexité du réel tel que le conçoivent les aristocrates, c'est-à-dire comme justification pseudo-scientifique du refus de renoncer au privilège. Vers la même date, dans la lettre qu'il intitulera plus tard *Essai sur la noblesse*, d'Escherny ne fait-il pas un vibrant éloge du préjugé?[47]

La sympathie mitigée de d'Escherny pour la révolution laisse donc intacts en lui bien des réflexes de classe, qui ne tarderont pas à l'entraîner dans l'autre camp, et qui compromettent, dans l'immédiat, une saisie correcte de ce qui fonde la dialectique de Rousseau, et de ce qu'elle promet.

46. *Eloge de Jean-Jacques Rousseau*, p.xcvii. Cf. encore p.xcix, et surtout la conclusion de d'Escherny pp.cv-cvi: 'Par son Contrat social, il léguera peut-être au monde, sans le savoir, le trouble et les agitations de son âme. Heureux si le principe naturel de l'égalité qui en fait la base, ne finit point par rappeler les hommes à l'état de nature, les repousser dans les forêts, et les rendre à la vie sauvage, objet des regrets de son auteur!'
L'auteur ajoute en note, pour expliquer ce ton nouveau et quelque peu surprenant: 'J'espère qu'écrivant l'éloge d'un homme de génie qui passa sa vie à effacer le lendemain ses idées de la veille, on voudra bien me pardonner une légère teinte de scepticisme, et quelques variations produites par les circonstances. J'ai commencé cet éloge en 1789, et je l'ai fini en 1790. Celui qui, à l'aurore d'un beau jour, réjouirait son âme, et qui le soir, témoin d'un ouragan, s'affligerait, pourrait-il être accusé de contradiction?'
On ne saurait mieux souligner l'infléchissement vers la droite de la pensée de d'Escherny. Mais cette transformation, sans être fatale au niveau de l'histoire individuelle, était déjà en germe dans sa position de départ.
Sur le problème d'ensemble, cf. R. Barny, 'Rousseau dans la révolution française (1787-1794)', *Dix-huitième siècle* 6 (1974), pp.59-98, et *L'Eclatement révolutionnaire du rousseauisme*, deuxième partie, ch.1.
47. Cf. *Correspondance*, lettre xi.

4. Les débuts du culte révolutionnaire

A LA veille de la révolution, le culte de Jean-Jacques existe depuis une décennie. Il a son lieu consacré, l'île des Peupliers, dans le parc d'Ermenonville, où se dresse la tombe du saint. Tout autour le cadre a été amoureusement modelé par le marquis de Girardin, en fonction des exigences mêmes du culte: divers 'monuments' disséminés dans le parc rappellent les vertus du philosophe et les bienfaits que dispense son œuvre, tels le 'banc des mères', ou le banc sur lequel Jean-Jacques aimait venir s'asseoir, pour méditer au sein de la nature. Ainsi, on n'accède au maître-autel qu'après de nombreuses stations: un pèlerinage bien conçu peut se prolonger plusieurs jours.

Nous possédons de nombreuses descriptions de ces lieux-saints, dont l'aspect reste saisissant encore aujourd'hui, bien que les traces les plus significatives aient été effacées. Les historiens ont décrit depuis longtemps les manifestations du culte, en utilisant surtout les relations très détaillées de Letourneur et de l'abbé Brizard. A ce stade déjà, note P. M. Masson, l'expérience intime que traduisent ces gestes est difficilement accessible: autrement riches étaient les lettres adressées à Jean-Jacques, où s'affirmait l'influence morale de celui-ci, et la nature du besoin 'religieux' qu'il était appelé à combler. Une profonde crise morale s'y dessinait, crise des rapports de l'homme à Dieu, c'est-à-dire des rapports des hommes entre eux, et au monde qu'ils constituent; crise parfois sans issue. Cette richesse de l'expérience individuelle, qui parvenait à se traduire dans un acte singulier de confession, se dérobe maintenant derrière un rituel figé; mais en même temps, à travers ce témoignage indistinct, la crise prend toute son ampleur. Avec la révolution, phase de crise politique aiguë, des changements vont intervenir; le tableau de l'influence multiforme et contradictoire du rousseauisme[1] ne laisse aucun doute quant à leur nécessité. Le *Contrat social* est devenu la bible des patriotes, cependant que la pensée politique de Jean-Jacques, réinterprétée par la droite, vient alimenter les doctrines de l'ordre et de la paix sociale. Rousseau est présent dans presque tous les grands débats politiques de l'heure. Il prend aux yeux de la masse de ses admirateurs, fidèles de longue date ou nouveaux convertis, une dimension inédite: le culte qu'on lui porte ne peut pas ne pas en être modifié.

Mais s'agit-il d'une rupture? On l'a affirmé avec force. P. M. Masson, voyant avant tout en Rousseau le restaurateur du sentiment religieux, en vient à établir une hiérarchie entre le vrai culte de Jean-Jacques, celui d'avant 1789, et sa caricature par les hommes de la révolution:

que l'on se rappelle les nombreuses manifestations de la vie révolutionnaire où Jean-Jacques est associé; elles ont perdu pour la plupart ce recueillement, cette intimité, cette mélancolique ivresse du cœur, qui faisaient des anciens pèlerinages d'Ermenonville des actes de dévotion; elles ont le tort surtout d'ôter à Jean-Jacques son caractère de héros

---

1. Cf. R. Barny, *J. J. Rousseau dans la Révolution française: grands débats politiques*, et *L'Eclatement révolutionnaire du rousseauisme*.

unique, pour le faire rentrer dans la foule des précurseurs. Sans doute les pèlerins n'oublient pas le chemin de l'île des Peupliers ... Mais, pour beaucoup, ce pèlerinage n'est plus simplement le pèlerinage des âmes sensibles; il est plutôt le pèlerinage des âmes républicaines.[2]

On peut comprendre la déception de P. M. Masson, qui voit se substituer aux élans 'religieux' des premiers disciples les formules stéréotypées de la rhétorique révolutionnaire. Il n'en reste pas moins que l'opposition introduite entre les 'âmes sensibles' et les 'âmes républicaines' manque de pertinence. Il est artificiel de postuler d'un côté l'authenticité d'une expérience intime, qualifiée de spirituelle, de l'autre l'extériorité d'une simple opinion, dès lors que celle-ci s'exprime avant tout, au niveau où elle est ordinairement saisie, dans ses manifestations publiques, par un ensemble de gestes convenus. Certes, les rites du culte semblent ne plus correspondre qu'aux clichés du discours révolutionnaire: nouvelle dégradation par rapport aux émouvantes lettres de Seguier de Saint-Brisson ou d'Henriette. Mais cette réduction est injuste. Il ne faut pas isoler le culte de Jean-Jacques de l'ensemble de la scène révolutionnaire, dont il est désormais un élément. L'expérience spirituelle n'a pas disparu; mais elle ne se mesure plus de la même façon, ni surtout au même niveau. Il arrive d'ailleurs que l'action, et la discours stéréotypé qui l'accompagne nécessairement, fasse place à l'examen de conscience, à la méditation morale, au lyrisme; voire même, chez les plus grands, que ces deux moments soient réunis en un seul, d'une intensité exceptionnelle: l'unité du discours politique et de la réflexion sur le sens d'une vie s'impose alors. Ainsi, dans telle intervention de Robespierre ou de Saint-Just, dans telle page de Marat, qu'anime le frémissement d'une sensibilité tendue à l'extrême. Le langage de l'action devient ici poésie. Rien n'autorise à penser qu'un tel 'message' ne correspond pas à une expérience intime aussi profonde que, par exemple, les lettres d'Henriette à Jean-Jacques. Rien, sinon une pétition de principe initiale: seules les formes strictement individualistes de l'expérience, celles qui impliquent la culture du moi à travers le ressassement de ses problèmes, seraient vraiment le reflet de l'individualité humaine. Pétition de principe très rousseauiste sans doute, mais que le fait d'étudier l'œuvre de Jean-Jacques, ou son influence, n'oblige nullement à adopter.

Il faut au contraire s'efforcer de restituer tout le contexte idéologique et affectif, quand on examine la perpétuation du culte de Rousseau au-delà de 1789. Cette perspective unificatrice n'empêche pas, au reste, de faire les distinctions qui s'imposent. A côté du culte proprement dit, dont le rituel est à peu près fixé, et qui reste surtout individuel (mais pas exclusivement), il y a désormais les manifestations officielles: elles célèbrent en Jean-Jacques le philosophe et l'inspirateur essentiel de la révolution, et contribuent à imposer un rituel nouveau, celui des grandes fêtes révolutionnaires. Par là, elles ne sont pas étrangères à l'esprit du rousseauisme, et s'inspirent notamment de la *Lettre sur les spectacles*.[3] Ces deux types d'hommages sont loin d'être sans rapports, mais ils se situent dans deux registres différents de la conscience idéologique, correspondant à

2. *La Religion de J. J. Rousseau* (Paris 1916), troisième partie, p.87.
3. Cf. par exemple, à ce propos, le texte de M.-E. Petit cité ci-dessus, p.91. Plus tard, dans son rapport sur les fêtes révolutionnaires, Lakanal reprendra, après bien d'autres, les mêmes thèmes.

l'écart entre sentiments individuels et sentiments collectifs. Ceux-ci prennent de l'importance, sans jamais devenir exclusifs. Le refus de sacrifier les uns aux autres, le sens aigu de leur contradiction, en même temps que l'incapacité à en réussir la synthèse, correspondent d'ailleurs parfaitement à la leçon et à l'exemple de Jean-Jacques.

C'est sous cette seconde forme surtout que le culte de Rousseau va être marqué par un œcuménisme *nouveau*: en tant que précurseur, Jean-Jacques est replacé dans le grand courant de la philosophie des lumières, et se trouve fraternellement uni à ses ennemis de naguère, Voltaire en tout premier lieu.

i. Honneurs officiels

On assiste en effet à un étonnant chassé-croisé entre Voltaire et Jean-Jacques, en ce qui concerne les honneurs officiels décernés à ces deux grands précurseurs. Hommages qui interfèrent avec ceux que reçoivent, au moment de leur disparition, Franklin et Mirabeau. Ces quatre personnages constituent le premier panthéon révolutionnaire. S'y ajoute épisodiquement, et pendant une période assez brève (d'août 1790 au printemps 1792) le nom de Desilles, ce jeune sous-lieutenant du Régiment du Roi, tué au cours de l'affaire de Nancy, alors qu'il essayait d'empêcher ses soldats révoltés de faire feu sur les troupes chargées de les réduire. Pendant un peu plus d'un an, Desilles fut donc le héros équivoque de l'ordre constitutionnel. Avec la réhabilitation des soldats patriotes, et le triomphe offert par Paris aux Suisses de Châteauvieux, naguère durement frappés, l'acte d'héroïsme du jeune officier se trouva dévalorisé, et on cessa d'invoquer son nom. La même mésaventure devait arriver un peu plus tard à Mirabeau, après le 10 août, lorsque les papiers découverts dans la fameuse armoire du temple révélèrent sa complicité avec la cour. Voltaire étant trop aristocrate et antichrétien au goût des sans-culottes, Jean-Jacques se trouva au bout du compte le seul des premiers héros tutélaires de la révolution à figurer aussi dans le panthéon démocratique de l'an II, aux côtés de Marat et de Lepelletier. La gloire de Rousseau, fait exceptionnel, devait donc se maintenir intacte à travers les diverses phases de la révolution; elle tenait à une image suffisamment contradictoire pour échapper à toutes les variations politiques et idéologiques.[4]

Au cours de la première période, cette gloire ne cesse de s'étendre, mais sans porter ombrage à celle de Voltaire. Inversement, l'idée que celui-ci éclipsait Rousseau aux yeux de la bourgeoisie constituante est une reconstruction très postérieure. Fondée sur la thèse, juste dans l'abstrait, du conservatisme social de Voltaire, grand bourgeois et homme d'ordre, cette image ne tient aucun compte des faits, à l'exception d'un seul, mal interprété: les honneurs du Panthéon furent décernés à Voltaire dès 1791, Jean-Jacques dut attendre l'an II. Ce retard, nous allons le voir, n'a nullement la signification qu'on lui prête. C'est au contraire Jean-Jacques qui a précédé Voltaire dans la voie des honneurs révolutionnaires. Cela n'a rien de surprenant: Rousseau, bien plus que Voltaire,

4. Il est juste de rappeler, pourtant, que l'anti-rousseauisme de droite ne cessa de se développer, soulignant ainsi les données fondamentales de l'œuvre de Rousseau.

est le philosophe classique d'une bourgeoisie qui lui doit les thèmes majeurs de sa pensée politique, aussi bien sous leur forme conservatrice (et anti-populaire) que sous leur forme anti-féodale et révolutionnaire.

Pourtant, c'est de Voltaire que l'assemblée nationale eut d'abord à débattre; mais l'hommage que certains voulaient lui rendre lui fut au bout du compte refusé. Palissot, devenu patriote après avoir jadis déchiré les philosophes, venait de faire à l'assemblée la dédicace d'une nouvelle édition des œuvres de Voltaire. Le 25 septembre 1789, l'hostilité de l'ensemble du clergé, y compris les curés du côté gauche, qui exprimèrent leur méfiance par la voix de Grégoire, fit rejeter cette offre. On ne décida pas de passer à l'ordre du jour, comme le voulait la droite, ce qui eût été une insulte à la mémoire de Voltaire; mais on finit par décréter que l'Assemblée nationale ne recevrait aucune dédicace, engagement qui ne fut d'ailleurs pas tenu. On sauvait ainsi les apparences au terme d'un débat qui avait montré, malgré sa brièveté, que le rapport à Voltaire des hommes de la révolution n'était pas simple: lié à l'opposition des partis, il ne se bornait pas à la reproduire. L'anecdote laisse déjà entrevoir que les questions religieuses, qui allaient peser d'un poids si lourd, ne constituaient pas un facteur de clarification idéologique.

Le second acte se joue au moment de la mort de Franklin, quand, à la suite d'une intervention de Mirabeau, l'assemblée vote trois jours de deuil:[5] c'est le premier de ces hommages solennels aux grands hommes, qui vont constituer un élément essentiel du culte de la patrie et de la révolution. Le commentaire de Loustalot, dans les *Révolutions de Paris*, montre avec quel enthousiasme la gauche reçoit cette décision:

O Romains! que d'exemples vous nous avez laissés! Nous vous surpasserons peut-être. Cette résolution sublime du corps législatif m'en fait concevoir l'espérance. Voilà l'enthousiasme auquel les législateurs peuvent s'abandonner. Tous ces deuils insensés que nos tyrans nous faisaient porter à la mort de leurs semblables, seront enfin expiés, citoyens, si vous prenez le deuil de Franklin, ancien *compagnon imprimeur*, et *président du congrès* des Etats-Unis.[6]

A travers Franklin, c'est la révolution américaine qui est célébrée, mais aussi, les propos de Loustalot le montrent bien, un thème idéologique majeur de la bourgeoisie: la réussite éclatante de l'homme de mérite issu du peuple. A cet égard, Franklin est le Jean-Jacques de l'Amérique.[7]

Avec le troisième acte nous sommes dans le registre de la farce: il s'agit de la réhabilitation de Raynal, le seul héros vivant de la philosophie, le dernier des grands précurseurs, décrété de prise de corps en 1781 pour son *Histoire des Deux Indes*. Et c'est Malouet, le leader des 'impartiaux', incarnation, aux yeux des patriotes, de la contre-révolution doucereuse et hypocrite, c'est Malouet qui fait la motion de rapporter solennellement le décret contre l'abbé Raynal:

Messieurs, lorsqu'on vous a dit, dans cette tribune, *Franklin est mort!* vous vous êtes empressés d'honorer sa mémoire. Je viens vous rappeler aujourd'hui que parmi nos

5. Séance du vendredi 11 juin 1790. Les 3 jours de deuil furent les 14, 15 et 16 juin. Cf. *Moniteur* du 12 juin 1790, pp.600-601.

6. *Révolutions de Paris*, no 48, du 5 au 12 juin 1790, iv. 540.

7. Cf. ci-dessus, ch.2, pp.77-78.

concitoyens, il existe pour nous et pour la postérité un vieillard vénérable qui fut aussi le précurseur et l'apôtre de la liberté, et dont la vieillesse est flétrie par un décret lancé contre sa personne et ses écrits. C'est l'abbé Raynal qui réclame aujourd'hui par ma voix, la justice, les principes et la protection de l'Assemblée nationale ...

Malouet concluait en proposant de déclarer nulle et non avenue la procédure engagée en 1781, 'considérant que les principes de la constitution consacrent la liberté des opinions politiques et religieuses, et leur libre communication par la voie de l'impression'. Stupeur dans l'assemblée! Les applaudissements éclatèrent, néanmoins, à gauche, cependant que la droite, déconcertée, gardait le silence; certains de ses leaders, comme M. de Bonnal, évêque de Clermont, retrouvèrent la parole pour réclamer, en vain, la question préalable:

Ce serait donner à l'Europe l'exemple d'une tolérance dangereuse. L'ouvrage de M. l'abbé Raynal attaque la religion, et il se fait gloire d'avoir abandonné l'état ecclésiastique. Il est de mon devoir de citoyen, de représentant de la Nation et de Pontife de l'Eglise, de m'opposer de toutes mes forces à ce que l'homme, qui s'est glorifié d'avoir abjuré la prêtrise, reçoive de l'Assemblée une marque d'approbation ...

Le décret présenté par Malouet fut bien entendu voté, non sans avoir au préalable été repris et amendé par un député du côté gauche.[8] Mais bien des patriotes restaient perplexes au sujet de ce qui ne pouvait être, à leurs yeux, qu'une pitrerie du chef de file des impartiaux. Sans doute celui-ci voulait-il se refaire, à peu de frais, une réputation d'ami de la liberté, afin de pouvoir la combattre plus efficacement.[9] L'épisode allait prendre tout son sens quelques mois plus tard, quand l'abbé Raynal, en voyage à Paris, fit tenir à l'assemblée la fameuse lettre où il condamnait son attitude du point de vue de la contre-révolution. Le 31 mai 1791, au terme d'un scénario soigneusement agencé par Malouet, les députés durent entendre de bout en bout cette violente diatribe, dont ils avaient demandé la lecture au président![10] L'affaire fit grand bruit. Tous les journaux en parlèrent, sur le ton de l'ironie ou de l'indignation, avant d'être retenus par un problème plus grave: la fuite du roi. L'affaire Raynal est un épisode important et significatif de la lutte des idées: le combat autour de l'héritage culturel se développe; la droite mène, sur ce terrain, une contre-attaque très concertée.[11] Les honneurs aux grands hommes, auxquels Raynal aurait pu prétendre en d'autres circonstances, doivent être envisagés dans ce contexte. Ils constituent une forme de propagande révolutionnaire, que le scénario monté par Malouet a pour objet de discréditer: désormais il devrait être plus difficile pour les patriotes de se recommander des grands philosophes de la génération précédente.[12]

Cependant, le mouvement d'opinion favorable à la glorification officielle de Rousseau et de Voltaire, apparu depuis longtemps, continuait à progresser.

---

8. Cf. *Moniteur* du 15 août 1790, et *Arch. P., xviii.82-84.*

9. *Cf. notamment Loustalot, in Révolutions de Paris,* no 58, du 14 au 21 août 1790, v.282-85.

10. Cf. *Moniteur* du 1er juin 1791.

11. Nous avons vu que l'œuvre de Rousseau constituait à cet égard un enjeu essentiel. Cf. R. Barny, *L'Eclatement révolutionnaire du rousseauisme,* deuxième partie, ch.1.

12. Il va sans dire que l'obstacle est immédiatement digéré par l'idéologie patriote. Les journalistes de gauche se mettent à scruter sans indulgence le passé, et l'œuvre même de Raynal, signalant que celui-ci n'en a souvent été que l'éditeur.

Rousseau, invoqué presque chaque jour à l'assemblée, considéré par toute la gauche comme le principal philosophe de la révolution, celui dont les principes étaient à l'œuvre dans tous les domaines, ne pouvait pas rencontrer d'obstacle.

Les députés avaient déjà décidé de placer dans la salle des séances les bustes de Washington et de Franklin, lorsqu'un 'citoyen de Paris', Chariot, fit hommage à l'assemblée d'un buste de Rousseau par Houdon, et d'un exemplaire du *Contrat social*.[13] L'hommage fut, bien entendu, accepté, et quelques jours plus tard, le 27 octobre 1790, sur proposition du président, le buste de Jean-Jacques fut à son tour installé dans la salle, vis à vis de ceux de Franklin et de Washington.[14] Déposé auprès de lui, le *Contrat social* venait rappeler aux législateurs sur quels principes ils devaient continuer à bâtir.

Un tel hommage n'avait pas un caractère suffisamment public aux yeux des admirateurs les plus fervents de Jean-Jacques. Peu de temps après, le 29 novembre, A. M. d'Eymar, député de la noblesse de Forcalquier, faisait imprimer et distribuer une motion qu'il n'avait pas pu développer à la tribune, le président, A. de Lameth, lui ayant refusé la parole.[15] Il s'en plaignait amèrement et exprimait l'espoir que quelqu'un de ses collègues, plus heureux que lui, plus persévérant et doté de poumons plus vigoureux, pût bientôt reprendre cette motion. Il s'agissait de 'redresser une grande injustice nationale' en acquittant la 'dette de reconnaissance' de la France envers 'l'auteur d'*Emile* et du *Contrat social*'. Eymar, après avoir affirmé qu'il idolâtrerait toujours les écrits et le génie de Jean-Jacques rappelait au passage qu'il était particulièrement qualifié pour introduire une telle réclamation, puisque dans sa jeunesse, le solitaire de la rue Plâtrière lui avait 'témoigné de l'intérêt', l'avait même 'honoré de quelque amitié'. Un de plus!

Dans son exposé des motifs, le député de Forcalquier invoquait la gloire de Rousseau écrivain, et surtout sa qualité de précurseur de la grande révolution en cours. Jean-Jacques avait appris aux Français à 'former des hommes pour la liberté'; il avait entrepris de transformer leurs mœurs, tâche qu'il incombait à l'assemblée nationale d'achever; 'car, dans une nation corrompue, les bonnes mœurs ne peuvent se rétablir que par la toute-puissance des bonnes lois'; enfin, il avait énoncé les principes d'après lesquels les législateurs de la France étaient en train de reconstruire l'édifice de la constitution: 'Le contrat social a été, pour vous, la charte dans laquelle vous avez retrouvé les droits oubliés, les droits

---

13. Cf. *Arch. P.*, xvi. 404, séance du 22 juin 1790. La lettre de Chariot, adressée à Barère de Vieuzac, fut insérée au procès-verbal: 'Paris, le 21 juin 1790. Monsieur, j'ai applaudi comme tous les amis de la liberté, à l'hommage rendu au milieu de l'Assemblée nationale à Franklin et à Washington, par l'offrande de leurs bustes, faite par un artiste célèbre. Je porterai mon hommage aux augustes représentants de la Nation, en leur offrant le buste du citoyen de Genève, si vous voulez bien le faire agréer à l'Assemblée nationale. Je dépose à côté du buste de Rousseau un ouvrage dont elle applique tous les jours les principes au bonheur de la France, et bientôt du genre humain: c'est en présence des auteurs de la Constitution que le Contrat social doit être posé sur l'autel de la patrie.

Je [*sic*] l'honneur etc ...

[Signé:] Chariot, huissier, commissaire-priseur.'

14. Cf. John Grand-Carteret, *J. J. Rousseau jugé par les Français d'aujourd'hui* (Paris 1890), p.519. (Aucune indication au *Moniteur*.)

15. Ce texte est reproduit in *Arch. P.*, t.xxi, séance du 29 novembre 1790, pp.127-29. Cf. aussi *Chronique de Paris*, jeudi 16 décembre 1790, pp.1397-98.

méconnus, les droits usurpés sur la nation, et surtout le droit imprescriptible de souveraineté.'

En un mot, J. J. Rousseau avait assuré le bonheur de la génération qui s'élevait, et de celles qui devaient lui succéder; cela d'autant mieux que son exemple restait tout aussi vivant que son œuvre, et qu'on pouvait, à chaque instant, se mettre à l'école de cette 'âme de feu'. Pour toute récompense, Jean-Jacques avait été proscrit, persécuté, calomnié. Mais il avait toujours eu confiance dans le jugement de la postérité, que d'Eymar invitait maintenant ses collègues à prononcer eux-mêmes:

Les événements de plusieurs siècles se sont pressés dans le cours d'une seule année; vous avez devancé les temps: je vois déjà se dissiper sur le cercueil de J. J. Rousseau, les nuages que ses ennemis avaient élevés pour ternir l'éclat de sa gloire ... Tandis que le nom misérable de ses détracteurs est, dès à présent, condamné à un éternel oubli, l'immortalité s'est emparée des ouvrages de Jean-Jacques, elle les a marqués de son sceau, elle les garde pour les siècles à venir. C'est à vous, Messieurs, c'est à cette époque mémorable de notre régénération, qu'il appartient de leur assigner, dans les fastes de l'esprit humain, la place honorable qui leur est due. Plus heureux que nous, ceux qui nous succèderont n'auront ni les mêmes obstacles à surmonter, ni les mêmes passions qui les divisent. Que dans leurs importantes délibérations l'image de J. J. Rousseau soit sans cesse sous leurs yeux; réunis dans un seul et même intérêt, celui de trouver la vérité, tous la chercheront de concert et de bonne foi. Alors, Rousseau sera leur guide ...

Cette image de Jean-Jacques et de sa destinée comporte les principaux traits sélectionnés par la légende, ceux qui servent à justifier et à consolider la révolution. Il est à noter que les principes politiques, la morale et 'l'âme de feu' de Rousseau sont considérés comme une totalité concrète, indissociable. L'influence du rousseauisme est implicitement attribuée à cette unité: d'Eymar, qui propose d'élever 'à l'auteur du Contrat social', une statue, sur le piédestal de laquelle sera gravée la fameuse devise: *vitam impendere vero*, offre en même temps un exemplaire d'*Emile* à l'Assemblée nationale, pour qu'elle le dépose dans ses archives. Il manifeste par là qu'il ne s'agit pas de rendre hommage seulement au théoricien politique, car la force de celui-ci tient à tous les autres aspects du rousseauisme.

Le discours d'Eymar s'achève par une vision d'avenir dont le caractère spécifique n'est pas difficile à interpréter: dans la vraie cité du Contrat social, celle qui sera réalisée plus tard, le bonheur des citoyens aura pour condition l'absence de conflit. Rousseau n'en fait-il pas à la fois le préalable et la fin de sa construction politique? Mais il indique en même temps que cette harmonie est perpétuellement menacée par les lois propres à la sphère de la société civile. Chez son disciple, l'utopie bourgeoise est beaucoup plus naïve, malgré le démenti quotidien de l'expérience: la lutte politique est rattachée à la période, proprement extra-ordinaire, de transition, au cours de laquelle les difficultés s'entassent. Les 'passions' qui 'divisent' (et qui correspondent, comme nous l'avons vu souvent, à la lutte des classes, à la fois niée et naturalisée par cette transposition) s'apaiseront bientôt, sous la houlette de la bourgeoisie triomphante. Ce sera la période heureuse où la théorie politique de Rousseau pourra pleinement s'appliquer. D'Eymar reconnaît implicitement que ce n'est pas du tout le cas au moment où il parle. Quant à son évocation d'un avenir idyllique, elle tient moins, sans doute, à une lecture superficielle de Rousseau, qu'aux nécessités idéologiques du présent; celles-ci ne tendent pas moins à schématiser le rousseauisme qu'à donner du personnage de Jean-Jacques une image édifiante.

A. M. d'Eymar avait préparé sa motion de concert avec Barère, qui s'occupait de son côté à faire obtenir une pension à Thérèse Levasseur.[16] Certaines difficultés, auxquelles le député de Forcalquier fait allusion sans en préciser la nature, avaient retardé l'entreprise.[17] Barère, cependant, n'allait pas tarder à intervenir: le 21 décembre 1790, il présentait l'adresse de 'la veuve de J. J. Rousseau'. D'Eymar réussit alors à vaincre sa timidité et il défendit sa motion, avec plein succès,[18] rappelant, au milieu des applaudissements unanimes, ce que Jean-Jacques avait écrit lui-même, à 'l'époque de sa gloire et de la honte de toutes les aristocraties qui le persécutaient':[19] 'Oui, je ne crains point de le dire, s'il existait en Europe un seul gouvernement éclairé, un gouvernement dont les vues fussent vraiment utiles et saines, il eût rendu des honneurs publics à l'auteur d'*Emile*, il lui eût élevé des statues.'

On sait que, en dépit du décret voté par l'assemblée constituante (et par suite de lenteurs administratives conjuguées avec la rapidité des changements politiques), la statue promise ne devait être réalisée que par la Troisième république![20] Dès les jours qui suivirent, pourtant, des artistes avaient présenté qui un projet déjà réalisé, qui des suggestions sur la manière d'opérer.[21] Puis l'affaire sombra dans les profondeurs des comités. On devait en entendre parler encore six mois plus tard, lors du décret sur la translation des cendres de Voltaire.[22] Regnault de Saint-Jean d'Angély avait proposé de faire ériger à ce dernier, comme à Jean-Jacques, une statue aux frais de la nation. Il concluait son intervention par cette remarque ironique: 'J'ajouterai, Monsieur le Président, que si cette statue est décernée, il y sera mis plus de zèle et plus de surveillance qu'à celle qui a été décernée à J. J. Rousseau et de laquelle on ne s'est point encore occupé.'

Eymar se leva à son tour, pour accuser de négligence le comité des pensions, que Camus vint justifier: non, le comité ne s'endormait pas. Mais la réalisation d'une statue impliquait toute une série de choix, qui devaient être mûrement pesés. D'ailleurs, était-ce bien le moment 'd'acquitter cette dette sacrée' et de proposer une augmentation de dépense? Quoi qu'il en fût, le comité rapporterait sans tarder.[23] Exit, pour un siècle environ, la statue de Jean-Jacques!

On peut s'interroger sur les raisons de ce manque d'enthousiasme: avec d'un côté la fuite du roi, les circonstances politiques n'allaient pas tarder à retenir toute l'attention de l'assemblée; peut-être aussi, dès cette époque, l'utilisation

16. Sur Thérèse cf. ci-dessus, ch.2, iii, pp.38, 41-49.

17. On peut imaginer qu'il s'agissait, pour Barère, de réunir le dossier en faveur de Thérèse qu'il allait présenter quelques semaines plus tard à l'assemblée. Cf. *Recueil de pièces relatives à la motion faite à l'assemblée nationale au sujet de J. J. Rousseau et de sa veuve* (Paris 1791) (reproduit in Barny, *J. J. Rousseau dans la révolution française, 1789-1801*, Paris 1977).

18. Cf. *Arch. P.*, t.xxi, séance du 21 décembre 1790, pp.619-20. Comme il s'agissait d'une séance du soir, la plupart des quotidiens n'en parlent que dans leur numéro du 23 décembre.

19. Cf. *Chronique de Paris*, jeudi 23 décembre 1790, p.1427.

20. Cf. à ce sujet John Grand Carteret, *J. J. Rousseau jugé par les Français d'aujourd'hui*, pp.519-26.

21. Cf. *Arch. P.*, t.xxi, séance du 28 décembre 1790, p.697; séance du 30 décembre 1790, p.721.

22. Le 30 mai 1791.

23. Cf. *Arch. P.*, t.xxvi, séance du 30 mai 1791, pp.610-12.

de Rousseau par les démocrates et les républicains refroidissait-elle la ferveur rousseauiste de la majorité constitutionnelle bourgeoise, engagée dans la première lutte d'envergure contre le mouvement populaire. La personnalité du voltairien Regnault de Saint-Jean d'Angély, un des leaders les plus retors de la fraction la plus anti-démocrate de cette majorité,[24] tendrait à confirmer l'hypothèse. L'opposition de Voltaire et de Jean-Jacques reste ici sous-jacente. Mais on la devine plus qu'elle ne s'affirme. D'ailleurs les utilisations les plus diverses de Rousseau n'ont jamais empêché, à cette époque, la majorité bourgeoise de se reconnaître en lui; on en trouve une nouvelle confirmation trois mois plus tard, lorsque l'assemblée accueille une pétition réclamant pour Jean-Jacques les mêmes honneurs que pour Voltaire.[25]

Pendant que la constituante votait une statue à Rousseau, et que certains patriotes demandaient que le décret infâme du parlement fût brûlé au cours d'une grande cérémonie expiatoire,[26] une campagne en faveur de l'apothéose de Voltaire se développait en effet. Elle était menée essentiellement par la *Chronique de Paris*, où écrivait le marquis de Vilette, qui s'était consacré à répandre la gloire de Voltaire comme Girardin celle de Jean-Jacques. La popularité de Voltaire était sans doute moins large, dans le public petit-bourgeois surtout, que celle de Rousseau. Mais ses admirateurs, nombreux chez les gens de lettres, se démenaient avec beaucoup de conviction. La *Chronique*, grand quotidien d'information des plus attrayants, très supérieure au *Journal de Paris*, dont elle raillait la grisaille ministérielle, ne manquait pas d'influence, surtout dans la capitale, et auprès des cadres administratifs de la révolution, membres des assemblées communales et départementales, qui devaient jouer un rôle décisif dans le transfert de Voltaire au Panthéon.

Dès l'automne 1789, on pouvait lire des articles, des brochures, dont l'objet était de célébrer le rôle révolutionnaire de Voltaire.[27] Assez fréquemment, son

24. C'est lui qui avait répandu la fausse pétition provocatrice, préparant ainsi activement le massacre du champ de mars. Cf. *Grande pétition présentée ce matin à l'Assemblée nationale par 40000 citoyens, rassemblés aux Champs de Mars, et signée sur l'Autel de la Patrie. Avec la réponse de M. Charles Lameth, président* (publiée dans le *Postillon* par Calais, et en pièce, diffusée à profusion le 16) Lb39 5197 (texte menaçant l'Assemblée, ce qui n'est pas le cas de la *vraie* pétition cordelière). Cf. celle-ci in *Journal du Club des Cordeliers.*

25. Cf. ci-dessous, pp.116-17.

26. Cf. *Le Paquebot*, No 8, 17 janvier 1791, p.60: lettre adressée au rédacteur du journal (signée Estienne, ingénieur).

27. L'enquête à mener sur ce sujet ne serait guère moins vaste que celle concernant le rousseauisme! Indiquons seulement quelques jalons.

Voltaire aux Français sur leur constitution [J. L. Laya], 1789.

La Vie de Voltaire, par Condorcet; suivie des Mémoires de Voltaire, écrits par lui-même; des tables des œuvres, etc. De l'Imprimerie de la Société littéraire typographique. Tome lxxe de la grande Edition de Voltaire (revue de l'ouvrage in *Mercure de France*, 7 août, 1790). Cf. aussi le *Journal de Paris* du 8 septembre 1789, *La Chronique de Paris* des 22 septembre 1789, 26 novembre 1790, 28 mars 1791, 20 mai 1791, 25 mai 1791.

Parmi les journaux les plus voltairiens, et qui le manifestent notamment au cours de la période où l'on discute du transfert des cendres (printemps et début de l'été 1791), on peut citer, outre la *Chronique*, les *Lettres bougrement patriotiques du véritable père Duchesne* (de Lemaire), le *Jean Bart*, qui cultive le même ton populiste que le précédent, le *Courrier* de Gorsas (le plus à gauche de tous). Les journalistes les plus proches du mouvement populaire (de Marat à Camille Desmoulins, en passant par les divers rédacteurs des *Révolutions de Paris*) semblent plus réservés à l'égard de Voltaire. Au demeurant, bien que l'œuvre de celui-ci soit idéologiquement moins complexe que celle de Rousseau, elle permet, elle aussi, des lectures contradictoires. Lors de leur contre-offensive tendant à neutraliser

nom était joint à celui de son ex-ennemi Rousseau, comme à celui des autres précurseurs, Mably et Raynal. La volonté de réconcilier les deux philosophes les plus prestigieux était fréquente, malgré la persistance indéniable d'un antagonisme, fondé à la fois sur la qualité du sentiment religieux et sur la profondeur des aspirations démocratiques chez Jean-Jacques. Ce désir de réconciliation s'exprime sur une forme particulièrement naïve sous la plume de Claude-Joseph Trouvé, l'un des concurrents au prix d'éloquence de l'Académie française:

Qu'on n'attende pas de moi que je prononce ici les noms des hommes de lettres qui le poursuivirent [Jean-Jacques] avec tant d'acharnement; non; mon silence dira d'eux tout ce que j'en dois dire; je les méprise trop pour les honorer de ma haine. Mais il en est un qui partage avec Rousseau l'admiration de l'univers, et ses torts envers le citoyen de Genève sont trop connus ... pour qu'on puisse les taire ... Comment le protecteur des malheureux peut-il devenir un persécuteur? ... Je sens couler mes larmes ... Puisse la postérité jeter un voile éternel sur ce désolant tableau.

C'eût été pour nous un si grand spectacle que celui des plus grands hommes de leur siècle unis par l'amitié, l'honneur, et l'amour de l'humanité. En les voyant quelquefois ensemble, que de respects et d'acclamations auraient accompagné leurs pas! Voilà, se fût-on dit, le défenseur des Calas et de Sirven, l'infatigable ennemi, le destructeur du fanatisme! Voilà l'auteur de l'Emile et du Contrat social, le promoteur de la liberté, le régénérateur des loix et des mœurs! Voilà les deux génies tutélaires de la France et qui bientôt vont devenir ceux du monde entier.[28]

La Harpe, qui était bien loin de partager de tels sentiments, même à l'époque où, entraîné par le torrent général, il sentait faiblir son hostilité envers Jean-Jacques, La Harpe sait pourtant définir, avec sa clarté coutumière, la situation créée par l'association paradoxale, mais désormais justifiée, de Voltaire et de Rousseau. Reprenant une note de Soulavie aux *Mémoires du comte de Maurepas*, il se déclare d'accord avec l'idée, 'déjà indiquée plus d'une fois', que Voltaire a servi à détruire, et Rousseau à édifier. Encore faut-il, poursuit-il, développer correctement cette idée, sans tomber dans des contradictions et des méprises continuelles:

ce que Voltaire a le plus complètement *détruit*, c'est la croyance sur la parole des Prêtres, et il l'a *détruite* à force de les montrer, sous toutes les formes, odieux ou ridicules, et en tournant en dérision de toutes les manières les objets de la croyance. Or, la crédulité religieuse était le plus formidable appui du Despotisme, puisqu'elle consacrait également les Rois et les Prêtres, et que ceux-ci parlant au nom de Dieu, assuraient au Peuple que les Rois étaient *institués par Dieu, et n'avaient à rendre compte qu'à Dieu*. Le sacerdoce était donc le premier rempart du pouvoir absolu, et Voltaire l'a renversé. Sans ce premier pas décisif et indispensable, on ne faisait rien. Rousseau, au contraire, en attaquant l'intolérance ecclésiastique, a défendu de toute sa force le fond de la croyance; il l'a défendu par son éloquence et par son exemple; et c'est ce qui lui avait ramené tous les ennemis de la Philosophie, ravis d'avoir à lui opposer un croyant, un dévot tel que Rousseau. Je n'examine pas si dans tout cela Rousseau était bien conséquent; on sait que ce n'était pas là son fort.

la lecture révolutionnaire des philosophes, les aristocrates n'ont pas pour mot d'ordre exclusif: Jean-Jacques avec nous! Ils travaillent aussi à s'annexer Voltaire. Et ils n'ont pas de mal à trouver des arguments. Mais, malgré tous leurs efforts, la tradition issue de Voltaire joue en définitive contre eux, comme dans le cas de Rousseau. C'est ainsi qu'on en arrivera à la situation génialement exprimée par la chanson de Gavroche.

28. Archives de l'Académie française, Prix d'éloquence pour 1791, Eloge de J. J. Rousseau. Manuscrit no 2, rejeté le 23 juillet, Claude Joseph Trouvé.

Inversement, Rousseau offre maintenant aux législateurs de la France les principes qui leur servent à bâtir un régime nouveau, alors que, de son vivant, son œuvre politique n'était connue que 'd'un petit nombre de penseurs':

Il est très vrai qu'il fallait la révolution pour que, sous ce point de vue, il fût bien apprécié. Il n'a pas le plus contribué à la faire; mais nul n'en a autant profité quand elle a été faite; alors il s'est trouvé le premier Architecte de l'édifice à bâtir, alors ses ouvrages ont été le Bréviaire à l'usage de tout le monde, parce qu'il était plus connu et infiniment plus éloquent que les Ecrivains étrangers qui lui avaient servi de modèles et de guides. En deux mots, Voltaire sur tout a fait la Révolution, parce qu'il a écrit pour tous; Rousseau sur tout a fait la Constitution, parce qu'il a écrit pour les penseurs.[29]

Cette appréciation pourrait, bien entendu, être discutée, le rôle de Rousseau ayant été considérable dans la destruction des doctrines politiques traditionnel-les. Mais le tableau ainsi brossé par La Harpe a le mérite de mettre l'accent sur ce qui frappait avant tout les contemporains: la présence de l'œuvre de Jean-Jacques au sein de leurs préoccupations les plus actuelles. La malveillance du critique le conduit à déprécier cet avantage pour rétablir l'équilibre en faveur de Voltaire, et même au-delà; mais elle le met en même temps sur la voie d'une idée très juste, au moins partiellement: la Révolution apporte davantage à l'œuvre de Rousseau qu'elle ne lui doit. Le refus de s'extasier, comme tout le monde, sur le génie prophétique et la puissance de démiurge de Jean-Jacques, oblige La Harpe à prendre du champ par rapport au thème, si caractéristique de l'idéalisme des lumières, que les idées font l'histoire, et à entrevoir tout l'intérêt de la réciproque.

Toujours est-il que, même chez en esprit très partial, l'idée que la logique du développement historique conduit désormais à réunir dans un même hommage Voltaire et Rousseau tend à s'imposer. Les disciples de Voltaire en profitent pour réclamer en faveur de celui-ci les honneurs que les mesures déjà prises au sujet de Rousseau leur semblent exiger. Demande d'autant plus opportune que Voltaire était justement en train de prêter main forte aux patriotes grâce à la reprise de *Brutus*, demandée avec insistance depuis quelques temps aux comé-diens français. Les circonstances allaient donner à cette pièce, accueillie jadis avec indifférence, sa véritable dimension, affirmait le rédacteur de la *Chronique*. Le 7 novembre 1790, dans un article chaleureux, il avait préparé le terrain, signalant toutes les tirades à applaudir, et celles à accueillir par une bordée de sifflets: les propos de Messala, 'vil courtisan, corrupteur de titus', et ceux du ministre Arons. Le journaliste concluait:

Sans doute, les patriotes attirés par l'intérêt du spectacle y seront en nombre. Ils ne souffriront pas qu'on outrage la majesté du peuple, et que les ennemis de la révolution abusent de notre indulgence pour nous insulter.

Que les aristocrates suivent bien cette pièce; qu'ils étudient les faux discours qui séduisent les amis de Tarquin; qu'ils observent bien la catastrophe, ils verront les Mauri, les Cazalès, les noirs enfin de Rome déjoués et confondus, leurs projets découverts, le sang des coupables répandu, et la liberté établie sur des bases inébranlables. Qu'ils profitent de la leçon.[30]

29. *Mercure de France*, 16 juillet 1792. Mémoires du comte de Maurepas ... Dernier extrait; pp.40-52.
30. *Chronique de Paris*, 7 novembre 1790, pp.1240-41; cf. aussi *Courrier* (de Gorsas), 9 novembre 1790, xviii.133-34.

Le 17 novembre, lors de la première, les patriotes avaient répondu à l'appel, et remportèrent une éclatante victoire. Ce fut une grande soirée politico-théâtrale, et fort bruyante, que les chroniqueurs du temps évoquent avec enthousiasme ou indignation, quand ils ne préfèrent pas le ton héroï-comique.[31] Mirabeau lui-même était présent dans la salle, là où l'acoustique permettait les meilleures prises de parole. Quel spectacle! Les représentations suivantes furent à peine moins épiques.[32] Les comédiens français, qui passaient pour aristocrates, et qui l'étaient en effet à quelques exceptions près, devaient pâlir aux applaudissements d'un public en délire. C'était, avec les conférences de l'abbé Fauchet au cirque du Palais royal, le grand événement parisien de la saison.[33] Si la lutte entre aristocrates et patriotes s'y affirme au premier plan, et constitue le spectacle majeur, on y sent aussi la montée du mouvement démocratique. Au cours de l'une de ces représentations, relatée notamment par Gorsas, un discours anti-républicain lu par un spectateur provoqua l'irritation d'un jeune garde national, qui faillit se faire écharper par la foule.[34] Le public de *Brutus*, ardemment anti-aristocrate, ne versait pas, semble-t-il, dans 'l'exagération'!

Par ailleurs, Voltaire n'allait pas tarder à être porté lui-même à la scène. Entre décembre 1790 et juin 1791, quatre pièces différentes consacrées à l'affaire Calas devaient être jouées sur les théâtres parisiens.[35]

C'est dans ce contexte que se préparait le transfert des cendres, réclamé d'abord *en raison* des honneurs déjà rendus à Franklin et à Jean-Jacques.

Vers le 10 novembre 1790 Charles Vilette avait fait, aux Jacobins, la motion de transporter les restes de Voltaire dans la 'nouvelle église Sainte-Geneviève, en face du mausolée de Descartes', et offert de lui élever un monument à ses frais. Cette proposition était, certes, dictée par des circonstances accidentelles: 'D'après les décrets de l'Assemblée nationale, l'abbaye de Sellière est vendue.

31. Cf. notamment *Chronique de Paris*, 18 novembre 1790, pp.1286-87; 19 novembre, p.1290; *Courrier* (de Gorsas), 19 novembre 1790, xviii.293-98; 20 novembre, p.307; *Le Spectateur national et le modérateur* (Fontanes), 19 novembre 1790, pp.689-90; *Révolutions de Paris*, no 71, du 13 au 20 novembre 1790, pp.291-93 (le rédacteur prend à partie le public aristocrate, dont il reproduit le langage affecté: ce sont, déjà, les 'inquoyables').

32. Cf. notamment *Chronique de Paris*, 25 novembre 1790, p.1314; 26 novembre 1790, p.1322; *Courrier* (de Gorsas), 21 novembre 1790, xviii.323-26; 24 novembre 1790, xviii.370-72; 8 décembre 1790, xix.119-20.

33. Cf. R. Barny, *Rousseau et la Révolution: amis de Jean-Jacques, de l'extrême gauche à l'extrême droite*, première partie. ch. 5.

34. *Courrier* (de Gorsas), 8 décembre 1790, xix.119-20.

35. Il s'agit de *Jean Calas* de Lemierre, drame en prose, représenté pour la première fois le vendredi 18 décembre 1790, sur le théâtre du Palais royal (cf. le *Courrier* de Gorsas, 21 décembre 1790, xix.322-30; *Chronique de Paris*, 20 décembre 1790, p.1410). *La Mort de Calas*, de Laya, en vers, première représentation le samedi 19 décembre 1790, au théâtre de la Nation, ou Théâtre-Français (cf. *Courrier* de Gorsas, 24 décembre 1790, xix.375-80; la *Chronique de Paris*, 20 décembre 1790, p.1414; cf. aussi une lettre de l'auteur in *Chronique* du 17 décembre 1790). *Calas ou l'école des juges*, de M. J. Chénier, tragédie, première représentation le jeudi 7 juillet 1791, au théâtre de la nation (cf. *Chronique de Paris*, 9 juillet 1791, pp.762-63; *Mercure de France*, no 30, 23 juillet 1791, pp.150-53). *L'Innocence reconnue, ou la bienfaisance de Voltaire*, pièce en un acte, en vers, représentée le lundi 30 mai 1791 au théâtre de la nation (cf. *Journal général* de Fontenai, 3 juin 1791, p.500).

Après le 'triomphe de Voltaire', la vogue de ces pièces devait continuer quelques temps encore. Le dimanche 31 juillet, les parisiens pouvaient en applaudir une nouvelle, au théâtre italien, intitulée *La Veuve de Calas à Paris*; elle était de 'Mr Pujols, auteur du Souper de famille' (cf. *Journal général* de Fontenai, 6 août 1791). Il s'agit en réalité de Jean-Baptiste Pujoulx. Cette liste n'est sans doute pas exhaustive.

Le corps de Voltaire y repose; il appartient à la nation. Souffrirez-vous que cette précieuse relique devienne la propriété d'un particulier? Souffrirez-vous qu'elle soit vendue comme un bien domanial ou ecclésiastique?'

Mais l'essentiel n'était pas là. Vilette insistait avant tout sur le rôle de précurseur joué par Voltaire, qui devait lui valoir la reconnaissance de la nation, et tout particulièrement des Jacobins, ses disciples: 'Notre glorieuse Révolution est le fruit de ses ouvrages: s'il n'eût pas fait des philosophes, le fanatisme serait encore debout au sein de la capitale. Ce sont des philosophes qui ont fait les décrets; ce sont des philosophes qui les propagent et les défendent. La société des amis de la constitution en est la preuve.'

Dernier argument enfin, les hommages qu'on devait à Voltaire étaient 'préparés ... exigés par les honneurs publics rendus à Jean-Jacques et à Franklin'.[36]

Pendant plusieurs mois, avec obstination, Charles Vilette poursuivit sa campagne. Le 19 novembre, il écrivait à la *Chronique* pour inviter les spectateurs de *Brutus* à appuyer sa demande: 'c'est au théâtre français, c'est à la représentation de Brutus qu'il faut crier: *Voltaire à Paris*. Tous les amis de sa gloire, c'est-à-dire tous les honnêtes gens éléveront la voix. Ce suffrage éclatant sera le vœu de tous, et la translation de son corps, décrétée par le public, recevra des honneurs dignes de lui.'[37]

Quelques jours plus tard, il prenait effectivement la parole au Théâtre-Français, à l'issue d'une représentation de Brutus, réitérant la motion et l'offre faites aux Jacobins.[38] Puis il fustigeait l'apathie du corps municipal, dont la décision se faisait attendre, et l'engourdissement des Parisiens, qui trouvaient 'plus difficile de transporter le corps de Voltaire à Paris que de prendre d'assaut la Bastille'. L'unanimité des patriotes n'était sans doute pas si facile à réaliser, dans la mesure où l'apothéose de Voltaire pouvait être ressentie par certains comme une insulte à leurs convictions religieuses. Vilette poursuivait:

36. Cf. *Chronique de Paris*, 12 novembre 1790, pp.1261-62. Cette motion, très applaudie, et dont l'impression fut décrétée par les Jacobins, est reproduite in Aulard, *La Société des Jacobins*, recueil de documents ... tome i (Paris 1889), pp.367-69.

37. *Chronique de Paris*, 23 novembre 1790, p.1305.

La proposition de Vilette avait dû susciter une certaine hostilité, puisqu'il termine sa lettre sur un ton très défensif: 'on ose dire que Voltaire ne fut pas l'apôtre de la liberté, parce qu'il a courtisé les rois. Mais dans tous ses écrits, il a prêché la tolérance; et la tolérance est liberté. Il n'est peut-être pas une page de sa prose où il ne gémisse sur un abus. La pompe de sa translation serait le dernier soupir du fanatisme. On y verrait à la fois les académies, les sociétés politiques et littéraires, le corps municipal, les députés de la nation; et pour que rien ne manque à sa gloire, on y inviterait la cour.'

On se souvient de la sortie de l'abbé Fauchet contre Voltaire, en préambule à son commentaire du *Contrat social* (cf. *Bouche de fer*, no 7, octobre 1720, *Second discours* prononcé par M. Claude Fauchet à l'Assemblée de la Confédération universelle des Amis de la Vérité le 22 octobre 1790, pp.108-10): 'toutes les idées d'égalité répugnaient à son orgueil. Il trouvait la plupart des abus de notre ordre social fort bons, à raison de ce qu'il était gentilhomme ordinaire, seigneur châtelain, homme à grand ton, et fort aristocrate en société comme en littérature, parce qu'il y était fort riche').

Entre autres choses, Vilette a certainement en vue cette diatribe de l'abbé Fauchet. La querelle marginale qui s'élève ainsi, fort vive, montre que l'influence idéologique de Voltaire et celle de Rousseau, tout en interférant, ne se confondent pas. Il semble bien d'ailleurs, pour dire schématiquement les choses, que le regroupement envisagé par Vilette, sous l'égide de Voltaire, soit plus à droite que celui auquel travaillent les Amis de la vérité, malgré leur théorie de la fraternité et de l'harmonie universelle.

38. *Chronique de Paris*, 25 novembre 1790, p.1314.

Ce pélerinage civique, ce voyage sentimental, devait être proposé à l'assemblée nationale; mais on nous fait peur des hauts cris que vont jeter les prêtres. Le philosophe qui venge les mânes de Calas, qui arrache au fanatisme, aux bourreaux en soutane, tant d'innocentes victimes; l'historien qui écrit en lignes de sang les massacres des Cévennes et des Albigeois, et qui d'un coup de plume a renversé les mitres, les bonnets quarrés et les capuchons, celui-là sans doute ne mérite aucune grâce de leur part. Il faut l'avouer.[39]

Il faut avouer aussi que ce ton n'était pas très conciliant et n'était guère de nature à entraîner l'ensemble du 'côté gauche'. Alors que les propositions en faveur de Jean-Jacques avaient été accueillies immédiatement, il ne fallut pas moins de six mois, et des circonstances somme toute exceptionnelles, pour que le point de vue de Vilette triomphât à l'assemblée nationale.

Il avait pourtant reçu l'appui des modérés du club de 1789, qui envoyaient, dès le 9 novembre, une députation au conseil général de la commune, pour demander que le corps de Voltaire fût transporté dans la capitale: démarche parallèle à celle de Vilette, peut-être inspirée par lui, et tout juste postérieure à sa fameuse motion.[40]

Mais au début du mois de mars 1791, le marquis de Vilette en était encore à presser la municipalité, qui restait silencieuse, au moment où les cendres de Voltaire étaient sur le point d'être expulsées de l'abbaye de Seillères!

M. Favreau, maire de Romilly, s'est présenté au comité de constitution, qui n'a rien répondu à sa requête.

Il est temps enfin que la municipalité de Paris s'occupe de cette translation qui paraît former aujourd'hui le vœu général. Il est temps qu'elle remplisse un devoir sacré envers le génie universel qui a le plus honoré la France et Paris où il est né.

M. Bailly, comme chef de la commune, est particulièrement invité à prendre en considération cette demande. A son refus, un grand nombre de bons citoyens se proposent de se rendre processionellement à Seillères, et de rendre, en leur particulier, aux mânes de Voltaire, un hommage qu'il avait le droit d'attendre du corps municipal, au nom de la nation.

Ce n'était pas la première fois que Vilette proférait cette menace. Enfin il reçut, datée du 9 mars, la réponse de Charon, officier municipal, auquel on venait de confier la tâche de régler tous les détails de la translation.[41] La *Chronique* pouvait enfin chanter victoire (19 mars 1791), tout en continuant sa campagne pour que la fête de Voltaire soit digne de celui-ci. Chaque étape du transfert allait donner lieu à des manifestations, et à des comptes-rendus enthousiastes.[42]

Entre temps était survenue la mort de Mirabeau: malgré l'attitude depuis longtemps suspecte du tribun, le peuple de Paris ne voulait se souvenir que des moments glorieux de sa carrière. A l'assemblée, les députés du côté gauche eurent la même attitude: Mirabeau incarnait mieux que quiconque, chacun en convenait, la grandeur de la révolution naissante. L'idée de transformer la nouvelle église Sainte Geneviève en un temple des grands hommes, lancée à propos de Voltaire, pris corps immédiatement. Elle avait triomphé avant que la discussion ébauchée pût se poursuivre: certains auraient vu d'un œil plus

39. *Chronique de Paris*, 13 décembre 1790, p.1386.

40. Cf. *Journal de la municipalité et des districts de Paris; et correspondance des principales municipalités du royaume*, 13-17 novembre 1790 (tome iii, no 14), p.108.

41. *Chronique de Paris*, 15 mars 1791, p.294.

42. Cf. par exemple *Chronique de Paris*, 14 mai 1791, p.534.

favorable des monuments funéraires en pleine nature, à la manière antique, continuellement visités par le peuple: ils proposaient le champ de la fédération, ou les Champs-Elysées.[43] Les scrupules religieux de ceux qui répugnaient à voir un édifice du culte profané par cette utilisation profane allaient dans le même sens. Mais l'église Sainte Geneviève avait le mérite d'offrir une solution commode, toute prête; et dans la profonde émotion suscitée par la mort de Mirabeau, toutes les réticences furent balayées.[44]

Au cours de cet hommage, on n'oubliait pas Jean-Jacques et Voltaire. Le décret de l'Assemblée nationale, du 4 avril 1791, qui affectait le nouvel édifice de Sainte-Geneviève à la sépulture des grands hommes 'à dater de l'époque de la liberté française' prévoyait que des exceptions pourraient être faites par le corps législatif, 'pour quelques grands hommes morts avant la révolution'. S'il ne désignait personne, l'arrêté du directoire du département de Paris du 2 avril, qui avait été à l'origine du décret, indiquait, à titre d'exemples, 'Descartes Voltaire et J. J. Rousseau'.[45] D'une façon générale, ceux qui intervenaient dans la discussion sur la sépulture des grands hommes n'omettaient pas d'évoquer les tombeaux de Voltaire et de Rousseau.[46]

Un mois plus tard environ, le 8 mai 1791, sur la pétition de Charon (qui avait écrit le même jour au marquis de Vilette), l'Assemblée nationale ordonnait que le corps de Voltaire serait transféré provisoirement dans l'église de Romilly, sous la surveillance de la municipalité; la décision définitive était ajournée au

43. Lors de la Discussion aux Jacobins de la motion Vilette, certains intervenants avaient déjà parlé dans ce sens. Cf. *Discours de Ch. Vilette aux Jacobins*, in *Chronique de Paris*, 12 novembre 1790: 'vous approuvez, Messieurs, la translation de Voltaire à Paris: il s'agit de déterminer le lieu où il doit être déposé. L'opinion de quelques honorables membres de cette assemblée n'est point la mienne. Je dirais à l'éloquent orateur qui proposera le champ de la fédération: il est plus convenable au guerrier qui combat pour la patrie qu'au philosophe qui renverse les préjugés.'

Cf. aussi, in *Chronique de Paris*, 25 novembre 1790, p.1318, une lettre de J.B. Cloots: 'tant que les reliques de nos églises donneront de la pluie ou du beau temps aux dames de la halle, il serait prématuré de vouloir faire du Temple de Soufflot un panthéon, un Westminster. Les mânes de Voltaire s'accomoderaient mal avec les miracles de Geneviève. Je craindrais que la châsse de la sainte ne produisît, sur le Tombeau du philosophe, le même effet que l'arche de l'alliance sur la statue de Dagon: car les lévites du peuple français sont aussi vindicatifs, aussi adroits, que les lévites du peuple d'Israël.

J'ai proposé, depuis longtemps, de placer le monument de Voltaire aux Champs-Elysées, dans le centre de l'étoile sur l'alignement de la statue de Louis XV. Apollon et les muses et les grâces, en marbre blanc, couronneraient les rayons de l'étoile. Je ne doute pas que Louis XVI ne fasse venir de Versailles tout l'Olympe pour embellir la plus charmante promenade de l'Europe, pour marquer sa reconnaissance au grand homme qui, en dessillant les yeux de la nation, nous met à même de délivrer notre prince du joug des corps aristocratiques, dont le poids écrasait le roi et le peuple. Ce que le roi de France n'osa pas faire en 1778, le roi des français l'osera en 1790. Et des larmes d'attendrissement couleront sur la cendre de Voltaire.'

Cf. aussi, au moment des funérailles de Mirabeau:

Idées d'un citoyen français sur le lieu destiné aux sépultures des hommes illustres de la France (signé Vaudoyer), [5 avril 1791], BN Lb 39 4814; *Représentations d'un citoyen à la Nation* (signé Héron, citoyen de la section de Sainte-Geneviève), (s.l.n.d.), BN Lb 39 4976. Cf. sur ce sujet, *Chronique de Paris*, 5 avril 1791, p.379; et surtout 11 mai 1791, p.522 (lettre de Charles Vilette). Un peu plus tard, les *Révolutions de Paris*, no 100, du 4 au 11 juin 1791, dans un article sur les honneurs que l'on se prépare à rendre à Voltaire, prennent position contre la solution envisagée.

44. Cf. à ce propos le rapport de Le Chapelier, 4 avril 1791, *Arch. P.*, xxiv.543.

45. Cf. *Arch. P.*, séance du 3 avril 1791 (Députations des sections, et du directoire du département de Paris), xxiv.536-38; et séance du 4 avril 1791, p.543.

46. Cf. les brochures, citées ci-dessus, de Héron et de Vaudoyer.

30 mai, jour anniversaire de la mort de Voltaire. Les deux fois, le rôle principal fut tenu par Regnault de Saint-Jean d'Angély, associé d'abord à Treilhard, puis au rapporteur Gossin. La délibération du 8 mai avait été marquée par quelques interruptions violentes, qui ne semblent pas s'être reproduites le 30.[47] On était loin toutefois de l'unanimité (à vrai dire fort ambiguë) réalisée le 21 décembre précédent autour du nom de Rousseau. L'opposition n'avait d'ailleurs pas désarmé: on le vit bien lorsqu'une pétition hostile dont certains membres du corps municipal avaient pris l'initiative, recueillit près de deux-cents signatures, et fut affichée dans les rues de Paris, vers le début du mois de juillet, à quelques jours de la grande fête dont la *Chronique* entretenait maintenant presque quotidiennement ses lecteurs, malgré les graves problèmes qui retenaient l'attention de tous depuis la fuite du roi. Certes de nombreux prêtres étaient parmi les pétitionnaires; mais il s'agissait de patriotes, qui se plaignaient que l'on offrît, par l'apothéose de Voltaire, un véritable triomphe aux prêtres non-assermentés, 'et aux assermentés un déplaisir amer'. Beaucoup de militants des sections, de gardes nationaux, figuraient sur la liste; ils se défendaient de vouloir porter atteinte aux conquêtes de la révolution; mais ils refusaient d'y associer Voltaire:

Peut-être on dira qu'il faut de l'extraordinaire pour un philosophe extraordinaire lui-même, qui a prédit la Révolution.

Sans doute, répondrons-nous, son génie a pu calculer et prévoir la Constitution nouvelle; mais d'après son caractère bien connu, cet adulateur des Grands, ce contempteur du peuple, cet homme d'un esprit versatile, sans loi, sans principes, serait-il, s'il existait encore, au niveau de la Révolution?

C'était suggérer que, surtout pour le peuple, les principes de la révolution n'étaient pas crédibles sans un fondement chrétien. Les pétitionnaires affirmaient d'ailleurs: 'la souveraineté de la Nation et l'Autel se tiennent inséparablement',[48] et ils précisaient 'le peuple ... nous pardonnera de lui épargner une contradiction aussi manifeste entre sa conduite et sa croyance'.

Sans doute il s'agissait là d'un point de vue minoritaire parmi ceux qui étaient en mesure de s'intéresser au problème de l'héritage des lumières: la plupart des journaux patriotes jugent avec sévérité la 'petition Quatremère',[49] ou 'pétition des deux-cents'. Mais certains croyaient y reconnaître la main de l'abbé Fauchet: ils ne l'attribuaient donc pas seulement aux 'derniers efforts' du fanatisme.

Les préparatifs cependant allaient bon train, en dépit de cette fausse note, et l'apothéose eut lieu le lundi 11 juillet 1791: fête réussie, selon tous les journaux patriotes, qui en rendent assez largement compte. Il est toutefois bien difficile de se faire une idée précise du nombre, et de la qualité des participants. On sait que la crise de Varennes entrait précisément dans sa phase la plus aiguë. Quelques jours après le triomphe de Voltaire, c'était le massacre du champ de mars, premier grand affrontement entre la bourgeoisie modérée, désormais dirigeante, et les masses populaires petites-bourgeoises, beaucoup plus proches de Jean-Jacques, dont elles retrouvaient spontanément bien des thèmes, que de

---

47. Cf. *Arch. P.*, séance du 8 mai 1791, xxv.661; et séance du 30 mai 1791, xxvi.610-12.

48. Cf. *Pétition à l'assemblée nationale* (relative au transport de Voltaire). Nouvelle édition revue et corrigée (s.l.n.d.) (4 juillet 1791 selon une note manuscrite sur l'ex. de la BN). BN Ln 27 20 801.

49. Du nom de son rédacteur supposé.

Voltaire. On aimerait connaître la relation établie par les contemporains entre les deux événements. Les textes publiés sont malheureusement fort discrets à ce propos. On n'a pas de mal à comprendre les raisons de cette censure, sans doute inconsciente dans bien des cas: l'apothéose de Voltaire avait, pour l'essentiel, servi de diversion. La 'pétition Quatremère' l'avoue en toute simplicité: 'Le peuple, dira-t-on, a besoin, surtout *dans cet instant* [souligné par nous], de pareilles diversions. Eh! la fédération n'en est-elle donc pas une suffisante?'

Mais, de là à mettre au compte de Voltaire le massacre du champ de mars, il y avait un abîme, que les démocrates n'entendaient pas franchir! La tradition voltairienne continuait à jouer un rôle positif, en dépit de la manipulation qu'elle venait de permettre. Au total, la pétition des 'jansénistes' était bien une erreur, et le rôle assez ignoble joué par un Regnault de Saint-Jean d'Angély ne justifiait pas que l'on se confondît avec eux, d'autant que, sur le fond, ils semblaient assez d'accord avec les 'Voltairiens'!

Au cours de 'l'apothéose' de Voltaire, Jean-Jacques n'était d'ailleurs pas oublié. En bonne place dans le cortège, derrière l'image en relief de la Bastille, 'portée, disait la *Chronique*, par ces braves citoyens des faubourgs que les libellistes Gautier et Royou appellent les bonnets de laine',[50] on pouvait voir le buste de Mirabeau, entouré de 'quatre médaillons': ceux de Rousseau, Franklin, Mirabeau encore, et Désilles.[51] Tel était le premier panthéon révolutionnaire.

Entre temps, les deux grands écrivains précurseurs de la révolution française avaient déjà été officiellement réunis, lorsque le corps municipal, à la suite de l'initiative de Vilette,[52] avait décidé de débaptiser le quai des Théatins et la rue Plâtrière, pour leur donner respectivement les noms de Voltaire et de J. J. Rousseau.[53] Nous avons la preuve, au moins en ce qui concerne Jean-Jacques, que les habitants du quartier étaient très fiers de ce changement, et n'admettaient pas qu'on feignît de l'ignorer: le comte d'Allonville raconte dans ses *Mémoires*, pour donner un exemple de ce qu'il appelle avec mépris le 'patriotisme des boutiques', qu'il cherchait en vain, en 1791, la rue Plâtrière, la demandant de

50. Cf. *Chronique de Paris*, 12 juillet 1791, pp.981-82.

51. Tous les journaux de l'époque notent ce détail.

52. Cf. *Chronique de Paris*, 14 avril 1791, p.415:

'Charles Vilette à ses concitoyens;

Frères et amis, j'ai pris la liberté d'effacer, à l'angle de ma maison, cette inscription: *Quai des Théatins*; et je viens d'y substituer: *Quai de Voltaire*.

C'est chez moi qu'est mort ce grand homme. Son souvenir est immortel comme ses ouvrages. Nous aurons toujours un Voltaire, et nous n'aurons jamais de Théatins.

J'invite les bons patriotes de la rue *Plastrière* à mettre le nom de J. J. Rousseau aux quatre encoignures de leurs maisons. Il importe aux cœurs sensibles, aux âmes ardentes de songer, en traversant cette rue, que Rousseau y habitait au troisième étage; mais il n'importe guère de savoir que jadis on y faisait du plâtre.

Je ne sais si MM. les municipaux, MM. les voyers, MM. les commissaires de quartier trouveront illégale cette nouvelle dénomination, puisqu'ils ne l'ont pas ordonnée; mais j'ai pensé que le décret de l'assemblée nationale, qui prépare des honneurs publics à *Mirabeau* et à *Jean-Jacques*, à *Voltaire*, était, pour cette légère innovation, une autorité suffisante.'

Cf. aussi *Chronique de Paris*, 1er mai 1791, p.482: Vilette s'y adresse au 'citoyen Palloy' qui, répondant à sa suggestion, vient 'd'inscrire le nom de Rousseau, sur des pierres de la Bastille, pour les encoignures de la rue Plâtrière'; il le félicite, mais regrette qu'il n'ait pas songé à faire la même chose en faveur de Voltaire, plus digne encore de cet honneur puisqu'il fut enfermé à la Bastille.

53. Délibération du corps municipal du 4 mai 1791. Cf. Sébastien Lacroix, *Actes de la commune de Paris*, 2e série, iv.122-23, et pièces annexes pp.128-29.

porte en porte. Partout, on 'lui répondait brusquement' qu'on ne la connaissait pas. 'Les imbéciles', conclut-il, 'pour qui tout ce qui touchait à la révolution était devenu sacré, croyaient sottement que je voulais insulter leur idole en ne donnant pas à cette rue le nom de J. J. Rousseau, très récemment substitué à celui qu'elle porta si longtemps.'[54]

Dans la conscience populaire, le nom de Rousseau était donc intimement lié à la révolution: c'était, désormais, un des éléments du culte.

Après la fête de la translation des cendres de Voltaire, on pouvait estimer que Jean-Jacques, qui avait eu la priorité en matière d'honneurs officiels, n'occupait plus une place conforme à son rôle: d'autant que les termes de la pétition du directoire du département de Paris, sans parler des propos mêmes de Vilette, qui avait mené sa campagne en rattachant sans cesse la gloire posthume de Voltaire à celle de Rousseau, semblaient promettre à 'l'auteur d'Emile et du Contrat social', un triomphe aussi grandiose que celui de son rival.

Les réclamations dans ce sens n'allaient pas tarder à intervenir. Dès le 14 juillet 1791, trois jours après l'apothéose de Voltaire, l'abbé de Cournand adressait à un journal patriote, le *Pacquebot*, dans lequel il avait pu défendre son ouvrage subversif sur la propriété,[55] une lettre en faveur de Jean-Jacques, qui fut publiée une semaine plus tard.[56] Non qu'il fût, à l'imitation de Fauchet, un ennemi de Voltaire: la nation, à ses yeux, ne s'était acquittée que 'd'une partie de la reconnaissance' qu'elle devait à celui-ci; mais il convenait maintenant de faire quelque chose pour Rousseau, aussi grand écrivain, et dont l'influence sur la révolution française était assurément plus forte. L'abbé de Cournand ne proposait d'ailleurs que de transporter la statue de Jean-Jacques au 'panthéon français', car il ne fallait pas troubler les cendres de 'cet homme paisible', ni 'renverser le monument simple et modeste' érigé par les soins de 'l'amitié' dans les jardins d'Ermenonville:

L'homme de la nature et de la vérité repose à sa place dans un tombeau de gazon, sous la voûte du ciel, exposé à la vue de tous les hommes dont il a consacré les droits, et qu'il a délivrés du double joug de la tyrannie et de la superstition. Cependant, lorsque nos descendants iront contempler dans le temple de la patrie, l'image des hommes qui lui furent utiles, lorsque les mères y conduiront leurs enfants pour développer en eux les germes du génie, embraser leur âme de l'amour du bien public et leur donner d'utiles leçons de vertu, de courage et de patriotisme, en leur en montrant les modèles, tous les regards chercheront J. J. Rousseau, tous les cœurs sensibles demanderont où est l'écrivain éloquent, l'homme vertueux et bon qui fut haï, banni, persécuté, qui fut malheureux pendant sa vie entière pour avoir osé travailler au bonheur de ses semblables. Si ses cendres ne peuvent se mêler à celles des autres bienfaiteurs de la nation, il faut au moins que sa statue paraisse au milieu de celles qui [orneront] l'auguste enceinte du panthéon français.

On reconnaît à travers cette stylisation tous les éléments du personnage légendaire, autrement complexe et riche que celui de Voltaire: Jean-Jacques est une sorte de médiateur, qui apporte, à travers ses souffrances, le bonheur aux

---

54. *Mémoires secrets de 1770 à 1830* par le comte d'Allonville, auteur des mémoires tirés des papiers d'un homme d'état (Paris 1838), ii.796.

55. Cf. R. Barny, *J. J. Rousseau dans la Révolution française: les grands débats politiques*, deuxième partie, ch.4, ii.

56. *Le Pacquebot, on rencontre des couriers de Londres et de Paris*, 21 juillet 1791, p.4.

hommes. Le rapport qui s'établit avec lui est double: il apparaît à la fois dans les grands mouvements de la sensibilité collective, et dans les effusions les plus secrètes de l'individu. En conséquence, l'abbé de Cournand propose une inauguration 'simple et sans faste', évitant la 'pompe vaine', et la 'magnificence stérile', qui seraient tout à fait déplacées pour 'honorer celui qui les a méprisées toute sa vie': rien en un mot qui rappelle le triomphe de Voltaire. L'abbé de Cournand se borne à suggérer ce contraste dans le plan qu'il esquisse, en insistant sur la nécessité de respecter le caractère spécifique du culte de Jean-Jacques: il faudrait 'que la cérémonie eût un but d'utilité, et qu'on pût y voir quelqu'un d'heureux à la manière dont [Jean-Jacques] pensait que tous les hommes devraient l'être'.

D'autres durent demander, vers la même date, qu'on traitât Rousseau au moins aussi bien que Voltaire, mais sans insister sur la nécessité de conserver à cet hommage un caractère particulier, en respectant le tombeau d'Ermenonville. Dans *Le Creuset* du 7 août, Milscent se fait l'écho de ces propos, que d'ailleurs il n'approuve pas, étant, lui aussi, l'adversaire des 'vaines cérémonies'.[57]

Cependant, une pétition rédigée par Ginguené, et dont les premiers signataires étaient Mercier, Ducis, Lemierre, Chamfort et Berquin, circulait parmi les gens de lettres: mais les partisans de Jean-Jacques restaient très minoritaires à l'Académie française, et il fallait bien entendu sortir de ce cercle: s'associèrent à l'entreprise plusieurs Genevois, d'anciennes connaissances de Rousseau, des électeurs de 1789, les amis de la Constitution de Montmorency, et enfin un assez grand nombre de patriotes parisiens. A la veille d'être remise à l'Assemblée, la pétition avait été déposée rue J. J. Rousseau (ci-devant rue Plâtrière), dans un café tenu par un homonyme de Jean-Jacques: elle devait y rester jusqu'au samedi 27 août à quatre heures de l'après-midi. Certains journaux patriotes du matin en avaient inséré l'annonce: c'étaient ceux-là même qui avaient fait campagne le plus vigoureusement en faveur de Voltaire.[58]

Le soir, deux députations, l'une composée d'électeurs et de gens de lettres de Paris, l'autre de citoyens de la ville et du canton de Montmorency, étaient admises simultanément à la barre de l'assemblée.[59] Le premier orateur lut la pétition de Ginguené. On y réclamait l'exécution du décret du 21 décembre, avec les 'additions ... rendues nécessaires' par les événements postérieurs': il s'agissait, cette fois, de transférer à Paris, dans 'le temple destiné aux grands hommes', les restes de J. J. Rousseau:

Voltaire fut le précurseur de vos travaux, déclarait-on aux députés; il abattit devant vous tout ce qui pouvait vous faire obstacle; il rasa, pour ainsi dire, la place où vous avez élevé l'édifice de notre liberté!

57. *Le Creuset*, par M. Milscent, créole, de la dépendance du cap Français, no 11, 7 août 1791.
58. Cf. *Courrier* (de Gorsas), samedi 27 août 1791, p.427; la *Chronique de Paris*, du samedi 27 août 1791, dans la rubrique *Variétés*. Parmi les signataires, on relève d'ailleurs les noms de Gorsas et de Millin, principal rédacteur de la Chronique.
59. Cf. *Pétition à l'Assemblée nationale*, contenant la demande de la translation des cendres de *J. J. Rousseau*, au Panthéon français. IIe séance du 27 août 1791 + *Pétition des citoyens* de la ville et du canton de Montmorency, à l'Assemblée nationale + *Réponse* de Monsieur le président de l'Assemblée nationale. De l'imprimerie nationale (BN 8e Le 29 1731) (reproduit in Barny, *J. J. Rousseau dans la Révolution française, 1789-1801*); *Moniteur* du mardi 30 août 1791, pp.523-27; ou Arch. P., séance du 27 août 1791, xxix.755-61.

Vous lui avez accordé les honneurs qui lui étaient dus. Vous êtes quittes envers sa mémoire: l'êtes-vous, Messieurs, envers celle de l'auteur du *Contrat social*? Et parce que, le premier de tous, il reçut de vous des honneurs, les honneurs rendus à J. J. Rousseau seront-ils moindres que ceux obtenus par Mirabeau et Voltaire?

La pétition insistait sur l'idée que Jean-Jacques avait droit à un double titre à la reconnaissance des Français. D'abord, en tant que théoricien politique, il avait énoncé les principes de base du régime nouveau. Il avait été le premier à 'établir en système, sous les yeux mêmes du despotisme', l'égalité des droits et la souveraineté du peuple. Ginguené poursuivait:

Ces deux idées-mères ont germé dans les âmes françaises, et dans les vôtres par la méditation de ses écrits; et si, comme on ne peut le contester, notre Constitution entière n'en est que le développement, malgré tout ce qu'on a pu dire de quelques opinions particulières de Rousseau, qui semblent moins conformes à quelques-uns de vos principes, Rousseau n'en est pas moins le premier fondateur de la Constitution française.

On notera qu'il s'agit ici d'un Rousseau normalisé, réduit à l'essentiel, c'est-à-dire à l'idéal de la majorité constitutionnelle bourgeoise. Ginguené a l'adresse de ne pas spécifier quelles sont ces 'idées particulières' qu'il convient de rejeter: à la fois les thèmes qui alimentent, surtout depuis quelques mois, la propagande de l'extrême gauche, et ceux (parfois identiques, mais maniés d'une façon différente) que les aristocrates s'attachent à mettre en valeur.

Mais Ginguené insiste surtout sur le second mérite, considérable, de Rousseau: par son œuvre et par son exemple, il agit sur tous les aspects de l'individualité humaine, dont aucun ne doit être négligé, quand on prétend former des citoyens. Il a su communiquer aux Français 'la force, la rectitude et l'élévation des idées', dont ils étaient plus loin que n'importe quel autre peuple. Il leur a donné l'habitude de 'pénétrer sous l'écorce des fausses conventions sociales'. Il leur enseigne chaque jour 'le mépris des vains titres et des illusions de la grandeur et de la fortune'; et surtout, il les éduque 'par cette préférence donnée aux goûts simples, aux affections naturelles, par cet élan passionné vers les hauteurs inaccessibles de la perfection morale, par cet enthousiasme de vertu et de liberté qui caractérisent toutes ses productions'.

En un mot, Jean-Jacques est le plus grand des auteurs politiques, parce qu'il ne s'occupe pas seulement d'une abstraction, le citoyen, mais qu'il s'intéresse aussi, à travers son propre cas, à l'unité concrète que constitue chaque individu. Aussi le rousseauisme ne se débite-t-il pas en tranches, et doit-il être envisagé à la fois comme une politique, comme une morale, comme un art de vivre: il correspond dans tous ces domaines aux exigences de renouvellement libérées par la révolution. Quand on connaît les cadres conceptuels de l'idéologie des lumières, que Rousseau lui-même a contribué à former, on peut s'attendre à voir surgir à ce propos le thème de la dépendance réciproque des mœurs et de la politique. La force et l'utilité sans égales de Jean-Jacques, explique Ginguené, tiennent à son aptitude à intervenir simultanément sur ces deux fronts:

Si la régénération des lois ne peut être durable que par celle des mœurs; si les idées saines, les sentiments nobles et purs, la considération pour les professions laborieuses et utiles, l'amour des occupations et des vertus domestiques doivent être, en même temps, et le fruit et le sauvegarde des lois que vous nous avez données, combien les écrits de

Rousseau n'accéléreront-ils pas, n'ont-ils pas déjà préparé la perfection de votre ouvrage? Restaurateur des mœurs ainsi que des lois, quelle récompense assez grande pourrez-vous accorder à celui qui vous aplanit la route, qui seconda vos efforts, et assura vos succès dans cette double et honorable carrière?

Il en résulte que nul n'a droit, au même degré que Rousseau, à la reconnaissance de la nation française libre. Cette capacité sans pareille de s'adresser à toutes les forces de l'âme justifiait aux yeux des patriotes, répétons-le, la dualité du culte qu'ils rendaient à Jean-Jacques. Ginguené n'était pas, à cet égard, d'un avis très différent de celui de l'abbé de Cournand, bien qu'il demandât, contrairement à ce dernier, le transfert des cendres à Paris. Le porte-parole des habitants de Montmorency, qui intervint après la lecture de la pétition, allait montrer mieux encore qu'on n'oubliait pas le culte des âmes sensibles, et qu'on ne songeait nullement à le séparer des vertus révolutionnaires de Jean-Jacques: le recueillement dans la solitude, l'amour de la nature champêtre, étaient liés à la pratique de la vertu, et à la découverte des principes d'une société juste et fraternelle; c'est que le sentiment de la *Nature* n'était pas encore dégradé au point de n'être plus qu'une compensation strictement individuelle. Bien que Jean-Jacques y eût aussi trouvé cela, un refuge contre la cruauté du monde, un 'supplément' comme il disait, surtout à l'époque de la vieillesse, la contemplation avait été longtemps pour lui une attitude suprêmement active, qui impliquait tout le contraire du repliement sur soi. Et l'orateur de la députation de Montmorency rappelait que les rêveries de Rousseau, au fond de sa retraite paisible, avaient pour objet les 'principes éternels de justice et de vertu', et les moyens de rappeler les sociétés dépravées 'au véritable but de leur institution'. En un mot, il avait fallu toute l'expérience douloureuse de Jean-Jacques, toute sa sensibilité, pour faire de lui 'le vengeur indomptable des droits de l'homme asservi'.

Ainsi les patriotes sont constamment conduits à mettre l'accent sur l'unité du rousseauisme, car ils en revendiquent intégralement l'héritage.

Au reste, le porte-parole des habitants de Montmorency ne dissimulait pas qu'il pouvait y avoir, à la demande qu'il appuyait, une objection sérieuse. Ne serait-ce pas manquer au respect dû aux dernières volontés de Jean-Jacques?

Il a voulu être enseveli, après sa mort, au milieu des champs dont il préféra, pendant sa vie, le séjour solitaire à celui des cités; l'homme de la nature doit reposer dans ses bras; on se plaît encore à le voir, lors même qu'il n'est plus que cendres, entouré des images de simplicité qu'on sait lui avoir été chères, et qui rappellent les principes de modération et le goût des mœurs patriarcales qu'il s'efforça d'inspirer à ses contemporains.

L'orateur terminait donc son discours en suggérant, si les réticences de l'assemblée étaient trop fortes, un moyen terme, celui-là même envisagé par l'abbé de Cournand, comme par le rédacteur des *Révolutions de Paris*: que l'on fasse, au moins, élever un cénotaphe à J. J. Rousseau dans l'édifice consacré à la sépulture des grands hommes.

D'Eymar prit aussitôt la parole pour expliquer par quel enchaînement de circonstances le décret de décembre précédent n'était pas encore exécuté, bien qu'il s'en fût cette fois occupé lui-même; puis il reprit l'éloge de Jean-Jacques, et finit par proposer un projet de décret qui donnait satisfaction aux pétitionnaires. La discussion s'engagea alors sur le meilleur moyen de rétablir, selon l'expression de Ch. de Lameth, 'cette priorité qui [appartenait] si eminemment à J. J. Rousseau, et que personne ne [pouvait] lui disputer': les uns alléguaient, avec une chaleur surprenante, le droit de propriété de M. de Girardin, d'autres s'indignaient que l'on pût faire cette objection, d'autant que Jean-Jacques, mort subitement, n'avait pu exprimer aucune volonté quant à ses funérailles. On se mit finalement d'accord sur un compromis, proposé par Mathieu de Montmorency: l'assemblée décréta que J. J. Rousseau était digne des honneurs décernés aux grands hommes par la patrie reconnaissante, et que les moyens d'exécution étaient renvoyés au comité de constitution; c'était réserver les 'droits' de M. de Girardin. Avant de faire cette suggestion, Mathieu de Montmorency s'était écrié: 'Je crois impossible que M. Girardin veuille se refuser aux honneurs que l'on veut rendre à Rousseau, et qu'il veuille disputer à la nation les cendres d'un homme qui lui appartient à tant de titres.' C'est pourtant ce qui arriva, comme Ch. de Lameth l'avait déjà laissé pressentir. Le 4 septembre, l'assemblée prenait connaissance du refus de Girardin. 'Rousseau', écrivait celui-ci, 'a demandé à être inhumé à Ermenonville près de l'ermitage, ou au désert. J'ai rempli religieusement ses intentions. C'est dans le sein de la nature isolée des pervers, qu'un monument lui a été élevé par les soins de son ami.'

Le cas de Jean-Jacques n'était donc comparable en rien à celui de Voltaire. Girardin terminait en évoquant l'accord qui existait entre le génie de Jean-Jacques et le lieu champêtre où s'élevait son tombeau. Il ne fallait pas détruire cette harmonie. Sa lettre fut renvoyée au comité de constitution. Le 21 septembre suivant, Démeunier rapportait au nom de celui-ci, et proposait de faire droit à la réclamation de Girardin:

le respect des propriétés, le droit naturel, le droit positif et les convenances ne permettent pas d'insister pour forcer M. Girardin à céder les restes de Rousseau, actuellement inhumé à Ermenonville. Cela est d'ailleurs complètement indifférent puisqu'on peut exécuter en tous points le décret qui accorde les honneurs publics à Rousseau, sans transporter ses cendres dans la ci-devant église de Sainte-Geneviève; il suffit de lui élever un monument.

J'observe même qu'en agissant autrement, et en forçant M. Girardin, vous ne seriez pas dans les principes de la déclaration des droits, suivant laquelle on peut prendre le bien d'un particulier pour l'utilité commune, à la charge d'une préalable indemnité, parce que c'est une espèce de propriété qui n'est pas susceptible d'évaluation.

Le décret voté par l'assemblée se bornait donc à ajouter l'idée 'd'honneurs publics' à la statue déjà décrétée, et renvoyait le tout au pouvoir exécutif, en précisant toutefois que les sommes nécessaires seraient accordées le moment venu par le corps législatif.[60] Plus que l'idée de la convenance entre le tombeau de Jean-Jacques et l'île des Peupliers, c'était donc le respect de la propriété poussé à son point le plus extrême qui triomphait: réaction qui ne saurait surprendre de la part d'une telle assemblée, en un tel moment, c'est-à-dire alors qu'elle venait de vaincre, au prix d'un ralliement au parti de la cour, la première vague du mouvement populaire.

C'est seulement deux ans plus tard que la convention montagnarde reviendra

60. *Arch. P.*, séance du 21 septembre 1791, xxxi.132.

sur cette décision, à cause même, pour une part du moins, des conditions dans lesquelles elle avait été prise; et c'est à la convention thermidorienne qu'il reviendra d'organiser enfin le transfert au Panthéon des cendres de Rousseau,[61] témoignage d'une seconde, puis d'une troisième vague rousseauiste. Mais ce qui ressort par dessus tout, dans cette affaire aux rebondissements multiples, c'est l'extraordinaire aptitude du rousseauisme à exprimer, à travers ses facettes diverses, les diverses étapes de la révolution.

Une telle multiplicité n'est déconcertante que pour celui qui n'entre pas, comme nous avons tenté de le faire, dans le détail de cette histoire. Bien entendu, elle se manifeste aussi dans l'accueil que font les divers partis aux honneurs décrétés à J. J. Rousseau par l'Assemblée nationale. Ces jugements, comme les honneurs eux-mêmes, sont un des aspects de la guerre idéologique, et reproduisent en gros les lectures antagonistes de l'œuvre de Rousseau qui correspondent à cet affrontement.

La plupart des journaux patriotes applaudissent, tout particulièrement ceux qui sont proches de la majorité constitutionnelle; ils reproduisent dans leurs commentaires la substance des éloges de Jean-Jacques prononcés à la barre de l'assemblée. Ainsi, au lendemain du décret sur la statue, le *Journal des Amis de la constitution*, de Choderlos de Laclos, s'exprime en ces termes:

L'hommage est digne de celui qui l'a reçu et de ceux qui l'ont offert. Il ne doit être affaibli par aucun éloge particulier. Il peut donner lieu à deux réflexions.

Rousseau avait prévu cette justice de la postérité à son égard; mais il était bien éloigné de prévoir que cette postérité là serait, en grande partie, composée de ses contemporains. Le temps n'est vraiment commensurable que par les événements. En moins de deux ans, nous avons vécu deux siècles. Voltaire était ennemi de Rousseau, et c'est à Voltaire que Rousseau doit la statue que la nation lui élève aujourd'hui. C'est encore à Voltaire que la nation doit d'élever aujourd'hui une statue à Rousseau. Nous devons à celui-ci les principes de la constitution, à celui-là les principes de la révolution.[62]

Tout, y compris le parallèle entre Voltaire et Rousseau, est ici conforme au point de vue majoritaire à l'assemblée, largement répandu chez les patriotes.

A droite, le ton est bien entendu fort différent. Les uns hurlent au sacrilège. Parmi eux, le plus scandalisé est sans nul doute le comte d'Antraigues. Dans une lettre datée de Parme, le 11 janvier 1791, et publiée dans l'*Ami du roi* du 31 janvier, il exprime sa colère au sujet d'une décision qui n'est à ses yeux qu'une mascarade ignoble:

61. Décret du 25 germinal an II (cf. *Procès-verbal de la Convention*, xxxv.232); et décret du 23 floréal an II (cf. *Procès-verbal de la Convention*, xxxvii.180). Cf. résumé de la discussion in *Procès-verbaux du comité d'instruction publique de la convention nationale*, iii.475-76 (annexe B); le 28 fructidor an II, Lakanal présente au comité d'instruction publique le rapport et le projet de décret sur la translation des cendres; la convention nationale en discute le lendemain et l'adopte (cf. notamment *Procès-verbaux du comité d'instruction publique de la convention nationale*, v.35-51 et *Moniteur* de la 2e sans-culottide de l'an II, p.1486). La fête, fixée au 2e décadi de vendémiaire (an III) n'aura donc lieu qu'après la chute de Robespierre. Elle se déroule, conformément au cérémonial fixé, le 20 vendémiaire (10 octobre 1794).

62. *Journal des amis de la constitution*, no 6, mardi 4 janvier, l'an 2e, pp.272-74. Cf. ci-dessus, pp.107-108, le point de vue similaire de La Harpe sur Voltaire et Rousseau. Cf. aussi *Chronique de Paris*, 16 décembre 1790, pp.1397-98; 23 décembre 1790, p.1427; 29 août 1791; *Journal de Paris*, 29 août 1791, pp.983-85; 5 septembre 1791, p.1011; *Le Creuset*, no 22, 14 septembre 1791, p.256; le *Patriote français*, 29 août 1791, p.249; le *Thermomètre du jour*, no 20, 30 août 1791, pp.7-8.

Ne siégeant plus dans cette assemblée, je n'ai pu repousser, avec le zèle de l'amitié et le respect dû à la mémoire de J. J. Rousseau, les outrages dont il a été l'objet et la victime à la séance de l'assemblée nationale, du 21 décembre 1790.

Mais je dois à sa confiance, à son amitié, à sa mémoire, et tous ses amis doivent à son souvenir, de le venger des calomnieux éloges par lesquels on a cherché à flétrir son nom, et à le déshonorer.

Les nombreux ennemis de sa gloire, indignes d'apprécier ses vertus, ont voulu présenter au peuple de Paris un spectacle fait pour l'abuser; et ils se sont servi du respect même qu'il a conservé pour J. J. Rousseau, pour avilir celle qui partagea sa destinée ...

D'Antraigues en veut terriblement à Thérèse d'avoir, par ses jérémiades, donné prétexte à la décision de l'assemblée nationale. Elle a trahi doublement la mémoire de son époux: en laissant entendre que celui-ci ne lui avait pas assuré une aisance suffisante, ce qui est faux, et en s'abaissant à mendier; en exposant Jean-Jacques à un hommage qu'il eût refusé avec horreur:

on lui élève une statue! Oui, et sans doute, pour combler la mesure des contradictions et des outrages, on la placera à côté de la prison du roi, de la reine et de leurs enfants. Ou, si l'aspect d'un tel censeur importune, qu'on la place à Versailles, au milieu de la cour de marbre, dans cette vaste et lugubre enceinte ou, depuis le 6 octobre 1789, règne l'horreur du crime et le silence des tombeaux ...

Après une telle diatribe, il ne reste à d'Antraigues qu'à exprimer sa conviction que la postérité lavera Rousseau de cette souillure, le vengera 'des sanglants trophées sous le poids desquels on espère avilir sa tombe'.[63]

Les aristocrates ne font pas tous preuve de la même violence; mais, sur le fond, la plupart souscriraient aux propos du comte d'Antraigues. Si Jean-Jacques incarne la révolution aux yeux des patriotes, cette lecture symbolise, pour la droite, la perversion des valeurs de la philosophie des lumières, qu'il n'est nullement question de rejeter en bloc.

Ceux qui réagissent avec moins de passion que d'Antraigues font du moins remarquer que l'accord quasi unanime qui semble régner à l'assemblée quand on propose d'honorer Jean-Jacques est tout à fait factice: chacun met dans ce geste une signification différente; mais seuls sont dans le vrai ceux qui entendent célébrer le premier auteur aristocrate.[64]

Il arrive aussi que certains laissent entrevoir, voire même avouent, une attitude toute différente: après tout, Rousseau ne vaut peut-être pas beaucoup plus cher que les 'démagogues' qui lui rendent hommage. On connaît, sur ce point, la religion de l'abbé Royou;[65] elle ne l'empêche pas de participer avec

---

63. *L'Ami du roi* (de Royou), 31 janvier 1791, pp.3-4.

64. Cf. par exemple *L'Ami du roi* (de Montjoye), 23 décembre 1791, pp.843-44: 'Le discours de l'opinant, mis à côté des sentiments de J. J., sur les gouvernements, sur les innovations politiques, sur les révolutions enfin, et particulièrement sur celle qui nous agite si violemment, il n'est rien au monde qui offre un contraste plus frappant. J. J. était absolument ce que sont aujourd'hui ces politiques réfléchis du côté droit, qui font si vainement briller dans l'assemblée de nos législateurs leurs propres lumières et celles qu'ils ont acquises par la méditation profonde de tous nos publicistes. L'opinant a proposé un projet de décret qui a été adopté par acclamation. Il est probable qu'une partie de ceux qui lui ont donné leur assentiment, n'ont pas eu envie d'honorer J. J. Rousseau comme un des auteurs de la révolution'.

65. Cf. R. Barny, *L'Eclatement révolutionnaire du rousseauisme*, deuxième partie, et R. Barny 'Les aristocrates et J. J. Rousseau dans la Révolution', *AHRF* 234 (octobre-décembre 1978), pp.534-64.

entrain à la campagne aristocrate autour du thème 'Rousseau avec nous'. Au moment où l'on présente, à l'assemblée, la pétition sur le transfert des cendres, Royou associe les deux points de vue, dans son article du jour:

On a entendu avec intérêt, l'éloge de Rousseau dans la bouche des habitants de Montmorency, parmi lesquels il a vécu. Rousseau fut un homme bon et sensible, l'amitié de ces honnêtes laboureurs l'honore plus que le fanatisme des philosophes et des gens de lettres; on ne l'a pas servi selon son cœur quand on a demandé et obtenu pour lui les honneurs des grands hommes; si sa cendre pouvait se ranimer, elle dirait aux démagogues: de quel droit faites-vous des grands hommes? A quel titre distribuez-vous des brevets d'immortalité? Montrez-moi les mandats de la postérité. Croyez-vous pouvoir vous en passer comme de ceux de la nation? Je rougis des honneurs en voyant à qui on les prodigue: quels voisins me donnez-vous au temple de la gloire? D'un côté un lâche envieux qui n'a cessé de m'outrager; de l'autre, un factieux qui déchira le sein de sa patrie, et ne fut grand que par ses crimes.

Rousseau fut un grand écrivain, mais non pas un grand homme; parce que l'usage qu'il a fait de ses grands talents a été plus nuisible qu'utile à la société. Mais il paraît bien plus digne que Voltaire des honneurs publics qu'on lui décerne.[66]

En reprenant le parallèle habituel de Voltaire et de Rousseau, qu'il traitait en mettant l'accent sur leur antagonisme, dans une perspective destinée à faire apparaître l'absurdité de la réconciliation voulue par les patriotes, l'abbé Royou tenait un bon thème contre-révolutionnaire, propre, croyait-il, à favoriser la division au sein de la gauche. Il l'avait déjà exploité systématiquement, deux mois plus tôt, et il avait été si content du résultat qu'il l'avait répandu à des milliers d'exemplaires, sous forme de feuilles volantes que faisaient courir les propagandistes du parti aristocrate.

'Il est aisé', écrivait-il, 'de convaincre l'auguste sénat d'une espèce de manichéisme, lorsqu'il place dans son temple deux Dieux philosophiques ennemis

---

66. *Ami du roi* du mardi 30 août 1791, pp.1-3. Cf. aussi les numéros du 6 septembre 1791, p.1, et surtout du 23 septembre, beaucoup plus violent contre Rousseau: 'On s'est occupé ensuite des honneurs à rendre la mémoire de J. J. Rousseau autre preuve d'un grand désœuvrement. De quoi se mêlent les démagogues? La mémoire de J. J. Rousseau n'a pas besoin de leurs décrets. Le cénotaphe que l'on se propose de lui élever n'ajoutera rien à la gloire de cet illustre écrivain; il ne peut que le souiller. Combien de gens s'imagineront que ce monument est la récompense des services que les écrits de Rousseau ont rendu à la révolution: cependant, bien loin que ce philosophe soit complice des crimes de la démagogie, il en a toujours été le plus rigoureux censeur …

De quel droit les représentants de la nation disposent-ils ainsi des revenus publics dans un moment de détresse? Pourquoi s'arrogent-ils le pouvoir de dilapider impunément en fêtes, et en vaines parades, nos finances déjà si délâbrées? Est-il de l'intérêt de la nation qu'un sophiste suisse, qu'un écrivain calviniste reçoive les honneurs divins dans le temple autrefois destiné à la patronne du royaume? Veut-on par là exciter les citoyens à écrire des diatribes contre la religion, le gouvernement et la société? Tandis que tant d'honnêtes citoyens languissent dans la misère, n'est-il pas odieux de prodiguer le sang du peuple pour diviniser un charlatan étranger, parce qu'il a fait de belles périodes et débité d'éloquents mensonges? Au reste, ces honneurs sacrés accordés à des scélérats, à des impies, à des hérétiques, ne sont point encore confirmés par les suffrages de la nation; un moment peut briser les idoles qu'une aveugle superstition a élevées; il ne faut qu'un retour du peuple vers les bonnes mœurs, vers la religion de ses pères, pour faire chasser avec ignominie ces indignes usurpateurs du sanctuaire que la piété avait consacré à Sainte Geneviève.'

Entraîné par la logique de sa démagogie, et par la passion contre-révolutionnaire, l'abbé Royou jette ici complètement le masque! Jean-Jacques n'est plus qu'un scélérat et un impie. Cf. encore *L'Ami du roi* (de Montjoye) du lundi 9 août 1791, pp.961-62; le *Mercure* politique de janvier 1791, pp.34-35, etc.

déclarés l'un de l'autre.'[67] Et il se plaisait à confronter les jugements les plus sévères portés l'un sur l'autre par Voltaire et Jean-Jacques. C'était bien là, soulignait-il, qu'ils s'étaient montrés lucides! Quant à l'assemblée, elle était tout simplement en train de se ridiculiser.

Cette attaque était si irritante que La Harpe ne dédaigna pas de lui consacrer une assez longue note, où il relevait la mauvaise foi et la faiblesse de l'argumentation, et exposait une fois de plus, avec sa clarté coutumière, le point de vue qui avait guidé la majorité patriote. Il concluait:

[Voltaire] n'est pas plus juste envers Rousseau que Rousseau envers lui. Personne ne conteste qu'il n'y ait dans les ouvrages du Philosophe Genevois beaucoup de paradoxes insensés; mais n'y pas reconnaître le plus rare talent pour l'éloquence et une foule de vérités lumineuses, c'est être aveuglé par la haine. Voltaire eut ce malheur: ceux de ses amis qui n'ont jamais été ses adulateurs, ni de son vivant, ni après sa mort, ont avoué et déploré cette faiblesse, sans essayer jamais de la justifier. Ils doivent plus que d'autres s'affliger des grossiéretés qu'il a vomies et en vers et en prose contre un homme tel que Rousseau. Mais qui ne sait aussi que la postérité laisse dans l'oubli toutes ces ordures, et ne recueille de l'héritage des grands écrivains que ce qui fait honneur à leur plume, et du bien à l'humanité? Est-ce l'ennemi de Voltaire que l'Assemblée nationale a consulté dans le *Contrat social*? Est-ce le détracteur de Rousseau qui, dans les ouvrages de Voltaire, a éclairé la Nation? Prétendre qu'il faut les juger uniquement par le mal qu'ils ont dit l'un de l'autre, c'est une démence rare et neuve, qui était réservée à l'abbé Royou.

C'était poser en termes justes, ouvertement politiques, le problème de l'héritage culturel. Devenu contre-révolutionnaire, La Harpe ne sera plus capable de la même ouverture d'esprit. Il reniera ce qu'il défend ici, et n'hésitera pas, malgré sa fameuse conversion à la foi catholique, à choisir Voltaire contre Rousseau.

L'extrême gauche cependant n'était pas convaincue, elle non plus, de la qualité de l'hommage rendu à Jean-Jacques par une assemblée qui était en train de trahir l'idéal démocratique au nom duquel la révolution avait été entreprise. Elle soutenait donc ces initiatives avec quelque répugnance. L'attitude des *Révolutions de Paris* en décembre 1790 est très significative. C'est à propos du décret sur la statue que le rédacteur de ce journal,[68] digne successeur de Loustalot, écrit:

J. J. Rousseau, le plus parfait et surtout le plus désintéressé des publicistes, passe pour être le père de notre constitution. Si notre constitution peut être considérée comme l'enfant de J. J. Rousseau, il faut convenir du moins que nos représentants l'ont furieusement estropié, et je doute que Rousseau revenant au monde demeurât d'accord de la paternité. Il distinguerait peut-être l'embryon dans le nouveau-né; mais à coup sûr, celui-ci n'aurait pas son entière adoption.[69]

Le journaliste profite de l'occasion pour faire une nouvelle fois la critique du régime représentatif bourgeois, gravement entaché d'aristocratisme, que l'assemblée constituante a instauré. C'est en se plaçant du point de vue des principes de Rousseau qu'il condamne le despotisme de l'assemblée, l'existence

---

67. *L'Ami du Roi* (de Royou), jeudi 9 juin 1791. Cf. aussi *Extrait d'un journal fort connu* (c'est l'article de Royou répandu en tracts!).
68. Sylvain Maréchal ou Fabre d'Eglantine?
69. *Révolutions de Paris*, no 78, du 1er au 8 janvier 1791, pp.698-99.

d'une armée soldée, l'organisation anti-démocratique de la police et de la gendarmerie, l'utilisation de la machine d'état monarchique pour construire le nouveau régime, etc. Il conclut:

en un mot, Rousseau peut avoir fourni quelques éléments à l'assemblée nationale dans ses beaux jours de crise; mais depuis les assignats, que nous regardons au reste comme excellents et bien imaginés ... enfin, depuis les assignats, les principes de Rousseau sont étrangement négligés, et le corps législatif se trouve justement dans le cas d'un boulanger qui prendrait un levain d'excellent froment pour faire du pain de son.

Quoiqu'il en soit, le rédacteur des *Révolutions de Paris* ne condamne pas, comme les journalistes de droite, l'initiative de l'assemblée nationale: 'Si l'intention est un mensonge, l'exécution est une belle vérité. Ce n'est pas la statue qui nous fera du mal; ce n'est pas elle non plus qui nous empêchera d'y voir clair, et de toute façon, comme l'hommage est juste, le décret est beau.'

Le journaliste perçoit très bien que l'hommage à Rousseau peut n'être qu'une manière de diversion, tout comme l'invocation de ses principes. Mais sa confiance dans la validité de ceux-ci est suffisante pour qu'il envisage la manœuvre avec sérénité: au bout du compte, la justice et la vérité doivent en profiter. Il s'agit, en quelque sorte, d'une manœuvre en retrait, qui doit à la fois nourrir l'optimisme des démocrates et les inciter à ne pas prendre le change.

Marat adopte une attitude voisine; il croit, lui aussi, que l'hommage de l'assemblée n'est pas celui du cœur: pourquoi a-t-elle attendu 18 mois? Mais, avec son âpreté coutumière, *L'Ami du peuple* dramatise davantage la situation (28 décembre 1790, pp.2-3):

Notez, je vous prie, que c'est au moment où l'assemblée redouble d'efforts pour rétablir le despotisme, qu'elle dresse des autels au plus mortel ennemi du pouvoir absolu. Ah! s'il vivait encore, il repousserait vos hommages hypocrites, qu'il eût regardé ici comme une dérision amère; et il vous requérerait de ne pas lui escamoter sa sanction, pour un travail d'écoliers, si tant est qu'il ne passe pas pour un chef-d'œuvre de fripons. Ne nous lassons point de le répéter, la constitution est complètement manquée.

Lorsque, sept mois plus tard, on parle de panthéoniser Jean-Jacques, la réaction de l'extrême gauche ne varie pas. Elle est peut-être plus franchement hostile encore, si possible: s'y ajoute en effet une répugnance marquée pour l'enlèvement des restes de Jean-Jacques, qui reposent dans un lieu heureusement assorti à son génie, et d'ailleurs consacré à son culte; ne serait-ce pas porter atteinte à l'influence bénéfique du rousseauisme, que de détruire cette espèce d'harmonie naturelle? Sous la plume de Marat et surtout de Sylvain Maréchal, on retrouve à peu près les mêmes objections que sous celle de l'abbé de Cournand ou de Girardin. L'un et l'autre, déjà, étaient hostiles à l'idée du panthéon français, parce qu'elle servait, dans les conditions politiques du moment, à faire diversion aux vrais problèmes. Ils portaient, sur le rôle de Mirabeau, un jugement lucide et sans complaisance. Mais, en ce qui concerne le rédacteur des *Révolutions de Paris*, ce n'était pas cela seulement qui était en cause: sa sensibilité répugnait à cet entassement de cercueils dans une crypte. Il eût préféré un lieu ouvert, où le peuple pût circuler librement; il envisageait, en quelque sorte, une espèce de culte païen, plus conforme, lui semblait-il, aux aspirations et à la religiosité des patriotes, que la conception assez médiévale, et entachée de superstition chrétienne, du panthéon. Il écrivait, dès juin 1791: 'Si les Français, devenus le premier peuple du monde par l'éternelle déclaration des droits de l'homme ... consentent à être des copistes, qu'ils le soient plutôt des Grecs.'

Il invoquait aussi les Romains, chez qui l'image de Brutus se voyait dans le forum, et il n'admettait pas que l'on plaçât 'les reliques d'un homme de génie, qui [avait] éclairé sa nation dans un lieu obscur et fermé, dans un lieu consacré à un tout autre emploi'. Passe encore pour Voltaire, mais pour Jean-Jacques!

'Laissons aux amants, aux mères de famille, aux citoyens libres, la douce satisfaction d'un pèlerinage à Ermenonville. Le temps d'y aller et d'en revenir ne sera pas perdu.'[70] Aussi, deux mois plus tard, quand on réclama officiellement pour Rousseau les honneurs du Panthéon, l'article principal des *Révolutions de Paris* fut-il consacré à élever une vive protestation, qui était mise dans la bouche de Girardin: 'Et où est la nécessité publique que la cendre de J. J. Rousseau se trouve placée au Panthéon, à côté de Voltaire, qui ne fut jamais son ami, et de Mirabeau, qui ne l'aurait jamais été, plutôt que dans l'île des Peupliers, en présence de la nature dont il fut l'apôtre, et chez un homme de qui il accepta l'hospitalité?'[71] et le journaliste suggérait à l'assemblée nationale d'honorer au contraire Jean-Jacques en instituant chaque année un pèlerinage à l'île des Peupliers. Au reste, 'si l'attouchement des reliques de Jean-Jacques' guérissait des écrouelles aristocratiques, Girardin, dans le discours qu'on lui faisait tenir, se déclarait prêt à transporter lui-même son cercueil au panthéon! 'Mais hélas, concluait-il, tout le bien qu'il peut vous faire est dans ses livres; et l'assemblée nationale trouve apparemment plus facile de lui décerner des hommages que de profiter de ses leçons.'

Sylvain Maréchal dénonce ici, en quelque sorte, l'unité factice qui risque de se réaliser, autour de la réconciliation de Voltaire et de Jean-Jacques, et au nom d'une conception hypocrite du patriotisme. Les démocrates ne doivent pas se laisser berner.

Plus brutalement encore, Marat exprime la même point de vue:

On sait que nos forgeurs de décrets, jaloux de cacher, aux yeux du peuple, leur turpitude, en confondant les cendres de J. J. Rousseau, le vengeur des droits de l'humanité et des peuples, avec celles des plus insignes traîtres à la patrie, ont décerné à ses mânes les honneurs de l'immortalité, comme si d'ignares et d'obscurs coquins de leur trempe étaient les dispensateurs naturels de la gloire.[72]

Et l'ami du peuple imagine l'épître que Jean-Jacques pourrait écrire à René Girardin, des Champs-Elysées, pour protester contre l'abus que l'on fait de son nom en vue 'd'égarer l'opinion publique': c'est la position symétrique de celle adoptée par le comte d'Antraigues.

Ainsi, à l'occasion des honneurs décernés à Jean-Jacques par l'assemblée constituante, c'est l'ensemble des lectures contradictoires du rousseauisme présentes dans le champ idéologique qui se trouvent évoquées. L'œuvre de Rousseau, comme la révolution elle-même, mais sur un plan simplifié, est un immense

---

70. *Révolutions de Paris*, no 100, du 4 au 11 juin 1791, pp.445-50.
71. *Révolutions de Paris*, du 27 août au 3 septembre 1791; *De J. J. Rousseau*, pp.365-69.
72. *L'Ami du peuple*, 5 septembre 1791, pp.6-8.

champ de forces dont l'équilibre instable, en cette période indécise, apparaît de façon saisissante.[73]

Des 'vrais amis' de Jean-Jacques, on en trouve sans doute de part et d'autre de la ligne de front, mais ceux qui se font de son œuvre l'idée la plus compréhensive et la plus généreuse (bien que nul n'évite le schématisme induit par le mouvement même de l'histoire, qui fixe sans arrêt de nouvelles tâches) sont incontestablement les patriotes. Quant au culte, il est évident que son officialisation risque de le priver d'une dimension essentielle; mais nous avons vu que les patriotes sont nombreux à ne pas accepter la moindre réduction, y compris chez ceux qui militent en faveur de 'l'enlèvement' de Jean-Jacques et de son exil au Panthéon.

ii. Jean-Jacques Rousseau au théâtre

La lutte idéologique prend toujours, au théâtre, une acuité considérable; à plus forte raison à Paris, et à la fin du dix-huitième siècle. Si aucune grande œuvre ne fut révélée au public au cours de la période révolutionnaire, l'activité théâtrale n'en fut pas moins intense, et son rapport aux événements politiques permanent.[74] Les pièces du répertoire classique jouaient un rôle à cet égard, comme les autres: nous l'avons entrevu avec le *Brutus* de Voltaire. Souvent le spectacle était dans la salle et l'attitude du public suppléait, par les applications qu'il faisait de telle ou telle réplique, à ce que l'œuvre pouvait avoir d'éloigné de ses préoccupations du moment. Les auteurs s'efforcèrent d'ailleurs de se montrer à la hauteur des circonstances politiques, et les patriotes purent applaudir des 'tableaux' ou des drames propres à exalter leurs sentiments révolutionnaires et leur civisme. Mais ce théâtre d'inspiration ou d'intention patriote ne s'imposait pas si aisément: la lutte était très vive, comme en témoignent nombre de représentations tumultueuses. Les aristocrates, aidés par des acteurs qui, dans leur majorité, restaient attachés à l'ancien régime, avaient même assez souvent le dessus. Il y eut, notamment au Théâtre-Français, beaucoup de manifestations 'royalistes': en un mot, le public habituel des théâtres était profondément divisé, et c'est peut-être parce que le rapport des forces y était plus favorable au parti de la cour que n'importe où ailleurs, que la lutte était très chaude.

73. A propos du Panthéon, il faut signaler qu'il y eut, vers cette date, une petite épidémie de propositions: Jean-Jacques et Voltaire n'étaient évidemment pas les seuls auteurs des lumières que l'on pouvait penser à honorer. Raynal, qui venait de se conduire de la façon scandaleuse que l'on sait, était écarté. Mais il restait Mably: l'abbé Brizard le signala à l'attention de l'assemblée dans une lettre, très argumentée, publiée par la *Chronique de Paris*. Et l'on proposa à plusieurs reprises Montesquieu. Mais il semble bien, compte tenu de la réputation qu'avait alors l'auteur de *L'Esprit des lois*, que ces demandes puissent être considérées comme des provocations de la droite: on passa chaque fois à l'ordre du jour sans débat.

74. Cf. notamment à ce propos: Théodore Muret, *L'Histoire par le théâtre, 1789-1851, t.i: la Révolution, le Consulat et l'Empire* (Paris 1865); E. Jauffret, *Le Théâtre révolutionnaire* (Paris 1869); Henri Welschinger, *Le Théâtre de la révolution* (Paris 1880); Ernest Lunel, *Le Théâtre de la révolution* (Paris 1911); Jacques Hérissay, *Le Monde des théâtres pendant la révolution* (Paris 1922); Jean-Alexis Rivoire, *Le Patriotisme dans le théâtre sérieux de la révolution (1789-1799)* (Paris 1949); Marvin Carlson, *Le Théâtre de la révolution française* (Paris 1970) (traduit de l'anglais, 1ère édition 1966), cf. Bibliographie succincte pp.341-43; Daniel Hamiche, *Le Théâtre et la révolution* (Paris 1973).

Jean-Jacques Rousseau ne joua pas sur ce plan, on s'en doute, un rôle aussi important que Voltaire, présent à la fois en tant qu'auteur et en tant que personnage; mais il fut mis sur la scène plusieurs fois, comme personnage épisodique ou même comme héros principal. Le culte de Jean-Jacques ne pouvait pas ne pas se traduire aussi dans ce domaine là.

P. M. Masson, qui regrettait de voir 'Jean-Jacques dépouillé de son auréole d'Ermenonville, et comme perdu dans le panthéon des saints révolutionnaires',[75] porte, par contre, un jugement plus favorable sur ses apparitions au théâtre:

si ... l'on voulait retrouver, même après 89, quelque chose de l'émotion et de la ferveur religieuse des premiers dévots du rousseauisme, c'est au théâtre qu'il faudrait la chercher, dans ce théâtre révolutionnaire, où la 'vertu' et la 'sensibilité' prennent leurs revanches des tumultes du club et de l'assemblée, ou des scènes féroces de la place publique, dans ce théâtre édifiant, qui s'est réformé selon l'idéal de la *lettre à d'Alembert*.

Oui et non. Les valeurs anciennes du rousseauisme trouvaient sans doute un cadre favorable à la scène, mais elles n'étaient pas expulsées de la place publique; et au théâtre même, on ne voit pas que soient éludées les résonances nouvelles, que le culte de Jean-Jacques devait moins à telle ou telle circonstance particulière, qu'aux conditions générales dans lesquelles il se développait.

En fait, quelle que soit, souvent, leur médiocrité, les œuvres en cause se caractérisent plutôt par la réunion des deux aspects, encore que l'un ou l'autre domine. On distingue en effet immédiatement deux types de pièces: celles qui évoquent 'l'ombre' de J. J. Rousseau, et s'apparentent à un genre traditionnel, fort peu dramatique, le dialogue des morts; celles qui mettent en scène Jean-Jacques vivant, et transportent le spectateur à Ermenonville, dans l'Ile de Saint-Pierre, ou à Genève, à l'époque de l'enfance du héros. Les premières permettent aisément des variations sur les thèmes politiques du jour; les autres sont plus favorables à l'expression du lien personnel qui attache chaque lecteur à Jean-Jacques. Mais il faut se garder de forcer cette distinction, qui est loin d'être absolue.[76]

a. Prolongement des honneurs officiels

L'apparition du personnage de Jean-Jacques à la scène est d'abord un moyen d'évoquer et de prolonger les honneurs officiels qui lui sont décernés. Quelque-

---

75. *La Religion de Jean-Jacques Rousseau*, ii.89.

76. On tiendra compte ici essentiellement des œuvres qui appartiennent à la période embrassée par cette étude, sans s'interdire une allusion à d'autres, postérieures, et qui correspondent à une seconde vague rousseauiste: *L'Ombre de J. J. Rousseau*, comédie en deux actes et en prose, par M. L*** [Laya] (Londres, Paris 1787); *Le Réveil d'Epiménide à Paris*, comédie en un acte, par Carbon de Flins Des Oliviers (représentée au théâtre français le 1er janvier 1790); *Le Journaliste des ombres, ou Momus aux Champs-Elysées* (par Aude, représentée le 14 juillet 1790 au théâtre français); *J. J. Rousseau à ses derniers moments*, trait historique en un acte et en prose, représenté pour la première fois à Paris, par les comédiens italiens ordinaires du roi, le 31 décembre 1790, par M. Bouilly (Paris, chez Brunet ... 1791); *Mirabeau aux Champs-Elysées*, comédie en un acte et en prose (par Olympe de Gouges; représentée le 15 avril 1791, à la Comédie-Italienne); *L'Ombre de Mirabeau*, pièce épisodique en un acte, en vers libres (par C. J. B. Dejaure) représentée pour la première fois par les comédiens italiens ordinaires du roi, le 7 mai 1791 (Paris 1791); *Les Citoyens français ou le triomphe de la révolution*, drame en cinq actes et en prose, par Pierre Vaqué (Paris 1791); *Jean-Jacques Rousseau dans l'Isle de Saint-Pierre* (représentée au Théâtre de la Nation en décembre 1791. Cf. Marvin Carlson, p.126; cf. *Mercure de France*, 7 janvier 1792).

fois, il n'est présent que dans le discours des personnages comme élément du cadrage idéologique.

Ainsi le héros du drame de Vaqué, *Les Citoyens français ou le triomphe de la révolution*, le patriote Dorbesson, monologue en ces termes au début du premier acte, 'entrant dans son cabinet, des feuilles publiques à la main' (I, 1, pp.1-2):

J'éprouve toujours un nouveau plaisir à entretenir ce bon peuple des nouvelles qui l'intéressent. Avec quelle sensibilité, avec quelle reconnaissance il reçoit les décrets, les bienfaits de l'assemblée nationale! Avec quel transport j'ai applaudi moi-même à l'hommage qu'elle rend à l'auteur du Contrat social dont la statue, dans le sanctuaire de la Liberté, au milieu de nos législateurs, les enflammera de la plus noble émulation! Il était encore réservé à leur sagesse d'honorer la veuve de ce grand homme, de la venger de la calomnie qui voulait l'avilir. Elle rappelle le désintéressement de son illustre époux, en mettant elle-même des bornes à la reconnaissance nationale ... Je ne puis quitter ces feuilles; j'y trouve encore un trait bien touchant pour mon cœur: mon fils, à la tête de son régiment, partage le civisme de l'armée ... Si ma femme était citoyenne, tout s'arrangerait au gré de mes vœux. Dorbesson remplit mon attente; je resserre les nœuds qui m'attachent au sage Varigué; je marie ma fille à son fils, dont les vertus et les talents honorent déjà la patrie; et l'amitié de mes concitoyens fait de cette fête particulière une fête publique.

On voit que l'image de Rousseau sert ici à désigner le contexte dans lequel va se développer ce drame bourgeois, où les vertus familiales, valeurs déjà traditionnelles, vont devoir s'harmoniser avec les valeurs nouvelles du patriotisme, mais sans changer de nature.[77] L'évocation de l'hommage rendu à 'l'auteur du contrat social' situe très précisément le drame dans le temps (décembre 1790), mais surtout dans un espace moral et idéologique, qui tient à la signification reconnue du rousseauisme. Du même coup, l'auteur indique la portée politique qu'il entend donner à son œuvre: Jean-Jacques est ici le personnage, fort édifiant, que la majorité constitutionnelle est en train d'embaumer, malgré les protestations de démocrates. Son apparition, si fugitive soit-elle, est donc importante. C'est un signe auquel le public ne peut se tromper. En sens inverse, pour l'historien des idées et des mentalités, elle confirme l'une des valeurs attachées au rousseauisme: la morale individuelle et domestique, la sensibilité, la sociabilité, la recherche du bonheur individuel et collectif, qu'a enseignées Jean-Jacques, sont liées maintenant au régime issu de la révolution, qui crée les conditions de leur développement, et fonde ainsi sur des bases solides le pouvoir du père de famille. Il s'agit bien là d'une variante révolutionnaire du drame bourgeois, à laquelle Rousseau est invité à prêter tous les pouvoirs de son œuvre et de son exemple.

Le théâtre est aussi, quoiqu'en dise P. M. Masson, le lieu privilégié où peut se constituer le panthéon patriotique: Jean-Jacques s'y montre entouré de grands hommes du passé qui ont contribué à préparer le renouvellement des mœurs et

---

77. J. A. Rivoire, dans sa thèse, *Le Patriotisme dans le théâtre sérieux de la révolution* (Paris 1949), fait à ce propos une remarque importante, p.149: 'le douloureux conflit entre l'affection d'un père et ses devoirs de citoyen semble avoir été trop tragique pour être représenté dans un cadre moderne'. C'est dire que le conflit entre la morale familiale bourgeoise et le civisme républicain n'était pas représentable, non pas par suite d'un genre choisi, mais en raison d'un choix idéologique profond. L'autorité du père de famille ne pouvait pas être mise en cause sérieusement, sans ébranler l'individualisme bourgeois. Cet affadissement nécessaire des conflits n'était pas étranger, lui non plus, à la leçon de Rousseau.

du régime politique. En tout premier lieu Voltaire.

Le Réveil d'Epiménide à Paris, comédie en un acte, est l'une des premières pièces de circonstance, sinon la première, à s'inspirer directement des événements politiques du jour. Depuis le début du monde, Epiménide a pris l'habitude de faire des sommes de cent ans. Il s'était endormi pour la dernière fois au milieu du règne de Louis XIV. Il se réveille en 1789, en pleine révolution. Parmi les personnages qu'il rencontre et qui le renseignent sur les événements incroyables qui viennent de se produire, il y a des patriotes, mais aussi des aristocrates aigris, profiteurs de l'ancien régime. Parmi ces derniers, l'avocat général Fatras vomit des injures contre les philosophes, premiers responsables du mal. On ne sera pas surpris de voir apparaître, déjà, dans ce discours, Voltaire et Rousseau fraternellement unis:

> Je ne le vois que trop, les premiers inventeurs
> De ces réformes exécrables,
> Sont ces auteurs abominables,
> Des Sirven, des Calas, coupables défenseurs.
> Nous avons donc en vain poursuivi leur mémoire,
> Fait brûler leurs écrits par la main du bourreau;
> Nos persécutions ajoutent à leur gloire.
> Nous voyons Voltaire et Rousseau
> Régir l'opinion du fond de leur tombeau!
> Je veux, pour me venger, faire un réquisitoire.

> *Ariste*

> Et contre qui, Monsieur?

> *Fatras*

> Contre la nation,
> Et je veux y mêler de vives apostrophes
> Contre un roi qui fut assez bon
> Pour accorder sa sanction
> A des décrets de philosophes.[78]

Voilà encore une pièce qu'inspire, politiquement, l'idéal de la majorité bourgeoise constitutionnelle, attentive à ménager un rôle important au monarque, et convaincue qu'elle légifère sur la base des principes. Mais le rôle que l'auteur prête aux philosophes, conduits par Voltaire et Rousseau, ne serait contesté par aucun patriote. A cette date, d'ailleurs, les divergences commençaient tout juste à se manifester au sein de la gauche.

La composition du panthéon se précise, avec *Le Journaliste des ombres ou Momus aux Champs-Elysées*, petite pochade jouée par les Comédiens-Français à l'occasion de la fête de la fédération. Après un séjour en France, où il a assisté aux principaux événements de la révolution, Momus descend aux enfers. Il y fonde un journal pour informer les ombres de ces événements surprenants, et leur permettre de suivre les travaux de l'Assemblée nationale. Il converse notamment avec Rousseau, Voltaire et Franklin, qui apprennent de lui le progrès de leurs idées et le rôle essentiel qu'elles jouent maintenant.

On sait que la mort de Mirabeau le fit accéder d'emblée à ce panthéon des

---

78. Cité par Th. Muret, *L'Histoire par le théâtre*, p.41.

grands hommes dont on parlait depuis plusieurs mois au sujet de Voltaire, et de Jean-Jacques. Quelques auteurs dramatiques eurent à cœur de se mettre aussitôt au diapason de l'émotion populaire. Mirabeau pouvait désormais être ce voyageur de l'au-delà, apportant chez les morts des nouvelles de la révolution française.[79] On l'évoqua en train de converser avec les deux grands précurseurs. La première pièce, en un acte et en prose, œuvre d'Olympe de Gouges, fut représentée douze jours après les funérailles! Elle était, d'ailleurs, d'une faiblesse au-delà du supportable, et le public, malgré ses bonnes dispositions, s'en aperçut immédiatement: ce fut l'échec. Ce *Mirabeau aux Champs Elysées* mérite néanmoins qu'on s'y arrête dans la perspective qui est la nôtre. Rousseau, Voltaire et Montesquieu sont en scène au début, et s'entretiennent longuement de la situation française. Ils cèdent ensuite la place à Henri IV et à Désilles. Le bon roi Henri, 'idole de la France', apprend avec ravissement que son petit-fils Louis XVI marche sur ses traces, et que les Français, 'en extirpant tous les abus qui entouraient le trône ont rendu à leur monarque sa véritable existence': le portrait de Mirabeau, et l'éloge de son rôle interviennent alors, avec assez de justesse politique. Puis retour des philosophes, qui précèdent de peu Louis XIV: la conversation devient générale, tout en restant toujours aussi morne. Mirabeau paraît enfin, introduit par Franklin. C'est donc tout le panthéon révolutionnaire qui se trouve réuni, en présence des deux monarques qui figurent, antithétiquement, le bon roi et le despote, et d'un philosophe discuté, Montesquieu. Contre ce dernier, qui exprime presque constamment les craintes et les points de vue de la droite, Jean-Jacques et Voltaire font bloc. Ils apparaissent d'ailleurs comme des révolutionnaires très modérés, et sont en parfait accord avec Mirabeau, qui salue avec émotion Jean-Jacques comme son maître. Tous sont favorables à une monarchie constitutionnelle forte, où les pouvoirs du roi seront importants, et ils apprécient le sacrifice de Désilles comme un exemple de soumission à l'autorité légitime, et d'exaltation héroïque de la paix sociale. Si, avec de pareils sentiments, Olympe de Gouges avait encore réussi à écrire une pièce qui ne fût pas un monument d'ennui mortel, le parti majoritaire à l'assemblée, de Barnave à Le Chapelier et à Thouret, lui aurait sans nul doute fait un beau succès! Son œuvre est un témoignage caricatural du sens qu'entendaient donner les constituants à la panthéonisation des grands hommes.

Dès le 7 mai, après la clôture de Pâques, *Mirabeau aux Champs-Elysées* disparaissait de l'affiche sans espoir de retour; les comédiens italiens avaient remplacé la pièce d'Olympe de Gouges par l'*Ombre de Mirabeau*, de Déjaure, sur le même thème. Peut-être était-ce un peu moins mauvais, bien que l'on puisse acquiescer à ce jugement d'un adversaire politique, qui écrivait dans l'*Année littéraire* (mai 1791, no 32):

Cette ombre de Mirabeau ne paraît dans l'autre monde que pour y recueillir le suffrage de tout ce qu'il y a de plus distingué ... Il n'y a ni marche ni intrigue dans cette espèce de dialogue des morts qui, quant au style, est bien loin du mordant de ceux de Lucien, et de l'extrême raison de Fénelon ..., c'est une louange outrée et indigne d'un grand homme.

79. Cf. R. Barny, *L'Eclatement révolutionnaire du rousseauisme*, ch.1: 'Aubert de Vitry, *J. J. Rousseau à l'Assemblée nationale*'.

En effet, on voit paraître successivement aux côtés de Mirabeau, toute une série de grands personnages qui se comparent à lui et le félicitent; Démosthène et Cicéron; puis Voltaire Rousseau et Mably, suivis de Frédéric le Grand et de Brutus; enfin, dans la scène finale, Guillaume Tell, Franklin et Nassau se joignent aux précédents, et Voltaire se voit confier le soin de couronner Mirabeau d'une simple couronne de chêne, à la place des lauriers 'discrédités' par leur utilisation militaire.

On notera que le groupe des philosophes s'est complété: Mably, à son tour, est jugé digne de la compagnie des 'grands hommes'. Mais, dans le dialogue, c'est Voltaire, et surtout Jean-Jacques qui continuent à jouer le rôle principal. Mirabeau leur apprend que la révolution est le fruit de la philosophie, et tout particulièrement de leurs travaux. Peut-être tous les Français n'ont-ils pas encore parfaitement compris le sens des leçons de Rousseau, mais celui-ci a du moins fait naître en eux 'le désir de rendre l'homme heureux'. Et c'est en définitive à Jean-Jacques que revient l'honneur d'exposer les grands principes de la politique constitutionnelle, qu'il présente comme les principes de la Nature, conçue dans le sein de celle-ci.[80] Cet éloge des grands hommes, dominés par Rousseau, est donc un hommage à l'assemblée constituante.

Des valeurs voisines se retrouvent dans une œuvre légèrement postérieure, et d'un genre assez différent, *La France régénérée*, qui présente divers types politiques de l'époque: un prélat aristocrate, un curé constitutionnel, un vieux paysan, le maire patriote d'une petite ville, un garde national ... C'est le moment où la lutte contre le clergé réfractaire se développe. On voit donc celui-ci, incarné par le prélat, dénoncer le culte des philosophes, qu'il considère comme une offense à la religion chrétienne, alors qu'il s'agit simplement de souligner la nécessité politique et humaine de la tolérance, et la valeur universelle du déisme (scène première, p.7):

> ... ... Des moines, gens édifiants
> Peuplaient ces lieux; j'y vois des juifs, des protestants.
> Tout cela fait frémir, et blesse le bon sens ...
> Ce soir amène une fête nouvelle,
> Rousseau, Voltaire et Mirabeau
> Voilà les saints du jour! Quelle douleur mortelle!

Comme au début des *Citoyens français*, le cadrage du tableau se fait à travers l'évocation du culte de Jean-Jacques, mise cette fois dans la bouche d'un ennemi de la révolution. La base conflictuelle du drame est ainsi mieux posée. Mais l'auteur n'en tire pas grand parti. Il opte en effet, résolument, pour l'idylle. Et tout au long de son œuvre les actions de grâce envers Jean-Jacques et Voltaire scandent les témoignages de grande satisfaction que donnent les heureux bénéfi-

---

80. Cf. *L'Ombre de Mirabeau*, scène IV, p.16:
> C'est là que notre esprit conçoit et crée un monde,
> Qui se meut sans efforts dans une paix profonde;
> Dont toute l'harmonie est dans l'égalité,
> Et dont toute la force est dans la liberté.
> Ou, sans craindre aucun choc, tous les pouvoirs agissent,
> Et quoique divisés, l'un l'autre s'affermissent.

ciaires de la révolution. On retiendra tout particulièrement cette effusion du vieux paysan (scène 7, pp.27-28):

> Nous ne sommes plus, mes fils, dans ces temps difficiles
> Où bien souvent le pain manquait au laboureur,
> Parmi des champs féconds, mais pour lui seul stériles;
> On révère aujourd'hui le bon agriculteur.
>
> Ce que c'est, voyez-vous, que de savoir écrire.
> Nous devons ce bonheur à Voltaire, à Rousseau!
> Aussi dans ma chaumière on les voit en tableau;
> Je veux qu'en leurs écrits mon fils apprenne à lire ...

La pièce se termine par une grande fête populaire, au cours de laquelle on couronne les bustes de Mirabeau, de Voltaire et de Jean-Jacques, présentés respectivement par des officiers municipaux, la garde nationale, et par un groupe de mères et d'enfants. Le maire et le curé, fraternellement réunis, font alors l'éloge des deux philosophes. C'est le curé qui prononce le discours sur Rousseau, texte essentiellement politique, où il n'omet pas cependant de célébrer ce qui met Jean-Jacques hors de pair, cette éloquence qui vient de 'l'âme'.[81] La pièce se termine enfin par des hymnes chantés en l'honneur du plus grand des philosophes, qui fut aussi 'le meilleur des hommes'.

En décembre 1790, le théâtre de la Nation mit à l'affiche une pièce beaucoup plus ambitieuse, *Jean-Jacques Rousseau dans l'Isle de Saint-Pierre*. C'était, en cinq actes, une revue des principales opinions du philosophe, que l'auteur prétendait animer en l'intégrant à une intrigue calquée sur celle de la *Nouvelle Héloïse*. Le receveur chez qui Rousseau était retiré avait une fille du nom de Julie, et une nièce du nom de Claire; Jean-Jacques était accompagné par son disciple Saint-Preux. Milord Edouard lui-même était venu s'enfermer dans l'île. L'idée n'était sans doute pas mauvaise, c'est du moins le critique du *Mercure français* qui l'affirme. Mais l'exécution était déplorable: cette intrigue, complètement postiche, n'était là que pour amener une série d'exposés philosophiques, moraux ou politiques au milieu desquels elle ne tardait pas à disparaître tout à fait. Les amours de Saint-Preux et de Julie n'étaient jamais en scène. Le critique du *Mercure* note (7 janvier 1792, pp.56-58):

81.   Amis de la nature, approchez de Rousseau
           Pourquoi le couvrez-vous, ténèbres du tombeau
           C'est lui qui parmi nous apportant la lumière
           Dit à l'homme: Reprends ta dignité première
           Le ciel fait des égaux; le hasard fait des Rois
           Je viens te révéler la hauteur de tes droits
           Sors de tes préjugés; ose enfin te connaître
           Remonte à la Nature et relève ton être.
           Il dit, il a saisi ses pinceaux créateurs
           L'imagination lui verse ses couleurs
           Quel peintre! Quels tableaux! ... Dans notre âme agitée
           Il descend, il l'embrase, et tel que Prométhée
           Il semble au feu du ciel allumer ses flambeaux
           Tel est l'astre du jour ...
           Il verse autour de lui des torrents de lumière
           Et que veut-il de vous, mortels? votre bonheur
           Il est heureux alors. Ce désir qui l'enflamme
           fut pendant soixante ans le tourment de son âme.

Au moment où l'on voudrait s'intéresser à eux, on en est empêché par une dissertation aussi froide, aussi philosophique qu'éternelle sur la révolution de Corse, sur les gouvernements en général, entre Rousseau et le général Paoli, tout étonné de se trouver là.

Le style même n'est pas exempt de reproches ... l'auteur prétend qu'il n'y a pas une phrase dans cet ouvrage qui ne soit tirée des œuvres de Rousseau. C'est de là peut-être que vient le défaut. Rousseau a écrit ses ouvrages comme on écrit des livres, des traités de philosophie, les lettres d'un roman, etc. ... mais le style n'est pas du tout celui qui convient au théâtre et quand il a lui-même travaillé pour la scène, il s'y est pris tout autrement. Le Contrat Social, ses Discours philosophiques et ses Confessions ne sont point du tout dramatiques, et ces ouvrages excellents seraient ridicules s'ils avaient cette prétention. Aussi le dialogue de cette pièce, rempli d'affectation, de recherches et d'antithèses, au lieu d'être naturel et simple, a-t-il paru au moins extrêmement déplacé.

Bref, l'auteur avait confondu 'l'Esprit de Jean-Jacques Rousseau' avec une pièce de théâtre. Ce morne discours ne pouvait être qu'un échec, bien que le public se réveillât pour applaudir 'beaucoup de pensées détachées favorables à la révolution'. Le journaliste du *Mercure* donne même à ce propos une indication fort intéressante: 'On y a remarqué cette interprétation spéciale du mot de *République* donnée par ceux qui voudraient, de gré ou de force nous amener à cette sorte de Gouvernement. On a pu voir qu'elle n'a pas obtenu, à beaucoup près, des applaudissements unanimes.

Six mois après la tragédie du champ de mars, la gauche avait retrouvé son dynamisme. *Jean-Jacques Rousseau dans l'Isle de Saint-Pierre* était une contribution maladroite à l'interprétation la plus démocrate du rousseauisme.

On voit donc que le discours spécifiquement politique était loin d'être absent des pièces de théâtre qui mettaient en scène Jean-Jacques ou qui évoquaient son image. Cela pouvait même aller jusqu'au didactisme le plus importun.

b. Théâtre et culte des âmes sensibles

Cela dit, la remarque de P. M. Masson contient une part de vérité: même dans les pièces qui ne sont guère conçues que comme un prolongement de la propagande officielle, le personnage de Jean-Jacques reste un peu à part. On évoque, avec plus ou moins de bonheur, la singularité de son talent et de son expérience, le lien personnel qui s'établit entre lui et chacun de ses lecteurs. C'est que l'idée maîtresse de Rousseau, celle du bonheur, concerne à la fois l'organisation de la société, et l'expérience la plus intime de l'individu. Le discours prêté à Jean-Jacques, ou sur Jean-Jacques, tranche le plus souvent sur ceux des autres personnages, qui se confondent.

Ainsi, dans *L'Ombre de Mirabeau*, Rousseau indique lui-même le rapport entre ses méditations au sein de la nature (expérience individuelle) et les vérités politiques et morales universelles qu'il découvre. Plus significatif encore, alors que Voltaire demande si les Français sont maintenant éclairés, s'ils comprennent bien ce qu'il a fait pour eux, Jean-Jacques veut savoir si on l'aime. Et, sur la réponse positive du messager, il se répand en effusions. Il préfère ce bonheur au triomphe de Voltaire (sc.4, p.15):

> Sans doute un monument par le peuple érigé
> De l'homme qui n'est plus est le plus beau partage;
> Mais que ce soit le cœur qui garde mon image!

> Savoir la France heureuse, être aimé des Français,
> Voilà quels ont été mes plus ardents souhaits.

De la même façon, le curé constitutionnel qui fait l'éloge de Jean-Jacques dans *La France régénérée* rappelle que son plus grand souci était le bonheur de ses semblables; d'où ses souffrances (dernière scène):

> Et que veut-il de vous, mortels? votre bonheur.
> Il est heureux alors. Ce désir qui l'enflamme
> Fut pendant soixante ans le tourment de son âme.
> Le plus grand des humains fut aussi le meilleur.

Et le vieux laboureur, incarnation de l'homme du peuple, répond en écho au bon prêtre patriote

> Je n'sens pas son esprit, mais je connais son cœur.

L'image idéalisée de Jean-Jacques Rousseau est à mi-chemin entre celle d'un saint médiateur, et celle d'un politique inspiré, pour qui le bonheur individuel est directement en rapport avec le bonheur de tous. Cet appel à l'émotion, qui se traduit tout à coup par une inflation du vocabulaire spiritualiste, était profondément ressenti, semble-t-il, par le public, qui éprouvait un frisson à l'apparition de l'acteur incarnant Jean-Jacques. Si celui-ci était bon, cela suffisait presque à sauver la pièce la plus médiocre. Ainsi apprend-on sans surprise que les amis de Chénier (Marie-Joseph), si déçus qu'ils aient été de voir les Comédiens-Français donner *Momus aux Champs-Elysées* au lieu de reprendre *Charles IX* pour les festivités du 14 juillet 1790, louèrent fort l'interprétation par Talma de l'ombre de Rousseau.[82] On constate le même phénomène, plus marqué encore à cause de l'échec de la pièce, lors de la représentation de *J. J. Rousseau dans l'Isle de Saint-Pierre*. Le critique du *Mercure* observe (p.58):

Si cette pièce a paru si faible dans toutes ses parties, il n'en est pas de même de l'exécution des acteurs. M. Molé surtout, chargé du rôle très fatigant de J. J. Rousseau, l'a rendu avec une vérité, une bonhomie, une sensibilité dont lui-même jusqu'ici n'avait pas donné l'idée: c'était le dernier degré de la perfection. Son ton seul excitait les larmes et remplissait le cœur d'un intérêt d'autant plus extraordinaire, que le talent de l'auteur n'y entrait pour rien. En cherchant plus à se rapprocher du Philosophe de Genève que du Héros de la pièce, il semblait faire disparaître ce que son rôle a de défectueux, et il n'est pas injuste de lui attribuer l'espèce de succès qu'a obtenu cet ouvrage.

Que pouvait être l'exécution des acteurs dans une pièce qui n'avait aucune qualité dramatique? Il demeurait possible de célébrer le culte de Jean-Jacques. 'L'intérêt extraordinaire' excité par l'acteur qui incarnait celui-ci nous laisse entrevoir un phénomène de sensibilité collective de même nature que le sentiment religieux. Cet intérêt ne pouvait se fonder que sur la valeur affective profonde de l'image de Jean-Jacques pour les spectateurs, c'est-à-dire, en dernière analyse, sur le rôle important joué par les thèmes rousseauistes dans leur conscience idéologique, à tous les niveaux. Tel était d'ailleurs le but recherché par l'auteur, puisqu'il déclarait avec fierté qu'il n'y avait, dans son œuvre, pas une phrase qui n'appartînt réellement à Rousseau! Cette pièce manquée témoigne aussi, sans doute, du désir d'intégrer le

---

82. Marvin Carlson, p.64.

rousseauisme, doctrine universelle, à l'expérience la plus singulière de Jean-Jacques. Celui-ci énoncera les thèmes fondamentaux de sa pensée dans l'île de Saint-Pierre, lieu marqué par l'expérience de la rêverie, et la recherche d'un bonheur toujours possible, même dans la rupture brutale de tous les liens sociaux. En d'autres termes, les révolutionnaires entendent revendiquer toutes les valeurs du rousseauisme, mais en refusant systématiquement l'interprétation pessimiste et le repli sur soi. La solitude de Jean-Jacques n'est pour eux que le recueillement nécessaire au bonheur individuel, et qui ouvre en même temps, par le contact avec la Nature, la connaissance des voies du bonheur collectif.

Il y a donc, même dans les leçons les plus abstraites de Rousseau, une qualité particulière qui s'adresse à 'l'âme sensible': le théâtre en porte témoignage, malgré la grande faiblesse des œuvres concernées.

Quelques-unes des pièces où Jean-Jacques paraît s'attachent d'ailleurs à cultiver presque exclusivement cet aspect, et à évoquer les puissances affectives dont le personnage du héros, ou du saint, apparaît comme le dispensateur.

A ce type appartiennent la comédie de Laya, *L'Ombre de Jean-Jacques Rousseau*, représentée à la veille de la révolution, en 1787, et surtout le *Jean-Jacques Rousseau à ses derniers moments* de Nicolas Bouilly. Plus tard, en 1793-1794, une comédie sentimentale, *L'Enfance de J. J. Rousseau*, sera jouée avec succès, ainsi qu'une petite bluette dramatique, *Rousseau au Paraclet*. On retrouvera la même veine en l'an VI, avec un opéra comique intitulé *La Vallée de Montmorency ou J. J. Rousseau dans son hermitage*. P. M. Masson a caractérisé avec bonheur toute cette production: elle achève de familiariser le public avec 'un Rousseau champêtre, botaniste, ami des humbles, prêchant l'allaitement maternel, bénissant les jeunes amants, fraternisant avec les bons curés, invitant tous les Français à se réconcilier, sans souci des vieux noms de papiste et de huguenot, dans l'adoration du même père de famille'.[83]

Dans les œuvres de la première période, l'inspiration religieuse n'a pas encore la même importance, encore qu'elle soit déjà présente, nous le savons, dans *La France régénérée* (où l'on voit un protestant et un prêtre catholique bénir le nom de Rousseau). Mais on trouve par contre les thèmes moralisateurs et l'effusion sentimentale qui ressortissent au culte de Jean-Jacques, et dessinent un idéal de vie toujours senti comme nouveau et même fascinant, car il contient la promesse du bonheur.

L'Ombre de J. J. Rousseau, petite comédie sentimentale en deux actes, met en scène le conflit ordinaire entre l'amour des jeunes gens et la volonté des parents de préserver et d'arrondir le patrimoine familial. Clitandre et Sophie s'aiment; il est riche, elle est pauvre. Faut-il préférer l'amour et la vertu à la sécurité que donne la fortune? Le père du jeune homme, M. Léonard, qui est en même temps le tuteur de Sophie, s'oppose à leur union. Mais il est disciple fervent de Jean-Jacques. L'ombre de celui-ci évoquée par les amants, va donc permettre de dénouer aisément le conflit, et la pièce se termine par des actions de grâce.

Le seul mérite de cette œuvre, où l'action est à peu près inexistante, tient aux discussions morales et aux effusions qui expriment assez bien les diverses valeurs du rousseauisme, mais perçues à travers une mentalité bourgeoise qui tempère

83. *La Religion de J. J. Rousseau*, p.91.

les élans de l'âme sensible par un sens solide des réalités.

Au début de l'acte premier, Clitandre, plongé dans la lecture de *La Nouvelle Héloïse*, s'identifie à Saint-Preux; il invoque Jean-Jacques: 'O toi, divin Rousseau … homme sublime! C'est pour les amants que tu créas ton livre; eux seuls en sentent tout le prix … oui, toujours je chérirai Jean-Jacques. S'il me retrace vivement mes malheurs, il sait me consoler, il sait adoucir mon triste sort …' etc.

Comme toute la famille communie dans le même culte, Clitandre conçoit soudain le projet de gagner son père par son attachement à Rousseau: 'Quelle heureuse idée vient ranimer l'espérance dans mon cœur … Jean-Jacques n'est plus, mais son génie ne peut s'éteindre, son ombre erre autour de son tombeau, et daigne secourir par des avis salutaires l'homme incertain qui vient la consulter.'

En d'autres termes, l'enseignement de Rousseau est, par bonheur, toujours vivant; c'est lui qui doit permettre de dénouer un conflit familial d'un autre âge. Mais M. Léonard, supplié de venir consulter 'l'ombre de Jean-Jacques' n'en voit pas la nécessité: il est certes convaincu de l'efficacité d'un tel recours, mais il se sent en paix avec sa conscience:

Eh! sur quoi ai-je quelque parti embarrassant à prendre? Non, ils sont tous pris. Sois sûr que je n'aurais point d'autre guide, si je flottais entre plusieurs idées. Il aimait tant à secourir les malheureux, à leur prodiguer ses conseils et ses bienfaits: il n'a pu les abandonner en quittant la vie, tout le feu de son génie subsiste encore dans son ombre, et il suffit toujours d'être homme pour participer aux lumières qu'il répand.

On comprendra aisément qu'animé de telles dispositions, M. Léonard finisse par se laisser convaincre: on ira consulter l'oracle. Le père de Clitandre n'est pas pour autant disposé à reconnaître qu'il pourrait se tromper, et il continue à tenir les propos habituels sur l'inconscience des jeunes gens, ignorants des réalités de la vie, propos teintés d'une pointe de cynisme candide: 'L'amour, sans le secours d'une fortune honnête, ne prépare qu'un triste sort; on est si généralement convaincu de cette vérité que l'on s'amuse aux dépens d'un cœur sensible dépouillé de tout autre bien. C'est le son que fait entendre le métal précieux de l'homme riche qui, seul, est universellement respecté.'

Ces discours sont-ils ceux d'un faux dévot du rousseauisme? En fait, le culte de Jean-Jacques n'exclut pas la persistance de comportements avec lesquels, en toute rigueur, il ne devrait pas s'allier. Et puis, il y a place pour bien des interprétations du rousseauisme, y compris les plus rassurantes.

Mais le deuxième acte va montrer qu'il ne s'agit là, par bonheur, que de simples survivances. L'action est située maintenant dans l'île des Peupliers, devant le tombeau de Jean-Jacques; 'Le monument est entouré de peupliers; le coup d'œil doit être simple; on doit voir partout la nature.' A ce changement de lieu correspond un registre différent: le drame bourgeois se transforme en une sorte de miracle, ou de tableau allégorique, destiné à représenter de façon sensible les pouvoirs du rousseauisme. Au moment où le rideau se lève, Jean-Jacques paraît, nimbé de lumière, tel une image de saint: on le voit 'sortir, au milieu des rayons d'une vive clarté, répandue dans son monument; il est vêtu d'une longue robe bleue céleste, serrée par une large ceinture blanche; sa tête est nue et ses cheveux flottent sur ses épaules'.

Cette représentation est un effort (certes artificiel) pour interpréter le culte de Jean-Jacques à travers une imagerie toute chrétienne. On peut penser à la résurrection du Christ, et en tous cas à un miracle mettant en scène quelque saint personnage.

Jean-Jacques, en extase, parle: son discours, assez long, commence par une invocation à la nature champêtre et à la paix. Surtout, il se caractérise par l'entrelacement continuel de deux thèmes. D'abord, un peu en sourdine le thème de la mort et du repos: 'L'envie a beau siffler, je ne l'entends plus ... je repose dans le sein paisible d'une nouvelle vie inconnue aux mortels.' Puis, plus sonore et plus ample, survient le thème de la vie et de la présence parmi les hommes:

Je veux encore revoir la terre où j'ai vécu, que je ne puis cesser de chérir, je sors de mon tombeau; alors le chant des oiseaux, les cris d'allégresse des gens de la campagne, la chanson des jeunes bergères, l'émail de la prairie, l'ombre de mes arbres funèbres, le murmure du ruisseau qui arrose les fleurs et le gazon, enivrent mon âme.

Le bonheur est tantôt attaché au premier thème, tantôt au second; ou plutôt l'un et l'autre se présentent comme corrélatifs, non contradictoires: 'Je goûte ce bonheur si doux, cette joie pure, inexprimable, que j'ai tant de fois désirés, tandis que je soutenais le poids de mon corps, bonheur que l'on ne rencontre point parmi la foule des hommes.'

A s'en tenir là, Jean-Jacques évoque l'idéal chrétien de l'autre vie, sous sa forme la plus commune; mais il ajoute aussitôt que ce bonheur n'est vraiment tel que parmi les hommes:

Je trouve du plaisir à errer sur cette terre où, de mon vivant, je ne rencontrais que des peines ... oui, terre ingrate, la félicité que tu m'as tant de fois refusée, quand j'étais homme, je la goûte maintenant quand je suis une essence immortelle; et c'est dans ton sein même que je la trouve, lorsqu'il me plaît de venir te revoir ... C'est un désir qui me presse souvent; j'aime toujours à contempler la foule de ses habitants.

Ce syncrétisme, où se rejoignent les inspirations païenne et chrétienne, a sa fonction: au thème de la mort, Jean-Jacques associe, en effet, celui du rêve, et des êtres selon son cœur. Au thème de la vie, celui de la postérité, de l'amour que lui portent enfin les hommes, malgré les erreurs qu'ils continuent à faire: le thème, en un mot, de sa survie véritable dans le cœur et dans le comportement de ses semblables, auxquels il propose un idéal qui reste à atteindre: former 'un peuple de frères'.

L'intuition qui guidait l'auteur dans la construction de ce monologue ne manquait pas, on le voit, de justesse: il s'agissait d'abord de montrer la contradiction vécue par Jean-Jacques entre deux valeurs de la solitude: d'une part forme et compensation de l'échec ('le supplément'); de l'autre, condition de la parole salvatrice qui ramène les hommes à la Nature, c'est-à-dire au bonheur. En fin de compte, cela revenait à fonder dans l'expérience même du héros le thème qui constitue le leitmotiv de l'œuvre: la parole de Jean-Jacques est vivante parmi nous, il ne faut pas la laisser perdre.

C'est ce que répètent, en des invocations alternées, le père et le fils, que l'on retrouve au début de la scène suivante devant le tombeau, avec les autres personnages. Ils sont dans la posture des suppliants: 'inclinés ... ils tendent leurs mains jointes vers le monument'. Leurs propos ne sont opposés que jusqu'à un certain point seulement. M. Léonard veut le bonheur de son enfant. Il constate que la fortune et l'amour ne sont pas réunis en sa faveur. Dans ces conditions, l'amour risque de s'évanouir, car le travail deviendra une nécessité cruelle. Bien sûr, Jean-Jacques lui-même acceptait sereinement 'un pénible travail peu fait pour [son] génie', mais qui pourrait prétendre à la même élévation que ce héros? Clitandre plaide pour l'amour et la vertu, qui ne connaissent pas le prix des richesses. Il promet de chérir sans cesse son travail, qui donnera 'une aisance honnête à sa chère Sophie'. Par l'intervention d'un troisième terme, le travail, l'opposition amour-richesse s'actualise, et se joue dans le cadre de l'idéologie bourgeoise, où le travail devient la valeur suprême, mais comme le support de la fortune, et non pas comme son antagoniste.

La réponse de l'oracle, si elle est favorable à l'amour, est d'ailleurs formulée en des termes qui sont loin de rejeter les préoccupations si légitimes du père de famille: le mariage n'est possible que parce que Clitandre est assez riche pour deux; dès lors 'son travail … le mettra, lui et son épouse, dans une aisance commode'. On voit que le thème moral classique orchestré par Rousseau: ce n'est pas la richesse, mais la vertu qui fait le bonheur, est sagement adapté par la bourgeoisie rousseauiste. Au bout du compte, l'intérêt de cette petite pièce vient de ce qu'elle juxtapose deux affirmations que l'on pourrait croire opposées: le culte de Jean-Jacques correspond à une leçon de vie plus actuelle et plus précieuse que jamais, qui fait droit aux exigences du cœur; la bourgeoisie ne doit pas se laisser distraire de ses tâches. Le drame bourgeois prend ici en compte les impératifs éthiques et sentimentaux de rousseauisme, mais jusqu'à l'héroïsme exclusivement. D'ailleurs, le désir de voir régner l'ordre bourgeois, qui implique à la fois le respect du patrimoine et l'autorité du père de famille, est loin d'être étranger à la leçon de Rousseau.

Jean-Jacques Rousseau à ses derniers moments, 'tableau historique en un acte et en prose', exalte aussi le personnage du Saint. Donnée pour la première fois le 31 décembre 1790, au théâtre italien, alors que l'assemblée venait de décerner une statue à Rousseau, cette pièce connut un franc succès, attesté par plusieurs compte-rendus[84] et que l'on peut suivre jusqu'au début de mai 1791, dans le *Journal de Paris*: une quinzaine de représentations en trois ou quatre mois, ce n'était pas alors chose négligeable.

Ce 'tableau historique' est essentiellement un portrait de Jean-Jacques, dont le personnage est constamment en scène, sauf tout au début, quand Thérèse et Jacqueline, la vieille 'gouvernante' genevoise du héros, s'entretiennent de lui. Jean-Jacques se présente tel que, pour l'essentiel, la légende a déjà fixé ses traits, surtout aux yeux du public patriote.[85] Sa destinée malheureuse, l'injustice des hommes à son égard, forment la toile de fond, soit que Thérèse les rappelle, soit qu'il les déplore lui-même. 'Que la récapitulation des événements de ma vie offre un tableau triste et déchirant … Quels maux n'ai-je pas soufferts? Quels tourments n'ai-je pas endurés? … mépris, trahisons, bannissements, misère, abandon, tout s'est accumulé sur moi'. Aussi, le cœur de Jean-Jacques est-il désormais 'engourdi par le malheur et par l'âge'.

84. Cf. *Chronique de Paris*, 2 janvier 1791; *Journal de Paris*, 7 janvier 1791; *Journal général de France*, 10 janvier 1791.
85. Cf. ci-dessus, ch.2, ii, pp.38ss., notamment 56, 62-63, 70-72.

Pour autant, la figure du héros n'en est pas amoindrie. Rousseau reste toujours aussi bon et charitable: il dispense le bien autour de lui, dans la mesure de ses faibles moyens; il sauve de la ruine et du déshonneur une brave famille d'ouvriers menacée de saisie, ce qui permet à deux jeunes gens qui s'aiment de suivre leur penchant; cette bonne action est d'autant plus méritante qu'elle est secrète, et que Jean-Jacques doit se priver du nécessaire. Il n'oublie pas son culte de l'indépendance: s'il recueille des oisillons orphelins, ce n'est pas pour les enfermer dans une volière, mais pour leur rendre la liberté. Certes, il a des accès de misanthropie, que lui reproche son ami Girardin. Mais qu'on ne le taxe pas d'ingratitude: loin de rejeter avec impatience, comme il le fit parfois, mais non sans raisons, les liens de reconnaissance forcée, il éprouve le plus délicieux plaisir à faire le bien sous le nom de son ami. Certes encore, il cherche à fuir les hommes: 'Faut-il s'étonner si j'aime tant la solitude? Je ne vois qu'animosité sur le visage des hommes; et la nature me rit toujours.' Mais il s'épanouit au milieu de la petite société de ceux qui ont mérité sa confiance: Thérèse, la vieille nourrice, Girardin.

Thérèse, de son côté, apparaît comme la digne compagne du philosophe: fidèle, attentive, elle est même capable de délicatesse, et s'exprime comme une dame, dont le langage correct contraste avec le parler populaire de la vieille servante. L'auteur choisit ici la version officielle, la seule convenable, la seule compatible aussi avec la mort édifiante et paisible dont il va tracer le tableau: au fond de sa détresse, nommée sans jamais être évoquée, Jean-Jacques connaît une forme de bonheur, qui lui permet d'échapper au désespoir, et de continuer à parler aux hommes. Ses dernières paroles ont déjà été fixées par la légende: 'Que ce jour est pur et serein! ... oh! que la nature est grande! ... voyez-vous ... voyez-vous cette lumière immense ... voilà Dieu ... oui, Dieu lui-même qui m'ouvre son sein, et qui m'invite à aller goûter cette paix éternelle et inaltérable que j'avais tant désirée.'

C'est là, pourrait-on croire, une mort chrétienne. Pas du tout, grommellent les dévots: il est certes un peu question de Dieu, mais surtout de la Nature, et jamais de l'Eglise: 'Un Protestant, religieux comme l'est tout honnête homme éclairé, a observé, que dans cette pièce, Jean-Jacques mourait en déiste, détaché de toute institution pieuse et sociale.'[86]

L'assomption de Jean-Jacques peut en effet difficilement s'admettre, d'un point de vue orthodoxe. Force est pourtant de constater qu'elle correspond à une forme de conscience religieuse en train de se développer, non pas au sein de l'église, mais à côté d'elle, sans que l'opposition soit en général perçue; c'est un aspect du vaste ensemble de formes idéologiques nouvelles, nées sur la base de la crise du monde féodal, et qui constituent le cadre dans lequel les solutions sont recherchées à tous les niveaux.

Ainsi, en l'occurrence, la transformation de Jean-Jacques en une sorte d'intercesseur pour chacun de ses fidèles va de pair avec la volonté d'assimiler son œuvre politique, pour y trouver des réponses aux problèmes que pose la révolution, et pour justifier l'œuvre déjà accomplie par l'Assemblée nationale. Au moment de mourir, symboliquement, Rousseau donne le manuscrit de son

---

86. *Journal général de France*, 10 janvier 1791, p.40.

Contrat social à Girardin, qui le reçoit avec piété, et prévoit dès lors l'audience qu'aura un jour ce livre, et le rôle immense qu'il est appelé à jouer:

On dirait que c'est Dieu, oui, Dieu lui-même, qui a dicté cet écrit, pour rétablir l'ordre de la Nature et fonder le bonheur de la société … Qui jamais, ô grand homme, qui jamais en lisant cet ouvrage, pourra croire qu'il vous a attiré la haine de vos semblables; qu'il vous a fait bannir de votre Patrie, de la France, de presque toute l'Europe? … Ah! Qu'il vous vengera bien de ce que vous avez souffert! Oui, je veux qu'avant la fin du siècle, cet Ecrit soit gravé dans tous les cœurs; je veux qu'il vous fasse tresser des couronnes civiques, élever des statues, je veux enfin qu'il devienne le code de la liberté française.

Et Jean-Jacques, en écho, invite les Français à suivre ses principes pour 'briser les chaînes qui les avilissent', et à ne jamais oublier surtout que 'tout ce qu'ont fait les hommes, les hommes peuvent le défaire'.

Dans le culte voué à Rousseau l'aspect politique n'est plus séparable de l'aspect moral ou sentimental. La séparation devait être faite plus tard, par les historiens, en fonction de leurs buts idéologiques propres.

Mais en 1791, cette unité, si contestable qu'en soit l'expression artistique, allait faire le succès de la pièce; car elle correspondait à la conscience de la majorité des spectateurs patriotes. Outre divers compte-rendus élogieux, on a la chance d'avoir une évocation très vivante et chaleureuse de la première représentation par un jeune touriste allemand Kotzebue.[87] Il exprime l'émotion, pour nous incompréhensible, qui submergeait véritablement le public, et qu'il retrouve en écrivant; l'entrée en scène de Jean-Jacques créait une sorte de choc électrique:

Il paraît! l'acteur chargé de rendre le personnage de Rousseau l'avait fidèlement copié, car aussitôt un cri de satisfaction s'éleva dans le public. La plupart des spectateurs l'avaient, sans doute, connu, ou du moins souvent rencontré. On cria: *Bravo* à l'acteur, et la veuve de Rousseau, qui se trouvait dans la salle, tomba sans connaissance.

L'habit du philosophe était tout entier de couleur grise, il avait sur la tête une perruque ronde, les genoux un peu courbés; sa démarche était pénible, et toute son attitude, douce et gaie à la fois.

La vive impression, que Kotzebue attribue ici au réalisme de la représentation, était plutôt produite par la valeur émotionnelle attachée à l'image de Jean-Jacques. Kotzebue note les passages les plus applaudis. Ce sont ceux qui éveillent l'écho le plus puissant dans l'imaginaire affectif des spectateurs. On sélectionne ainsi les thèmes fondamentaux du rousseauisme, quelle que soit d'ailleurs la faiblesse de leur traduction dramatique ou symbolique. Lorsque Jean-Jacques déclare qu'il n'a recueilli les oisillons que pour leur rendre la liberté, le dialogue semble aujourd'hui d'une mièvrerie insupportable. Or l'effet était prodigieux: 'Le tableau fut accueilli par des applaudissements extraordinaires, qui devinrent de plus en plus forts et finirent par éclater avec ferveur. On ne laissait passer presque aucune phrase sans l'applaudir, au point que les oreilles m'en tintaient. Pour moi, je n'avais pas applaudi, mais j'avais les larmes aux yeux.' Le spectacle de la bienfaisance de Jean-Jacques, de son émotion devant le bonheur d'autrui, provoque les mêmes mouvements de sensibilité: 'Il

87. *Paris en 1790*, par Kotzebue, traduit in *Nouvelle revue rétrospective*, janvier-juin 1895. Cf. pp.127-33.

était bien peu de spectateurs qui à ce moment eussent les yeux secs.'

Le jeune touriste allemand trouve cependant un peu excessif l'épisode du *Contrat social*: 'M. de Girardin le reçoit avec ravissement, le porte à ses lèvres et, avec une exagération bien française, il affirme que c'est Dieu même qui l'a dicté. Nous aurons là, à ce qu'il paraît, un cinquième évangile.'

L'importance que prend à cette époque le *Contrat social* aux yeux de beaucoup de patriotes est peut-être mal appréciée par un observateur étranger, même s'il éprouve de la sympathie pour la révolution. Mais il faut admettre aussi que l'auteur de la pièce force sciemment la note. Il a voulu écrire une œuvre engagée, conforme à la ligne de la majorité constitutionnelle, comme il l'a déclaré lui-même plus tard;[88] et il ne rencontre pas alors, même chez les patriotes, l'accord général qui règne lorsqu'il se borne à évoquer les thèmes les plus généraux du rousseauisme. Un Loustalot, ou un Marat, eût commenté ironiquement cette confiscation du *Contrat social* par l'aristocratie bourgeoise qui dominait l'assemblée.

A l'autre extrémité, les contre-révolutionnaires déclarés suffoquaient de colère devant cette œuvre qui nous paraît aujourd'hui si peu digne de soulever les passions. Il faut lire à ce propos le compte-rendu haineux du *Journal général de France*. Le rédacteur fait trois séries de reproches à la pièce: sur le plan moral, Jean-Jacques n'est qu'un imposteur dont l'image devrait exciter le dégoût; en politique, il est un fauteur d'anarchie qui n'a même pas le mérite de l'originalité; enfin il est un dangereux ennemi de la religion, qu'il réduit à un vague déisme. En dépit de toutes ces séduisantes qualités, ceux qui le célèbrent maintenant 'le persécuteraient s'il était en vie'. En un mot, la pièce de Bouilly est une fort mauvaise action.

A juger dans son ensemble cette production dramatique, on voit donc que, malgré sa médiocrité, elle ne sépare jamais complètement les préoccupations politiques du patriote et la sensibilité de l'homme privé. Le citoyen et l'âme sensible y trouvent à la fois leur compte, bien que l'on ait souvent du mal à comprendre aujourd'hui comment la chose était possible. Le culte de Jean-Jacques tend désormais à respecter l'unité du rousseauisme.

iii. La célébration du culte de Jean-Jacques dans les masses: patriotes et âmes sensibles

Cette unité du rousseauisme s'affirme plus nettement encore avec le culte que porte à Jean-Jacques le public patriote en général. En témoignent déjà les multiples invocations à Rousseau qui accompagnent le recours à ses principes, et la formation de sa légende. A ce niveau, l'exploitation politique du rousseauisme, présenté comme un corps de principes d'une vérité et d'une validité absolues, n'est guère séparable de l'idéalisation du personnage.

88. Cf. Jean-Nicolas Bouilly, *Mes récapitulations* (Paris s.d.), i.168-69: 'sous les auspices de celui qui daignait m'honorer du titre de son ami [il s'agit de Barnave] je m'inoculai l'amour de ma patrie, la secrète ambition de la servir par mes écrits, l'immuable résolution de ne jamais compromettre ma dignité d'homme ni ma chère indépendance'. Bouilly insiste ensuite sur son modérantisme, en termes sans doute exagérés; la violence des sentiments qu'il exprime contre le mouvement populaire est postérieure à l'an II.

Inversement, nous avons vu aussi que les patriotes se refusent à sacrifier les séductions de l'âme sensible à la vertu romaine de l'auteur des *Discours* et du *Contrat social*. Les démocrates de gauche notamment, comme Cournand ou Sylvain Maréchal, répugnent à enlever les restes de Jean-Jacques au parc d'Ermenonville, et à interrompre ainsi un culte qui existe depuis plus d'une décennie. Ce serait à leurs yeux un appauvrissement tout à fait inopportun de l'image de Rousseau: l'assemblée nationale a raison de vouloir honorer l'auteur du *Contrat social*, mais elle ne doit pas le faire au prix d'une réduction du rousseauisme, qui continuera à proposer à chacun de ses adeptes, individuellement, une aide spirituelle, et à offrir ses consolations à l'âme meurtrie par les difficultés de la vie. Même ceux qui demandent le transfert de Jean-Jacques au Panthéon sont sensibles à cet aspect du culte et se défendent de vouloir lui porter atteinte: la pétition des habitants de Montmorency exalte la 'retraite paisible' du fond de laquelle Rousseau, 'fuyant les hommes qu'il aimait', put faire entendre la 'Sainte voix de la vérité'; et elle ne cache pas les objections sérieuses que l'on peut faire contre la translation des cendres. Les gens de lettres eux-mêmes, par la plume de Ginguené, évoquent le 'séjour champêtre' que Jean-Jacques a rendu célèbre en l'habitant, 'et où on conserve de lui de si honorables et si touchants souvenirs'.[89]

Ce double caractère du culte est donc nettement affirmé en 1791, et il va se maintenir. Aux yeux des patriotes, il n'y a rien là de contradictoire. Ce sont leurs adversaires qui vont, pour des raisons évidentes, introduire une dissociation. Il n'y réussiront que beaucoup plus tard. En attendant, les honneurs publics décernés à Jean-Jacques sont répercutés et reproduits à travers le pays, au cours de fêtes et cérémonies diverses, grâce surtout à l'action des clubs et sociétés populaires; ces cérémonies, où la petite bourgeoisie patriote des sans-culottes côtoie souvent les dignitaires de la révolution, prennent volontiers la forme d'un culte véritable, aux rites proches de ceux qui se développent depuis dix ans autour du tombeau de l'île des Peupliers, où les pélerins continuent à affluer.

a. La diffusion des honneurs révolutionnaires, et des images de Rousseau

Le décret du 21 décembre 1790 n'a pas créé le culte des images de Jean-Jacques; mais il a sans nul doute contribué à le développer.

On connaît les malheurs de la statue qu'on se proposait d'ériger: ce n'est pourtant pas que les artistes se soient désintéressés du projet. Dès le 28 décembre un sculpteur, Chaudet, faisait hommage à l'assemblée d'une esquisse qu'il était en train de terminer. Deux jours plus tard, le 'club des artistes' présentait une pétition suggérant probablement l'organisation d'un concours. Une brochure de Houdon, écrite vers le milieu de 1791, jette quelque lumière sur cet épisode: Houdon, auteur d'un buste de Rousseau, espérait bien se voir confier la réalisation du monument; accusé d'être à la fois bénéficiaire et défenseur des privilèges académiques, il se justifie comme il peut, arguant de sa timidité qui le rend incapable de participer à un concours, et protestant de son attachement (d'ailleurs réel) à la cause de la révolution. Plus tard, Roland, alors Ministre de l'intérieur, lui fera obtenir gain de cause: mais la réalisation sera à nouveau

---

89. Cf. ci-dessus, pp.116-18.

retardée par le 10 août. Ces avatars montrent en tous cas que la non-exécution du décret du 21 décembre 1790 n'était pas le fruit d'un désintérêt général.

Dans le même temps, les bustes de Jean-Jacques se multipliaient. Après celui qu'avait jadis exécuté Houdon, offert à la constituante en juin 1790 par un patriote, un autre, sculpté en relief sur une pierre de la Bastille, était présenté à l'assemblée léglislative le 6 octobre 1791, en même temps que celui de Mirabeau.[90] C'était un don du 'patriote Palloy', démolisseur de la forteresse, qui répandait avec profusion des pierres symboliques, très vite devenues, au moins dans la région parisienne, un élément de base du culte révolutionnaire. Le 7 octobre, ces nouvelles images étaient installées solennellement dans la salle des séances.[91] Le 11 juillet 1792, le sieur Suranne, sculpteur, se présentait à la barre de l'assemblée, et lui faisait encore une fois l'hommage,[92] d'une 'statue' de Rousseau, accompagnée de celles de Voltaire et de Mirabeau. Entre temps, le samedi 27 août 1791, la veille même du jour où les 'gens de lettres' et les habitants de Montmorency allaient venir réclamer les honneurs du Panthéon pour Rousseau, une lettre du sculpteur Baudon avait été lue à l'ouverture de la séance: il offrait, pour célébrer l'achèvement de la constitution, les portraits gravés des mêmes grands hommes, et s'engageait à déposer 83 exemplaires de chacun d'entre eux, 'pour être distribués dans les départements'.[93] Un mois plus tard, la presse patriote annonçait que les 'portraits en grand de J. J. Rousseau, Voltaire et Mirabeau', étaient exposés chez 'le sieur Constantin quai de l'Ecole, au cabinet des tableaux', et seraient vendus six livres chacun; le public était invité à souscrire.[94] On entrevoit ici comment les honneurs officiels permettent de répandre ces images, qui pouvaient devenir l'objet d'une excellente spéculation commerciale, sans que cela nuise à leur fonction idéologique. On les retrouve dans divers lieux, notamment dans les locaux où se réunissent les sociétés populaires; quelques exemples, recueillis dans la presse ou dans la littérature des pamphlets, ne permettent pas de conclure avec certitude à une grande diffusion; mais ils conduisent au moins à la supposer.

On ne sera pas surpris de trouver les Amis de la Vérité parmi les premiers initiateurs de ce culte. C'est au cours d'une séance de la confédération que le député de Forcalquier, Eymar, fit l'essai de sa motion sur la statue, avant de pouvoir la développer devant l'Assemblée nationale.[95] Dès la séance suivante, un artiste offrait aux amis de la vérité de leur apporter 'les essais d'un buste de J. J. Rousseau'.[96] Il s'agissait de Chaudet, qui allait être le premier à se mettre sur les rangs après le décret du 21 décembre 1790. En attendant, il était bientôt en mesure de présenter, au cirque du Palais Royal, un modèle en plâtre, aux applaudissements de la foule: 'L'image de cet ami de la vérité [il s'agit évidemment de Jean-Jacques] a produit une sensation profonde dans tous les cœurs.

---

90. Cf. *Moniteur* du vendredi 7 octobre 1791, p.51.
91. *Moniteur* du samedi 8 octobre 1791, p.55.
92. Cf. *Arch. P.*, xlvi.324.
93. Cf. *Moniteur*, 28 août 1791.
94. Cf. *Le Patriote français*, mardi 27 septembre 1791, p.376.
95. *Bouche de fer*, no 34, décembre 1790. Assemblée fédérative, 9e séance, p.533.
96. *Bouche de fer*, no 36, décembre 1790. Assemblée fédérative, 10e séance, pp.560-61.

On a ouvert une souscription où plusieurs personnes ont souscrit sur l'heure.'[97]

Les Amis de la Vérité vont donc organiser leur propre concours, parallèle à celui de l'assemblée; mais ils envisagent une œuvre de dimensions beaucoup plus modestes, encore que la première esquisse, celle de Chaudet, soit probablement celle-là même qui fut présentée ensuite à l'Assemblée nationale. La liste des souscripteurs est publiée le 21 février 1790 par la *Bouche de fer*: on y remarque notamment, avec les noms de Nicolas Bonneville et de Fauchet, ceux de Mercier, de Lequinio, d'Athanase Auger et de Girardin.[98] Entre temps, à trois reprises le journal du Cercle social était revenu sur le projet, pour signaler la présentation d'une nouvelle esquisse,[99] pour rendre compte des progrès (d'ailleurs médiocres) de la souscription,[100] ou pour indiquer la participation des citoyens à l'hommage qui se préparait: une députation du faubourg Saint-Antoine était venue couronner de feuilles de chênes le buste de Jean-Jacques.[101]

Quelques jours plus tard, l'assistance fut invitée à faire un choix entre les esquisses qui étaient parvenues au directoire. Le journaliste de la *Feuille du jour* rend compte de cette scène avec son ironie coutumière (1er mars 1791, p.476):

La séance est ouverte par un hommage fait à l'assemblée de quatre bustes de Rousseau, de toutes les grandeurs, assis, debout, en Sénèque, en perruque, etc. Le président annonce que différents artistes offrent, au public, ces essais, qu'ils exécuteront en marbre, s'ils obtiennent des suffrages et des encouragements.

L'épreuve ne fut sans doute pas probante, car la semaine d'après, alors qu'on rendait compte de l'état de la souscription, la veuve de Jean-Jacques était dans la salle pour reconnaître 'parmi tous les *Rousseaux* celui qui ressemblait davantage à son illustre époux' (7 mars 1791, pp.527-28).

A partir de là, on ne trouve plus trace de l'entreprise des Amis de la Vérité, qui semble bien avoir avorté, tout comme l'exécution du décret du 21 décembre 1790. Sans doute le départ de Fauchet, et quelques mois plus tard la crise de Varennes, qui porta un coup fatal au Cercle social, peuvent-ils expliquer ce fiasco; mais il apparaît aussi que la souscription ne rapporta pas une somme suffisante, malgré la sympathie pour Jean-Jacques qui régnait dans ce milieu: la liste du 21 février (ce n'est sans doute pas la dernière) ne compte guère qu'une soixantaine de noms; c'est peu, comparé aux cinq à six mille personnes qui se pressaient chaque semaine dans l'enceinte du 'cirque'.

Bonneville et Fauchet n'avaient d'ailleurs pas été les premiers à vouloir honorer Jean-Jacques de cette façon. Il faut rendre la priorité à deux patriotes du Poitou dont la lettre, datée du 20 janvier 1790, est publiée dans les *Révolutions de Paris*.[102] 'Tout le monde lit Rousseau,' déclaraient-ils, 'tout le monde l'admire, et personne ne s'empresse à donner à ce grand homme un témoignage vivant de son estime.' Ils proposaient donc de lui élever une statue et d'ouvrir à cet

---

97. *Bouche de fer.*, no 2, 6 janvier 1791. Assemblée fédérative, 12e séance. Procès verbal de la séance du 31 octobre 1790 (date manifestement erronée), p.20.

98. *Bouche de fer*, no 21, 21 février 1791, pp.334-35.

99. *Bouche de fer*, no 5, 13 janvier 1791, Assemblée fédérative, 13e séance, p.65.

100. *Bouche de fer*, no 9, 22 janvier 1791, Assemblée fédérative, 14e séance, p.129.

101. *Bouche de fer*, no 22, 23 février 1791, Assemblée fédérative, 18e séance, p.339.

102. No 29, du 23 au 30 janvier 1790, p.44. La lettre était signée Bonneau-Duchesne, fils; Presle-Duplessis le Jeune.

effet une souscription d'un écu, ajoutant, avec un bel optimisme: 'si tous ses admirateurs souscrivent, nous aurons, du reste, encore de quoi soulager bien des malheureux'.

Dès la semaine suivante, le journal prévenait ses lecteurs qu'il ne pouvait pas se charger de recevoir les souscriptions. Il avait remis celles qui lui avaient déjà été envoyées entre les mains d'un notaire dont il donnait l'adresse.[103] Mais il prenait l'engagement de publier la liste des souscripteurs, ce qu'il allait faire très régulièrement jusque vers la mi-juin (no 49), donnant même le résumé de diverses lettres écrites à ce propos par des lecteurs. Ensuite les informations s'espacent jusqu'au numéro 57, du 7 au 14 août, date à laquelle elles s'arrêtent: cette date (est-ce une coïncidence?) est à peu près celle à laquelle Loustalot tomba malade pour ne plus se relever: il devait mourir dans les premiers jours de septembre.

C'est seulement beaucoup plus tard que Prudhomme lui-même, le propriétaire du journal (ou le journaliste qui lui prêtait sa plume) donna un bilan: il n'était pas glorieux! le libraire indique que la somme recueillie se monte à 2585 livres. Il s'en plaint amèrement: il espérait que la souscription serait bientôt remplie: elle n'était que d'un écu, et elle avait pour objet la statue du seul écrivain qui se fût totalement consacré à la cause de la liberté. Prudhomme poursuit:

Il semble que l'on pouvait compter sur la reconnaissance de ceux qui ont étudié dans ses ouvrages les droits de l'homme et du citoyen, sur ceux dont ses pathétiques pages ont ému l'âme, sur les mères auxquelles il a fait sentir le charme de remplir leurs premiers devoirs, et les enfants qui ont recueilli sur le sein maternel le fruit de ses éloquentes leçons; sur les sociétés patriotiques qui se sont élevées de toutes parts, et pour lesquelles il est peut-être d'une obligation plus particulière d'honorer le premier apôtre de la liberté; enfin sur tous ceux qui aiment et qui sentent les bienfaits de cette liberté ...

Malgré cela, la recette était décevante, et Prudhomme lançait un ultime appel à la générosité de ses lecteurs: 'on fait tous les jours de bien plus grands sacrifices pour des objets qui sont loin de le mériter autant'.[104]

On doit supposer que l'appel ne fut guère entendu, puisque les *Révolutions*, après avoir donné le nom des derniers souscripteurs, ne publièrent plus aucune information à ce propos.[105] Le décret voté par l'assemblée nationale semblait d'ailleurs rendre inutile l'entreprise à laquelle le journal avait prêté son concours. Bientôt, une lettre des deux initiateurs venait proposer un autre usage des fonds recueillis, sous réserve de l'approbation tacite des souscripteurs: on emploierait cet argent au 'soulagement' de quelques victimes innocentes de la révolution: accusés absous par le 'tribunal des dix', enfants des citoyens tués au siège de la Bastille et dans la 'malheureuse affaire de Nancy'.[106] Un abonné objecta que ce serait faire une aumône bien mesquine à chacun de ces 'nécessiteux', eu égard à leur grand nombre. Il proposait donc une utilisation plus rationnelle, et, en

103. *Révolutions de Paris*, no 30 du 30 janvier au 6 février 1790, p.32.
104. *Révolutions de Paris*, no 73, du 27 novembre au 4 décembre 1790, pp.423-24.
105. Voici les références de toutes les informations concernant la souscription: tome iii, no 31, p.47; no 32, p.46; no 33, p.32; no 34, p.31; no 35, p.32; no 36, pp.45 et 53; no 37, p.52; no 38, p.55; no 39, p.104; no 40, p.155; tome iv, no 40, p.155; no 41, p.204; no 42, p.252; no 43, p.300; no 44, p.355; no 46, p.451; no 47, p.507; no 48, p.556; no 49, p.611; no 52, p.779; tome v, no 54, p.103; no 57, p.255; tome vi, no 73, p.423; tome vii, no 80, p.91 (arrêt de la souscription); no 85, p.352.
106. *Révolutions de Paris*, no 80, du 15 au 22 janvier 1791, p.91.

un sens, plus conforme à la ligne de gauche du journal; la somme pourrait être remise 'aux quarante soldats du régiment de Châteauvieux, si indignement condamnés aux galères par les juges bourreaux de Nancy, et dont le pouvoir exécutif [était] chargé de solliciter la grâce auprès des cantons suisses'.[107]

C'était là une solution qui aurait eu l'agrément de Loustalot: elle restait en effet dans la note philanthropique convenable, et elle constituait en même temps un acte politique dont le sens était clair, un désaveu de l'attitude de compromis de la majorité constitutionnelle, si indulgente pour la contre-révolution et si impitoyable aux soldats patriotes, qu'elle traitait en rebelles.

La suggestion fut-elle retenue? Les *Révolutions de Paris*, qui participent plus activement chaque jour à la campagne en faveur d'une refonte démocratique du régime, nous laissent à ce propos sur notre faim. Ce qui est certain, c'est que la souscription ouverte pour ériger une statue à Jean-Jacques servit en fin de compte à la réalisation d'une bonne œuvre, à caractère patriotique, puisqu'aucune voix ne s'était élevée pour refuser un tel emploi.

Comment apprécier cet épisode? Eu égard aux ambitions affichées au début, l'échec est incontestable. Les initiateurs de la souscription, et Prudhomme lui-même (ou Loustalot!) pensaient obtenir rapidement une somme suffisante, et au-delà, pour édifier une statue monumentale, en bronze ou en marbre. Ils sont loin du compte.

On peut toutefois faire observer que les chiffres, en l'absence de tout point de comparaison approprié, ne sont pas tellement faciles à interpréter: 339 souscripteurs connus, mais sans doute davantage en réalité, puisque plus de 2600 livres avaient été réunies, était-ce vraiment si peu? Certes, à mettre en regard ce résultat et le produit de la générosité des fidèles de l'église catholique, même si on se limite à telle ou telle dévotion particulière, on ferait certainement apparaître une différence impressionnante. Mais il faut noter qu'ici, le seul moyen de populariser l'entreprise était le journal de Prudhomme. On sait qu'une sollicitation aussi lointaine est rarement suffisante pour obtenir un bon résultat dans un tel domaine, fût-ce parmi un public tout acquis en principe à l'objectif poursuivi. Surtout, une différence capitale apparaît: il n'y avait aucune institution pour prendre en charge le culte de Rousseau, sauf de façon très évasive, et ponctuelle. En dehors des cérémonies officielles où il intervient, ce culte reste spontané, l'objet d'initiatives privées, et le fruit de besoins qui, pour avoir une dimension collective évidente, ne s'en expriment pas moins sous une forme essentiellement individuelle. Il témoigne, si l'on veut, d'une sensibilité religieuse, mais il est bien loin d'être l'expression d'une vraie religion, ou de toute autre force sociale organisée, du type de nos actuels partis politiques: Prudhomme le sent bien, qui regrette que les Jacobins ne fournissent pas le cadre institutionnel nécessaire pour que la liaison organique avec la foule des amis patriotes de Jean-Jacques puisse s'opérer. Dès lors, les 'fidèles' restent dispersés ... et l'appel à la souscription financière se perd dans les sables. Ajoutons que le journal de Prudhomme, par sa coloration politique marquée, découpait, dans la masse des admirateurs de Rousseau, un secteur bien individualisé. En définitive, le résultat assez médiocre ne signifie pas que les initiateurs de l'entreprise se soient trompés

107. *Révolutions de Paris*, no 85, du 19 au 26 février 1791, p.352.

quant à l'ampleur réelle de la popularité de Jean-Jacques: Prudhomme ne la met d'ailleurs pas en doute, il se borne à déplorer l'inconséquence de ce public.

Quoi qu'il en soit, la liste des souscripteurs est assez étoffée pour donner une bonne image de l'*un* des publics de Jean-Jacques, celui sur lequel les historiens ont le plus souvent insisté avec bonheur, car il correspond le mieux aux caractères essentiels du rousseauisme: public petit-bourgeois, patriote avec ferveur, mais parmi lequel on devine plus d'une fois une tendance à la modération, et surtout un goût décidé de l'ordre.

La plupart des souscripteurs en effet se définissent socialement, soit par l'indication de leur métier, soit, quelquefois, par la simple qualité de 'bourgeois'. Quand ils ne donnent aucune indication de ce type, ils précisent souvent qu'ils sont des dignitaires de la révolution: officiers de la garde nationale, ou membres d'une assemblée administrative. Quelques-uns affichent leur qualité de cadres d'une section parisienne, ou de membres de la société des amis de la constitution. Les provinciaux sont les plus nombreux: témoignage de la pénétration du journal, mais aussi, à la fois et contradictoirement, de l'ampleur nationale de la lutte idéologique et de la plus grande facilité avec laquelle les Parisiens peuvent marquer leur engagement dans cette lutte. Le groupe le mieux représenté est celui des hommes de loi (avocats surtout, notaires et clercs de notaires, quelques procureurs); ensuite viennent, à égalité, ceux des marchands et négociants et des professions libérales (artistes, médecins, cadres techniques tels que les ingénieurs des ponts et chaussées, les arpenteurs ...); enfin celui des artisans et boutiquiers. Les curés ne sont pas absents, mais sont un peu en retrait: on trouve même quelques religieux (trois!), tel ce père François-Etienne Esnault, religieux Augustin de Pompone-en-Brie, 'désirant que son exemple soit enfin imité par quelques-uns de ses confrères ecclésiastiques'. Les femmes, peu nombreuses, appartiennent probablement aux mêmes milieux sociaux, mais elles ne l'indiquent qu'exceptionnellement, comme cette madame Huet Blanchetier, 'marchande épicière à Versailles'. Quelques aristocrates, dont une grande dame, la marquise de Gontaut, viennent se mêler à ces plébéiennes. Peut-être aurait-on pu s'attendre à les voir plus nombreuses; mais leur présence médiocre est tout simplement le reflet de leur statut social dépendant. Leur participation aux événements de la révolution est surtout notable dans les couches les plus populaires, et on imagine mal des lectrices de Jean-Jacques parmi les femmes qui ramenèrent de Versailles, 'le boulanger, la boulangère et le petit mitron'.

Notons enfin que l'on voit paraître, dans les listes publiées hebdomadairement par les *Révolutions de Paris*, certains noms connus, ou que nous avons déjà rencontrés: ceux de quelques députés à l'assemblée nationale, comme les deux Bouche, d'Aix et de Forcalquier,[108] ou Brostaret de Nérac; ceux de Moutonnet de Clairfons, 'secrétaire de Monsieur, censeur royal, membre de plusieurs académies';[109] de Huguet de Sémonville; de Guffroy 'secrétaire des états d'Artois', auteur du *Tocsin*;[110] du 'patriote Palloy', qui offrait, bien entendu, 'les plus

108. Connus pour leurs interventions en faveur des patriotes d'Avignon partisans du rattachement à la France.

109. Cf. ci-dessus, ch.2, pp.27, 40.

110. Le compatriote de Robespierre, qui sera un des plus fougueux Montagnards en l'an II, avant de devenir un Thermidorien forcené, est un lecteur assidu de Rousseau, auquel il fait très souvent

fortes pierres de la Bastille' pour le socle de la statue; ceux enfin de 'M. Roland, inspecteur général des manufactures à Lyon et de Madame son épouse', de David, 'peintre du roi', et de Romme, que l'on découvre au milieu d'un groupe de Jacobins en pèlerinage à Ermenonville. Petite liste assez variée, quant aux attitudes politiques de ceux qui y figurent: non seulement les futurs montagnards, comme Romme, Guffroy ou David y côtoient les futurs Girondins, comme Mme Roland et son époux; mais on voit que n'ont pas encore disparu les adeptes du républicanisme aristocratique, tel Huguet de Sémonville, l'un des parlementaires les plus virulents au moment de la révolte anti-despotique.

Certains des souscripteurs expriment des souhaits intéressants. Plusieurs voudraient que les inscriptions à graver sur le socle de la statue ne fussent pas en latin, mais en français: on y verra un désir de rendre la culture populaire, et une appréciation élogieuse sur le rôle positif joué à cet égard par Rousseau. Quelques-uns proposent des devises tirées de l'œuvre du philosophe: elles ont trait soit au christianisme de Jean-Jacques (et dans ce cas elles sont empruntées au *Vicaire savoyard*) soit à sa pensée politique. Ainsi, on voit apparaître à trois reprises une formule dont la signification n'est pas malaisée à déceler: 's'il y avait un peuple de dieux, il se gouvernerait démocratiquement. Un gouvernement si parfait ne convient pas à des hommes.' On sait que les aristocrates se faisaient une joie de mettre en relief les maximes pessimistes de ce type; mais ici, il s'agit tout simplement de la conviction, largement répandue à cette époque, que la monarchie constitutionnelle était le seul gouvernement qui convînt à la France. Peut-être, cependant, faut-il voir dans ce choix un avertissement aux 'exagérés'. Malgré la nuance d'extrême gauche du journal, que dominait alors la personnalité de Loustalot, beaucoup de ses lecteurs devaient craindre les 'excès', et se voulaient parfaitement loyaux envers l'Assemblée nationale.

Bref, la souscription organisée par les *Révolutions de Paris* permet d'entrevoir ce rousseauisme des humbles, qui contribuera à former la mentalité sans-culotte. Deux traits s'affirment, qui ne suffisent pas encore à la constituer: l'attachement à la religion, et le désir d'apporter une certaine prudence dans la mise en œuvre du changement révolutionnaire indispensable. Ce deuxième caractère n'est sans doute pas sans rapport avec la date précoce du document considéré (début de 1790 pour l'essentiel).

L'échec de ces initiatives privées pour doter Jean-Jacques d'un monument n'empêche pas les exemplaires de son buste de paraître en divers endroits: on en constate la présence dans plusieurs fêtes ou cérémonies révolutionnaires; des sociétés populaires l'installent solennellement dans leur local. Il s'agit sans doute, soit de l'œuvre de Houdon, soit de l'une de celles réalisées par le sourd et muet Deseine, et qu'il fit annoncer par les Jacobins après son triomphe dans le concours ouvert pour le buste de Mirabeau.[111] Ainsi on trouve Jean-Jacques à la 'Société des indigents, amis de la

appel dans son journal et dans ses pamphlets: tout aussi bien que Loustalot, il aurait pu fournir l'exemple d'un rousseauisme de gauche.

111. Cf. *Société des Amis de la Constitution, séante aux Jacobins, à Paris*, Annonce (BN Lb 40 640). Deseine s'était vu confier la réalisation du buste de Mirabeau, à la grande déception de Houdon, d'abord pressenti (cf. *Réflexions sur les concours en général et sur celui de la statue de J.-J. Rousseau en particulier*, par Houdon, s.l.n.d., BN Ln 27 17989).

constitution',[112] à la 'Société fraternelle des patriotes des deux sexes, défenseurs de la constitution, séante en la bibliothèque des Jacobins Saint-Honoré, à Paris'.[113] On l'entrevoit en province, chez les Jacobins de Lons-le-Saunier,[114] chez ceux de Verdun, qui décident de joindre le *Contrat social* à la couronne de chêne décernée chaque année à l'écolier qui aura montré le plus de 'patriotisme, de zèle et de talent'.[115] On imagine aussi, sans en avoir la preuve, que le buste de Jean-Jacques devait présider aux travaux des citoyens de la section du *Contrat social* ou de la Société des Amis de la Liberté, séante à la Croix Rouge, la première à avoir demandé officiellement le transfert des cendres d'Ermenonville au Panthéon, avant la pétition du 28 août 1791.[116]

Jean-Jacques trône encore au milieu du banquet anniversaire du serment du jeu de paume;[117] et lorsque les amis de la vérité organisent, en février 1791, de grandes agapes patriotiques, ils n'oublient pas de l'y convier, lui qui avait montré dans sa *Lettre sur les spectacles* ce que devait être une véritable fête populaire![118] On le promène enfin le jour du triomphe de Voltaire,[119] comme on le fera quelques mois plus tard, à l'occasion de la grande fête expiatoire offerte aux soldats de Chateauvieux, prélude aux journées révolutionnaires de 1791.[120]

D'ailleurs, Rousseau n'avait-il pas déjà été associé aux réjouissances publiques qui avaient eu lieu autour des ruines de la Bastille, le 14 juillet 1790? Mercier, témoin de la scène, la relate avec émotion:

On a promené son buste sur les ruines de la Bastille, le jour même où, pour célébrer l'anniversaire de la conquête de la liberté, on avait élevé dans les airs cette énergique inscription: *entrez, ici l'on danse*; ce buste avait la couronne civique et passa plusieurs fois

112. *Installation de J.-J. Rousseau auteur du contrat social dans la Société des Indigens, amis de la constitution, séante rue Jacob, vis à vis celle Saint-Benoît* (broch. in 8°, 4p., signée Vachard, BN Ln 27 17991); cf. ci-dessous p.162 (reprographié in Barny, *J. J. Rousseau dans la Révolution française, 1789-1801*).

113. *Société fraternelle des patriotes des deux sexes, défenseurs de la constitution, séante en la bibliothèque des Jacobins Saint-Honoré, à Paris. Extrait du procès verbal* de la séance du dimanche 12 février 1792, an quatrième de la liberté. broch. in 8°, 15p. signée Merlin, député à l'Assemblée nationale, président; Mittié fils vice président; Chevalier, Brissonnet, Despainville, Beulin fils, secrétaires. BN Lb 40 2421. Cf. ci-dessous, p.165.

114. Cf. *Patriote français*, dimanche 13 mars 1791.

115. Cf. *Chronique de Paris*, 10 juin 1791, p.642.

116. Cf. *Arch. P.*, séance du 9 août 1791, au soir, xxix. 304.

117. *Inscription du serment et de la fête civique*, célébrée au bois de Boulogne, par la société du serment du jeu de paume de Versailles, des 20 juin 1789 et 1790, in 8°, 8p. (s.l.n.d.); BN Lb 39 8898.

118. Cf. *Bouche de fer*, no 17, 12 février 1791. Assemblée fédérative, dix-septième séance ... Réunion des amis de la Vérité dans la Métropole, pour la confédération universelle de la grande famille du genre humain, pp.257-63. Cf. pp.262-63: 'Après la vigoureuse harangue d'un véritable *surveillant* du Peuple (*Evêque*, veut dire littéralement celui qui veille aux droits du peuple), les amis confédérés pour la liberté des nations se sont rendus du Cirque national. On y a fait une agape, repas civique et fraternel ... Vers la fin de ce repas fraternel, les vénérables frères Dubin et Colom, officiers de l'Orient national, ont fait la quête pour les pauvres; on s'est approché de l'image du bon Jean-Jacques Rousseau, et la fête la plus décente et la plus aimable, de toute la grande famille, a donné quelque idée de ces divertissements si chers au citoyen de Genève: *Contents de leurs concitoyens et d'eux mêmes, chacun semble se dire comme à Sparte: Voilà la concorde des citoyens! Voilà la fraternité publique! Voilà la pure joie et la véritable allégresse! Voilà la paix, la liberté, l'équité, l'innocence.*'

119. Cf. par exemple *Chronique de Paris*, mardi 12 juillet 1791, p.981: le 'médaillon' de Rousseau accompagnait ceux de Franklin, Mirabeau et Désilles.

120. Cf. par exemple le *Patriote français*, mardi 12 avril 1792, pp.432-33: cette fois, J. J. Rousseau était accompagné par Voltaire, Sidney et Franklin. Désilles et Mirabeau avaient disparu.

sur les cachots démolis et entr'ouverts où l'on avait planté des bosquets artificiels semés des *boulets de fer*, des *anneaux*, et des mêmes chaînes qui avaient opprimé les victimes du despotisme ... hommage ingénieux et éloquent, digne d'un peuple libre! Je ne l'ai point vu sans tressaillir; il était dû, sans doute, ce rare hommage, à celui qui plaida avec force et dignité le premier droit des peuples, le droit de *faire la loi*.[121]

Jean-Jacques est donc le seul des grands hommes célébrés par les patriotes à avoir traversé toute la période de la révolution bourgeoise sans que sa popularité soit à aucun moment contestée, sauf par les aristocrates les plus farouchement accrochés au passé sous toutes ses formes, ceux qui ne comprennent pas les vertus d'un rajeunissement idéologique, même de leur propre point de vue. Il traversa la période suivante avec le même succès. C'est qu'il en était venu à incarner, aux yeux de tous, les forces morales et politiques capables de changer la vie; changement dont bien peu osaient nier la nécessité depuis que la crise de la société féodale était entrée dans sa phase finale.

Au cours de ces manifestations patriotes, surtout lorsqu'elles sont dominées par la figure de Jean-Jacques, se développent les éléments d'un culte très proche de celui que les 'fidèles' continuent à célébrer dans l'île des Peupliers. L'unité de ces divers aspects s'impose d'autant plus à l'esprit que la plus importante des fêtes consacrées à Rousseau, celle aussi sur laquelle les renseignements sont les plus abondants et les plus précis, eut précisément pour cadre Montmorency: ses organisateurs entendaient ainsi affirmer que le patriotisme était la forme moderne de la sensibilité. Les meilleurs éléments de la culture élaborée par la génération précédente se retrouvaient dans la révolution, qui en était le fruit.

b. Pèlerinages

Les pèlerins qui continuaient à faire le voyage d'Ermenonville n'étaient certes pas tous des patriotes: si aucun document ne permet de se faire une idée de leur nombre, non plus que de leur répartition sociale ou politique, il est peut-être permis d'extrapoler à partir de quelques faits connus, et surtout à partir de l'image que nous avons désormais de l'extraordinaire diversité du public rousseauiste. Même si la composante principale est patriote, les aristocrates sont nombreux qui continuent à vénérer Jean-Jacques, sans avoir conscience le plus souvent de leur position marginale: ils trouvent, dans le rousseauisme même, d'excellentes raisons pour étayer leur attitude.

Aussi n'est-on pas étonné de trouver la reine Marie-Antoinette, et sa suite, parmi les visiteurs de l'île des Peupliers.[122] Il est vrai que c'était tout au début de la révolution, au printemps 1789. Mais même plus tard, une telle démarche n'eût pas constitué un non-sens idéologique: il suffit pour s'en persuader, de penser à l'attitude du comte d'Antraigues, et de tant d'autres. Quelques années

---

121. *De J. J. Rousseau*, ii.288-89. Cf. aussi Ginguené, *Lettres sur les Confessions*, p.vii: 'notre jeunesse patriote avait porté son image en triomphe autour de cette Bastille qui, sans lui, serait peut-être encore debout', et d'Escherny, *Correspondance d'un habitant de Paris*, (cité d'après la réédition de 1815, parue sous le titre de *Tableau historique de la Révolution*, ii.13): 'Nous avons vu ... la statue d'un simple citoyen, la statue de J. J. Rousseau, couronnée de fleurs, portée en triomphe autour de la Bastille et dans les rues de Paris.'

122. Indication donnée par Célestin Port, éditeur des *Souvenirs d'un nonagénaire. Mémoires de François Yves Besnard* (Paris 1880), ii.12.

auparavant, d'ailleurs, la reine elle-même tenait le rôle de Colette, dans le *Devin du village*, au cours des parties théâtrales qu'elle organisait au Petit-Trianon.[123] Faudrait-il pour autant considérer que c'étaient là les véritables 'âmes sensibles'? La question n'est nullement provocatrice: c'est à cette hypothèse que devraient se résigner ceux qui tiendraient encore à opposer le 'véritable' culte de Rousseau au culte révolutionnaire. D'autres visiteurs, tels Mme d'Houdetot, et surtout l'abbé Maury, étaient loin de figurer parmi les Patriotes.[124] On imagine que c'était aussi le cas de ce M. de R. dont la *Gazette de Paris*, journal de droite, publie le 19 octobre 1789, des 'Vers impromptus composés au pied du tombeau de J. J. Rousseau'.[125] Il adresse son hommage au moraliste, au réformateur des mœurs domestiques, au chantre de l'amour et de la vertu; mais il ignore le politique: à cette date, c'était évidemment un silence considérable. Le désir de

123. Cf. *Mémoires sur la vie privée de Marie-Antoinette, reine de France et de Navarre* ..., par Madame de Campan ... (Paris 1822); cf. i.228, 230.

124. Cf. *Revue rétrospective. Recueil des pièces intéressantes relatives à l'histoire des dix-huitième et dix-neuvième siècles*, par Paul Cottin (Paris 1884-1904), tome vi, *journal d'un secrétaire de M. Suard*, pp.91-93.

125. Cf. pp.159-60.

> C'est donc ici que tu reposes
> Philosophe profond, ô toi, qui dans nos cœurs
> De nos penchans, de nos erreurs,
> Scrute si bien les effets et les causes!
>
> Pour mériter de voir vivre et mourir
> Son bienfaiteur, son peintre, sa victime
> La Nature en ces lieux voulut être sublime:
> Avec elle, avec moi, tout semble ici gémir.
>
> Que tout mortel au cœur pur et sensible
> Vienne pleurer sur ce tombeau:
> Que toute mère ingénue et sensible
> Vienne en tribut apporter un berceau.
>
> Que tout père pour sa famille,
> De la tombe fasse un autel;
> Qu'en le nommant il apprenne à sa fille
> Comment payer l'amour et le lait maternel.
>
> Que celui qui contre son frère
> S'est armé de sa plume ou d'un fer assassin,
> Vienne dans ce canal purifier sa main;
>
> Que celui qui brula d'une flamme adultère,
> Ou que la soif des grandeurs et de l'or
> Peut consumer, ici se désaltère;
> Qu'il y cherche un autre trésor.
>
> Qui nous pourroit, sans tes ouvrages,
> Consoler de t'avoir perdu!
> Ton destin fut celui des Héros et des Sages:
> *Rousseau* n'est plus, *Jean-Jacques* a survécu.
>
> L'humanité par toi respire;
> Le préjugé tombe à tes pieds vaincu;
> Et qui te lit, sans jamais trop te lire,
> A déjà fait un pas vers la Vertu.
>
> Ah! combien à chérir, à suivre ton exemple,
> Nouveau Platon, Tout m'invite en ce lieu!
> Qu'avec regret je vais lui dire adieu!
> Mais au moins je ne sors du Temple
> Que rempli de l'esprit du Dieu.

transformer la vie en se rapprochant de la 'Nature' est cependant reconnu et célébré. Pour les aristocrates qui vivaient la crise de la société féodale avec quelque intensité, Jean-Jacques restait un maître de vie intérieure. Il leur suffisait de transposer sa leçon politique sur un plan exclusivement moral pour découvrir une philosophie adaptée à leur conservatisme social profond, contradictoirement uni à un désir de changement parfois très vif. Il est d'ailleurs probable que cette réduction du rousseauisme, qui se présente comme une exaltation des valeurs les plus subjectives considérées abstraitement, et données pour une essence précieuse, s'exprime directement dans une formule telle que 'Rousseau n'est plus, Jean-Jacques a survécu'.

C'est précisément cette séparation de Rousseau et de Jean-Jacques que refusent les patriotes, qui accomplissent eux aussi, et probablement en plus grand nombre, le pèlerinage de l'île des Peupliers. On pourrait en douter à entendre Mme de Staël lorsqu'elle refait, à une date indéterminée, le voyage déjà accompli avant 1788;[126] mais elle entend alors protester contre la radicalisation du mouvement populaire. Prenant à témoin Jean-Jacques de l'abus que l'on fait de ses principes, elle apporte ce jour là sa contribution à la lecture aristocrate de Rousseau: elle insiste sur les thèmes libéraux, contre le despotisme révolutionnaire de la volonté générale.[127] Cette attitude, cultivée par la droite dès 1790, allait prendre une grande extension à l'époque de la convention montagnarde. Mais, si modérée qu'elle fût, Mme de Staël ne devait pas encore en être là avant le dix août. Et beaucoup de visiteurs des années 1789 à 1792, qui prendront ensuite des positions variées au cours des grandes luttes révolutionnaires de l'an II, ne peuvent encore se définir que comme d'excellents patriotes.

Ils vont chercher devant le tombeau de Jean-Jacques ce que Brissot, dès 1782, prétendait y trouver: un contact avec l''âme vertueuse' du citoyen de Genève, qui permît de se pénétrer plus profondément de l'esprit de ses ouvrages;[128] la seule différence, c'est que, désormais, la composante politique a pris toute son importance.

Tel est le jeune François Yves Besnard, qui se rend à Ermenonville, dans les tous premiers jours de la révolution, avec quelques amis.[129] Comme le veut la tradition, avant d'accéder aux mystères de l'île des Peupliers, il cherche à recueillir le souvenir de Jean-Jacques auprès de ceux qui l'ont connu, ou ont entendu parler de lui; il rencontre d'abord une vieille femme qui lui procure le plaisir d'une aumône, après lui avoir opportunément rappelé les habitudes charitables du philosophe; puis il se présente chez le cabaretier Maurice, où l'on peut contempler plusieurs reliques de Rousseau. 'Le ton d'enthousiasme avec lequel nous lui dîmes être venus d'une extrémité du royaume pour visiter les lieux où reposaient les cendres de Jean-Jacques, nous valut bientôt de sa part

126. Cf. *Lettre sur les ouvrages*, pp.85-86; et ci-dessus, ch.1, pp.9-15.
127. Cf. manuscrits de Mme de Staël, BN, Nouv. acqu. fr., 1300, pièce 43. Cité in Gordon McNeil, 'The cult of Rousseau and the French revolution', *Journal of the history of ideas* 5-6 (1944-1945), p.205.
128. J. P. Brissot, *Mémoires*, publiées par Cl. Perroud (Paris s.d.), i.279.
129. Cf. *Souvenirs d'un nonagénaire*, ii.2-22.

la confiance dont il nous apprit que le célèbre philosophe l'avait honoré lui-même.'

Les jeunes gens sont ainsi admis à toucher la tabatière de Jean-Jacques, sur laquelle ils déchiffrent l'inscription jadis tracée par Anacharsis Cloots: 'mes doigts ont touché cette tabatière, mon cœur en a tressailli, et mon âme en est devenue plus pure'! Après s'être recueillis devant le tombeau, les visiteurs font une nouvelle halte chez le cabaretier Maurice, l'un des grands prêtres du culte, et ils sont invités à consigner leurs impressions sur un registre. Les quelques lignes écrites par François Yves Besnard, 'faible témoignage de sensibilité et de reconnaissance', expriment à la fois la permanence des sentiments commandés par Jean-Jacques, et une émotion nouvelle, née des circonstances révolutionnaires:

A J.-J. Rousseau,
Les grandes révolutions, que tu avais devinées, viennent de mettre des siècles entre ta mort et le jour où nous sommes venus visiter ta tombe. Nous sommes dès à présent la postérité pour toi, et tu es toujours grand à nos yeux. Hélas, puisse ton âme, comme ton génie, vivre toujours au milieu de nous, nous serons humains et libres, et le peuple, au milieu duquel tu vécus, sera tout à fait digne de posséder ta cendre.

Il est clair qu'aux yeux des jeunes admirateurs de Jean-Jacques, la révolution n'est pas seulement le triomphe de la justice, et d'une théorie vraie de l'organisation sociale; c'est aussi celui de la sensibilité, de la vertu, des valeurs individuelles les plus précieuses du rousseauisme.

Vers la fin de la période révolutionnaire proprement dite, sous le directoire, une autre relation fait écho à celle de François Yves Besnard, le *Voyage à l'île des Peupliers* d'Arsène Thiébault:[130] les circonstances ont changé, la fraîcheur originelle des sentiments patriotiques s'est flétrie sans doute. Mais l'intuition fondamentale de l'unité des divers aspects du rousseauisme reste présente; tout est fondu dans le culte que l'on rend à Jean-Jacques, où coexistent désormais le souvenir des grandes fêtes patriotiques, le sentiment exalté des sacrifices réclamés par la patrie en danger, et les émois de l'âme sensible:

Je me rappelais, écrit le visiteur, que le premier peuple libre venait de toutes les parties de la Grèce visiter le lieu de la sépulture des trois cents Spartiates, morts à la journée des Thermopyles. Que de nos jours, des savants d'Italie vont visiter le tombeau de Virgile, au-dessus de la grotte du Posylipe, ainsi que celui de Sannazar, surnommé Sincérus. Je pensais aux sectaires de Mahomet qui, des bords glacés de l'Atlantique et des régions les plus lointaines, se rendent en nombreuses caravanes à la Mekke pour voir le Ka'abah, ou bâtiment quarré, et qui croiraient manquer au prophète si, au moins une fois dans la vie, ils ne remplissaient cette sainte obligation. Ainsi, me disais-je, l'homme bon et sensible viendra religieusement, chaque année, visiter Ermenonville ...

On mesure ici à quel point A. Thiébault eût été surpris d'entendre distinguer le culte littéraire et le culte politique de Rousseau. L'invocation à la 'Nature', par laquelle le pèlerin se prépare à la rencontre avec les mânes de Jean-Jacques, se termine par une prière où s'affirme à nouveau l'unité de l'homme et du citoyen: 'Puissé-je toujours être bon et juste! ... Puissé-je ne jamais oublier la

---

130. A Paris, chez Lepetit ... an VII. Plus tard, A. Thiébault publiera une édition considérablement remaniée et augmentée de cet ouvrage: *Voyage à Ermenonville par Arsène Thiébault de Berneaud* (Paris 1819).

pratique des devoirs que tu m'as imposés comme fils, comme homme, comme citoyen! ... Puissent aussi mes jours être heureux!'

Comme Besnard six ans plus tôt, le visiteur se purifie et s'identifie à Jean-Jacques par un acte de Charité; il est admis à l'attouchement des reliques, et il déchiffre la même inscription d'A. Cloots. Il pénètre enfin dans le sanctuaire de l'île des Peupliers, et il évoque l'émotion dont il est saisi, dans un style qu'il jugera plus tard excessif, ou peut-être fleurant l'hérésie, puisqu'il en corrigera l'outrance juvénile. Mais, et c'est ce qui nous intéresse ici, il insiste sur la nature religieuse de l'acte qu'il accomplit,[131] et il n'oublie pas, dans son invocation à Jean-Jacques, de réunir en un même mouvement l'hommage à l'auteur du *Contrat social* et l'hommage au maître des âmes sensibles.[132]

Entre ces deux dates, on entrevoit plusieurs personnages marquants qui viennent, dans le même esprit, sacrifier au culte de Jean-Jacques: peut-être Camille Desmoulins, à qui il arrive d'évoquer ce pèlerinage comme une chose ordinaire, dont il déplore pourtant la longueur, en écho à un article des *Révolutions de Paris* sur les tombeaux;[133] sans doute aussi le rédacteur de ce dernier journal (Fabre d'Eglantine ou Sylvain Maréchal), puisqu'il défend avec conviction le droit pour les vrais amis de Jean-Jacques, d'aller se recueillir devant ses mânes dans leur cadre naturel:

Laissez Jean-Jacques dans son île. La solitude qu'il habite est bien plus propre à lui faire des imitateurs que la basilique superbe où vous lui désignez une place que vous n'aviez jamais pu lui faire accepter. Si le prêtre Sieyès fût allé faire ses dévotions à Ermenonville, il ne nous en eût pas rapporté son projet de loi contre la presse, que les députés subalternes sont venus à bout de faire décréter.

On sait que le journaliste suggérait de n'installer au Panthéon que le buste de Jean-Jacques avec cette inscription:

> Allez à Ermenonville;
> Le sanctuaire de la nature
> Etait seul digne
> De posséder la cendre
> de J.-J. Rousseau.

En conséquence, tous les ans, le 28 juin, jour de la naissance du philosophe, ou le 2 juillet, jour de sa mort, il y aurait eu un grand pèlerinage à l'île des Peupliers, 'présidé par une députation nombreuse de l'assemblée'.[134]

131. *Voyage à l'île des Peupliers*, p.51: 'J'approchais insensiblement de l'île des Peupliers, où se trouve la tombe de Jean-Jacques, et je sentais mon âme saisie d'un saint respect; je voyais devant moi cet auguste sanctuaire, et j'éprouvais cette crainte salutaire, ce profond recueillement dont une âme religieuse est pénétrée à l'approche du temple de la divinité.'

132. *Voyage à l'île des Peupliers*, p.52: 'Terre heureuse, m'écriai-je en me jetant à genoux, je te salue! je te salue, ô tombe sacrée, trophée respectable de l'amitié, gloire de la vertu, consolation de l'humanité! Je te salue ... la reconnaissance, première vertu de la société, reçut par mes pleurs le tribut que tout homme doit consacrer à l'immortel auteur du *Contrat Social* ... Une douce rêverie s'empara de moi. Je devins sombre et mélancolique; mille idées confuses m'obsédèrent ... Un sentiment que je ne peux aussi bien exprimer que je l'éprouvai, une dévotion ardente, un attendrissement inexprimable furent maîtres de moi. Je pleurai, et je fus soulagé.'

133. Cf. *Révolutions de France*, no 80, 18 juin 1791, pp.134-35.

134. Cf. *Révolutions de Paris*, no 112, du 27 août au 4 septembre 1791, pp.365-69. Cf. aussi no 100, du 4 au 11 juin 1791, pp.446-47 (c'est l'article auquel fait allusion Camille Desmoulins).

Souvenons-nous aussi que l'abbé de Cournand, interprète de gauche de la pensée sociale de Rousseau, réclamait pour celui-ci les honneurs nationaux, à condition de ne pas porter atteinte au sanctuaire d'Ermenonville, dont il apparaissait comme l'un des familiers.[135] Nous avons également entrevu un groupe de patriotes, parmi lesquels le futur Montagnard Romme, venus s'incliner devant le tombeau de Jean-Jacques, et choisissant ce lieu pour souscrire 'à l'érection d'une statue à l'ami de la liberté'.[136]

Il existe aussi une légende selon laquelle Robespierre aurait fait, à la veille de sa chute, le pèlerinage d'Ermenonville, identifiant son destin à celui de Jean-Jacques, victime lui aussi du complot des méchants.[137]

Sans sortir de notre période, on trouve encore les témoignages de quelques personnages moins marquants. Parmi les auteurs qui ont concouru pour le prix de l'Académie française, certains sont manifestement des pèlerins d'Ermenonville. Ainsi Thiéry, qui ne trouve pas de meilleure péroraison que l'invocation à Jean-Jacques faite devant le tombeau de celui-ci:

J'ai parlé de la reconnaissance publique: me sera-t-il permis de laisser échapper aussi les faibles accents de la mienne. O grand homme! dédaignerais-tu l'élan d'une âme jeune et vive, qui s'est nourrie de la tienne, et qui te dois son amour pour la vérité, la justice, la vertu? La nature m'avait fait un cœur sensible; tu l'as rendu aimant et bon: je te devrai le désir de faire le bien, et peut-être tout le charme de ma vie.

Je suis à ce moment dans les lieux où tu reposes; je termine cet écrit sur ta tombe. Voilà donc ta dernière demeure! Que dis-je? C'est ici que tu vis pour le bonheur de l'humanité; c'est ici que tu exerces toujours en son nom sur les mœurs publiques une censure qui l'honore. Ah! cette pierre qui couvre ta cendre, me paraît un trône sur lequel ton ombre s'assied, pour rappeler à l'univers les lois que tu lui dictes. Oui, c'est ici, dans ce temple de la paix et de l'innocence, que toutes les mères devraient apprendre à connaître leurs devoirs, les enfants à devenir hommes, et tous les hommes à être vertueux.

Ombre chère et sacrée! prosterné devant toi, j'abjure les erreurs et les préjugés de mon enfance. Sois à jamais mon guide et mon appui; que toujours fidèle à tes leçons, et au serment que je fais, je chérisse ma patrie, l'humanité, la religion et la vertu.'[138]

Il est clair, une fois de plus, que le culte voué à Jean-Jacques par les patriotes ne rejette aucune des valeurs traditionnelles. Le bonheur public et les devoirs du patriotisme sont certes mis au premier rang: mais les devoirs privés et l'exigence du bonheur individuel ne sont pas oubliés; et l'exaltation de l'âme sensible demeure.

Jean-Jacques Rouvière, membre de la société populaire de Montpellier eut-il la possibilité de faire, lui aussi, le pèlerinage d'Ermenonville? Quoi qu'il en soit, il s'exprime de façon à le laisser croire, lorsqu'il retouche en 1794, au moment de la translation des cendres, son éloge de 1791. Il applaudit, bien entendu, mais il éprouve quelque regret, et il affirme que le culte des âmes sensibles n'est pas menacé par cette gloire nationale un peu encombrante malgré tout:

135. Cf. ci-dessus, pp.115-16.
136. *Révolutions de Paris*, no 57, du 7 au 14 août 1790, p.256.
137. Cf. Louis Gillet, la collection Girardin au Musée de Chaalis, le reliquaire de Jean-Jacques, in *Revue des deux mondes*, 7e période, 39 (1925), p.159. Cité par Gordon H. McNeil, 'The cult of Rousseau and the French Revolution'; l'auteur allègue aussi une lettre que lui a écrite Louis Gillet, le 20 décembre 1939.
138. Cf. *Eloge de J. J. Rousseau*, pp.81-82.

Ombre vénérable: du sein de l'asile paisible où tu reposes entends nos cris de reconnaissance, et vois les honneurs rendus à ta mémoire. La justice nationale, compagne
inséparable de la liberté, t'appelle au temple de la gloire. Mouille d'une dernière larme
le tombeau que te consacra l'amitié, et viens honorer de ta présence le Panthéon naissant
de la république.

Et vous jardins d'Ermenonville, peupliers chéris qui jusqu'ici couvrîtes de votre
ombrage ses précieux restes, ne craignez point d'être jamais oubliés des âmes sensibles.
Les vrais amis de Jean-Jacques aimeront toujours s'égarer dans vos allées silencieuses
pour y jouir de cet attendrissement délicieux que le souvenir du génie et de la vertu
malheureuse y feront naître plus vivement que partout ailleurs.[139]

On parierait que Michel-Edme Petit, fervent disciple de Jean-Jacques, président d'une section parisienne en 1789-1790, fut un des pèlerins les plus recueillis.
Ce n'est pourtant pas d'Ermenonville, mais du pied de la statue décrétée par
l'assemblée nationale qu'il invoque son maître; mais il le fait en des termes que
ne désavouerait aucun des visiteurs de l'île des Peupliers: 'dans l'espoir de nous
instruire tous ensemble, plutôt par les certitudes du sentiment que par les
subtilités de l'esprit, je m'entoure à mon gré d'une foule d'humains selon son
cœur'.[140]

Le culte voué à Jean-Jacques s'affirme ici tout au long de l'éloge; mais c'est
un culte qui se fond dans le culte traditionnel, en l'infléchissant dans le sens des
préoccupations des hommes de progrès, partisans et défenseurs héroïques de la
liberté française.[141] Proche des sentiments et de la pensée de l'abbé Fauchet, ou
de ceux de beaucoup de curés patriotes, M.-E. Petit rejoint aussi le déisme
largement accueillant de beaucoup d'hommes marqués par la tradition des
lumières, mais dont l'attitude religieuse reste imprégnée d'une sensibilité qui se
confond à l'occasion avec la piété traditionnelle: le culte de Jean-Jacques, qui
prend parfois des aspects de résurgence païenne, ou de parodie sacrilège des
mystères chrétiens, trouve aussi parfaitement à se concilier avec cette conception
élargie du christianisme. Il joue alors le rôle d'un élément qui remodèle de
l'intérieur la conscience religieuse de nombreux patriotes, pour lui permettre de
faire place aux exigences idéologiques d'un âge nouveau, marqué par la première
grande révolution des temps modernes. Visage populaire du christianisme qui
sera en grande partie remis en cause par la féroce réaction sociale organisée par
la bourgeoisie triomphante.

139. Cf. *Eloge de J.-J. Rousseau citoyen de Genève, couronné par la société populaire de Montpellier*, et
prononcé dans le Temple de la raison, lors de son apothéose, le décadi 20 floréal, l'an second de la
République française une et indivisible. Par Jean-Jacques Rouvière, Membre de la société. A
Montpellier ... l'an second de la République. Bibl. municipale Montpellier, 51-465. (Cet éloge
figure déjà, sous une forme presque identique, dans les cartons de l'Académie française.)

140. *Eloge de J. J. Rousseau, citoyen de Genève*, p.5.

141. Cf. pp.69-72: 'Ses vertus, à sa dernière heure, portèrent doucement son âme dans le sein de
Dieu. C'est là qu'entouré de tout ce qui fut grand et juste parmi les hommes, et particulièrement
de ceux qui sont morts pour la défense de nos saintes lois, il verse sur leurs plaies glorieuses des
larmes aussi pures que son cœur; c'est de là que, soulevant un coin de ce voile épais et funèbre qui
nous cache la mort, il crie à chacun de nous dans sa conscience: O homme! qui que tu sois, fuis de
toute ta force les circonstances qui mettraient tes devoirs en opposition avec tes intérêts, apprend
à maîtriser les commodités de la vie, à braver le malheur; juge de tout ce qui se rapporte à toi
devant le ciel et dans ton cœur et les tyrans de ton espèce trembleront à ta vue, et tu auras une
patrie, et l'éternité t'attend.' Cf. aussi, dans le dossier du *Concours J. J. Rousseau*, aux Archives de
l'Académie française, les éloges de Leuliette et de Cl. J. Trouvé.

Il ne manque même pas au culte de Jean-Jacques la note tragique qui en atteste l'authenticité: c'est au printemps 1791 qu'un jeune homme vient se suicider dans le parc d'Ermenonville, pour être enterré près de la tombe du maître qui représentait pour lui la promesse du bonheur. On lui refusait la jeune fille qu'il aimait, et il donnait ainsi à sa mort le sens d'une protestation contre les atteintes parfois irrémédiables à la nature que peuvent occasionner les mœurs et les habitudes sociales vicieuses. Le marquis de Girardin accéda à son dernier souhait, et le laissa reposer près de l'île des Peupliers. La légende s'empara de l'histoire, et on voulut voir dans ce mystérieux jeune homme un fils de Jean-Jacques: en 1797 encore, Arsène Thiébault en est persuadé.[142] Cette fable ne reposait en fait sur aucun fondement: mais l'anecdote tragique du jeune suicidé, qui jette précocement une note de désespérance romantique sur le culte de Jean-Jacques, atteste que la valeur affective du rousseauisme était aussi forte que jamais. L'image de Jean-Jacques éveillait en chacun l'exigence du bonheur, en même temps que la colère ou le désespoir devant la difficulté à vivre.

c. *Cérémonies et fêtes populaires*

Ce culte à la fois indécis, ouvert, et parfaitement adapté aux exigences mentales et affectives nées de la crise du monde féodal, et de la grande révolution politique et sociale qui se développait pour la surmonter, se retrouve dans les cérémonies patriotiques organisées autour de l'image de J. J. Rousseau. Là aussi, il s'agit de permettre aux hommes de vivre les conflits dans lesquels ils sont engagés, à partir des formes de conscience qui leur sont habituelles, en les infléchissant pour faire place aux thèmes nouveaux, nés d'exigences nouvelles.

La manifestation la plus précoce dont le souvenir ait été transmis par l'écrit visait à célébrer l'anniversaire du serment du jeu de paume:[143] elle eut donc lieu le 20 juin 1790, dans le climat d'euphorie patriotique et d'unité nationale

---

142. Cf. *Voyage à l'île des peupliers*, pp.79-83 et 162-73: Thiébault donne la lettre écrite par ce jeune Werther 'au citoyen Girardin'. Il déclarait notamment: 'On trouvera cette malheureuse victime de l'amour et d'une extrême sensibilité aux environs de cette isle si chérie des âmes sensibles où repose le célèbre Rousseau.' Dans son *Voyage à Ermenonville*, de 1818, Thiébault donne à nouveau cette lettre, mais le texte n'en est plus exactement le même! Il est beaucoup moins 'désordonné'. L'auteur en outre fait le point sur la polémique qui s'était développée dans la presse, en 1813, sur la base d'indications beaucoup plus anciennes, à propos de l'identité du jeune suicidé. Et Thiébault nie alors avoir contribué à répandre la fable du fils de Jean-Jacques revenu se donner la mort sur la tombe de son père. Il n'avait fait que rapporter le bruit qui avait circulé à l'époque. Il oublie, ou il feint d'oublier, qu'il l'avait très nettement repris à son compte. Cf. *Voyage à Ermenonville*, pp.63-64 et notes pp.189-98.

143. *Description du serment et de la fête civiques, célébrés au bois de Boulogne par la société du sermet du jeu de paume de Versailles, des 20 juin 1789 et 1790* (s.l.n.d.), in 8°, 8 p. BN Lb 30 8998. Cf. aussi A. Mathiez, *Les Origines des cultes révolutionnaires (1789-1792)* (Paris 1904), pp.46-49; 'Les premiers membres de la Société du Jeu de Paume', in *Annales révolutionnaires* (1909), pp.244-48. A. Mathiez a utilisé la relation que nous venons d'indiquer. Nous la suivrons aussi de préférence, parce que son auteur multiplie les allusions à Jean-Jacques. Mais il existe un autre opuscule, qui est le compte rendu officiel, imprimé par les soins de la société, et rédigé par Romme lui-même: *Détail des circonstances relatives à l'inauguration du monument placé le 20 juin 1790 dans le jeu de paume de Versailles, par une société de patriotes* (Paris, de l'imprimerie des Révolutions de Paris, 1790), BN Lb 39 3606. A. G. Garonne, auteur de *Gilbert Romme, histoire d'un révolutionnaire, 1750-1795*, traduction française par Anne et Claude Mancron (Paris 1971; édition originale 1949), utilise (pp.224-34) cette deuxième relation, beaucoup plus circonstanciée et plus précise, à laquelle nous ferons appel pour corriger ou compléter l'autre.

chaleureuse qui entourait les préparatifs de la fête de la fédération. Le choix de l'événement célébré est d'ailleurs significatif d'une période où l'assemblée constituante reste, aux yeux de tous les patriotes ou presque, la meilleure expression des vertus de la révolution naissante; centre d'initiative essentiel, elle offre en même temps un point de réunion vital aux énergies patriotiques; elle incarne avec éclat la légitimité révolutionnaire. Certes, les désaccords sont déjà apparus au sein de la gauche; les hommes de la société de 1789 se sont écartés des Jacobins; mais, parmi ceux-ci, rien encore qui ressemble à la cristallisation de tendances opposées, prélude à l'affrontement de fractions ou de clans hostiles. Ainsi, au cours du banquet final, qui réunit les principaux protagonistes, on aperçoit les silhouettes de Charles de Lameth, de Barnave, de Menou, portant des toasts; mais aussi celles de Robespierre, de Camille Desmoulins, et de Danton, alors connu comme le porte-parole habituel de l'intraitable district des Cordeliers.

La première partie de la célébration semble avoir réuni autour du jeu de paume et au terme d'un défilé à travers Versailles une foule nombreuse. Y participaient, outre les membres de la société qui venait d'être créée à cet effet, la municipalité de la ville, la garde nationale, et même le régiment de Flandres: 'le tambour battit aux champs; on présenta l'arme devant l'arche sacrée'.

Les détails que donne le narrateur, ses réflexions, dessinent le tableau d'une cérémonie patriotico-militaire qui reproduit certains aspects d'un culte religieux, et répond à un sentiment comparable; certes, ce culte ne s'adresse qu'à une divinité abstraite, la liberté; mais il comporte un élément affectif puissant, et l'auteur de la relation croit donc pouvoir insister sur sa valeur proprement religieuse: le jeu de paume est devenu 'un temple pour tous les bons Français, pour les amis de la liberté'. Nous sommes ici à mi-chemin entre la rhétorique la plus banale et l'effort pour cerner la réalité des sentiments collectifs, dont la manifestation institutionalisée doit permettre de consolider la vision du monde nécessaire au nouveau régime. Métaphore filée ou tentative de définition, la peinture de la fête comme cérémonie religieuse se développe: 'Nos enfants iront un jour en pèlerinage à ce temple, comme les musulmans vont à la Mecque. Il inspirera à nos derniers neveux le même respect que le temple élevé par les Romains à la piété filiale … O amour de la patrie! ô vertu! vous pouvez seuls inspirer de semblables sentiments.'

Après avoir, au terme de leur défilé, renouvelé le serment du 20 juin 1789, les patriotes sentent 'un saisissement religieux' s'emparer de leur âme, et ils poussent vers le ciel des cris d'allégresse, 'pour le remercier de la liberté' qui leur est maintenant promise. Cette cérémonie est également marquée par l'utilisation d'un matériel symbolique fruste, mais saturé de signification: des vieillards 'scellent sur la muraille les tables de la loi': entendons qu'une 'table d'airain', sur laquelle est gravée la formule du serment, est scellée dans le mur du jeu de paume à l'aide de pierres de la Bastille; au cours de la procession, ces objets ont été portés, et offerts à la vénération de la foule, par deux groupes de combattants du 14 juillet. Ainsi s'affirme symboliquement l'union de l'Assemblée nationale et des masses populaires, dont on exalte l'intervention décisive. Il n'est pas indifférent que le langage utilisé pour cela soit en partie emprunté à la symbolique chrétienne, alors que le commentaire du narrateur tend plutôt à suggérer l'image d'une scène païenne. Nous avons déjà rencontré ce syncrétisme, qui traduit à la fois le caractère marginal du culte révolutionnaire par rapport aux religions existantes, et l'universalisme de sa visée; de telles scènes sont surtout accordées à un vague déisme sentimental, nourri de souvenirs antiques; mais il est loisible à chacun de les rattacher ou non aux pratiques chrétiennes.

Après cette inauguration, une table de trois cents couverts, dressés au bois de Boulogne, devait permettre aux principaux participants de se retrouver avec des patriotes venus de Paris, et qui n'avaient pas pu assister à la cérémonie: on peut imaginer que c'était le cas des membres de l'Assemblée nationale. Les mets servis 'flattaient agréablement les sens'; mais l'auteur de la relation tient à rassurer ses lecteurs: il s'agissait 'des fruits de la simple nature'; aucune étalage inconvenant de richesse n'était donc à déplorer comme dans les banquets de la société de 1789.[144] Enfin, on avait placé au milieu de la table, disposée en forme de croix, 'les bustes des amis de l'humanité, de Jean-Jacques Rousseau, de Mably, de Franklin, qui semblaient encore présider la fête'.[145] Sans doute ces images figuraient-elles déjà en bonne place dans le cortège du matin. Au cours de ce banquet, des toasts furent portés, à la manière anglaise: malgré la faillite des anglomanes, qui étaient apparus dès le début comme les hommes du compromis, et avaient été rejetés, certaines habitudes d'outre-Manche restaient liées, pour les patriotes, à la conquête de la liberté. On ne voulait pas du système politique, mais on continuait à apprécier, et à proposer en exemple, divers aspects des mœurs anglaises. Il faut remarquer à ce propos la signification du toast porté par Robespierre. Il avait le double mérite de rappeler que la lutte politique continuait, et de se rattacher à ce que la tradition anglaise offrait de meilleur: 'M. de Robespierre [proposa de boire à la santé] des écrivains courageux qui avaient couru tant de dangers, et qui en couraient encore en se livrant à la défense de la patrie.'

D'autres caractères de ces agapes patriotiques méritent d'être soulignés. D'une part, au début, l'imitation des rites catholiques est poussée jusqu'à un point qui confine à la parodie sacrilège: 'On se mit à table: M. Romw [*sic*], président de la société, lut, pour *bénédicité*, les deux premiers articles de la déclaration des droits de l'homme. Tous les convives répétèrent, *Ainsi soit-il*.'

L'officiant ainsi désigné est Gilbert Romme, le futur conventionnel: il sera plus tard l'un des auteurs du calendrier révolutionnaire. Son objectif n'était pas anti-chrétien, ce que pourrait laisser croire un récit tantôt maladroitement emphatique, tantôt trop grêle, et par là même un peu caricatural. Il voulait au

144. Cf. *Description du serment*: 'Nous n'avons pas eu le désespoir d'insulter à la misère publique, par la magnificence et la rareté des mets; nous ne nous sommes pas mis à la fenêtre pleins des vins de Phalère et de Côte-rôtie, pour mendier les applaudissements de nos frères, de l'estime et de l'amour desquels nous étions sûrs, parce que nous avions toujours embrassé leurs intérêts, parce que nous avions toujours été persévérants.' Romme dans le *Détail des circonstances* indique: 'l'intention des sociétaires avait été de rappeler en tout dans ce banquet les mœurs simples, frugales et franches de la liberté', et il précise quel était le menu: un peu de rôti, quelques plats de légumes, des fruits de saison, et du vin de table.

145. Selon Romme, il s'agissait des bustes de Franklin, Rousseau et Montesquieu: on avait cherché en vain celui de Mably. L'originalité, ici, réside évidemment dans l'hommage rendu à Montesquieu, qui n'était pas en odeur de sainteté auprès des patriotes, Marat constituant l'exception la plus notable. Dans ces conditions, il n'est pas surprenant de voir l'auteur anonyme de la *Description* censurer ce détail.

contraire mobiliser la religiosité populaire en faveur de la révolution, modifiant ainsi sa finalité traditionnelle, sans trop s'écarter des formes modelées par des habitudes séculaires. Entre l'idéologie révolutionnaire, présente d'ailleurs dans la conscience des masses petites-bourgeoises, sur les schémas intellectuels et affectifs qui continuaient à organiser prioritairement la prise de conscience de ces masses, tel semble être l'objectif de ces leaders, dont Romme est le prototype, et qui peuvent, pour leur propre compte, adopter des positions assez diverses, depuis le théisme jusqu'à une indifférence religieuse assez sereine: il s'agissait en somme d'unifier la conscience des patriotes, pour lui donner une trempe plus solide, fût-ce au prix de constructions en partie artificielles. De tels échaffaudages sont d'ailleurs caractéristiques de la révolution bourgeoise, dont ils expriment assez bien les contradictions, et, au bout du compte, les impasses: on y voit continuellement à l'œuvre de difficiles travaux de conciliation idéologique, dont l'éclectisme n'était pas toujours sans grandeur, par la fonction qu'il assumait alors, bien qu'il fût promis à un avenir peu glorieux, ce qui le rend très difficile à apprécier aujourd'hui.

Le caractère composite de la fête du serment du jeu de paume apparaît encore dans la juxtaposition d'une thématique chrétienne et d'une thématique purement littéraire, qui mêle la tradition pastorale et l'exaltation de la vertu antique: on voit en effet paraître, au milieu du festin, au moment où l'on applaudit avec transport les motions patriotiques, 'des femmes vêtues en bergères'; se répandant 'de côté et d'autre', elles viennent couronner avec des feuilles de chêne les députés à l'Assemblée nationale qui ont 'honoré de leur présence cette fête civique'; c'est ici la pure nature, sanctifiant les travaux de l'assemblée et les progrès de la révolution. Isolé, ce tableau ferait sans doute penser aux bergeries du petit Trianon plutôt qu'au thème rousseauiste! Mais le narrateur insiste d'autre part sur le sens de l'égalité qui se manifeste au cours de cette fête où chacun partage la joie de tous:

La joie était universelle, on avait oublié tous les dangers auxquels nous ont exposés, et nous exposent encore les ennemis du bien public, pour jouir du plaisir inexprimable de voir les hommes heureux, réunis par un même intérêt. Là, les rangs étaient confondus ainsi que la fortune. On eût cru voir dîner des Spartiates.

Image trompeuse, nous le savons, de l'harmonie que prétend réaliser la révolution bourgeoise; mais image forte, qui contribue à la destruction du vieux monde, et représente la vérité, au moins relative, de cette période historique, en même temps qu'elle énonce la revendication fondamentale des sans-culottes, qui marquera si profondément toute l'histoire ultérieure de la France.

C'est d'ailleurs au moment de l'irruption des 'bergères' que Menou, président de l'Assemblée nationale, se lève pour rappeler l'abolition des titres votée la veille, et renouvelle le serment de rester fidèle à l'égalité, 'désormais notre loi commune'.[146]

Un dernier tableau allégorique est présenté à la fin du repas; on y voit la liberté, sous les traits d'un 'jeune enfant vêtu de blanc', s'échapper d'une 'représentation' de la Bastille sabrée par quatre volontaires, qui ont d'abord croisé leurs armes 'en signe de fédération'. Dans les décombres, on trouve encore

146. Cf. ici *Détail de la fête*.

'un bonnet de laine, emblème de la liberté', et 'plusieurs exemplaires de la déclaration des droits de l'homme, extraite des œuvres de Jean-Jacques Rousseau et de Raynal':[147] deux cents, selon Romme, qui sont ensuite distribués aux convives. La fête se termine par la lecture d'un poème composé pour la circonstance, et dans une atmosphère de recueillement.[148] La relation de l'anonyme s'achève, quant à elle, sur une nouvelle allusion à Jean-Jacques, qui insistait sur le rôle joué par l'opinion publique, 'reine du monde': c'est attirer l'attention sur l'importance de la lutte des idées pour le triomphe de la révolution.

On ne sera guère surpris de voir la figure de Rousseau mêlée, dès le début, à la constitution du culte révolutionnaire. Jean-Jacques en effet n'est pas seulement un des grands hommes qui seront l'objet du culte: il draine déjà à travers son mythe, une force spirituelle importante; et, de plus, il est le théoricien moderne qui a tracé les grandes lignes de cette religion 'purement civile', tant dans ses rapports avec le pouvoir politique, que dans ses sources populaires et anciennes, et dans les principaux aspects qu'elle doit prendre. Gilbert Romme, que nous trouvons lié à ce mouvement dès son début, est d'ailleurs un lecteur passionné de Jean-Jacques, un des fidèles, nous l'avons vu, du culte de l'île des Peupliers, et l'un des révolutionnaires les plus prédisposés, selon son biographe A. G. Garrone, à concevoir les célébrations qui se multiplient en cette année 1790 comme un rite religieux (p.225).

Cette célébration du serment du Jeu de Paume est la première grande fête de la révolution; on a du mal aujourd'hui à imaginer, à travers des aspects qui semblent parfois proches de la mascarade, le sérieux et même la gravité de son déroulement; ceux-ci ressortent pourtant des diverses relations qui nous sont parvenues. C'était bien là, comme Mathiez l'a fortement souligné, l'annonce de la religion révolutionnaire. A cette époque, celle-ci est encore marquée par la domination idéologique de la bourgeoisie constituante; il s'agit d'une religion de la loi et de la constitution, non dépourvue d'une certaine valeur conservatrice, tout comme les premiers hommages officiels rendus à J. J. Rousseau. Mais, de ces débuts assez équivoques jusqu'à la religion républicaine, il y a continuité. Mathiez remarque aussi que cette religion, qui en est encore à la recherche de ses dogmes et de ses rites, comporte déjà ses 'exagérations': elle tend plus d'une fois à se substituer violemment à la religion traditionnelle, dans un contexte marqué par l'engagement contre la révolution des prêtres réfractaires. Dans le cas de Romme, justement peut-être parce qu'il conserve au fond du cœur l'empreinte d'une éducation catholique solide, l'irritation contre de telles menées est en train de transformer le contenu de la conscience religieuse: l'église trahissant la leçon de l'évangile, il devient nécessaire de lutter contre l'église, sans pour autant renier ce qui donne son prix à la foi (pp.232-33). C'est ainsi que le théisme en viendra à admettre pour contenu principal l'idéal patriotique et révolutionnaire.

L'inspiration agressive, que nous avons cru entrevoir dans le *Bénédicité des hommes libres*, s'affirmera alors. A. de Lameth a du reste avoué plus tard la

147. La fête a lieu plusieurs mois avant 'l'apostasie' du vieux philosophe: il figurait tout à fait normalement dans le Panthéon patriotique alors en formation. La description de la fête du serment du jeu de paume commence d'ailleurs par une épigraphe tirée de ses œuvres.

148. Cf. *Détail de la fête*.

frayeur qui l'avait saisi, tout comme ses amis les plus proches, devant la teinte mystique et puritaine de la fête et devant l'énergie farouche, destinée à broyer tous les compromis, dont il percevait tout à coup la présence à ses côtés.[149]

Deux relations de fêtes plus modestes, organisées par des sociétés populaires à l'intention de leurs adhérents, montrent à la fois les progrès dans la constitution d'un culte révolutionnaire, et le rôle important joué à cet égard par la figure de Rousseau. Il s'agit de l'installation solennelle d'un buste de Jean-Jacques, soit seul, dans le cas de la 'société des indigents amis de la constitution',[150] soit au milieu des autres membres du panthéon révolutionnaire, dans le cas de la 'société fraternelle des patriotes des deux sexes'.[151]

Les sociétés populaires, où l'on reçoit sans exclusive tous les citoyens, aussi bien 'passifs' qu''actifs', et où la cotisation est très modeste, ont constitué, à partir du printemps 1791, une des bases de développement du mouvement démocratique.[152] En particulier, on y adhère souvent à l'idéologie rousseauiste de la démocratie directe:[153] sans doute est-ce une des raisons pour lesquelles le culte de Jean-Jacques y trouve un excellent terrain.

La société des Indigents, Amis de la Constitution, fut fondée officiellement en mars 1791, dans la section des Quatre-Nations.[154] Elle succède à des assemblées informelles, qui avaient lieu chaque soir depuis plusieurs mois, et qui rassemblaient un petit peuple d'artisans et de journaliers, réunis pour écouter la lecture et l'explication des décrets de l'Assemblée nationale. Mais, avec le développement du mouvement populaire, les clubs de ce type vont jouer un rôle plus important: au-delà de leur fonction éducative ils revendiquent celle de surveillance des élus, et n'hésitent plus à affirmer leur propre ligne politique, parfois opposée à celle de la bourgeoisie constituante. Parmi les inspirateurs et les cadres de la société des indigents, on trouve bien entendu des citoyens actifs, comme Prudhomme, l'éditeur des *Révolutions de Paris*, qui a prêté le local de la rue Jacob où se tiennent, un temps, les réunions. La *Feuille du jour* affirme même que le club est né sous l'égide de Robespierre: indication tardive,[155] et probablement fausse; mais elle donne une bonne idée de la façon dont l'activité des indigents était perçue, et de l'image que l'on voulait imposer d'une complicité

149. Cf. *Histoire de l'Assemblée Constituante* (Paris 1829), ii.550: 'Le banquet étant fini, et le cortège s'étant remis en route pour Versailles, nous nous promenâmes dans le bois de Boulogne, Duport, Barnave, mon frère et moi. Le spectacle singulier dont nous venions d'être témoins était de nature à faire naître les plus sérieuses réflexions: nous étions tous également frappés de l'enthousiasme qui avait pu maintenir dans le silence une réunion de près de deux cents individus aussi ardents, aussi exaltés. Cette teinte de puritanisme, qui s'était fait remarquer dans leur contenance comme dans leurs idées, avait quelque chose d'effrayant, et nous inspira pour l'avenir des craintes que la plupart d'entr'eux n'ont que trop justifiées.' Cité par A. G. Garonne, *Gilbert Romme*, p.233. Garonne rappelle aussi la formule de Michelet, *Histoire de la Révolution*, i.506-507: 'il y avait quelque chose de froid et de terrible dans ce qu'ils venaient de toucher; ils avaient rencontré l'acier de la Révolution. Ils eurent froid et reculèrent.'

150. Le 6 mai 1791. Cf. *Installation de J. J. Rousseau, auteur du Contrat social*.

151. Le 12 février 1792. Cf. *Société fraternelle … Extrait du procès-verbal*.

152. Cf. sur ce point Isabelle Bourdin, *Les Sociétés populaires à Paris pendant la révolution française jusqu'à la chute de la royauté* (Paris 1937).

153. Bourdin, pp.227-30. Cf. R. Barny, *J. J. Rousseau dans la Révolution française: les grands débats politiques*, deuxième partie.

154. Bourdin, pp.96-101.

155. *Feuille du jour*, mercredi 15 juin 1791.

entre ces clubs populaires, et les leaders de l'extrême gauche à l'assemblée. L'un des animateurs de la société, Vachard, nous intéresse particulièrement, puisque c'est lui qui prononça le discours de réception du buste de Jean-Jacques: un homme de mauvaise mine selon madame Roland, qui l'avait entrevu dans le sillage de Robert, alors qu'elle prêtait asile à celui-ci après la fusillade du Champ de Mars. Savetier et crieur de journaux, futur membre de la commune provisoire après le 10 août, Vachard était un de ces meneurs populaires devant lesquels les bons bourgeois, même démocrates, se sentaient mal à l'aise: bruyant et querelleur, ne se vantait-il pas, le 18 juillet, d'avoir passé la veille son épée à travers le corps d'un garde national! Bref, 'toute l'encolure de ce qu'on appelle une mauvaise tête'; Manon Roland précise en outre, avec mépris, que ce 'colporteur d'une feuille de Marat' ne savait même pas lire.[156] Il s'agit certainement d'une calomnie, car lorsque Vachard prend la parole, le 6 mai 1791, ses propos ne semblent pas le fruit d'une improvisation.

C'est ce jour là, en effet, que les indigents ont décidé d'installer solennellement le buste de Jean-Jacques dans leur local, à côté de la déclaration des droits de l'homme, et de lui décerner une couronne civique.[157] Le discours de leur président est le seul document que nous possédions sur cette cérémonie. Ce n'est certes pas un chef d'œuvre, mais la rhétorique banale et guindée qui le caractérise témoigne à coup sûr d'un niveau culturel très supérieur à celui que Mme Roland attribue au personnage, selon des bruits malveillants, qui montrent surtout comment fonctionnent les exclusives de la bourgeoisie 'éclairée'.

Vachard commence par définir Jean-Jacques en rattachant sa politique à l'ensemble de sa pensée: 'Vous venez de placer parmi vous l'élève de la nature et le père de la liberté'. Puis il précise ce que doit être l'hommage des patriotes ardents: ce sont 'des cœurs et des vertus' qu'ils 'viennent offrir'; ils éviteront donc 'ces panégyriques ampoulés' dans lesquels 'l'homme d'esprit se dégrade, lorsqu'il se met bassement à genoux devant l'idole qu'il encense'. On devine, à travers ce début, un certain mépris d'homme d'action pour la rhétorique creuse. L'éloquence de Vachard n'évite certes pas la boursouflure à la mode, mais elle est relativement sobre. Surtout, le président de la société des indigents affirme ainsi une fierté républicaine qui a le double mérite de remettre (par allusion) Louis XVI à sa juste place de premier magistrat d'un peuple libre, et de refuser l'adhésion superstitieuse à quelque pensée que ce soit: ce n'est pas dans ce milieu qu'on citera vétilleusement telle ou telle formule de Jean-Jacques. Le sentiment de sa présence vivante dans l'exaltation patriotique jugée nécessaire au progrès de la révolution est néanmoins très fort, et le *Contrat social* est tenu pour le grand livre de vérité, recélant toute la science dont le peuple a besoin: 'Toi, dont les écrits brûlants échauffent des hommes que tu a longtemps plaint de leur assoupissement, contemple aussi l'instant de leur réveil; le crêpe hideux qui nous cachait la saine philosophie vient d'être déchiré par la lecture du Contrat social.'

C'est une fonction proprement religieuse que remplit ainsi Rousseau, à un double titre: dans le passé, son génie, ses lumières, 'étaient l'ouvrage de la

---

156. Cf. *Mémoires de Madame Roland* (Paris 1966), pp.116-17.
157. Cf. *Installation de J. J. Rousseau*.

divinité'; dans le présent, l'effet de son œuvre dans le cœur des hommes est encore une manifestation du divin: 'Mais quoi! Les dieux nous ont entendus, ils t'ont permis de revivre parmi nous! Nous pourrons toujours te voir, nous croirons t'entendre, et nous pourrons nous disputer la gloire de marcher sur tes pas.'

Quelle est cette leçon qui 'embrase' l'âme et qui 'élève le cœur' des vrais patriotes? Le sens de l'égalité, tel que l'orateur le retrouve dans sa propre expérience: 'Oui, je foule à mes pieds ces titres vains, que l'orgueil, l'ambition et le crime avaient su créer. Allez, spectres affreux, rentrez dans le néant, Rousseau nous a prêché l'égalité, Rousseau l'organe d'un Dieu bienfaisant, de ce Dieu qui en nous créant, nous soumit aux mêmes peines et aux mêmes plaisirs.'

Contre cette image simplifiée et violente du rousseauisme, s'élèvent en vain depuis deux ans les amis aristocrates de Jean-Jacques, libéraux ou ultras, les d'Antraigues et les d'Escherny; mais aussi ses amis constitutionnels, les Gudin,[158] les Regnault de Saint-Jean d'Angély, les Sieyès … Qu'importe! C'est elle qui va s'imposer au petit peuple, plus sensible à la puissance du mythe, car il retient une valeur essentielle, qu'aux subtilités marginales d'une pensée difficile.

On voit surtout ici comment Rousseau retrouve, aux yeux de ce public, un enseignement de l'évangile: l'égalité qu'il exalte, non pas seulement égalité devant la mort et dans l'au-delà, mais égalité réelle de considération et de jouissance, telle que vont bientôt la réclamer les sans-culottes; voilà ce qui correspond, selon l'orateur du club des indigents, au véritable esprit du christianisme.

Une dernière idée importante apparaît, prise dans la même lumière: Jean-Jacques est une sorte de médiateur, un peu comme le Christ. Il a payé de son bonheur la révélation qu'il apporte aux hommes: 'Rousseau, nous t'avons entendu, et nous avons voulu la liberté; cette liberté qui te fut si chère, et que tu nous préparais aux dépens de la tienne.'

L'image populaire qui s'ébauche ainsi est donc toute imprégnée d'idéologie religieuse. Les ennemis d'un culte purement littéraire de Jean-Jacques, les patriotes ardents, que P. M. Masson considérait jadis comme des hommes de peu de foi, sont justement ceux qui sont les plus profondément marqués par le christianisme. Il n'y a donc aucune opposition, loin de là, entre le culte révolutionnaire et le 'véritable' sentiment religieux. Plus tard se posera, certes, le problème de la déchristianisation; mais ne peut-on penser que certaines mascarades de l'an II procèdent d'un état d'esprit encore fortement influencé par ce qu'elles rejettent? Quant au culte de l'être suprême, il constitue à la fois une réaction contre cet athéisme agressif, qui divise les patriotes, et un effort pour substituer à l'orthodoxie catholique, dont les liens de classe avec la contre-révolution s'affirment davantage chaque jour, un équivalent patriote. L'attitude de Vachard laisse déjà pressentir cette évolution, dans laquelle la figure idéalisée de Jean-Jacques joue son rôle.

Pour l'instant, l'orateur de la société des indigents apparaît surtout comme

---

158. Auteur du *Supplément au Contrat social*, ouvrage soutenant la politique de l'Assemblée, et distinguée par elle au moment où s'affirmait la tendance anti-populaire de celle-ci, et où se développait un parti démocrate et populaire. Cf. l'analyse de cet ouvrage, et du courant d'opinion qu'il exprime, in R. Barny, *L'Eclatement révolutionnaire du rousseauisme*, 1ère partie, ch.2.

un homme qui déteste les tièdes, en qui la foi reste vive, et qui trouve dans ses convictions religieuses mêmes des raisons d'affirmer ses sentiments révolution-naires, et de prêcher l'égalité. L'image de Rousseau qu'il propose n'est certes pas le fruit d'une lecture attentive; elle est réduite à quelques traits simples et convaincants: la vertu, le sens de la liberté et de l'égalité, la souffrance pour le bonheur des hommes. Un tel personnage ne serait pas déplacé parmi les saints de la religion chrétienne. Mais on devine qu'il ne saurait être tendre pour les contre-révolutionnaires hypocrites ou pour les mauvais patriotes: il leur offre le pardon, s'ils veulent se livrer à lui; mais son langage viril laisse prévoir qu'il saura, s'il le faut, les frapper impitoyablement.[159] C'est que Jean-Jacques en vient, au bout du compte, à incarner l'homme du peuple, le sans-culotte, dans son statut social comme dans son comportement moral et politique. A ce titre, il est vraiment l'égide de la révolution: 'C'est avec ces sentiments, Rousseau, que nous te plaçons parmi nous; sois le modèle des hommes qui n'ont d'autre fortune que leur patriotisme, et qui n'ambitionnent d'autre bien que la liberté.' Le sans-culotte Jean-Jacques et le sans-culotte Jésus seront l'un et l'autre, on le sait, des garants de l'excellence de la révolution démocratique.

C'est le 12 février 1792 que la première en date et la plus influente des sociétés populaires, la société fraternelle des patriotes des deux sexes défenseurs de la constitution, plus souvent désignée sous le nom de société fraternelle des Jacobins,[160] organise à son tour une fête en l'honneur de Rousseau, mais aussi de Voltaire, Mirabeau et Franklin, dont elle recevait solennellement les bustes, offerts par un adhérent, le frère Guilbert.

Depuis la sécession de son fondateur, le maître d'école Dansard, en mars 1791, la société fraternelle des Jacobins s'était elle aussi radicalisée. Composée essentiellement, comme les autres sociétés populaires, de représentants de la toute petite bourgeoisie parisienne, elle comptait parmi ses cadres quelques hommes plus cultivés, et d'opinion avancée. Ainsi on retrouve à la présidence le disciple de Jean-Jacques, Baumier,[161] qui avait adhéré en août 1791, ou des militants connus, comme François Robert, ou le Rouennais Pépin Dégrouhette, qui devint, après la chute de la royauté, membre de la commune provisoire. Malgré cela, le ton ne semble pas tout à fait aussi farouche qu'à la société des Indigents, sous l'impulsion de Vachard.

---

159. *Installation de J. J. Rousseau*: 'En homme libre, tu sus triompher des tyrans, tu les fis même trembler; aujourd'hui que leurs déprédations sont à leur comble, il se tourmentent encore pour réunir les débris épars de l'affreux despotisme: il est encore des êtres vils qui, sous les faux dehors d'un ardent patriotisme, mettent tout en usage pour ensevelir la liberté au pied de l'autel de la patrie; mais nous ne craignons rien, ta philosophie est notre bouclier, c'est elle qui doit nous servir d'égide. Venez tyrans, traîtres, valets, venez tomber aux pieds de ces hommes qui ont juré de vivre et de mourir libres. Il ne faudrait qu'un seul regard pour vous abattre; trop faibles et trop avilis pour oser vous montrer, ce n'est que dans la fange des noirs complots que vous traînez votre misérable existence. Eh bien! nous la méprisons, et nous avons le courage de vous offrir votre pardon. Oui, si foulant à vos pieds ces prétentions futiles, barbares, inhumaines, vous vous présentiez vers nous, nos cœurs sont assez généreux pour répandre des larmes sur votre aveuglement, vous serrer dans nos bras, et vous traiter en frères. Comme nous, lisez les œuvres de Jean-Jacques, vous sentirez comme il nous est devenu cher.'

160. Cf. Bourdin, *Les Sociétés populaires*, pp.15-44.

161. Cf. R. Barny, *J. J. Rousseau dans la Révolution française: grands débats politiques*, deuxième partie, ch.9.

Lors de la cérémonie du 12 février 1792, sur laquelle nous sommes assez bien renseignés grâce à la publication d'un extrait du procès-verbal,[162] la présidence était assurée par Merlin, député à l'Assemblée nationale. Il s'agissait bien d'une véritable fête civique, avec cortège dans la rue, et chant d'hymnes patriotiques au moment de la réception des bustes. Les Jacobins étaient représentés, ainsi que d'autres sociétés populaires: société des électeurs, 'séante à l'évêché', société des Nomophiles,[163] société fraternelle des Halles (Bourdin, pp.77-81), société Sainte-Geneviève (Bourdin, pp.103-106). Quand on leur annonce l'approche du cortège, les membres du club, qui tiennent séance depuis une heure, observent un 'silence religieux, digne tout à la fois de la fête, et des grands hommes qui en sont l'objet'. En même temps, huit 'sœurs', désignées à l'avance, sortent pour accueillir les saintes images; celles-ci paraissent bientôt, précédées par le donateur, et par les 'enfants aveugles des deux sexes, ayant à leur tête leur instituteur M. Haui'. C'est alors que s'élève l'hymne aux grands hommes 'composé par M. Avisse, aveugle', sur une musique de Gossec:

> Qu'en ce jour d'allegresse et de reconnaissance,
> Franklin et Mirabeau soient portés jusqu'aux cieux;
> Fléaux du despotisme et soutiens de la France,
> Peuple libre, ce sont vos dieux. (bis).
>
> Du sublime Rousseau célébrons la mémoire;
> La vertu pour asile avait choisi son cœur:
> Constant ami de l'homme, il mit toute sa gloire
> A le rendre libre et meilleur. (bis).
>
> N'arrosons plus de pleurs la cendre de Voltaire,
> C'est le jour des plaisirs et non pas des regrets;
> Il revient plein de gloire annoncer à la terre,
> Qu'un grand homme ne meurt jamais. (bis).
>
> Eclairés désormais du feu de leur génie,
> Osons dire aux tyrans, comme eux la vérité;
> Modèles des grands cœurs, vivons pour la patrie,
> Mais mourons pour la liberté! (bis).

Les bustes sont ensuite déposés sur une table prête à les recevoir: placée au pied de la tribune, elle tient lieu d'autel. La désormais nécessaire pierre de la Bastille, commémorative et symbolique, fait enfin son entrée, véhiculée par les disciples de l'inévitable 'patriote Palloy'. Les principaux signes de la nouvelle liturgie sont ainsi réunis, et fonctionnent dans le cadre d'une cérémonie se déroulant selon les règles d'un rituel en formation, partiellement emprunté aux religions traditionnelles, partiellement au souvenir des fêtes païennes perpétué par la tradition classique. Après le moment de silence religieux et de recueillement correspondant à la présentation des images, vient celui des discours: successivement, le président et le vice-président répondent à l'allocution du porte-parole des volontaires de la Bastille; ils s'emploient à retracer 'les vertus et les talents des grands hommes dont on [honore] la mémoire'. Puis de jeunes citoyennes, 'simples comme l'égalité et belles comme la liberté', offrent des

---

162. *Société fraternelle des patriotes des deux sexes … Extrait du procès-verbal* (reprographié in *J. J. Rousseau dans la Révolution française, 1789-1801*).

163. Cf. Bourdin, pp.67-70.

couronnes civiques aux héros vivants, en même temps, semble-t-il, qu'elles en ornent les bustes dont l'inauguration constitue l'objet de la fête. Un 'frère' les assiste dans cette dernière tâche: il veut marquer ainsi sa reconnaissance envers ces grands hommes qui par leurs lumières, ont contribué à son bonheur; il vient en effet 'd'unir sa destinée à une épouse qu'il chérit', une ex-religieuse, arrachée 'aux ténèbres d'un cloître' grâce aux nouvelles loix. 'Pendant le couronnement, la musique exécute de nouveau l'hymne, et cet air: *Où peut-on être mieux*.' Ensuite, plusieurs députations de *sociétés affiliées* viennent à leur tour rendre hommage aux grands hommes que l'on célèbre, et jeter des fleurs sur leurs bustes. 'La fête se termine par l'air favori des patriotes: Ca ira.'

Ce compte-rendu permet de dégager quelques traits essentiels de la manifestation organisée par la société fraternelle des Jacobins. Tout d'abord, Jean-Jacques est, cette fois, mis sur le même plan que les autres héros du panthéon révolutionnaire: Franklin, Mirabeau, et Voltaire. La célébration des grands ancêtres se joignant par ailleurs à celle des événements et des héros de la révolution, il est évident ici que le culte de Jean-Jacques n'est qu'un élément du culte patriotique, dont le contenu et les formules sont d'ores et déjà solidement constitués.[164]

Il n'en reste pas moins que le personnage de Rousseau continue à bénéficier, même dans ce cadre, d'un traitement de faveur. L'hymne aux grands hommes interprété au cours de la cérémonie en apporte la preuve. Le couplet qui exalte la gloire de Voltaire semble, certes, équilibrer celui consacré à Rousseau; mais il est beaucoup moins riche. La médiocrité générale du texte n'exclut pas une différence significative: d'un côté, des vers cheville, qui présentent, au mieux, des propositions pouvant s'appliquer à n'importe qui. Le seul trait retenu, c'est la gloire, mais abstraite; on ne sort pas la tautologie: Voltaire est un grand homme. Le personnage de Jean-Jacques, au contraire, est caractérisé par plusieurs traits distinctifs: la vertu, l'amour des hommes, le sens de la liberté. Cela n'a bien entendu, rien d'original, puisque la légende impose ce portrait. Mais c'est justement cela qui est intéressant. Dans le couplet final, tous les grands hommes célébrés sont réunis dans la même exaltation de la vérité, des vertus civiques, de l'heroïsme: c'est déjà, à l'approche de la déclaration de guerre, le climat de la patrie en danger.[165]

Les trois discours prononcés confirment cette impression: le thème de la lutte contre l'ennemi extérieur est en train de prendre une importance centrale. Les propos du 'frère' Joly, un des disciples du patriote Palloy, sont d'ailleurs empreints d'une certaine jactance girondine.[166] Mais que cette coloration existe ou non, la référence aux grands hommes se situe désormais dans une perspective de défense de la révolution et de la patrie: cela ne peut que favoriser, avec l'exaltation de la *vertu* rousseauiste, l'importance particulière attachée à l'image de Jean-Jacques. Si le bref discours de Merlin, président de la société, met sur

164. Cf. sur ce point Mathiez, *Les Origines des cultes révolutionnaires*.
165. L'avant-veille, aux Jacobins, Robespierre a prononcé un grand discours *sur les moyens de sauver l'Etat et la liberté*: épurer les cadres de l'armée, prononcer la permanence des sections, unir les patriotes de Paris et des départements.
166. Cf. *Société fraternelle des patriotes des deux sexes*, p.8.

le même plan les quatre grands hommes célébrés, et les invoque ensemble,[167] Mittié fils, vice président, prononce à la suite une allocution presque aussi courte, mais plus intéressante:

O toi, *Franklin*, qui, né dans un rang qu'on appelait obscur, a prouvé, en faisant la révolution de ton pays, que les vertus et les talents, ne connaissent point de classes d'hommes;

Toi, *immortel Rousseau*! qui, dans ton Contrat social as posé les premiers fondements de cette sublime Déclaration des droits de l'homme, qui fait l'admiration des philosophes, en même temps qu'elle fait pâlir les despotes;

Et toi, *grand Voltaire*! génie vaste et profond, qui as porté le flambeau de la philosophie dans les antres ténébreux du fanatisme et des préjugés, et qui, nouvel Hercule, as abattu avec la massue de la science, les têtes toujours renaissantes des dévots et des fripons encapuchonnés;

Recevez la couronne civique. Sentez votre immortalité au bruit des acclamations et des suffrages d'un peuple libre. Que l'exemple de votre réputation fasse des émules de vos talents! ...

On observe tout d'abord l'absence, insultante, de toute référence à Mirabeau. Les patriotes étaient déjà divisés à son sujet, et cette différence d'appréciation était le signe d'une divergence quant à la ligne politique: jusqu'où fallait-il ménager le pouvoir exécutif, et accepter le compromis avec la droite?

Par contre, chacun des trois grands hommes jugés, eux, dignes de la couronne civique, est caractérisé avec beaucoup de force. Franklin incarne la réussite de l'homme du peuple parvenu aux premières charges de l'Etat bourgeois: l'ambiguïté du thème a déjà été indiquée, ainsi que la substitution possible de Jean-Jacques à Franklin dans cette fonction. Mais ici, Rousseau se voit réserver le rôle, capital, de grand philosophe politique de la révolution, animateur de la lutte contre les tyrans. Voltaire n'est pas inférieur en dignité, bien que sa grandeur se situe sur un autre plan: il est le philosophe proprement dit, l'ennemi de la superstition. Ce dernier thème est en train de prendre, aux yeux de certains patriotes, une importance nouvelle. La virulence anti-cléricale qui s'affiche dans le discours de Mittié se retrouve, on le sait, chez beaucoup de leaders girondins; elle est en rapport avec l'aggravation subite de l'agitation contre-révolutionnaire à motif ou à prétexte religieux, autour des prêtres non-jureurs. C'est à partir de là que la composante anti-religieuse du culte patriotique va se préciser, y compris (et peut-être même surtout) chez des hommes profondément attachés à leur foi. Une telle réaction tend à introduire dans le culte de Jean-Jacques une composante qui jusqu'alors n'y figurait pas; composante nullement opposée d'ailleurs à la continuation du culte littéraire traditionnel, car elle se situe sur un tout autre plan. Il s'agit de l'apparition, relativement tardive, du thème pourtant célèbre de la religion civile, le moins allégué de tous les thèmes du *Contrat social* jusqu'en décembre 1791, malgré l'existence de la constitution civile du clergé. C'est seulement lorsque l'échec de celle-ci devient patent que Rousseau est parfois invoqué comme le théoricien d'une religion qui affirme brutalement son autonomie à l'égard du christianisme. En même temps le culte patriotique, dont Jean-Jacques est l'un des saints, tend à devenir exclusif: péripétie imprévue, et,

167. *Société fraternelle des patriotes des deux sexes*, p.11: 'Illustres créateurs de la liberté, recevez en ce jour le buste tribut d'éloges que l'univers vous doit.'

en un sens, calamiteuse, de la lutte des classes. De 1789 à 1791, la quasi totalité des patriotes étaient convaincus que le sentiment religieux, sous sa forme traditionnelle, devait faire bon ménage avec la révolution, et qu'il pouvait même le servir. De nombreux curés militaient énergiquement dans ce sens. Dans un tel contexte l'utilisation du *Contrat social* ne pouvait guère englober le chapitre de la Religion civile, dont la pointe anti-chrétienne aurait mis les patriotes en porte-à-faux.

Il arrive que la fête dédiée à J. J. Rousseau, père de la révolution, émigre sur les lieux mêmes où le culte s'est développé depuis une décennie: elle affirme alors sa nature religieuse, en même temps que l'unité profonde du rousseauisme, dont l'aspect politique se présente comme indissociable de son aspect spirituel et moral.

Le décret du 21 décembre 1790 fut l'occasion d'une première fête, qui garda un caractère confidentiel et nettement individualiste. Organisée, en témoignage de reconnaissance, par un groupe de jeunes patriotes, membres du club des Jacobins, et réunis sous le nom d'*Amis de l'instituteur d'Emile*, elle eut lieu le lendemain du vote du décret, dans l'île des Peupliers. L'un des sociétaires en rédigea sur le champ le récit.

Après avoir présenté un tableau de la séance où la décision fut prise, il évoque la cérémonie elle-même, qui s'achève par une prosopopée de Jean-Jacques, composée pour la circonstance.[168]

Le rôle essentiel est tenu par un jeune homme, 'zélé pour la liberté autant qu'ami de la justice et de la vérité', figuration probable du narrateur, qui ne s'exprime jamais à la première personne. C'est lui qui, le 21 décembre 1790, 'vers huit heures du soir', apporte la bonne nouvelle aux membres du groupe, 'réunis pour aviser aux moyens de parer aux nouveaux complots des ennemis de la constitution'. Le discours qu'il prononce alors est un vif éloge de Rousseau, que nous avons déjà entrevu: il rassemble en effet les principaux éléments du mythe dans une perspective ouvertement hagiographique. Le choix des traits, aussi bien que le recours constant à l'hyperbole, tendent à faire de Jean-Jacques un médiateur: la souffrance dont ses efforts ont été payés est la contrepartie du bonheur qu'il apporte aux hommes. Il n'a été méconnu et persécuté, par ses faux-amis philosophes comme par le gouvernement, que pour triompher un jour (p.3). Ce jour est arrivé avec la révolution, qui renverse le despotisme et plonge dans la confusion tous les ennemis de Rousseau, notamment les philosophes, les académiciens vaniteux et despotes, qui occupaient les avenues du pouvoir et décidaient des carrières.[169] Ils n'oseront plus, maintenant, poursuivre leur campagne de calomnies. Le caractère de Jean-Jacques, héros et saint, resplendit d'un éclat sans tache: aucune réserve n'est tolérable quant à la pureté de ses mœurs, à sa bonté, à sa fierté; l'accusation d'ingratitude ne fait que manifester l'incompréhension du vulgaire pour les comportements fondés sur l'intériorisa-

---

168. *Prosopopée de J. J. Rousseau*, ou sentiments de reconnaissance des Amis de l'instituteur d'Emile à l'assemblée nationale de France, à l'occasion de son décret du 21 décembre 1790 (Paris 1791) (reprographié in Barny, *J. J. Rousseau dans la Révolution française, 1789-1801*).

169. pp.4-5. Cf. ci-dessus, ch.2, ii, pp.27, 30-31, 35-37.

tion du principe démocratique que Rousseau élabore dans son œuvre théorique.[170]

Après lecture du décret sur la statue, les 'amis de l'instituteur d'Emile' décident d'en apporter le texte, gravé sur pierre, dans l'île des Peupliers: ainsi ils honoreront à la fois l'Assemblée nationale et son inspirateur. La portée de ce geste symbolique est assez évidente: le culte des âmes sensibles doit se confondre avec celui des révolutionnaires, qui en est l'épanouissement.

Dans le récit du pèlerinage, l'accent est mis sur l'aspect religieux: rites et valeurs. On observe le syncrétisme habituel. La religion antique fournit la première référence: le but des pèlerins est d'apaiser les 'mânes irritées' de Jean-Jacques par un 'sacrifice de propitiation' (p.8). Cette attitude littéraire était bien souvent celle des premiers fidèles. Mais, à travers la convention d'un langage usé, qui ne renvoie plus à aucune expérience religieuse réelle, s'exprime bientôt le désir de faire appel, comme à un médiateur, à celui qui a su dire la légitimité de la quête du bonheur. Rousseau incarne en quelque sorte les valeurs du salut individuel, mais dès cette vie. L'adhésion profonde du cœur pousse alors à renoncer aux oripeaux classiques, pour faire place à l'expression des convictions religieuses actuelles, qui constituent un bien meilleur terrain pour les valeurs les plus vitales du rousseauisme. En témoigne l'invocation des pèlerins, après leur offrande d'une pierre gravée, et d'une couronne de lauriers (p.10):

O toi dont l'âme sublime et pure, dégagée de ses liens terrestres, contemple sans nuages l'éternelle vérité, et repose à jamais dans le sein de la bonté souveraine: ROUSSEAU! ombre chère et sacrée! si des sources intarrissables où tu puises la félicité, ton cœur toujours aimant se complaît encore aux affections humaines, daigne entendre nos vœux et sourire à l'hommage que te présente aujourd'hui la sainte humanité ... Non, ce n'est ni à la grandeur, ni à la vanité, c'est à toi J. J., c'est à ta mémoire que tes amis, que la nation française élèvent et consacrent ce monument! Puisse-t-il nous honorer tous! Puissent nos neveux se rendre dignes de la liberté que tu nous aidas à conquérir.

La prosopopée par laquelle s'achève, d'une façon très académique, l'évocation de Jean-Jacques, manifeste le même syncrétisme. Elle surgit sur un fond d'images où s'exprime la réduction littéraire du paganisme; elle est en elle-même l'instrument d'une mise en œuvre allégorique tout à fait désuète, et froide. Mais cela n'exclut pas l'évocation du 'vrai' Dieu, tel qu'il est remodelé dans la perspective du déisme philosophique. Selon une démarche assez courante, la religion chrétienne épurée est appelée à témoigner en faveur de la révolution, et de la régénération morale (pp.11, 12):

Nation généreuse et sensible! Braves Français! ... Votre courage que j'avais prévu; votre

---

170. p.6: 'O, Jean-Jacques Rousseau, homme sublime: toi, qui nous protégeas, qui nous rendis libres dès le berceau; toi, qui nous encourages, qui nous frayes le chemin de l'honneur et de la vertu jusqu'au tombeau: par tes écrits, par ton exemple, par la pureté, la simplicité de tes mœurs; par ton indomptable fermeté à repousser la flatterie fière et insultante, à rejeter de faux bienfaits présentés des mains de la perfidie et de l'arrogance! ... Non, tu n'eus pas l'âme d'un ingrat; nul mortel ne fut plus sensible que toi aux véritables bienfaits de la sainte amitié ... C'est parce que dans tes sentiments nobles et élevés, tu conçus le bienfait et la reconnaissance sous leur véritable rapport, comme le lien de l'amitié, le signe de l'égalité; comme le commerce le plus libre, le plus désintéressé qui puisse exister entre des hommes, que tu refusas constamment d'en faire un négoce mercenaire, et de les prodiguer à l'égoïsme, à la fausse et insultante grandeur.'

liberté conquise si glorieusement, votre immortelle constitution, si conforme à la marche que j'osai vous tracer, votre prospérité future et non éloignée ... Voilà ma récompense, voilà la statue qui flatte mon immortalité! Dans le séjour de gloire que j'habite, dans l'asile de paix et de félicité que je partage, dans la contemplation délicieuse de l'Etre immense que je vois face-à-face, on ne désire des mortels d'autres statues que l'exercice des vertus sociales, et la sainte humanité! Toutefois, ne pouvant vous élever aux idées divines des purs esprits, vous m'élevez une statue matérielle. De mon vivant j'ai tâché, j'ai tout fait pour la mériter. Quand vos magistrats, vos prêtres hypocrites m'accablaient de leur haine bien gratuite, j'osai dire publiquement, dans le premier élan de ma juste indignation, dans l'enthousiasme de ma conscience, qu'un gouvernement juste m'élèverait des statues ... Eh bien! nation généreuse, je les reçois avec joie, avec reconnaissance, parce qu'elles encourageront à la vertu ceux qui voudront m'imiter, parce qu'elles feront naître parmi vous les nobles élans du patriotisme et de la gloire, parce qu'elles prouvent que vous êtes justes et dignes de la liberté.

Le culte révolutionnaire de Jean-Jacques, tel qu'il apparaît ici, est d'une nature telle qu'il pourrait, à la limite, être célébré par un curé patriote: le théisme et les vertus sociales lui fournissent en effet son cadre idéologique.

Une autre manifestation d'œcuménisme mérite d'être soulignée: Rousseau appelle à la réconciliation de tous les artisans des lumières, naguère divisés en courants ennemis (p.12):

Amis! oublions le passé, pardonnez à mes ennemis, à mes persécuteurs, à vos ennemis, aux persécuteurs de votre constitution; ne soyons pas généreux à demi, que toutes leurs erreurs soient ensevelies dans l'oubli ... Choiseul, Grimm, Diderot, d'Alembert, etc. Venez, embrassons-nous; vous reconnaissez que votre haine fut injuste, et je vous dois une partie de mes talents et de mes vertus ... Soyons amis pour l'éternité.

Cette volonté de réunir les patriotes, au-delà des divergences idéologiques secondaires, trahit peut-être quelque 'modérantisme', une tendance à émousser les conflits; mais elle témoigne surtout du grand élan d'unanimité nationale qui a marqué l'année 1790. Et elle correspond à l'esprit du décret du 21 décembre, qui tendait à mettre le rousseauisme au service de la majorité constitutionnelle, garante de la loi et de l'ordre contre le retour de l'ancien régime.

Au total, le culte de Jean-Jacques est lié ici à une opinion révolutionnaire moyenne. Mais l'essentiel est ailleurs: dans le fait qu'il y a continuité, et unité contradictoire, entre les préoccupations individualistes des disciples de Rousseau, et le développement du civisme révolutionnaire. Le premier aspect se rattache à la tradition des religions à salut, et à la religiosité sentimentale du vicaire et des œuvres autobiographiques, qui fonde la vérité de la foi sur l'exigence du bonheur. Le second aspect postule déjà le besoin d'une religion purement politique, dont le *Contrat* et les *Considérations sur le gouvernement de Pologne* offrent les principaux éléments. Mais, pour l'instant, le dernier chapitre du *Contrat* reste un texte scandaleux: il vaut mieux ne pas en parler, car il semble difficilement conciliable avec les convictions religieuses de la plupart des patriotes, et avec l'image même qu'ils se font de Jean-Jacques.

Une dernière fête spécifiquement rousseauiste eut pour cadre Montmorency, le dimanche 25 septembre 1791: à la veille de la séparation de l'assemblée constituante, c'était une sorte de bouquet final où se déployait un rousseauisme à la mesure des objectifs de la première révolution bourgeoise. Les organisateurs s'étaient efforcés de faire de la traditionnelle inauguration du buste une véritable fête populaire, et semblent y avoir réussi.

Pour apprécier la portée de cette manifestation, il faut tenir compte du moment où elle intervient: après le massacre du champ de mars, le mouvement démocratique connaît une période de repli, mais commence déjà à se regrouper. En outre, la fête de J. J. Rousseau s'oppose à la fastueuse fête *parisienne* du transfert des cendres de Voltaire, ainsi qu'aux réjouissances qui viennent d'avoir lieu pour célébrer l'acceptation de l'acte constitutionnel par le roi.[171]

Tout semble donc, à première vue, désigner la fête champêtre de Montmorency comme celle des vrais patriotes. Les journalistes de gauche qui en rendent compte se plaisent à insister sur le contraste entre cet hommage libre, et les réjouissances commandées du dimanche précédent, sur les champs Elysées et au Louvre, ou encore sur le champ de mars, où les évolutions de la garde nationale évoquaient aux yeux de beaucoup 'la scène de carnage du 17 juillet'.[172]

Le rédacteur des *Révolutions de Paris* s'écrie:

Qu'il eût été satisfaisant de voir, dimanche dernier, les habitants de Paris se porter en foule dans la vallée de Montmorency, pour y assister à l'inauguration de la sainte image de J. J. Rousseau, et laisser Louis XVI et Marie-Antoinette se promener gravement et à leur aise dans leurs Tuileries et leurs Champs-Elysées superbement illuminés, mais complètement déserts![173]

Le *Patriote français*, malgré sa tendance au modérantisme, exprime un point de vue analogue: aux fêtes dispendieuses de la capitale, destinées à corrompre l'esprit public, il oppose la 'scène touchante' de Montmorency, bien faite pour contrebalancer les efforts déployés pour 'empêcher la régénération des mœurs publiques'.[174]

Ces observateurs de gauche ne sont pourtant pas insensibles à la signification patriotique de la fête parisienne du 18 septembre. Celle-ci marque, après tout, la victoire sur la contre-révolution. A travers ses formes empruntées de l'antique, elle ne manque pas de grandeur et propose une haute leçon de civisme.[175] Mais on prétend découvrir dans la fête de Jean-Jacques d'autres valeurs, essentielles et authentiquement populaires, dont le contenu moral et religieux dépasse tel ou tel objectif politique limité: la tradition dans laquelle elle s'insère, son cadre, sa symbolique, ses participants et les rapports qui s'établissent entre eux, tout, croit-on, lui confère une place à part.

171. Sur les réserves de la gauche, cf. le *Patriote français* du vendredi 16 septembre 1791, p.329: 'cette acceptation n'ajoute rien à la constitution, ne la revêt pas d'un nouveau caractère, comme ont semblé l'insinuer quelques-uns des orateurs qui ont proposé de célébrer cet événement par une fête brillante et générale. Nous sommes bien loin de désapprouver cette fête; mais nous aurions souhaité qu'elle eût été célébrée immédiatement après l'achèvement de la constitution, afin qu'elle ne semblât pas n'avoir pour objet que l'acte individuel.' Une 'fête nationale' fut en effet célébrée dans toute l'étendue du royaume: le 18 septembre à Paris, et, pour toutes les municipalités, 'huit jours après notification de l'acceptation du roi'.

172. Cf. *Révolutions de Paris*, no 115, du 17 au 24 septembre 1791, p.517.

173. *Révolutions de Paris*, no 116, du 24 septembre au 1er octobre 1791, p.585.

174. *Le Patriote français*, 28 septembre 1791, p.578.

175. Cf. *Révolutions de Paris*, no 115, du 17 au 24 septembre 1791, p.517.

Aussi bien, les diverses relations de cette fête n'en laissent-elles ignorer aucun détail.[176]

A l'origine, on trouve une initiative des Jacobins de Montmorency, appuyée par des gens de lettres, ceux-là mêmes qui viennent de lancer une pétition pour que les honneurs du Panthéon national soient accordées à J. J. Rousseau. Mais l'organisation est prise en charge par l'ensemble des paroisses du canton, auxquelles deux autres ont même demandé l'autorisation de se joindre. C'est ainsi que le dimanche 25 septembre, à trois heures de l'après-midi, une douzaine de groupes convergent de tous les points de l'horizon vers la place centrale de Montmorency: à leur tête, les officiers municipaux et la garde nationale de chaque commune participante. Une multitude de citoyens 'de tous les âges et de tous les sexes' sont déjà rassemblés au lieu de rendez-vous et commencent à se porter, en suivant les 'détours du coteau', vers le bois de châtaigniers où doit avoir lieu l'inauguration. Le cortège officiel se forme alors. Laissons ici la parole au reporter de la *Chronique de Paris*, l'un des plus concis:

A quatre heures, le cortège s'est mis en marche; il était précédé des gardes nationales du canton; le[s] maire[s] et les officiers municipaux marchaient ensuite, décorés de leur écharpe. Après eux venaient diverses députations des électeurs de 1789, des amis de la constitution de Montmorency, de la société d'histoire naturelle, de celle des amis de la liberté. Des mains vigoureuses portaient une pierre de la Bastille donnée par le patriote Palloy, sur laquelle on voyait l'image de Rousseau gravée en creux, avec une inscription. Le buste de Rousseau, qui décore la salle des amis de la constitution de Montmorency, suivait cette pierre; il était porté par des mères de famille, et entouré de jeunes enfants. Deux vieillards, hommes simples et vertueux, avec qui le bon Jean-Jacques aimait à s'entretenir dans ses promenades, accompagnaient cette image chérie de leur ancien ami. L'un d'eux appuyait son corps chancelant sur un bâton noir, don du philosophe. Des jeunes filles vêtues en blanc, avec une ceinture nationale, venaient après; et enfin la marche était terminée par une foule de personnes de tous âges et de tout sexe qu'un esprit curieux ou une âme sensible avait conduit à cette intéressante solemnité. On distinguait surtout plusieurs des législateurs qui ont défendu et assuré les droits du peuple. Tout ce cortège marchait au son d'une musique militaire.

Le lieu choisi pour cette inauguration, était un bocage agréable, d'où l'œil s'étend au loin; c'est là que Rousseau venait souvent méditer. On avait élevé un monument champêtre, composé de pierres rustiques, entre lesquelles on voyait percer de jeunes rameaux: auprès, sur un petit tertre, était une balustrade, tribune sans ornement, d'où l'on ne pouvait entendre que le langage de la vérité, et l'expression pure et touchante du sentiment; plus loin était un orchestre.

Le monument offrait plusieurs inscriptions; d'un côté on lisait: *Les habitants de la ville et du canton de Montmorency, en mémoire du séjour que J. J. Rousseau fit au milieu d'eux.*

De l'autre: *Ici, Rousseau aimait à se reposer.*

Des pierres éparses offraient divers passages du Contrat social et de l'Emile, tous destinés à répandre et à fortifier les sentiments les plus grands, et les plus propres à élever l'âme, l'amour des hommes, de la vertu et de la liberté; et de peur de quelque profane ne fût tenté de porter sur cet autel champêtre ses mains impies, une pierre représentait ces mots: *Béni soit celui qui respectera ce monument.*

176. Cf. *Chronique de Paris*, 27 septembre 1791, pp.1088-89; le *Courrier de Paris* (de Gorsas), mardi 27 septembre 1791, xxviii.426-30 et mercredi 28 septembre, pp.433-40; le *Patriote français*, 28 septembre 1791, pp.378-79; *Les Révolutions de Paris* (de Prudhomme), no 116, du 24 septembre au 1er octobre 1791, pp.584-85; le *Thermomètre du jour*, 28 septembre 1791, pp.5-6; et surtout le compte rendu officiel de la fête, publié par les Jacobins de Montmorency, sous le titre de *Fête champêtre, célébrée à Montmorency en l'honneur de J. J. Rousseau* (Paris 1791).

Dès que le cortège a été parvenu dans ce lieu sacré, un citoyen soldat a posé le buste sur le monument, il l'a ceint du chêne civique; un jeune enfant y a joint une couronne de fleurs, et plusieurs autres enfants se tenant avec des guirlandes l'ont entouré ...

Les discours se succèdent alors, au nombre de six. A l'entrée de la nuit, on allume des lampions accrochés aux arbres, et la fête se poursuit par un bal, 'tous les spectateurs [se mêlant], dans des danses joyeuses'.

Certains traits font de cette fête de J. J. Rousseau une manifestation populaire. D'une part, les premiers rôles sont tenus par des gens du peuple, les deux vieillards, Basile et Gustin: le peuple s'honore lui-même, en honorant Jean-Jacques qui l'a honoré. Nous savons toutefois le caractère équivoque de ce thème, qui s'inverse pour maintenir les petites gens qui travaillent de leurs mains dans une attitude de respect devant les spécialistes de la pensée.

D'autre part, les acteurs et les spectateurs restent proches les uns des autres. Alors qu'à Paris, on observe de loin les évolutions des gardes nationaux,[177] au village, on les côtoie de bout en bout, on participe au même cortège joyeux: aussi bien, ne s'agit-il plus des massacreurs de La Fayette. Mieux encore, des députés à l'Assemblée nationale se sont mêlés à la foule, anonymes; et, à la fin de la cérémonie, tous les participants se confondent: n'est-ce pas alors la fête véritable, où règne une 'douce égalité', celle des hommes libres telle que Jean-Jacques l'a donnée en exemple? Cette rencontre ne pouvait manquer d'être soulignée. L'un des orateurs, Chérin, s'y emploie:

O généreuse et bienfaisante liberté! Quoi! c'est accomplir tes préceptes, que de se livrer aux plaisirs les plus doux; c'est par des fêtes et des divertissements publics, que se maintiennent la paix, l'innocence, la concorde, la fraternité entre les citoyens, et la prospérité de la république; avec toi il n'est pas besoin de recourir au luxe et à l'éclat d'une pompe recherchée; il suffit que la famille s'assemble pour que les membres sentent le bien-être et le contentement qui les unit; les jeux que tu aimes sont ceux où règne l'égalité, qui se célèbrent en plein air, sous le ciel, dans le grand temple de la Nature![178]

A Montmorency, on peut donc oublier les divisions et les sanglants affrontements de la capitale: le sentiment d'égalité entraîne la concorde, et la paix sociale. Malheureusement, comme dans le cas de la fête des vendanges à Clarens, l'une des fonctions de la transparence des cœurs est la dissimulation des liens de dépendance réels, et des oppositions qui en résultent. C'est surtout la réalité des antagonismes politiques au sein du 'peuple' qui se trouve ici escamotée, en même temps que l'utilisation étroitement bourgeoise du rousseauisme, dont la fête de Montmorency constitue la plus officielle des consécrations.

D'autres aspects, en liaison avec le contexte, révèlent ce secret. Ainsi, quels sont les députés présents? Le compte rendu officiel donne quelques noms: 'Parmi les augustes représentants du peuple, qui rendaient un hommage si pur à l'auteur du Contrat social, on a distingué messieurs d'Eymar-de-Forcalquier, Barère de Vieuzac, Guillaume, Regnault-de-Saint-Jean d'Angély, Boissy d'Anglas, Treillard, Rabaud de Saint-Etienne [sic], Rodat et Huguet' (p.6). Il y a là, on pouvait s'y attendre, ceux qui ont été au premier rang pour réclamer les honneurs en faveur de Jean-Jacques. Mais ce sont surtout des hommes

---

177. Cf. *Révolutions de Paris*, no 115, du 17 au 24 septembre 1791.
178. *Fête champêtre célébrée à Montmorency*, p.19.

appartenant à la majorité constitutionnelle: tout au plus pourrait-on, à la limite, faire une réserve au sujet de l'équivoque Barère. On remarquera tout particulièrement la présence de Regnault de Saint-Jean d'Angély, ce modéré agressif, dont on connaît le rôle provocateur au cours de la crise de Varennes:[179] c'est précisément lui qui, une dizaine de jours plus tôt, a fait décréter la fête nationale du 18 septembre, pour célébrer la signature de la constitution par Louis XVI. 'Motion arrachée par l'intrigue à la fatigue de l'assemblée' commentait le rédacteur du *Patriote français*, désireux d'exalter par contraste la fête de Jean-Jacques! On voit que, aux yeux des leaders de la constituante, la différence ne vaut pas la peine d'être notée: à Montmorency comme à Paris, Jean-Jacques est au service de leur politique. Et c'est bien le philosophe officiel de la révolution bourgeoise, l'inspirateur de la constitution que l'on vient d'abord honorer, comme le souligne dans son allocution le président de la société locale des Jacobins.[180] Il est d'ailleurs significatif que l'extrême-gauche de l'assemblée ne soit pas représentée à Montmorency, et que le seul journal résolument démocrate à avoir survécu à la vague de répression anti-populaire, le *Pacquebot*, relate la cérémonie en une seule phrase! (jeudi 29 septembre 1791).

S'agirait-il là d'une exploitation politique extérieure, d'un accident en quelque sorte, qui ne se marquerait pas dans la nature même de la fête, et dans l'image de Jean-Jacques qui s'y reflète? Il ne semble pas: aussi bien dans les formules tirées des œuvres de Rousseau pour être gravées sur la pierre, que dans les principaux discours prononcés, s'affirme en effet une certaine interprétation du rousseauisme. Comme c'est à la fois la plus répandue et la plus apte à se charger de contenus divers, on risque de méconnaître sa parfaite adaptation au rôle politique dévolu à Jean-Jacques par les constitutionnels triomphants. Les thèmes idéologiques dominants sont ceux de la loi et de l'ordre. Le discours de Chérin, locataire de la maison jadis habitée par Jean-Jacques après son départ de l'Ermitage, et l'un des principaux ordonnateurs de la fête, est le plus significatif à cet égard. Chérin perçoit le rousseauisme presque exclusivement sous son aspect moral.

La symbolique de la fête, qui insiste sur la régénération des mœurs dans le cadre familial, va d'ailleurs dans le même sens. En liaison avec ce choix, dont on connaît la fonction conservatrice, s'affirment les thèmes de la simplicité, du lien avec la nature champêtre, et de l'éminente dignité du paysan. Cet ensemble de valeurs est revendiqué sur un ton agressif, comme s'il s'agissait d'un combat politique essentiel à mener, où se jouerait le sort de la révolution. Chérin, rappelant la retraite de Jean-Jacques, et sa brouille avec ses amis Parisiens, cite la virulente diatribe du philosophe contre les 'désœuvrés payés de la graisse du peuple, pour aller six fois la semaine bavarder dans une académie', et son

---

179. Regnault a en effet publié une pétition apocryphe menaçant l'Assemblée nationale de la colère populaire, dans le feuilleton de son journal *Le Postillon par Calais*. Texte reproduit en brochure, et diffusé à profusion le 16 juillet 1791, la veille du massacre. Cf. *Grande pétition présentée ce matin à l'Assemblée nationale, par quarante mille citoyens de Paris, rassemblés au champ de mars; et signée sur l'autel de la Patrie. Avec la réponse de M. Charles Lameth, Président.* BN Lb 39 5197. La vraie pétition cordelière, ferme quant aux principes, ne comporte aucun passage provocateur. Cf. *Journal du club des cordeliers.* Sur le rôle de Regnault comme principal instigateur de la répression, cf. aussi *Révolutions de Paris*, no 105, du 15 au 23 juillet 1791, pp.59 et 80-84.

180. *Fête champêtre*, pp.8-15, discours de M. Rozier.

éloge corrélatif des paysans de Montmorency. S'emparant de cette opposition, l'orateur la transforme, selon la démarche de Rousseau lui-même, en un antagonisme ville-campagne conçu comme principe dernier d'explication du monde social (pp.24-25):

En effet, c'est une des maximes familières de Rousseau, que les hommes, au lieu de s'amonceler dans les villes, ce qui cause inévitablement la ruine et la corruption des sociétés, doivent se répandre également sur le territoire, pour le vivifier de toutes parts. La révolution qui vient de s'opérer, a bien justifié cette importante maxime; car, plus la constitution s'affermira, et plus vous verrez les grandes cités devenir désertes; tout ce qu'il y a de plus illustres parmi les citoyens de l'empire s'empressera de revenir habiter aux champs, parce que la vie douce, égale et simple que l'on y mène est celle que prescrit la nature, qu'elle est plus favorable aux bonnes mœurs et qu'enfin c'est aux champs que sont placées les véritables sources de la prospérité publique.

Nous savons combien l'étrange illusion qui s'exprime ici était répandue, et le rôle central qu'elle jouait dans l'idéologie bourgeoise révolutionnaire. Facteur ambigu d'unité, elle apparaît le plus souvent en liaison avec la doctrine de la sociabilité naturelle. Ce rêve d'harmonie sociale sert de décor à la nostalgie des privilégiés comme à la fierté des humbles. Totalement dépourvu de contenu revendicatif, il remplit une fonction de diversion, fréquente chez les idéologues de la petite noblesse,[181] mais qui joue déjà en faveur de la bourgeoisie, sur le front anti-populaire: d'où son orchestration officielle. Le choix des citations de Rousseau (ou soi-disant telles) gravées sur les pierres du monument rustique est tout à fait conforme à l'esprit du discours de Chérin. On relève une seule maxime politique: 'Le bien général de tous se réduit à ces deux points principaux: la liberté et l'égalité.' Encore est-il difficile de retrouver, à travers cette adaptation discutable, censée exprimer l'esprit du *Contrat social* l'originalité et la vigueur de la doctrine démocratique de Rousseau.

Les autres maximes retenus sont purement morales. Elles invitent au respect des bonnes mœurs et à la modération;[182] en d'autres termes, la principale vertu du peuple est désormais de faire confiance à ses leaders. Cette édulcoration du rousseauisme joue le même rôle idéologique que l'opposition, courante depuis quelques mois, entre la *révolution* (c'était hier, et c'était le Rousseau de la campagne des pamphlets) et la *constitution* (c'est le moment présent, et c'est le *Contrat social* perçu à travers sa traduction modérée). Vers la même date, Barnave prononce à l'assemblée son fameux discours: 'Allons-nous terminer la Révolution, allons-nous la recommencer? ... Un pas de plus serait un acte funeste et coupable, un pas de plus dans la ligne de la liberté serait la destruction de la royauté, dans la ligne de l'égalité la destruction de la propriété' (15 juillet 1791).

Comment le culte de Jean-Jacques s'accommode-t-il de cette philosophie circonspecte? On pourrait croire que toute adhésion du cœur devient incongrue dans un tel climat. Mais il n'en est rien: il ne faut pas confondre la portée de

---

181. Cf. R. Barny, *J. J. Rousseau dans la Révolution française: grands débats politiques*.

182. Cf. p.43: 'Que les mères nourrissent leurs Enfants, les mœurs vont se réformer d'elles-mêmes et les sentiments de la nature se réveiller dans tous les cœurs. C'est moins la force des bras, que la modération des cœurs, qui fait que les hommes sont indépendants et libres. L'homme est né bon. Soit juste et tu seras heureux.'

l'opération J.J. Rousseau montée par la bourgeoisie constitutionnelle, et le sentiment vécu qui lui correspond. L'idéologie ne se réduit pas à sa fonction sociale étroite: c'est d'abord une façon de vivre, et de ce point de vue, les valeurs individuelles précieuses du rousseauisme sont loin de s'estomper. Cet investissement du tissu idéologique par les besoins affectifs et les désirs est d'ailleurs la condition même de la réussite de l'opération politique.

En un mot, la ferveur rousseauiste reste intacte, bien que l'exploitation qui en est faite ici présente un côté assez mesquin. Le rédacteur de la relation officielle écrit:

Quelque désir qu'on ait eu, en donnant la relation de cette fête, d'apprendre à ceux qui n'en ont point été les spectateurs, tout ce qu'elle eut d'intéressant, on ne s'est point dissimulé d'avance qu'il était impossible de parvenir à leur communiquer les douces émotions qu'elle inspira dans toute sa durée.

Il est des choses qui ne se décrivent point, et qu'il faut avoir vues pour les sentir.[183]

Quant au culte proprement dit, ses caractéristiques restent celles qui ont déjà été définies. Composite dans ses rites et sa liturgie, la fête champêtre de Montmorency tient à la fois de la procession chrétienne et de la cérémonie antique. Les observateurs aiment à souligner ce dernier aspect, qu'ils découvrent dans les groupes de personnages composant des figures symboliques: mères, enfants, jeunes filles, vieillards, et dans certaines inscriptions laconiques, comme celle qui invite le passant à respecter le monument dédié à Jean-Jacques. L'esprit de l'antiquité s'affirme surtout dans le principe même d'un culte des grands hommes: Rozier, président des Jacobins, trouve des accents lyriques pour évoquer 'ce décret qui, faisant revivre avec éclat l'esprit des anciennes institutions, consacre un temple à la mémoire des Grands Hommes, qui ont bien mérité de la Patrie. Décret sublime, et qui seul suffirait à la gloire d'une nation' (p.12).

Simultanément, on admet la nécessité de mobiliser le sentiment religieux actuel, c'est-à-dire les convictions chrétiennes du public. Chérin regrette que les déclarations les plus orthodoxes de Jean-Jacques n'aient pas pu être gravées sur son monument, et il tient à les rappeler, en manière de péroraison. 'Plusieurs d'entre vous pénètrent mon intention, et m'en sauront peut-être gré' précise-t-il, mi figue – mi raisin (pp.25-26). La motivation politique d'un tel propos n'est certes pas difficile à déceler: la religion traditionnelle est le meilleur ciment des doctrines d'ordre. En outre, elle permet de disposer d'un réservoir important d'énergie spirituelle. Le rousseauisme va donc servir à remodeler de l'intérieur, dans le sens des idéaux des droits de l'homme, la conscience religieuse traditionnelle, sans prétendre le moins du monde se substituer à celle-ci.

Le culte de Jean-Jacques connaît donc une évolution. Mais, loin de se diviser, et d'admettre deux contenus hétérogènes (l'un politique, l'autre sentimental) il a plus que jamais pour fonction essentielle de parfaire l'unité de l'expérience au cours de laquelle ont mûri les conditions subjectives de la Révolution. Sans cesser de proposer une perspective du salut renouvelée, celle du bonheur individuel, il contribue à organiser le consensus populaire autour du régime en train de naître.

183. *Fête champêtre*, p.50.

Une autre distinction s'impose toutefois: entre les formes strictement privées, et les formes collectives du culte. Les premières peuvent servir à informer les attitudes politiques les plus éloignées, car le message de Jean-Jacques, héros ou saint, est une force ambiguë si on l'abstrait de ses conditions d'énonciation. Dans ses aspects collectifs, le culte constitue au contraire une composante de la religion patriotique, au sujet de laquelle s'opposent 'modérés' et 'démocrates'. En 1790-1791, il semble bien (on n'en sera pas surpris) que l'interprétation dominante soit celle, officielle, de la majorité constituante.

Conclusion

LE personnage mythique de Jean-Jacques, remodelé suivant les exigences de l'heure, est donc un élément important de la lutte d'idées.

Dans divers articles et brochures, comme dans les éloges composés à l'occasion du concours académique de 1790 et 1791, apparaissent les traits spécifiques à l'époque révolutionnaire: Jean-Jacques est loué pour sa pureté de cœur, sa bonté; on le considère comme un médiateur, payant de ses souffrances le bonheur des humbles; à moins qu'on n'en fasse, en concurrence avec Franklin, l'incarnation du mérite de l'homme du peuple, et de la réussite sociale qui doit en être le fruit ... Tel auteur, comme Michel-Edme Petit, s'identifiant à son héros, brosse de Jean-Jacques et de son œuvre une image idéalisée, édifiante, où aime à se contempler la petite bourgeoisie laborieuse, élément le plus actif dans la révolution.

Les honneurs décernés à Jean-Jacques ont toujours accompagné, le plus souvent précédé, ceux que la révolution rend à Voltaire: réconciliation symbolique des deux grands initiateurs, exaltée par de nombreuses voix, ironiquement commentée à droite, où l'on rappelle la haine que se portaient les deux saints. Mais c'est surtout en Rousseau que la bourgeoisie constituante célèbre son philosophe; elle prétend se l'annexer. Les bonnes raisons ne manquent pas: Rousseau ne donne-t-il pas une cohérence parfaite à l'individualisme, tout en formulant la thèse de l'autonomie du politique, fondements des doctrines bourgeoises? Certes, il faut pour cela simplifier sa pensée, négliger notamment les inquiétudes qui se font jour jusque dans les notes du *Contrat social* sur l'autonomie de l'instance politique, c'est-à-dire sur la possibilité même de la cité idéale que Rousseau est en train d'élaborer, abstraction faite du contexte économique et social. Il faut surtout, dans le même esprit, ignorer le second discours: celui-ci continue en effet à passer pour un paradoxe futile et dangereux, excroissance maléfique de l'œuvre, radicalement séparé du *Contrat social*, sauf aux yeux de quelques ennemis lucides tel l'abbé Legros, qui diagnostiquait dès 1787 dans l'unité des deux livres le principal danger du rousseauisme.[1] On retrouve d'ailleurs, dans cet embaumement patriote de Rousseau les mêmes clivages, la même multiplicité contradictoire de disciples que lors des grands débats politiques. Certaines fêtes populaires consacrées à Jean-Jacques marquent l'adhésion des démocrates à un rousseauisme exigeant et sévère, celui qui paraît terrible aux frères Lameth le 20 Juin 1790, cependant que les honneurs nationaux sont dénoncés comme une manipulation à la fois par l'extrême-gauche (Marat) et par la droite (d'Antraigues). Il semble donc que le culte révolutionnaire de J. Jacques, loin de dévoyer comme le croyait P. M. Masson celui des 'âmes sensibles' vive en symbiose avec ce dernier, lui conférant une nouvelle dimension, sans dénaturer la personnalité de celui qui écrivait dans l'une de ses œuvres les plus intensément lyriques: 'J'avais vu que tout tenait

---

1. Cf. R. Barny, *Le Rousseauisme avant 1789*, et *J. J. Rousseau dans la Révolution française: les grands débats politiques*.

radicalement à la politique.'[2] En témoignent les préoccupations nouvelles de l'abbé Brizard, pèlerin de la première heure, qui met en fiches le *Contrat social* et compose simultanément un *Eloge de Mably*, et trois brochures sur la première Assemblée des notables.[3] Tout au plus peut-on affirmer que de nouveaux besoins affectifs apparaissent ou s'affirment, peut-on entrevoir l'émergence de nouvelles formes historiques d'individualité, sans que ces transformations portent atteinte, bien au contraire, à la prise de conscience de l'autonomie et de la valeur suprême de l'individu. Si mutation il y a, elle est en amont, et Rousseau a dû jouer un rôle important. Comme il donne sa forme la plus rigoureuse à l'individualisme politique (en installant une tension dialectique entre la forme possessive de celui-ci et le despotisme de la volonté générale), Jean-Jacques, à travers sa quête du bonheur, salut terrestre, instituant un véritable devoir envers soi-même, donne à l'individualisme affectif ses plus riches résonances, et fournit l'une des sources les plus puissants du courant poétique qui nous irrigue encore aujourd'hui, à travers romantisme et surréalisme. Le créateur de Julie et le législateur du *Contrat* sont réunis dans la même vénération fervente par les pèlerins patriotes. Ce sont les vaincus qui vont peu à peu se détacher de l'œuvre politique, et de ses implications spirituelles. Seul reste encore méconnu par les uns comme par les autres, à de rares exceptions près, le héros, jugé impudique, des *Confessions*. Il faudra du temps, un nouveau climat moral, pour que l'on entrevoie enfin la nature héroïque et exemplaire de son exhibitionnisme.

Au total le culte de Rousseau est réconciliée avec celui de Jean-Jacques; il continue sous la forme déjà traditionnelle du pèlerinage à Ermenonville[4] et ce sont les plus chauds patriotes, tels l'abbé de Cournand ou le rédacteur des *Révolutions de Paris*, sans doute Sylvain Maréchal ou Fabre d'Eglantine, qui répugnent à exiler J. Jacques de l'Ile des Peupliers dans le cadre prestigieux, mais compassé et lugubre, du Panthéon. Ce culte de J. J. Rousseau où se rejoignent les deux personnages affrontés des *Dialogues* est appelé par là-même à remplir une fonction nouvelle: comme la mise en valeur de certains thèmes-clés de l'œuvre politique (liaison contradictoire de la primauté de l'individu et du despotisme de la volonté générale, importance vitale de la petite propriété), il est un facteur d'homogénéisation politique du bloc patriote, ensemble relativement hétérogène, travaillé par des tensions internes, où triomphent cependant, du moins jusqu'au 9 thermidor, les forces centrifuges, induites par la permanence de la menace contre-révolutionnaire. Dans la diversité de ses aspects, intellectuel et affectif, doctrinal et 'religieux', le rousseauisme joue ainsi le rôle d'une véritable 'philosophie' populaire. Ce qui favorise le progrès de la révolution, jusqu'à son acmé démocratique et égalitaire de l'an II, mais non sans comporter de sérieuses équivoques, qui jouent un rôle dans l'échec de l'an II, et surtout

2. *Confessions*, livre neuvième, *Œuvres complètes*, i.404.

3. Cf. abbé Brizard, 'Notes et documents sur J. J. Rousseau' manuscrit, *Eloge historique de l'abbé de Mably, Première lettre à un ami sur l'Assemblée des notables, Seconde lettre à un ami sur l'Assemblée des notables* (divers brouillons de ces textes existent dans les dossiers conservés à la Bibliothèque de l'Arsenal), et cf. l'analyse d'ensemble de cette documentation in R. Barny, *Le Rousseauisme avant 1789*.

4. Cf. dans la bibliographie les ouvrages de H. Buffenoir; Charly Guyot, *De Rousseau à Mirabeau: pèlerins de Môtiers*; P. M. Masson, *La Religion de J. J. Rousseau*, tome iii, et, tout récemment, Anna Ridehalgh, 'Preromantic attitudes and the birth of a legend: French pilgrimages to Ermenonville, 1778-1789', *Studies on Voltaire* 215 (1982), pp.231-52.

peut-être le préfigurent. Car cette complexité contradictoire du rousseauisme révèle, à la réflexion, les équivoques idéologiques et sociales qui caractérisent la coalition patriote et contribueront à la désagréger.

Bibliographie

Cette bibliographie est notre bibliographie de travail. Elle na donc aucune prétention à l'exhaustivité.

Rousseau

Rousseau, J. J. *Œuvres complètes*, éd., B. Gagnebin et M. Raymond. Paris 1959-
- *The Political writings of J. J. Rousseau*, éd. C. E. Vaughan. Oxford, New York 1962; 1ère éd. Cambridge 1915
- *Discours sur les sciences et les arts*, éd. critique par G. R. Havens. New York, London [1946]
- *Discours sur l'origine et les fondements de l'iné-galité*, éd. J. L. Lecercle. Nouvelle édition, Paris 1983; 1ère édition 1954
- *Essai sur l'origine des langues où il est parlé de la mélodie et de l'imitation musicale*, éd. Ch. Porset. Bordeaux 1953
- *Lettre à d'Alembert*, éd. Fuchs. Genève 1948
- *La Profession de foi du vicaire savoyard*, éd. critique par P. M. Masson. Paris 1914
- *Ecrits autobiographiques*, éd. Jean Massin. Paris 1955
- *Correspondance générale*, éd. Th. Dufour et P. P. Plan. Paris 1924-1934; table, Genève 1953
- *Correspondance*, éd. critique par R. A. Leigh. Genève, Banbury, Oxford 1965-

Bibliographie

Barbier, A. A., *Dictionnaire des ouvrages anonymes*, 3e éd. Paris 1872-1879
- *Notice bibliographique sur les diverses éditions des ouvrages de J. J. Rousseau, et sur les principaux écrits relatifs à sa personne et à ses ouvrages*, 4e éd. Paris 1836; 1ère éd. Paris 1818
Bibliothèque nationale: catalogue de l'histoire de France. Paris 1855-1895
Bibliothèque nationale: catalogue des anonymes et fichier des anonymes
Conlon, P., *Ouvrages français relatifs à Rousseau, 1751-1799*. Genève 1981
Hatin, Eugène, *Bibliographie historique et critique de la presse périodique française*. Paris 1866; réédition Paris 1965
Martin, A. et Walter, G., *Catalogue de l'histoire de la révolution française*. Paris 1936-1939
Monglond, A., *La France révolutionnaire et impériale*. Grenoble 1930-1970
Quérard, M., *Les Supercheries littéraires dévoilées*, 2e éd. Paris 1869; 1ère éd. 1845-1853
Tourneux, Maurice, *Bibliographie de l'histoire de Paris pendant la révolution française*. Paris 1890-1913

Sources manuscrites

'Décret du 21 décembre 1790 à l'Assemblée nationale', Arch. nat., F 17 10506, dossier 9
Desmolins (avocat au Parlement de Paris), Eloge de J. J. Rousseau. Arch. Acad. fr.
Dubois de La Ville, Eloge de J. J. Rousseau. Arch. Acad. fr.
Leuliette, J. Jacques, Eloge de J. J. Rousseau. Arch. Acad. fr.
'Manuscrits de Mme de Staël'. BN, nouv. acqu. fr., 1300
Meslin (principal commis des finances, Paris), Eloge de J. J. Rousseau. Arch. Ac. fr.
'Notes et documents sur J. J. Rousseau, recueillis par l'abbé Brizard'. Bibl. de l'Arsenal, manuscrit 6099
Plaidoirie de l'Avocat Général Seguin dans l'affaire de 'l'Ami des Loix' et du 'Ca-

téchisme du Citoyen'. Documents relatifs à Martin de Marivaux, avocat au Parlement de Paris. Arch. nat. Papiers du Parlement, Conseil secret X 1B 8966
'Prix d'éloquence pour 1790 et 1791, Eloge de J. J. Rousseau'. Arch. Acad. fr.

Tardieu (élève commissaire de la marine à Toulon) Eloge de J. J. Rousseau. Arch. Acad. fr.
Trouvé, Joseph, Eloge de J. J. Rousseau. Arch. Acad. fr.

Sources imprimées

Auteurs

Allonville, comte d', *Mémoires secrets de 1770 à 1830* Paris 1838
Antraigues, Louis-Emmanuel-Henri-Alexandre de Launai, comte d', *Mémoire sur les Etats-Généraux, leurs droits, et la manière de les convoquer.* s.l. 1788. BN LB39 714
– *Second mémoire sur les Etats-Généraux.* s.l. 1789 BN LB 39 1164, (publié aussi sous le titre de *Mémoire sur la constitution des Etats de la province de Languedoc, et sur le danger qui menace la liberté publique quand les provinces sont régies par des Etats inconstitutionnels.* Vivarais s.d. BN L.N2 858
– *Supplément à la 1ère et à la 2de édition du mémoire sur les Etats de Languedoc, contenant quelques observations sur les pouvoirs que doivent donner les baillages à leurs représentations.* s.l. 1789. BN LB39 1454
– *Discours prononcé par le comte d'Antraigues à l'Assemblée des députés des 3 ordres de la province du Languedoc le 10 mai 1789.* s.l. n.d. BN le 29 2064
– *Discours prononcé par le comte d'Antraigues, député aux Etats-Généraux dans la chambre de la noblesse le 11 mai 1789.* s.l.n.d. BN le 29 2064
– *Notions de Mrs les commissaires conciliateurs de l'ordre de la noblesse portée dans cette chambre par Mr le comte d'Antraigues ce vendredi 22 Mai 1789.* s.l. 1789. BN le 29 6
– *Discours prononcé dans la chambre de la noblesse ... le 23 mai 1789* (même brochure)
– *Mémoire sur la vérification des Pouvoirs, lu à la 1ère conférence chez Mr le Garde des Sceaux par le comte d'Antraigues.* s.l. n.d. BN le 29 12
– *Discours prononcé dans la chambre de la noblesse ... le jeudi 28 mai 1789, en faveur de la notion tendant à faire déclarer constitutionnels la division des ordres et leurs vétos respectifs. Archives parlementaires,* 1ère série, viii.53

– *Adresse à l'ordre de la noblesse du Bar-Vivarais, par le comte d'Antraigues, son député aux Etats-Généraux.* s.l.n.d. BN LB39 1771
– *Discours prononcé ... dans la chambre de la noblesse, le 25 juin 1789.* s.l.n.d. BN Fb 20.900
– *Mémoire sur les mandats impératifs.* Versailles s.d. BN Lb 39 2326
– *Discours prononcé dans l'assemblée nationale ... le lundi 3 août, au sujet de la déclaration des droits de l'homme et du citoyen.* Paris, 1789. BN Le 29 2166. Cf. aussi *Arch. P.* 1ère série, viii.334-35
– *Mémoire sur le rachat des droits féodaux déclarés rachetables par l'arrêté de l'assemblée nationale du 4 août 1789.* Versailles 1789. BN Lb39 2135
– *Rapport fait au Nom du comité des rapports de l'assemblée nationale, le 5 août 1789.* Cf. *Arch. P.* 1ère série. t. viii
– *Discours prononcé dans l'assemblée nationale ... le dimanche 9 août 1789 au sujet de la forme de l'emprunt de 30 millions.* Versailles s.d. BN Fb 20902. Cf. *Arch. P.* 1ère série. viii.366
– *Discours sur la sanction royale prononcé dans l'assemblée nationale ... le 2 septembre 1789.* Versailles s.d. BN Le 29 186. Cf. aussi *Arch. P.,* 1ère série, viii.543-46
– *Observation sur la nouvelle division du royaume proposée par le Comité de constitution.* s.l.n.d. BN Fb 20907; Lb39 8275
– *Discours d'un membre de l'assemblée nationale ... à ses co-députés.* s.l. 1789. BN le 29 1952
– *Second discours d'un membre de l'assemblée nationale à ses co-députés.* s.l. 1789. BN Le 29 1952ter
– *Observations sur le Divorce,* Paris 1789. BN F. 28 255
– *Lettre à Mrs les rédacteurs du 'Journal de Paris'.* s.l.n.d. (datée du 26 janvier 1790). BN Lb39 2852
– *Lettre au président de l'assemblée sur le serment*

civique que chaque membre de l'assemblée doit prêter, lue à la tribune, le 6 février 1790. Cf. *Arch. P.* 1ère série, xi.441-42

– *Quelle est la situation de l'assemblée nationale?* s.l. 1790 (daté de Lausanne, 30 avril 1790). BN Lb39 3381

– *Lettre ... à M des ..., sur le compte qu'il doit à ses comettans de sa conduite aux Etats-Généraux.* Paris 1790 (daté de Lausanne, 4 août 1790). BN Lb39 4106

– *Observations au sujet du décret de l'assemblée nationale, du 21 décembre 1790, sur J. J. Rousseau* (datées de Parme, le 11 janvier 1791. Publiées dans l'*Ami du Roi*, ccxlvi, 31 janvier 1791)

– *Déclaration de Louis d'Antraigues qu'il a fait signifier à la municipalité d'Aizac, en Vivarais, département de l'Ardèche, qui avait reçu sa déclaration pour la contribution patriotique* (lettre ouverte datée de Parme, le 19 février 1791 publiée dans l'*Ami du Roi*, cccvii, 23 mars 1791)

– *Dénonciation aux Français catholiques des moyens employés par l'assemblée nationale pour détruire en France la religion catholique.* Par Henri Alexandre Audainel (pseud). Londres 1791. (Daté de Paris, ce 24 mars 1791) BN Ld4 3446 2è édition ... *Suivie de le lettre de Mr le Comte d'Antraigues à Mr le Cardinal de LOMENIE.* Paris s.d. BN Ld4 3446 B

– *A.E. Ch. de Loménie. arch. de Sens.* Orléans 1789 [*sic*] (daté d'Orléans, le 10 mai 1791). BN Ld4 3566

– *Point d'accommodement* s.l.n.d. BN Lb39 5159

– *Protestation de M Emmanuel. Louis-Henri: Alexandre de Launai d'Antraigues, député de l'ordre de la Noblesse du Bas-Vivarais aux Etats-Généraux de 1789.* Milan 1791 (Daté de Milan, 1er octobre 1791). BN Lb39 5471

– *Lettre de M le comte d'Antraigues au Pape* (datée du 28 octobre 1791 – publiée dans le *Journal général de Fontenai*, no 277, du Vendredi 4 novembre 1791, pp.1131-32). BN Lc2 538 (t.ii)

– *Adresse à l'ordre de la Noblesse de France, par Emmanuel-Louis-Henri-Alexandre de Launai, comte d'Antraigues, l'un de ses députés aux Etats-Généraux de 1789.* Paris 1792. BN Lb39 5567

– *Les Vœux du véritable peuple français pour l'année 1792*, par M d'Antraigues. s.l.n.d. (Chanson). BN Rés. ye – 3198

– *Lettre de Mr le comte d'Antraigues à Mr Fontenai.* Paris 1972 (datée du 7 avril 1792). BN Lb39 10 522; *Journal général de M. Fontenai*, 19 avril 1792, pp.447-48

– *Exposé de notre antique et seule légale constitution française d'après nos loix fondamentales ... en réponse aux observations de Mr de Montlosier, député de la Noblesse d'Auvergne aux mêmes Etats-Généraux, sur l'adresse du Comte d'Antraigues à l'ordre de la Noblesse Française.* Paris 1792. BN Lb39 10473

– *Lettre à sa Majesté l'impératrice de Russie, par le comte d'Antraigues en lui envoyant son adresse à la noblesse* (publiée dans le *journal Général de M Fontenai*, le 16 avril 1792)

– *Lettre de Mr le Comte d'Antraigues à MM..., commissaires de la Noblesse de B... sur plusieurs éclaircissements qui lui ont été demandés sur notre antique et seule légale constitution.* Paris 1792. BN Lb39 10.605

– *Observations sur la conduite des puissances coalisées, par le comte d'Antraigues, député de l'ordre de la Noblesse aux Etats Généraux de 1789.* Hambourg 1795. BN Lb41 4092

– *Lettre d'un émigré royaliste à l'auteur constitutionnel du 'coup d'œil sur la révolution française'.* s.l. 1975. BN La32 321; 2e édition à la suite de la brochure réfutée: *Coup d'œil sur la révolution française par le général Montesquiou, suivi de la réponse du comte d'Antraigues*, Genève 1795. BN La32 40

– *Lettre du comte d'Antraigues à Mr de L. C. sur l'état de la France.* s.l.n.d. (écrit en 1795?)

– *Lettres inédites du comte d'Antraigues*, éd. Léonce Pingaud. Paris 1895

– *Pièce trouvée à Venise dans le Portefeuille du comte d'Antraigues: Ma conversation avec Mr le Comte de Montgaillard, le 4 décembre 1796, à six heures après midi, jusqu'à minuit.* Paris, an V.BN Lb 1402; *Au corps législatif.* Paris an V. BN Le 43 1349

– *Un mémoire inédit du comte d'Antraigues sur l'enseignement national en Russie* (1802), éd. Léonce Pingaud. Paris 1894

– *Traduction d'un fragment du 18e livre de Polybe trouvé dans le monastère Sainte-Laure du Mont Athos, par le comte d'Antraigues*, nouvelle édition. Londres 1806

Aubert de Vitry, *J. J. Rousseau à l'Assemblée nationale.* Paris 1789. BN Lb 39 2008

– *Les Quatre cris d'un patriote à la nation*. s.l. 1789. BN Lb 39 7684

– *Encore quatre cris, ou sermon d'un patriote, à prononcer par M l'abbé F … dans la chaire de quelque district*. Paris 1789. BN Lb 39 2375

Aude, Joseph, *Le Journaliste des ombres ou Momus aux Champs-Elysées. Pièce en un acte, en vers (Paris, théâtre de la nation, 14 juillet 1790)*

Barruel-Beauvert, Antoine-Joseph, comte de, *Vie de J. Jacques, précédée de quelques lettres relatives au même sujet*. Londres, Paris 1789

Bergier, Sylvestre Nicolas, *Le Déisme réfuté par lui-même, ou examen en forme de lettres des principes d'incrédulité répandus dans les divers ouvrages de M Rousseau, par M Bergier*, 3e éd. Paris 1766; 1ère éd. 1765

– *Quelle est la source de toute autorité?* Paris 1789. BN Lb 39 6918

Berthier, G. F., *Observations sur le Contrat social de J. J. Rousseau par le P. G.F. Berthier* (publiées et continuées par l'abbé Bordier. Delpuits). Paris 1789

Besnard, François Yves, *Souvenirs d'un nonagénaire, mémoires de Besnard publiées sur le manuscrit autographe par Célestin Port*. Paris 1880

Billaud-Varenne, Jacques-Nicolas, *L'Acéphocratie, ou le gouvernement fédératif démontré le meilleur de tous pour un grand Empire, par les principes de la politique et les faits de l'histoire*, par M Billaud-Varenne, auteur de plusieurs ouvrages politiques. Paris 1791; repr. Paris 1977

Bouilly, Jean-Nicolas, *J. J. Rousseau à ses derniers moments, trait historique en un acte et en prose, représenté pour la première fois à Paris, par les Comédiens-italiens ordinaires du roi, le 31 déc. 1790*. Paris 1791. Bibl. hist. Ville de Paris, 8590

– *Mes récapitulations*. Paris 1836-1837

Brissot, J. Pierre, *Mémoires*, éd. Claude Perroud. Paris s.d.

Brizard, Gabriel, *Eloge historique de l'abbé de Mably. Discours qui a partagé le prix au jugement de l'Académie royale des inscriptions et belles-lettres en 1787*. Paris s.d

– *Première lettre à un ami sur l'Assemblée des notables* [Brizard, selon Barbier; signé: le Gallophile]. s.l. 1787. BN Lb 39 343.

– *Seconde lettre à un ami sur l'assemblée des notables*. s.l. 1787. BN Lb 39 345

[Brizard, Gabriel, abbé ?], *Lettre à un ami sur l'assemblée des notables* de Paris ce 6 nov. 1788. BN Lb 39 6612

Campan, Mme de, *Mémoires sur la vie privée de Marie-Antoinette, reine de France et de Navarre*. Paris 1822

Carbon de Flins Des Oliviers, *Le Réveil d'Epiménide à Paris*, comédie en un acte représentée au Théâtre-français le 1er janvier 1790. BN 8° Yth 1545

Champcenetz, M. de, *Réponse aux lettres sur les ouvrages et le caractère de J. J. Rousseau. Bagatelle philosophique que vingt libraires ont refusé de faire imprimer*. Genève 1789

[Charrière, Mme de], *Eloge de J. J. Rousseau qui a concouru pour le prix de l'Académie française*. Paris 1790

– 'Plainte et défense de Thérèse Levasseur', réédité par H. Buffenoir in *La Révolution française*, 1920

Chaussard, J. B., *La France régénérée, pièce épisodique en vers et à spectacle, précédée d'un prologue*. Représentée pour la première fois sur le théâtre de Molière le 14 septembre 1791, BN Yf 8582

Chenier, M. J., *Jean Calas*, tragédie en cinq actes. Paris 1793

Condorcet, Jean-Antoine-Nicolas de Carriat, marquis de, *Vie de Voltaire*; suivie des Mémoires de Voltaire écrits par lui-même, 1790. (Tome 70ème de la grande édition des œuvres de Voltaire. Imprimerie de la société littéraire typographique)

Cournand, Antoine de, *De la propriété ou la cause du pauvre, plaidée au tribunal de la raison, de la justice et de la vérité*. Paris 1791

Dampmartin, H. A., *Mémoires sur divers événements de la révolution et de l'empire*. Paris 1825; 1ère éd. Berlin 1799

– *Un provincial à Paris pendant une partie de l'année 1789*. Strasbourg [1790]

Dejaure, père (Jean-Elie Bedeno), *L'Ombre de Mirabeau*, pièce épisodique en un acte, en vers libres, représentée pour la première fois par les Comédiens-italiens ordinaires du roi, le 7 mai 1791. Paris 1791. BN 8° Yth 13009

Delorthe, G. A., *Eloge de Rousseau mis au concours de 1790. L'Académie a renvoyé sa décision pour 1791*. Paris 1790

Diderot, Denis, *Essai sur les règnes de Claude et de Néron*, in *Œuvres complètes*. Paris 1972

Doppet, François-Amédée, *Le Commissionnaire de la ligue d'outre-Rhin, ou le messager nocturne*. Paris 1792

[Doppet, François-Amédée], *Mémoires de Madame de Warens et de Claude Anet, pour servir de suite aux Confessions de J. J. Rousseau.* Chambéry 1786

– *Vintzenried ou les mémoires du chevalier de Courtille, pour servir de suite aux mémoires de Madame de Warens, à ceux de Claude Anet, et aux Confessions de J. J. Rousseau.* Paris 1789

Escherny, F. L. d', *Correspondance d'un habitant de Paris avec ses amis de Suisse et d'Angleterre sur les événements de 1789, 1790 et jusqu'au 4 avril 1791.* Paris s.d. BN Lb37 4812 (réédité sous le titre: *Tableau historique de la révolution jusqu'à la fin de l'Assemblée constituante,* 2e éd. Paris s.d.

– *De l'égalité ou principes généraux sur les institutions civiles, politiques et religieuses. Précédé de l'éloge de J. J. Rousseau en forme d'introduction. Par l'auteur de la Correspondance ... et pour servir de suite à cet ouvrage sur les révolutions de France.* Basle 1796

– *Essai sur la noblesse* Paris 1814

– *Mélanges de littérature, d'histoire, de morale et de philosophie.* Paris 1811 (réédité sous le titre, *Œuvres philosophiques, littéraires, historiques et morales,* 2e éd. Paris 1814

Fourcroy, *Rapport sur les mesures prises par le comité de salut public pour l'établissement de l'école centrale des travaux publics, décrétée par la Convention nation. Le 21 ventôse dernier, et projet de décret pour l'ouverture de cette école et l'admission des élèves. Présenté au nom des comités de salut public, d'instruction publique et des travaux publics réunis ... à la séance du 3 vendémiaire an 3.* Imprimé par ordre de la Convention

Franklin, Benjamin, *Mémoires de la vie privée de B. Franklin, écrits par lui-même et adressés à son fils; suivis d'un précis historique de sa vie politique, écrit par un Anglais et de diverses pièces relatives à ce père de la liberté.* Paris 1791

Ginguené, *Lettres sur les Confessions de J. J. Rousseau.* Paris 1791

Gouges, Olympe de, *Mirabeau aux Champs-Elysées, comédie en un acte et en prose.* Paris s.d.

Grégoire, abbé, *Mémoires.* Paris 1837

Heron, Louis Julien Simon, *Représentations d'un citoyen à la nation.* Paris 1791

Houdon, Jean-Antoine, *Réflexions sur les concours en général, et sur celui de la statue de J. J. Rousseau en particulier.* s.l.n.d. BN Ln²⁷ 17989

Kotzebue, August Friedrich Ferdinand von, 'Paris en 1790' (traduit in *Nouvelle revue rétrospective,* janvier-juin 1895)

La Harpe, J. F. de, *Lycée ou cours de littérature ancienne et moderne.* Toulouse 1814; 1ère éd. Paris an VII-an XIII

Lakanal, Joseph, *Rapport sur l'établissement des écoles normales, séance du 2 brumaire an III,* imprimé par ordre de la Convention nat.

Lameth, Alexandre, baron de, *Histoire de l'Assemblée constituante.* Paris 1828-1821

[Landes, Pierre], *Discours aux Welches.* s.l. 1790. BN Lb 39 3059

– *Nouveau discours aux Welches, par Blaise Vadé, fils d'Antoine et neveu de Guillaume.* Paris 1790. BN Lb 39 3884

– *Principes du droit politique, mis en opposition avec ceux de J. J. Rousseau sur le contrat social.* Paris 1801; 1ère éd. Neuchâtel 1794. BN Ex 1953

La Vicomterie de Saint-Sanson, Louis Thomas Hébert, *Les Crimes des rois de France, depuis Clovis jusqu'à Louis XVI.* Paris 1791

– *Les Crimes des rois de France ... Nouvelle édition, augmentée des derniers crimes de Louis XVI.* Paris 1792

– *Les Droits des peuples sur l'Assemblée nationale.* Paris, Lyon 1791

– *Du peuple et des rois.* Paris 1790

– *République sans impôts.* Paris 1792

Laya, J. L., *Jean Calas,* tragédie en 5 actes et en vers. Avignon 1791

– *L'Ombre de J. J. Rousseau,* comédie en 2 actes et en prose, par M L***. Londres, Paris 1787. BN 8° Yth 13008

[Laya], *Voltaire aux Français sur leur Constitution.* Paris [1791] 8°. 61 p. BN Lb 39 1273

Legros, Jean-Charles François, *Analyse des ouvrages de J. J. Rousseau de Genève et de M Court de Gébelin, auteur du monde primitif, par un solitaire.* Genève 1785. BN Z 10380 (190)

– *Examen des ouvrages de J. J. Rousseau de Genève et de M Court de Gébelin, pour servir de suite à l''Analyse',* par un solitaire. Genève 1786. BN Z 10380 (191)

– *Mémoire joint à la lettre écrite au Roi par M de Calonne, le 9 février 1791.* s.l. 1789. BN Lb 39 1151

Lemierre d'Arcy, *Jean Calas, ou le fanatisme,* drame en 4 actes et en prose, Paris 1791

Lenormant, Ch. F., *J. J. Rousseau aristocrate*. Paris 1790

Leroy de Barincourt, *La Monarchie parfaite, ou l'accord de l'autorité d'un monarque avec la liberté de la nation qu'il gouverne. Discours*. Genève, Paris 1789

– *Principe fondamental du droit des Souverains*. Genève, Paris 1788

Letourneur, Charles-Louis-François-André, 'Voyage à Ermenonville', in tome i des *Œuvres complètes de J. J. Rousseau, nouvelle édition classée par ordre des matières* (...), par Mercier et Brizard. Paris 1788

[Marivaux, Martin de ?], *L'Ami des loix*. s.l.n.d. BN Lb 38 1071

– *Extrait de l'Ami des loix, lacéré en 1775, dédié en 1790 à l'Assemblée nationale*, par D***, Avocat au Parlement de Paris. Paris s.d. BN Lb 39 11694

Marmontel, Jean-François, *Œuvres complètes ... nouvelle édition*. Paris 1819: tomes i et ii: *Les Mémoires d'un père pour servir à l'instruction de ses enfants*

Mercier, Louis-Sébastien, *De J. J. Rousseau considéré comme un des premiers auteurs de la révolution*. Paris 1791

– *Paris pendant la révolution, ou le nouveau Paris*. Paris 1862

– *Le Tableau de Paris*. Amsterdam 1782-1788 B. U. Sorbonne HF par 11 in 8°; reprint Genève 1979

Meude-Monpas, J. J. D., *Eloge de J. J. Rousseau*. Paris 1790

Michaud, J., 'Ermenonville, ou le tombeau de J. J. Rousseau', in *La Décade philosophique*, 20 vendémiaire an III, 11 octobre 1794

Moutonnet de Clairfons, J. H., *Le Véritable philanthrope, ou l'île de la philanthropie ... précédé d'anecdotes et de détails peu connus sur J. J. Rousseau, avec une réfutation de son prétendu suicide*. Philadelphie 1790

Musset-Pathay, Victor-Donatien de, *Histoire de la vie des ouvrages de J. J. Rousseau*, nouvelle éd. Paris 1822; 1ère éd. Paris 1821

– 'Examen des *Confessions* et des critiques qu'on en a faites', extrait du tome xiv de l'édition publiée par P. Dupont. Paris 1775

Necker, Jacques, *De l'importance des opinions religieuses*. Liège 1788

Petit, Michel Edme, *Convention nationale. Discours sur la révision du décret pour l'organisation des premières écoles, faite par le comité d'instruction publique sur quelques nouveaux systèmes d'éducation*. [Paris] s.d.

– *Eloge de J. J. Rousseau, citoyen de Genève*, seconde éd. Paris 1793

– *Opinion sur l'éducation publique, prononcée le 1er octobre 1793* [Paris] s.d.

[Pujoulx, J. Baptiste], *La Veuve Calas à Paris ou le triomphe de Voltaire*, pièce en 1 acte. Paris 1791. BN 8° Yth 19022

Robert, François, *Le Républicanisme adapté à la France*. s.l. 1790; BN Lb 39 4372; nouvelle édition remaniée après Varennes, sous le titre: *Avantages de la fuite de Louis 16, et nécessité d'un nouveau gouvernement*. Paris, Lyon 1791. BN Lb 39 5103

Roland, Marie-Jeanne, *dite* Manon, *Mémoires de Madame Roland*, éd. critique par Claude Perroud. Paris 1905

– *Mémoires de Madame Roland*, éd. Paul de Roux. Paris 1966

Rouvière, *Eloge de J. J. Rousseau, citoyen de Genève, couronné par la société populaire de Montpellier, et prononcé dans le temple de la raison lors de son apothéose, le décadi 20 floréal, l'an second de la républicaine française*. Montpellier an II. Bibl. municip. Montpellier, 51 645

Saige, Joseph, *L'Ami des trois ordres ou réflexions sur les dissensions actuelles, par l'auteur du 'Catéchisme du citoyen'*. s.l. 1789. BN Lb 39 1130

– *Catéchisme du citoyen ou éléments du droit public français, par demandes et réponses*. Genève 1775. Bibl. mun. Bordeaux

– *Catéchisme du citoyen ... suivi de fragmens politiques par le même auteur*. s.l. 1785. BN Lb 39 6664

– *Code national, ou manuel français à l'usage des trois ordres, et principalement des députés aux prochains Etats-Généraux, par l'auteur du Catéchisme du citoyen et pour servir de suite à cet ouvrage*. s.l. 1789. BN Lb 39 6911

– *Manuel de l'homme libre ou exposition raisonnée des points fondamentaux du droit politique*. Amsterdam 1787. Bibl. mun. Bordeaux S. 5813

Servan, Joseph-Marie-Antoine, *Réflexions sur les Confessions de J. J. Rousseau, sur le caractère et le génie de cet écrivain, sur les causes et l'étendue de son influence sur l'opinion publique, enfin sur quelques principes de ses ouvrages, inséré dans le 'journal encyclopédique' de 1783*. Paris 1783

Soulavie, Jean-Louis Giraud, *Mémoires his-*

toriques et politiques sur le règne de Louis XVI.
Paris an X

Staël, Germaine de, *Courte réplique à l'auteur d'une longue réponse*. Genève 1789

– *Lettres sur les ouvrages et le caractère de J. J. Rousseau*, dernière édition s.l. 1789

Thiébault, Arsène, *Voyage à Ermenonville*. Paris 1819

– *Voyage à l'île des peupliers*. Paris an VII

Thiéry (avocat), *Eloge de J. J. Rousseau qui a concouru pour le prix d'éloquence de l'Académie française, en l'année 1791* s.l. 1791

Vachard, Jean-René, *Installation de J. J. Rousseau auteur du contrat social dans la Société des Indigens amis de la Constitution, séante rue Jacob*. s.l. n.d. BN Ln 27 17991

Vaqué, Pierre, *Les Citoyens français ou le triomphe de la révolution*. Drame en cinq actes et en prose. Paris 1791

Vaudoyer, Antoine Laurent, *Idées d'un citoyen français sur le lieu destiné aux sépultures des hommes illustres de la France*. Paris s.d. BN Lb 39 4814

Vilette, marquis Ch. de, Discours aux Jacobins pour demander le transfert des cendres de Voltaire au Panthéon. Reproduit in A. Aulard, *La Société des Jacobins*, i.367-69

Voltaire, François Marie Arouet de, *Le Brutus de M de Voltaire, avec un discours sur la tragédie, par J. Fr. Josse*. s.l. 1731. B. U. Sorbonne Hjr (4 bis) in 8°

Brutus de Voltaire, seule édition conforme à la représentation. Paris 1793. B. U. Sorbonne Rra 10580

Anonymes

Description du serment et de la fête civique, célébrés au bois de Boulogne par la société du serment du jeu de paume de Versailles, des 20 juin 1789 et 1790. [Paris] s.d. BN Lb 39 8998

Le Despotisme décrété par l'Assemblée nationale. Londres 1790

Détail des circonstances relatives à l'inauguration du monument placé le 20 juin 1790 dans le jeu de paume de Versailles, par une société de patriotes. Paris 1790. BN Lb 39 3606

Fête champêtre célébrée à Montmorency en l'honneur de J. Jacques Rousseau, avec les discours qui ont été prononcés le jour de cette fête, et la pétition faite précédemment par les habitans de la ville et du canton de ce nom à l'Assemblée nationale, pour obtenir à cet fondateur de la

liberté les honneurs destinés aux grands hommes. Publié par la société des Amis de la Constitution établis en cette ville. Paris, Montmorency 1791. BN Lb 40 1004

Grande pétition présentée ce matin à l'Assemblée nationale par quarante mille citoyens de Paris, rassemblés au Champ de Mars, et signée sur l'autel de la patrie. Avec la réponse de M Charles Lameth, président. BN Lb 39 5197

Pétition à l'Assemblée nationale, contenant la demande de la translation des cendres de J. J. Rousseau au Panthéon français, 2è séance du 17 août 1791. Pétition des citoyens de la ville et du canton de Montmorency à l'Assemblée nationale. Réponse de M le Président de l'Assemblée nationale. Paris [1791]. BN Le 29, 173

Pétition à l'Assemblée nationale, nouvelle édition revue et corrigée. s.l.n.d. (4 juillet 1791, selon une note manuscrite ancienne sur l'exemplaire de la BN). BN Ln 27 20801

Prosopopée de J. J. Rousseau ou sentiment de reconnaissance des Amis de l'instituteur d'Emile à l'Assemblée nationale de France, à l'occasion de son décret du 21 déc. 1790, qui vote une statue à la mémoire de l'Auteur du Contrat social et décrète que la veuve de J. J. Rousseau sera nourrie aux dépens de l'Etat. Paris 1791. BN Ln 27 17988 (repr. in *J. J. Rousseau dans la révolution française*)

Recueil de pièces relatives à la motion faite à l'Assemblée nationale au sujet de J. J. Rousseau et de sa veuve. Paris 1791. BN Ln27 17990 (reprographié in *J. J. Rousseau dans la révolution française*)

Remerciements de J. J. Rousseau à Mme la Baronne de Staël. Remis à leur adresse par ***, courrier extraordinaire pour le trimestre de printemps. s.l.n.d. BN Ln 27 17979

*Réponse à la réponse de M de Champcenetz au sujet de l'ouvrage de Madame le B. de *** sur Rousseau*. s.l.n.d. BN Ln 27 17982

La Révolution au royaume de Pluton, opérée par l'arrivée de l'ombre de Mirabeau. Paris 1791. BN Lc 2 575

Société des Amis de la Constitution séante aux Jacobins, à Paris. Annonce. BN Lb 40 640

Société fraternelle des patriotes des deux sexes défenseurs de la constitution séante en la bibliothèque des Jacobins Saint-Honoré, à Paris. Extrait du procès verbal de la séance du dimanche 12 février 1792, an quatrième de la liberté. BN Lb 40 2421

Recueils de textes

Actes de la commune de Paris pendant la révolution française, publiés par S. Lacroix (Krjijanvovsky); 1ère série 7 vol. 1894-1899, index 2 vol. 1899 et 1921-1942; 2e série 8 vol., 1902-1914, index 1 vol. 1955

Archives parlementaires de 1787 à 1860. Recueil complet des débats législatifs et politiques des chambres françaises, impr. sous la direction de J. Mavidal et E. Laurent (1787-1799). Paris 1867-1896

Les Gauchistes de 89, par Patrick Kessel. Paris 1969

Procès-verbaux du comité d'instruction publique de la législative et de la Convention nationale, publiés par P. Guillaume. Paris 1893-1897

Revue rétrospective. Recueil de pièces intéressantes relatives à l'histoire des XVIIIe et XIXe siècles, par Paul Cottin. Paris 1884-1909

La Société des Jacobins, recueil de documents pour l'histoire du club des Jacobins de Paris, publié par A. Aulard. Paris 1889-1897

Hamiche, D., *Le Théâtre et la révolution, la lutte des classes au théâtre en 1789 et en 1793*. Paris 1962

Périodiques

L'Ami des Patriotes, ou le défenseur de la révolution (changement de titre le 17 septembre 1791: 'ou le défenseur de la constitution'). Réd: Adr. Duquesnoy, puis Regnault de Saint-Jean d'Angéley à partir d'octobre 1791. BN Lc 2 484

L'Ami du Peuple (titre initial, nos 1 à 5: *Le Publiciste parisien*). Réd.: P. Marat. BN Lc 2 221-222

L'Ami du roi. Réd.: l'abbé Royou et Montjoie (Saintonax et D*** à partir du 27 août 1790). BN 4° Lc 2 395

L'Ami du roi. Réd.: Montjoie. BN 4° Lc 2 397

L'Ami du roi, des Français et surtout de la vérité. Réd.: l'abbé Royou. BN 4° Lc 2 398

Annales patriotiques et littéraires de la France. Réd.: J. L. Carra et L. S. Mercier BN 4° Lc 2 249-252

L'Année littéraire (*Année littéraire et politique* à partir de janvier 1790). Fond.: Fréron (1754); réd.: l'abbé Royou et Geoffroy (à partir de 1776). BN Z 40767 à 40779 bis

La Bouche de fer. Réd.: Cl. Fauchet et N. de Bonneville. BN 8° Lc 2 317. (Suppléments à la *Bouche de fer*: *Annales de la Confédération universelle des Amis de la Vérité*. [1791] BN 8° Lc 2 317 bis; *Bulletin de la bouche de fer*, s.d. BN 8° Lc 2 318; *Cercle social* paraît en même temps que la *Bouche de fer*. BN 8° Lc 2 319)

Chronique de Paris. Réd.: A. L. Millin et J. F. Noël. BN 4° Lc 2 218

Courrier de Paris ou le publiciste français. Réd.: Descentis. BN 8° Lc 2 258

Courrier de Versailles à Paris et de Paris à

Versailles, dit '*Courrier de Gorsas*' (plusieurs changements de titre). Réd.: A. J. Gorsas, BN 8° Lc 2 159 à 164

Creuset, Le. Réd.: Milscent. BN 8° Lc 2 614

Feuille du jour, La, Réd.: Pariseau. BN 8° Lc 2 255 (1-6)

Gazette de Paris. Réd.: Du Rozoi. BN 8° Lc 2 255 – 4° Lc 2 255 (1-6)

Gazette nationale, ou le moniteur universel. ('Le Moniteur'). Fond.: Panckcoucke. Réd.: Marcilly, Moret (à partir du 3 fév. 1790), Grouvelle. BN Fol. Lc 2 113

Je m'en fouts, ou pensées de Jean-Bart, sur les affaires d'état. Réd.: L. M. Henriquez. BN 8° Lc 2 344-346

Journal de la Municipalité et des districts de Paris (Nombreux titres successifs). Réd.: F. L. Bayard. BN 8° Lc 2 260-261, Lc 2 261-262, Lc 2 262, Lc 2 263

Journal de la Ville. Réd.: J. P.L. Louchet. BN 8° Lc 2 192

Journal de la Ville et des Provinces, ou le Modérateur (suite du précédent). Réd.: Fontanes, de Flins, Levacher de Charnois (à partir de 1790). BN 4° Lc 2 193-194

Journal de Paris. Réd.: Corancez, Garat, Roederer. BN 4° Lc 2 8

Journal des Amis de la Constitution. Réd.: Choderlos de Laclos. BN 8° Lc 2 479

Journal du Club des Cordeliers. BN Lc 2 2510

Journal encyclopédique ou universel, dédié à son altesse sérénissime monseigneur le Duc de Bouillon. Fond.: P. Rousseau. Réd.: Bret, Castillon, Chamfort, etc. BN Z 51-274 – 52118

Journal général. Réd.: L. A. de Fontenai. BN 4° Lc 2 538

Journal général de France. Réd.: L. A. de Fontenai, puis J. M. Boyer-Brun (en 1791). BN 4° Lc 2 59

Journal gratuit. Réd.: Prévost de Saint-Lucien. BN 8° Lc 2 504

Lettres bougrement patriotiques du véritable père Duchesne, Marchand de fourneaux, Réd.: F. A. Lemaire. BN 8° Lc 2 448

Mercure de France (Mercure français à partir du 7 janv. 1792). Réd.: Mallet Du Pan (Mercure politique); Framery et Charmois (spectacles); Imbert, Marmontel, La Harpe et Chamfort (pour la partie littéraire, à partir du 1er janv. 1790). BN 8° Lc 2 39 – BN 8° Lc 2 40

Pacquebot, Le, ou rencontre des couriers de Londres et Paris. Réd.: Victor Joseph Etienne, *dit*

de Jouy (selon Barbier). BN 4° Lc 2 523 et LC2 523-524

Patriote français, Le, Dir: Brissot. Réd.: Brissot, Girey-Dupré. BN 8° Lc 2 2238, BN 4° Lc 2 185

Postillon, Le (dit le *Journal de Calais*). Réd.: Calais. BN 8° Lc 2 328

Révolutions de France et de Brabant. Réd.: Camille Desmoulins, J. F. N. Dusaulchoy (à partir du no 87, 8 août 1791). BN 8° Lc 2 291

Révolutions de Paris, dites de Prudhomme, Propriétaire – Directeur: Prudhomme (cadet). Réd.: Loustalot, puis Chaumette, Fabre d'Eglantine, Sylvain Maréchal, etc. BN 8° Lc 2 171

Rôdeur français, Le. Réd. G. T. M. Villeneuve. BN 8° Lc 2 267-268

Etudes

Annales historiques de la Révolution française 233 (1978), numéro spécial: 'La Déchristianisation de l'an II'

Aulard, A., *Le Christianisme et la révolution française.* Paris 1925

– *Le Culte de la raison et le culte de l'être suprême, 1793-1794.* Paris 1892

– *Histoire politique de la révolution française.* Paris 1926; 1ère éd., Paris 1906

Au siècle des lumières. Paris, Moscou 1970

Baczko, B., 'Rousseau et l'aliénation sociale', *Annales J. J. Rousseau* 35 (1959-1962) pp.233-37

– *Rousseau, solitude et communauté.* Paris 1974

Baldensperger, F., *Le Mouvement des idées dans l'émigration française (1789-1815), t.i: Les expériences du présent, t.ii: Prophètes du passé, théories de l'avenir.* Paris 1924

Barny, Roger, 'J. J. Rousseau dans la révolution française, 1787-1794', *Dix-huitième siècle* 6 (1974), pp.59-98

– *J. J. Rousseau dans la Révolution française, 1789-1801.* Paris 1977

– 'Les Aristocrates et J. J. Rousseau dans la révolution française', *Annales historiques de la révolution française* 12, no 234 (1978), pp.534-64

– 'Les mots et les choses chez les hommes de la révolution française', *La Pensée* 202 (1978), pp.96-115

– *Le Rousseauisme avant 1789: un prélude idéologique à la Révolution française,* Annales littéraires de l'Université de Besançon. Paris 1985.

– *L'Eclatement révolutionnaire du rousseauisme: amis de Jean-Jacques, de l'extrême gauche à l'extrême droite,* Annales littéraires de l'Université de Besançon. [à paraître]

– *J. J. Rousseau dans la Révolution française (1787-fin 1791): les grands débats politiques. Elaboration et fonctionnement de l'idéologie révolutionnaire bourgeoise.* [à paraître]

Beik, P. H., 'The comte d'Antraigues and the failure of French conservatism', *American historical review* 56 (1951), pp.767-87

– *The French revolution seen from the right: social theories in motion, 1789-1799,* Transactions of the American philosophical society, new series, vol. 46, part. 1 (1956)

Bertaud, J. Paul, *Les Origines de la révolution française.* Paris 1971

Besse, Guy, 'J. J. Rousseau: la solitude et l'histoire'. Paris 1963 (dactylog. repr.)

Bingham, Alfred J., 'The abbé Bergier: an eighteenth-century Catholic apologist', *MLR* 54 (1959), pp.337-50

Bourdin, Isabelle, *Les Sociétés populaires à Paris pendant la révolution française jusqu'à la chute de la royauté.* Paris 1937

Buffenoir, Hippolyte, *Causerie familière sur*

J. J. Rousseau, à propos du monument d'Erme-nonville. Paris 1908
- 'Concours ouvert sous la révolution pour un monument en l'honneur de Rousseau', in *Mercure de France.* 1er avril 1922
- *Etudes sur le XVIIIe siècle: le prestige de J. J. Rousseau, souvenirs, documents, anecdotes.* Paris 1909
- *J. J. Rousseau et ses visiteurs* (extrait de la *Revue britannique*, mars 1895). Paris 1895
- 'L'image de J. J. Rousseau dans les sociétés de la révolution en province', *La Révolution française* 71 (1918), pp.47-57
- 'Les cendres de J. J. Rousseau au jardin des Tuileries. Nuit du 10 au 11 octobre 1794', *Annales J. J. Rousseau* 7 (1911), pp.41-46
- 'Thérèse Levasseur, plaidoyer en sa faveur par Madame de Charrière', réédité par H. Buffenoir, *La Révolution française* 73 (1920), pp.115-26
Burgelin, P., *La Philosophie de l'existence de J. J. Rousseau.* Paris 1952
- 'L'unité de l'œuvre de Rousseau', *Revue de métaphysique et de morale* 65 (1960), pp.199-209
Carlson, Marvin, *Le Théâtre de la révolution française.* Paris 1970; 1ère éd. 1966
Casanova, Antoine, 'Symboles liturgiques et histoire', *La Pensée* 155 (1971), pp.24-54
Cassirer, Ernst, *La Philosophie des lumières.* Paris 1966; 1ère éd. Tübingen 1932
- 'Das Problem J. J. Rousseau', *Archiv für Geschichte der Philosophie* 41 (1932), pp.177-213 et 479-515
- 'L'unité dans l'œuvre de J. J. Rousseau', *Bulletin de la Société française de philosophie* 32 (1932), pp.45-85
Champion, E., 'La conversion du comte d'Antraigues', *La Révolution française* 26 (1894), pp.5-25, 127-49, 193-214
- *J. J. Rousseau et la révolution française.* Paris 1909
Chapman, John W., *Rousseau, totalitarian or liberal?* New York 1956
Chaumie, Jacqueline, *Le Réseau d'Antraigues et la contre-révolution, 1791-1793.* Paris 1965
- 'Les souvenirs de jeunesse du comte d'Antraigues', in *Mélanges J. Sarailh* (1966), i.246-58
Cobban, A. et R. S. Elmes, 'A disciple of J. J. Rousseau, the comte d'Antraigues', *RhlF* 43 (1936), pp.181-210, 340-63

- *The Myth of the French revolution.* London 1955
De l'Encyclopédie à la contre-révolution: J. F. Marmontel (1723-1799). éd. J. Ehrard. Clermont-Ferrand 1970
Derathé, R., *J. J. Rousseau et la science politique de son temps.* 2e éd. Paris 1970; 1ère éd. Paris 1950
- 'J. J. Rousseau et le christianisme', *Revue de métaphysique et de morale* 53 (1948), pp.379-414
- 'Les rapports de la morale et de la religion chez J. J. Rousseau', *Revue philosophique* 139 (1949), pp.143-73
- *Le Rationalisme de J. J. Rousseau.* Paris 1948
- 'Les réfutations du *Contrat social* au XVIIIe siècle', *Annales J. J. Rousseau* 33 (1950-52), pp.7-54
- 'La religion civile selon Rousseau', *Annales J. J. Rousseau* 35 (1959-62), pp.161-80
- 'L'unité de la pensée de J. J. Rousseau', in *J. J. Rousseau*, éd. S. Baud-Bovy
Dreyfous, M., *Les Arts et les artistes pendant la période révolutionnaire (1789-1795) d'après les documents de l'époque.* Paris [1906]
Droz, J. (éd.), *Histoire générale du socialisme: I. Des origines à 1873.* Paris 1952
Duvignaud, J., 'La révolution, théâtre tragique', in *Réalisme et poésie au théâtre.* Paris 1960
- *Sociologie du théâtre.* Paris 1965
Esprit républicain, L', colloque d'Orléans, 4 et 5 septembre 1970, éd. J. Viard. Paris 1972
Etudes sur le contrat social de J. J. Rousseau. Actes des journées d'études organisées à Dijon pour la commémoration du 200e anniversaire du 'Contrat social'. Paris 1964
Fabre, Jean, *Lumières et romantisme.* Paris 1963
- 'Rousseau et le prince de Conti', *Annales J. J. Rousseau* 36 (1963-65) [1967], pp.7-68
- 'J. J. Rousseau', in *Histoire des littératures* iii, Encyclopédie de la Pléiade. Paris 1963
Fête révolutionnaire, La, Colloque de Clermont-Ferrand, Juin 1974. *Annales historique de la Révolution française* no 221 (1975), pp.337-430
Fusil, C. A., *La Contagion sacrée, ou J. J. Rousseau de 1778 à 1820.* Paris 1932
Garonne, A. G., *Gilbert Romme: histoire d'un révolutionnaire, 1750-1795.* Paris 1971; 1ère éd. 1949
Gillet, Louis, 'La collection Girardin au

musée de Chaalis, le reliquaire de J. Jacques', *Revue des Deux Mondes* (1925), pp.134-61

Godechot, J., *La Contre-révolution, doctrine et action, 1789-1804.* Paris 1961

– *La Pensée révolutionnaire, 1790-1799.* Paris 1984

Goldschmidt, V., *Anthropologie et politique: les principes du système de Rousseau.* Paris 1974

Gouhier, H., *Les Méditations métaphysiques de J. J. Rousseau.* Paris 1970

Goulemot, J. M. et M. Launay, *Le Siècle des lumières.* Paris 1968

Grand-Carteret, John, *J. J. Rousseau jugé par les Français d'aujourd'hui.* Paris 1890

Groethuysen, Bernard, *J. J. Rousseau.* Paris 1949

G. Romme et son temps. Actes du colloque tenu à Riom et à Clermont-Ferrand, les 10 et 11 septembre 1965. Paris 1970

Guillemin, H., *Les Philosophes contre J. Jacques. 'Cette affaire infernale', l'affaire J. J. Rousseau – David Hume (1766).* Paris 1942

Gusdorf, G., *Les Sciences humaines et la pensée occidentale:* iv.*Les principes de la pensée au siècle des lumières;* v.*Dieu, la nature et l'homme au siècle des lumières;* vi.*L'avénement des sciences humaines au siècle des lumières.* Paris 1971, 1972, 1973

Guyot, Charly, *De Rousseau à Mirabeau: pèlerins de Môtiers et prophètes de 1789.* Neuchâtel, Paris 1936

– *Plaidoyer pour Thérèse Levasseur.* Neuchâtel 1962

Gwynne, G. E., *Madame de Staël et la révolution française.* Paris 1969

Hamel, E., *Statue de J. J. Rousseau.* Paris 1868

Hazard, P., *La Pensée européenne au XVIIIe siècle: de Montesquieu à Lessing.* Paris 1946, 1ère éd. 1935

Healey, F. G. *Rousseau et Napoléon.* Genève, Paris 1957

Hendel, Ch. W., *J. J. Rousseau moralist.* London, New York 1934

Hérissay, Jacques, *Le Monde du théâtre pendant la révolution.* Paris 1922

Higgins, D., 'The terrorist's favourite authors. Some statistics from revolutionary literature', *MLR* 54 (1959), pp.401-404

Jauffret, E., *Le Théâtre révolutionnaire (1788-1799).* Paris 1869

Jaurès, J., *Histoire socialiste de la révolution française,* A. Soboul. Paris 1968-1973; 1ère éd. 1901-1903

J. J. Rousseau, éd. Samuel Baud-Bovy. Neuchâtel 1962

J. J. Rousseau et son œuvre: problèmes et recherches. Commémoration et colloque de Paris (16-20 oct. 1962). Paris 1964

J. J. Rousseau (1712-1778). Pour le 250e anniversaire de sa naissance. [Paris 1963]

Jovicevich, A., *Jean-François de La Harpe, adepte et renégat des lumières.* [New Jersey] 1973

Katz, W., 'Le rousseauisme avant la révolution', *XVIIIe siècle* 3 (1971), 205-222

Launay, Michel, *J. J. Rousseau écrivain politique (1712-1762).* Cannes, Grenoble 1972

Lecercle, J. L., *J. J. Rousseau, modernité d'un classique.* Paris 1973

– 'Rousseau et ses publics', in *J. J. Rousseau et son œuvre.* Paris 1964

– *Rousseau et l'art du roman.* Paris 1969

Lefèbvre, G., *Etudes sur la révolution française.* Paris 1954

– *Quatre-vingt-neuf.* Paris 1979; 1ère éd. 1939

– *La Révolution française,* 2e éd. Paris 1957; 1ère éd. 1930

– 'La révolution française et le rationalisme', *A.H.R.F.* no 101 (1946), pp.4-34

Leith, A., *The Idea of art as propaganda in France, 1750-1799.* Toronto 1965

Lenôtre, G., *Paris révolutionnaire, vieilles maisons, vieux papiers.* Paris 1900-1924

Lunel, E., *Le Théâtre de la révolution.* Paris 1910

Macdonald, Joan, *Rousseau and the French revolution (1762-1791).* London 1965

MacNeil, Gordon H., 'The anti-revolutionary Rousseau', *American historical review* 58 (1952-53), pp.808-23

– 'The cult of Rousseau and the French revolution', *Journal of the history of ideas* 5-6 (1944-1945), pp.197-212

Macpherson, C. B., *La Théorie politique de l'individualisme possessif.* Paris 1971; 1ère éd. London 1962

Maday, A. de, 'Rousseau et la révolution française', *Annales J. J. Rousseau* 31 (1946-49), pp.169-207

Man, P. de, 'Mme de Staël et J. J. Rousseau', *Preuves* 190 (décembre 1966), pp.35-40

Mandrou, R., *Histoire de la civilisation française, t. ii, XVIIe-XVIIIe siècles.* Paris 1958

Manfred, A., *Essais d'histoire de France du XVIIIe au XXe siècle*. Moscou 1969

Martini, Mauro, 'Influenza di Rousseau nei *Mémoires* di Brissot', *Quaderni francesi* I (1970) pp.421-36

Masson, P. M., *La Religion de J. J. Rousseau*. Paris 1916

Mathiez, A., *La Révolution française*, 2e éd. Paris 1951; 1ère éd. 1921

– *Contribution à l'histoire religieuse de la révolution*. Paris 1907

– *Les Origines des cultes révolutionnaires, 1789-1792*. Paris 1904

– *La Révolution et l'Eglise*. Paris 1910

– *Le Club des Cordeliers pendant la crise de Varennes et le massacre du champ de mars*. Paris 1910

– 'Les premiers membres de la société du jeu de paume', *Annales révolutionnaires* 2 (1909), pp.144-248

May, Gita, *De J. J. Rousseau à Madame Roland, essai sur la sensibilité préromantique et révolutionnaire*. Genève 1964

– *Madame Roland and the age of Revolution*. New York, London 1970

Mazauric, Claude, 'Le rousseauisme de Babeuf', in *J. J. Rousseau (1712-1778)* pp.75-100

Meyer, P. H., 'The French revolution and the legacy of the philosophes', *French review* 30 (1957), pp.429-34

Meynier, A., *J. J. Rousseau révolutionnaire*. Paris [1912]

Michelet, J., *Histoire de la révolution française*, G. Walter. Paris 1952

Molinier, Madeleine, 'Un portrait de J. J.R. par un visiteur oublié: Moutonnet-Clairfons', *RhlF* 65 (1965), pp.415-20

Monglond, A., *Histoire intérieure du préromantisme français, de l'abbé Prévost à Joubert*. Grenoble 1929

– *Vies préromantiques*. Paris 1925

Moreau, L. I., *J. J. Rousseau et le siècle philosophique*. Paris 1870

Mornet, D. F., 'L'influence de J. J. Rousseau au XVIIIe siècle', *Annales J. J. Rousseau* 8 (1912), pp.33-67

– *Les Origines intellectuelles de la révolution française*, 6e éd. Paris 1967; 1ère éd. 1933

Mortier, R., *Clartés et ombres au siècle des lumières*. Genève, Paris 1969

– 'Les héritiers des 'philosophes' devant l'expérience révolutionnaire', *XVIIIe siècle* 6 (1974), pp.45-47

Muret, Théodore, *L'Histoire par le théâtre, 1789-1851. i. La Révolution le Consulat et l'Empire*. Paris 1865

Nourrisson, J. F., *J. J. Rousseau et le rousseauisme*. Paris 1903

Ozouf, Mona, *La Fête révolutionnaire*. Paris 1976

– 'Le cortège et la ville: les itinéraires parisiens des fêtes révolutionnaires', *Annales E.S.C.* 26 (1971), pp.194-99

– 'Symboles et fonctions des âges dans les fêtes de l'époque révolutionnaire', *A.H.R.F.* 202 (1970)

Parker, H. T. *The Cult of antiquity and the French revolutionaries: a study in the development of the revolutionary spirit*. Chicago 1937

Paul, Ch.B., 'Music and ideology: Rameau, Rousseau and 1789', *Journal of the history of ideas* 32 (1971), pp.395-410

Peyre, H., 'The influence of eighteenth-century ideas on the French revolution', *Journal of the history of ideas* 10 (1949), pp.63-87

Pingaud, L., *Un agent secret sous la révolution, le comte d'Antraigues*. Paris 1893

Plan, P. P., *J. J. Rousseau raconté par les gazettes de son temps: d'un décret à l'autre (9 juin 1762-21 décembre 1790)*. Paris 1912

Plongeron, B., *Conscience religieuse en révolution*. Paris 1969

– 'La déchristianisation', *A.H.R.F.* 192 (avril-juin 1968), pp.145-205

– 'Doctrines et croyances dans le creuset de la révolution française', *Quaderni storici* 15 (1970), pp.941-66

– *Théologie et politique au siècle des lumières, 1770-1820*. Genève 1973 (exposé de soutenance de thèse in *A.H.R.F.* 208 (juillet-août 1973), pp.437-53

Polin, R., *La Politique de la solitude, essai sur la philosophie politique du J. J. Rousseau*. Paris 1971

Proust, J., *Diderot et l'encyclopédie*. Paris 1962

– 'La fête chez Diderot et chez Rousseau', *Annales J. J. Rousseau* 37, pp.175-96

Régaldo, M., 'Le culte de Montesquieu au temps de la Révolution et de l'Empire: Jean Darcet et son entourage', *Archives des lettres modernes*, 'Archives Montesquieu 2' (1970) pp.21-44

Reinhard, M., *Les Prêtres abdicataires pendant la révolution française*. Paris 1965

– *Religion, révolution, contre-révolution*. Paris 1960

Revue des sciences humaines, no spécial sur Rousseau, 161 (1976)

Revue de synthèse, no spécial consacré au rôle des idées dans la révolution (juin 1939), pp.129-224

Rey, A., *J. J. Rousseau dans la vallée de Montmorency*. Paris 1909

Ridehalgh, Anna, 'Preromantic attitudes and the birth of a legend: French pilgrimages to Ermenonville, 1778-1789', *Studies on Voltaire* 215 (1982), pp.231-52

Rivoire, J. A., *Le Patriotisme dans le théâtre sérieux de la révolution (1789-1799)*. Paris 1949

Rockwood, R. O., 'The legend of Voltaire and the cult of the revolution, 1791', *Essays presented to L. Gottschalk*, Durham, N.C. 1965, pp.110-34

Roels, J., 'Un contre-révolutionnaire disciple de Rousseau; le comte d'Antraigues', *Politique* 10 (1967), pp.45-78

Rogers, C., *The Spirit of the revolution of 1789; a study of public opinion as revealed in political songs and other popular literature and the beginning of the French revolution*. Princeton 1949

Rousseau et la philosophie politique. Annales de philosophie politique 5. Paris 1965

Roussel, J., *Rousseau en France après la révolution, 1795-1830*. Paris 1972

Sagnac, Ph., *La Fin de l'ancien régime et la révolution américaine (1763-1789)*, 3e éd. Paris 1952; 1ère éd. 1941

– *La Formation de la société française moderne; t. ii: la révolution des idées et des mœurs et le déclin de l'ancien régime*. Paris 1946

– 'Les grands courants d'idées et de sentiments en France vers 1789', *Revue d'histoire politique et constitutionnelle* 2 (1938), pp.317-41

Schinz, A., *La Pensée de J. J. Rousseau. Essai d'interprétation*. Paris 1929

Sée, H., 'La diffusion des idées philosophiques en France à la fin de l'ancien régime', *Annales révolutionnaires* 15 (1923), pp.482-502

– *L'Evolution de la pensée politique en France au XVIIIe siècle*. Paris 1925

– 'Les idées philosophiques du XVIIIe siècle et la littérature pré-révolutionnaire', *Revue de synthèse* 7:2 (1903), pp.178-90, 278-90

Soboul, A., 'Audiences des lumières: classes populaires et rousseauisme sous la révolution; in *J. J. Rousseau: pour le 250e anniversaire de sa naissance*, pp.43-60

– 'La Franc-maçonnerie et la révolution française', *La Pensée*, 170 (oct. 1973), pp.17-28

– 'J. Jacques Rousseau et le jacobinisme', *Etudes sur le contrat social*

– 'Sentiment religieux et cultes populaires pendant la révolution: saintes patriotes et martyrs de la liberté', *A.H.R.F.* (1957), pp.193-213

– *La Civilisation et la révolution française*; t. i: *La crise de l'ancien régime*. Paris 1970; t. ii: *La Révolution française*, 1982; t. iii: *La France napoléonienne*, 1983

– *Précis d'histoire de la révolution française*. Paris 1962

Souriau, M., *Histoire du romantisme en France*. Paris 1927

Sozzi, L., 'Interprétations de Rousseau pendant la révolution', *Studies on Voltaire* 64 (1965), pp.187-223

Starobinski, J., *J. J. Rousseau: la transparence et l'obstacle*. Paris 1971; 1ère éd. 1957

– *L'Invention de la liberté, 1700-1789*. Genève 1964

– *1789, les emblèmes de la raison*. Paris 1973

– 'Sur quelques symboles de la révolution française', *Nouvelle revue française* 188, (1968) pp.41-67

Stelling-Michaud, S., 'Lumières et politique', *Studies on Voltaire* 27 (1964) pp.1519-43

Suratteau, Jean-René, *La Révolution française: certitudes et controverses*. Paris 1973

Tiersot, J., *Les Fêtes et les chants de la Révolution*. Paris 1908

Todd, C., *Voltaire's disciple Jean-François de La Harpe*. London 1972

Trahard, P., *Les Maîtres de la sensibilité française au XVIIIe siècle: 1715-1789*. Paris 1931-1933

– *La Sensibilité révolutionnaire, 1789-1794*. Paris 1937

Trenard, L., 'Pour une histoire sociale de l'idée de bonheur au XVIIIe siècle, *A.H.R.F.* 173-174 (1963), pp.309-30, 628-52

Trousson, R., 'J. J. Rousseau et la pensée utopique', *Idéologie des lumières*. Bruxelles 1972, pp.188-209

– 'Rousseau et les mécanismes de l'utopie', *Romanische Forschungen* 83 (1971), pp.267-87

– *Rousseau et sa fortune littéraire*. Bordeaux 1971

Utopie et institutions au XVIIIe s.: le pragmatisme des lumières. Paris 1964

Vercruysse, J., 'C'est la faute à Voltaire, c'est la faute à Rousseau', *Studies on Voltaire* 23 (1963), pp.61-76

Voeltzel, R., 'L'être suprême pendant la révolution française, 1789-1794', *Revue d'histoire et de philosophie religieuses* 3 (1958), pp.250-72

Vovelle, M., 'Déchristianisation spontanée et déchristianisation provoquée dans le Sud-Est, sous la révolution française', *Bulletin de la société d'histoire moderne* 4 (1964), pp.5-11

– *De la cave au grenier: un itinéraire en Provence de l'histoire sociale à l'histoire des mentalités*. Québec 1981

– 'L'élite ou le mensonge des mots: attitudes de classe et pratiques religieuses', *Annales E.S.C.* (1974), pp.49-72

– *L'Irrésistible ascension de Joseph Sec, bourgeois d'Aix*. Paris 1975

– *Idéologies et mentalités*. Paris 1982

– 'La Chute de la monarchie (1787-1792)', in *Nouvelle histoire de la France contemporaine*. Paris 1972

– *Piété baroque et déchristianisation: les attitudes devant la mort en Provence au XVIIIe siècle*. Paris 1973

– *Religion et révolution: la déchristianisation de l'an II*. Paris 1976

Welschinger, H., *Le Théâtre de la révolution, 1789-1799*. Paris 1880

Williams, D., 'The influence of Rousseau on political opinion', *English historical review* 48 (1933), pp.414-30

Index

Abandon (des enfants, de J.J.), 42, 50-55
Abstraction, 94-96
Académicien, 169
Académie française, 9, 29, 30, 37, 70-82, 84, 93, 107, 142, 155, 175
Académies, 175
Aix-en-Provence, 147
Alembert, Jean Le Rond d', 171
Allonville, Armand-Jean, comte d', 114
Amérique, révolution de l', 101
Amour des hommes, 167
Amour, 14, 135, 136, 151
Anet, Claude, 69, 70
Anglaise, tradition, anglomanie, 159
Anglomanes, 5
Antique, antiquité, 49, 101, 112, 124, 137, 156, 158, 160, 170, 171, 177
Antraigues, Emmanuel de Launay, comte d', 6-7, 120, 121, 150, 164, 179
Aristide, 49
Artisan, et idéologie ou type de l', 72, 76, 77, 84, 90, 147
Artois, 147
Athéisme, 164
Aubert de Vitry, François Jean Philibert, 5, 130
Aude, Joseph, 127
Auger, Athanase, 144
Aulard, Alphonse, 110
Autobiographie, 25, 84
Avisse, l'aveugle, J. B., 166
Bailly, Jean-Sylvain, 11
Bal, cf. Fête, 74
Barde, et Manget, éditeurs, 51
Barère, de Vieuzac, Bertrand Barère, dit, 47-49, 103, 105, 174, 175
Barnave, Antoine, 130, 141, 158, 162
Barruel-Beauvert, Antoine-Donatien, comte de, 21, 38, 41-44, 50, 53, 79, 81
Barthez, Paul Joseph, 4
Basile (vieillard, n'est connu que par cette mention), 174
Baudon, Pierre Maler, 143
Baumier, 165
Bergier, Nicolas Sylvestre, 417
Bernardin de Saint-Pierre, Jacques Henri, 58, 72, 81
Berquin, Arnaud, 116

Berthier, le père Guillaume François, 417
Besnard, Jacques Yves, ou François Yves, 58, 150, 152, 155
Beulin fils (n'est connu que par cette mention), 149
Billaud-Varenne, Jacques Billaud, dit, 5
Bizarre, 43, 44, ou étrange, 68, 71
Boissy d'Anglas, François, comte de, 174
Bon, bonté, 17, 44, 46, 50, 56, 58, 66, 169, 170, 176, 179
Bonaparte, Lucien, 80
Bonheur, 10, 11, 13, 14, 17, 35, 37, 38, 62, 104, 115, 133-35, 137 (heureux), 154, 157, 160 (heureux), 169, 176 (heureux), 179
Bonnal, Mgnʳ de, évêque de Clermont, 102
Bonneau-Duchesne fils (n'est connu que par cette mention), 144
Bonneville, Nicolas, 144
Boswell, James, 43
Bouche, Charles François, d'Aix, 147
Bouche, François Charles, de Forcalquier, 147
Bouilly, Jean-Nicolas, 127, 135, 141
Boulogne-sur-Mer, 82
Bourdin, Isabelle, 162, 165, 168
Bretagne, 3
Breteuil, 82
Brissonnet (n'est connu que par cette mention), 149
Brissot de Warville, Jacques Pierre Brissot, dit, 2, 78, 152
Brizard, Gabriel, 49, 98, 126, 180
Brostaret de Nérac, Jean-Baptiste, 147
Brutus, 125
Buffenoir, Hippolyte, 45, 79, 93, 180
Burke, Edmund, 26
Burlamaqui, Jean-Jacques, 3
Calas (Jean, le père; Marc Antoine, Pierre, Louis et Donat, les fils), 109-11
Campan, Jeanne Louise Henriette Genest de, 151
Camus, Armand, 105
Carbon de Flins Des Oliviers, Claude Louis-Marie-Emmanuel, 127
Carlson, Marvin, 126, 127, 134
Catholique, orthodoxie, 164
Cazalès, Jacques Antoine Marie de, 108
Cerutti, Joseph, 29, 30, 43

Chamfort, Sébastien, 34, 16

Champ de Mars, Massacre du, 113, 114, 163, 172

Champcenetz, Louis Pierre Quentin de Richebourg, marquis de, 9, 36, 39, 40

Chariot (n'est connu que par cette mention), 103

Charité, 57, 72, 139 (aumône), 152

Charon, Joseph, 111, 112

Charrière, Isabelle de, 45, 46, 48, 52, 56, 73, 74, 82-86, 88

Chateauvieux, affaire des Suisses de, 100, 145, 146, 149

Chaudet, Antoine Denis, 142-44

Chénier, Marie-Joseph, 109, 134

Chérin, Louis-Nicolas, Henri, 174-76

Chevalier (n'est connu que par cette mention), 149

Choderlos de Laclos, Pierre Ambroise, 120

Choiseul, Etienne François, duc de, 37, 171

Christ, 164

Christianisme, Chrétien, 125, 137, 148, 156, 158, 159, 164, 165, 168, 169, 170, 177

Cicéron, 31

Classe sociale, notion – lutte de classes, préjugée de classe, conscience de classe, 2; contradictions de, 3, 43-45, 62, 67, 69, 71, 80, 84, 86, 95, 97

Clergé refractaire (ou non assermenté), 13, 113

Clergé, 101

Cloots, Anacharsis, 112, 153, 154

Cobban, Alfred, 7

Colom (n'est connu que par cette mention), 143

Comédie-Française, ou Comédiens-Français, 109, 126, 129

Constituante, Assemblée, 4, 100, 105, 120, 128, 129, 131, 141, 143, 144, 146, 148, 158-61, 175

Constitution, 169, 175, 176

Constitutionnelle, monarchie, 20, 148, 164 (constitutionnels), 171 (majorité), 177 (bourgeoisie), 179 (bourgeoisie)

Conti, Louis François de Bourbon, prince de, 1, 73, 74

Contradictions 89, 93, 95, 100, 106, 137, 160, 181 (contradictoire)

Corancez, Guillaume Olivier de, 38

Cordeliers, district, 158

Coterie philosophique, ou des philosophes, des encyclopédistes, 27, 29, 30, 32, 33, 36, 37, 41, 45, 62, 80

Cottin, Paul, 151

Cournand, Antoine de, 115, 116, 118, 142, 155, 180

Crise, concept de, 11, 12

Culte de Jean-Jacques, 6-7, 58, 69, 98-80

Culte, en général, 158, 177 (– des grands hommes)

Culte patriotique, 167, 168

Culte révolutionnaire, 161, 171

Culture, opposé à nature, 102

Curé(s), 101, 169, 171

Dagon (la statue de), 112

Dampmartin, Anne-Henri Cabot, vicomte de, 26, 27, 81

Dansart (maître d'école), 165

Danton, Georges Jacques, 158

David, Jacques Louis, 148

Déchristianisation, 164

Dégrouette, Pépin, 165

Déisme, 86, 156, 159, 170

Déjaure père, *ou* Bedeno, Jean-Elie, 127, 130

Deleyre, *ou* Delayre, Alexandre, 27, 69

Delorme, G. A. (initiales connues par sa signature), 82, 83

Démence (= 'folie') de Jean-Jacques, 42, 51-80

Démocrates, 5, 6, 94, 106, 124, 128, 133, 146, 178, 179

Démocratie directe, 6

Démocratique, esprit, idéal, mouvement, 170, 172, 176, 180

Descartes, René, 109, 112

Deseine, Louis Pierre, 198

Désilles, André Joseph, lieutenant au régiment du roi, à Nancy, 100, 114, 130, 149

Désir, 12

Desmolins (n'est connu que par cette mention), 82

Desmoulins, Camille, 74, 106, 154, 158

Despainville (n'est connu que par cette mention), 149

Despotisme, Etat despotique, 20

Dialectique, 84, 95, 96

Diderot, Denis, 29, 30, 33, 43, 45, 60, 69, 171

Dieu, 86 (– gendarme), 98, 139, 140, 156, 164, 170

Diot, Pierre, 77

Dolivier, Pierre, 2

Doppet, François-Amédée, 69, 70

Double-contrat, théorie du, 3

Drame bourgeois, 128, 138

Droits de l'Homme, déclaration des, 159, 161, 163

Droit(s) naturel(s), 2, 3, 4, 6

Du Peyrou, Pierre Alexandre, 51

Du Port, Adrien, 162

Dubin (n'est connu que par cette mention), 149

Dubois de La Ville (n'est connu que par cette mention), 82, 90

Ducis, Jean-François, 116

Duclos, Charles Pinot, 69

Durosoi, *ou* Durosoy, Barnabé Farmian de Rosoy, *dit*, 75

Egalitarisme, égalité, 6, 19, 47, 56, 72-74, 160, 165, 166, 174, 176, 180 (égalitaire)

Eglise catholique, 146, 161

Epinay, Louise Florence Pétronille Lalive d', 36

Equilibre des pouvoirs, 3

Ermenonville, 38, 39, 41, 48, 79, 111, 125, 127, 142, 148-50, 152-56, 180

Ermitage, L', 175

Escherny, ou Descherny, François-Louis, comte de, 69, 73, 75, 79, 80-82, 84, 92-97, 150, 164

Esnault, François-Etienne, 147

Europe, 96, 102, 105

Evangile, 85, 161, 164

Eymar, Ange-Marie, comte d', 103-105, 118, 143, 174

Fabre d'Eglantine, Philippe Fabre, *dit*, 123, 154, 180

Famille 87, 175 (cadre familial)

Fauchet, Claude, 5, 6, 77, 78, 109, 110, 113, 144, 156

Favreau (n'est connu que par cette mention), 111

Fédération, fête de la, 158

Féminisme, condition féminine, 14-15, 19

Fénelon, François de Salignac de La Mothe, 130

Ferrand, Antoine-François, comte, 6

Fête(s), 91, 99, 113, 115, 142, 149, 153, 160 (du Serment du Jeu de Paume), 161, 165, 166, 169, 171, 172, 174 (et bal), 175, 177, 179

Fontanes, Jean-Pierre Louis de, 22, 29, 32, 33, 43, 50, 51, 109

Fontenai, *ou* Fontenay, Louis Abel de Bonafons, plus connu sous le nom d'abbé de, 109

Forcalquier, 103, 105, 147

Franklin, Benjamin, 77, 78, 82, 100, 101,

103, 109, 110, 114, 129, 130, 131, 149, 159, 165-68, 179

Frédéric le Grand, roi de Prusse, 131

Frugal, 159

Gagnebin, Bernard, 61

Garrone, Alessandro Galante, 157, 161, 162

Gaucher (n'est connu que par cette mention), 48

Gautier, Jacques Louis Gautier de Syonet, *dit* le petit, 114

Gavroche, 107

Gillet, Louis, 155

Ginguené, Pierre Louis, 21, 28-31, 34-36, 45, 54, 55, 58, 60, 61, 69-72

Girardin, marquis Stanislas de, 38, 39, 48, 58, 98, 106, 119, 124, 125, 139-41, 144, 155

Gironde, Girondins, 148, 167, 168

Gontaut, marquis de (n'est connu que par cette mention), 147

Gorsas, Antoine, 72, 106, 108, 109, 116, 173

Gossec, François Joseph Gossé, *dit*, 166

Gossin, Pierre François, 113

Goton, mademoiselle (personnage des *Confessions*), 65

Goût, bon, mauvais, 64-67

Grand-bourgeois, 100

Grand-Carteret, John, 103, 105

Grégoire, Henri, connu sous le nom de l'abbé, 69, 101

Grimm, Frédéric Melchior, 33, 38, 43, 61

Gudin de La Brenellerie, Pierre-Philippe Gudin, *dit*, 6, 164

Guffroy, Armand Benoît Joseph, 147, 148

Guilbert (n'est connu que par cette mention), 165

Guillaume, J. M. (ou Louis Marie selon Tourneux, *Bibliographie d'histoire de la révolution française*), 174

Guillemin, Henri, 35

Gustin (n'est connu que par cette mention), 174

Guyot, Charly, 38, 41, 48, 79, 180

Hamiche, Daniel, 126

Harmonie sociale, 104, 160, 123

Haui (n'est connu que par cette mention), 166

Henri IV, roi de France, 130

Henriette (correspondante de J. Jacques, a toujours signé de ce seul prénom), 99

Hérissay, Jacques, 126

Herman, Martial, 44

Héron (n'est connu que par cette mention), 112

Holbach, Paul Thiry, baron d', 3, 29, 30, 36, 43

Homme de lettres, 121

Houdetot, Sophie, comtesse d', 40, 41, 69, 151

Houdon, Jean Antoine, 103, 142, 143, 148

Huet-Blanchetier, madame (n'est connue que par cette mention), 14

Hume, David, 33, 35

Idéalisme philosophique, 108

Idéologie, aristocrate, 3, 4, 6; – bourgeoise 2; – des droits de l'homme 2; petite-bourgeoise 6, 77

Ignorance, 91

Illumination de Vincennes, 61

Impartiaux, 101-102

Impie, 122

Impiété, 85

Individu, 23, 36, 55, 71, 99, 116, 117, 180 (individualité), 180

Individualisme 20, 23, 87, 99, 128 (valeurs individuelles), 153, 171 (individualiste), 177 (valeurs individuelles), 179, 186

Inégalité, 83

Ingrat, 170

Ingratitude, 169

Israël, 112

Jacobins 110, 156 (Société des Amis de la Constitution), 147, 148, 158, 166, 169, 173, 177

Jacqueline (vieille nourrice de Jean-Jacques, personnage des *Confessions*), 138, 139

Jauffret, Eugène, 126

Jésus, 165

Jeu de Paume, Serment du, 149, 157, 158, 159

Joly (n'est connu que par cette mention), 167

Justice, 169, 176 (juste)

Kotzebue, August Friedrich Ferdinand von, 140

La Fayette, Marie-Joseph, Mottier, marquis de, 174

La Harpe, Jean-François, 27-29, 34, 43, 107, 108, 120, 123

Lacroix, Sébastien, 114

Lakanal, Joseph, 92

Lambercier, mademoiselle (personnage des *Confessions*), 65

Lameth, Alexandre de, 103, 161, 179

Lameth, Charles de, 106, 119, 158, 179

Landes, Pierre, 6, 7

Laya, Jean-Louis, 106, 109, 127, 135

Le Chapelier, Isaac, 112, 113

Le Peletier de Saint-Fargeau, Louis Michel, 100

Le Tourneur, Pierre, 49, 57, 72, 98

Lebègue de Presle, Achille Guillaume, 38, 39

Legros, Jean Charles François, 7, 179

Lemaire, Antoine François, 106

Lemière, Antoine Marin, 109, 116

Lenormant, Charles François, 6

Lenôtre, Théodore Gosselin, *dit*, 43, 44, 48

Lequinio, Joseph-Marie, 144

Leroy de Barincourt, 7

Leuliette, Jean-Jacques, 82, 87, 88, 156

Levasseur, Thérèse, 38

Liberté, 159, 161, 163-67, 169, 171, 173, 174, 176

Loi de nature, 6

Louis XIV, 129, 130

Louis XVI, 130, 163, 172, 175

Loustalot, Elysée, 6, 25, 45, 77, 79, 82, 101, 102, 123, 141, 146

Lucien, 130

Lumières 2, 15, 33, 57, 93, 94, 100, 108, 117, 156, 167

Luxe, 91

Luxembourg, Charles François Frédéric, maréchal-duc de Montmorency-Luxembourg, 73, 74

Luxembourg, Marie Sophie, maréchale de, 35, 73, 74

Mably, Gabriel Bonnot de, 107, 126, 131, 159, 180

Mac Neil, Gordon, 152, 155

Madin (n'est connu que par cette mention), 48

Mallet Du Pan, Jacques, 74

Malouet, Pierre Victor, baron, 101, 102

Manceron, Anne, 152

Manceron, Claude, 152

Mandats impératifs, 4

Marat, Jean-Paul Mara, *dit*, 59, 99, 100, 106, 124, 125, 141, 159, 163, 179

Maréchal, Sylvain, 123-25, 142, 154, 180

Marginal, marginaux, 23, 83, 50

Marie, Antoinette d'Autriche, reine de France, 150, 172

Marmontel, Jean-François, 79-81, 85

Masson, Pierre-Henri, 86, 98, 99, 127, 128, 133, 135, 164, 179, 180

Maupeou, Nicolas Charles Augustin de, chancelier de France, 1

Maurepas, Jean-François Phélipeaux, comte de, 107, 108

Maurice (n'est connu que par cette mention), 192

Maury, Jean Sifrein, abbé, 6, 108, 151

Méchant, 80

Mecque, La, 153, 158

Mélancolie, 154

Ménilmontant, 40

Menou, Jacques François, baron de, 158, 160

Mercier, Sébastien, 6, 21, 23, 42, 44, 49, 53, 58, 60, 67-69, 70, 74, 116, 143, 149

Mérite personnel, 75, 179

Merlin de Thionville, Antoine Merlin, baron, *dit*, 149, 166, 167

Meslin (n'est connu que par cette mention), 82

Meude-Monpas, J. J. D., 51, 58, 82, 83, 86, 91

Michelet, Jules, 162

Millin, Aubin Louis, 116

Milscent, Claude-Louis-Michel, 116

Mirabeau, Honoré Riquetti, comte de, 2, 4, 47, 78, 100, 101, 109, 111, 112, 114, 117, 124, 125, 129, 130-32, 143, 148, 149, 165-68

Modérés, 178

Molé, ou Molet, François-René, 134

Monde, mondanité, mondain, 21, 46, 54

Montagne, Montagnards, 148

Montcizet, Moret de, 44

Montesquieu, Charles-Louis de Secondat, baron de, 6, 126, 130, 159

Montjoie, ou Montjoye, Félix-Louis Ventre de La Touloubre, *dit* Galart de, 121, 122

Montmorency, 75, 116, 118, 142, 172-77

Morale, 24

Môtiers, 93

Moultou, Paul, 51

Moutonnet de Clairfons, Julien-Jacques, 21, 27, 40, 147

Muret, Théodore, 126, 129

Mœurs, 13, 117-18, 151, 175, 176

Musique, 30, 76

Musset-Pathay, Victor Donatien de, 38, 48

Nancy, 100, 145, 146

Nassau, Maurice de, 131

Nature, concept de; homme de la Nature, 14, 15, 60, 71, 81, 85, 87, 89, 115, 118, 131, 137, 151, 153, 157, 159, 160, 163, 174

Nature, champêtre, 40, 98, 133, 174 (confondu avec sens précédent), 175

Necker, Jacques, 16, 20, 21

Nérac, 147

Orthodoxie, catholique, 164, 177 (orthodoxe)

Pacte social, 3

Paiens, paganisme, 156, 159, 170

Paix et guerre, droit de, 4

Palissot, Charles, 101

Palloy, Pierre François, *dit* le patriote, 114, 143, 147, 166, 167, 173

Paoli, Pasquale, 133

Parlement(s), 106, 148

Parme, 120

Passion, 18

Pauvre(s), 96

Perche, 82

Personnage de Jean-Jacques, 16-18, 85, 115, 140

Pessimisme, 148

Petit, Michel-Edme, 52, 57, 62, 76, 82, 84, 86-92, 156, 179

Petite bourgeoisie, idéologie, classe, public, petit-bourgeois, 86, 87, 89, 91, 92, 106, 113, 142, 147, 160

Petite noblesse, 83, 176

Petite production (paysanne et artisanale), 84, 89

Petite production (paysanne, parcellaire), 6, 180

Petit-Trianon, 60, 151, 160

Philanthrope, philanthropie, 57, 58, 88, 136, 140, 146

Philosophes, philosophie, 101, 102, 107, 110, 113, 129, 130, 131, 132, 168, 169

Plessis-Belleville, 48

Plutarque, 78

Poitou, 144

Pompone en Brie, 147

Port, Célestin, 150

Presle-Duplessis le jeune (n'est connu que par cette mention), 144

Prêtres non jureurs, 161, 168 (réfractaires)

Prêtres, 107, 171

Primitivisme, indépendance primitive, 96

Privilèges, 97

Propriété, et droit de, 86, 119, 176

Prudhomme, Louis, 145-47, 162, 173

Pujols, en réalité Pujoulx, Jean-Baptiste, 109

Puritanisme, 162

Quatremère (ne semble connu que par cette attribution; pourrait toutefois être

Quatremère de Quincy, Antoine Chrisostome), 113, 114

Quatre-Vingt-Neuf, Société de, 158, 159

Rabaut Saint-Etienne, Jean Paul Rabaut, *dit*, 174

Raison, 13, 16, 93, 94

Raynal, Guillaume-Thomas, 101, 102, 107, 126, 161

Regnault de Saint Jean d'Angely, Michel Louis Etienne Regnault, *dit*, 105, 106, 113, 114, 164, 174, 175

Religion 'civile', 161, 168, 169

Religion républicaine, révolutionnaire, 161

Religion, sentiment, foi, 85-86, 98, 101, 107, 112, 113, 122, 125, 134, 135, 147, 139, 140, 146, 148, 154-56, 158, 160 (religiosité), 161 (religiosité), 163-66, 169-72, 177

Renou (pseudonyme de J.J. Rousseau), 46

Représentation, 6, 89, 123

Républicanisme, 4, 16

République, concept, 133

Rêve, 84, 86-88

Rêverie, 11, 18, 135, 154

Révolution bourgeoise, 6

Révolution, concept, 94, 110, 176

Ridehalgh, Anna, 180

Rivarol, Antoine Rivaroli, *dit* le comte de, 6, 9

Rivoire, Jean-Alexis, 126, 128

Robert, François, 5, 163, 165

Robespierre, Maximilien de, 37, 44, 99, 120, 147, 155, 158, 159, 162, 167

Rodat, Antoine François, 174

Roland de La Platière, Jean-Marie Roland, *dit*, 142, 148

Roland, Marie-Jeanne Phlipon, *dite* Manon, 148, 163

Roman, œuvre romanesque, 84

Romantique, 157

Romantisme, 180

Rome, Romains, 158

Romilly, 111

Romme, Gilbert, 148, 155, 157, 159-62

Rosoi, Barnabé Farmian de, *dit* Durosoi, 74

Roussel, Jean, 17

Rouvière, Jean-Jacques, 82, 155, 156

Royou, Thomas-Marie, 6, 26, 79, 114, 121-23

Rozier (n'est connu que par cette mention), 175, 177

Saige, Joseph, 2

Saint-Just, Louis-Antoine de, 99

Saint-Lambert, Jean-François, marquis de, 40

Salons, 9, 34

Sannazar, Jacques, 153

Sans-culottes, 75, 100, 142, 148, 160, 164, 165

Seguier de Saint-Brisson, Sidoine-Charles-François, 99

Sellières, 109, 111

Sémonville, Hugues *ou* Huguet de, 147-49, 174

Sénèque, 144

Sensibilité, sentiment, 10-14, 16, 18, 85, 89-90, 94, 99, 115, 116, 118, 128, 136, 141, 151, 153-56, 170 (âme sensible), 179 (âme sensible)

Servan, Joseph, 6, 69

Sexe, 12, 58, 64, 70, 87

Sieyès, Emmanuel, 2, 154, 169

Sincérité, 17, 63

Sirven, Pierre-Paul, 107

Sociabilité naturelle, 176

Sociétés populaires, 143, 145, 148-49, 162, 164, 166, 167

Solitude, 17, 18, 39, 94, 135

Sophisme, 80, 122

Soulavie, Jean Louis Giraud, 151

Souveraineté nationale, ou populaire, 3, 4, 19, 20, 95

Spectacles, 91

Spiritualisme, 57, 58, 134

Staël, Germaine de, 6, 9-22 (analyse de ses *Lettres sur les ouvrages et le caractère de J.-J. Rousseau*), 38, 39, 42, 43, 45, 56-60, 63, 66-67, 152

Statue, de Jean-Jacques, 92, 64-105, 120, 121, 124, 142-45

Suicide, 157

Suisses (Canton), 146

Superstition, 168

Suranne, 143

Surréalisme, 180

Talma, François-Joseph, 130

Théâtre, 90, 91, 126-33

Théisme, 160, 161, 171

Tiers-état, 3

Toulon, 82

Travail, 75-76, 138, 174 (travailler de ses mains)

Treilhard, *ou* Treillard, Jean-Baptiste, 113, 174

Trouvé, Claude-Joseph, 82, 89, 107, 156

Turgot, Anne-Robert-Jacques, 2

Utile, 24

Vachard, Jean-Louis, 149, 163-65

Vaqué, Pierre, 127, 128

Varennes, crise de, 5, 113, 144, 175

Vassy, comtesse Alexandre de, 38, 39

Vaudoyer, Antoine Laurent Thomas, 112

Vérité 24, 53, 56, 59-62, 70-71, 142, 143, 169

Verneuil, 82

Versailles, 112, 147, 148

Vertu, 88, 117, 128, 135, 138, 151-53, 155, 156, 160, 163, 165 (vertueux), 166-68, 170, 171, 173 (vertueux)

Vilette, Charles, marquis de, 106, 108, 110-12, 114, 115

Ville, opposée à campagne, 176

Virgile, 152

Volonté générale, 20, 95, 152, 180

Voltaire, François Marie Arouet, *dit*, 29, 33, 36, 46, 69, 78, 100-102, 105-17, 120, 122, 123, 125, 126, 129-33, 143, 149, 165-68, 172, 179

Warens, madame, née François-Louise de La Tour, 69, 70

Washington, George, 103

Welschinger, Henri, 126

Werther (héros du roman de Goethe), 157